乙力·编

中华上下五千年

【卷一】

陕西新华出版 三秦出版社

图书在版编目（CIP）数据

中华上下五千年 / 乙力编．-- 西安：三秦出版社，
2008.01（2024.1 重印）
（国学百部经典丛书）
ISBN 978-7-80628-675-3

Ⅰ．①中… Ⅱ．①乙… Ⅲ．①中国－通史－普及读物
Ⅳ．①K209

中国版本图书馆 CIP 数据核字（2007）第 188783 号

书　　名　中华上下五千年
作　　者　乙力 编
责　　编　刘　璐
封面设计　新华智品

出版发行　三秦出版社
社　　址　西安市雁塔区曲江新区登高路 1388 号
电　　话　（029）81205236
邮政编码　710061
印　　刷　北京一鑫印务有限责任公司
开　　本　680×1020　1/16
印　　张　18
宁　　数　280 丅字
版　　次　2008 年 4 月第 2 版
印　　次　2024 年 1 月第 2 次印刷
标准书号　ISBN 978-7-80628-675-3

定　　价　69.80 元（全二册）
网　　址　http://www.sqcbs.cn

前　言

　　中华文明源远流长，一脉相承，五千年的历史，世事沧桑，朝代更迭，从茹毛饮血的远古时代到夏商周文明，从春秋战国到秦汉两晋，从唐、宋、元、明、清到今天的电子信息时代……

　　在这五千年的历史长河中，中华民族生生不息，拼搏不止，一代接一代，涌现出了许许多多伟大的历史人物。像政治家秦始皇、曹操，谋略家张良、诸葛亮，思想家孔子、孟子，民族英雄林则徐、邓世昌，科学家张衡、沈括，医学家华佗、李时珍，文学家欧阳修、王安石、苏轼、李清照，诗人李白、陆游，革命家孙中山、李大钊等等。他们为中华民族创造了无数的世界之最和令人叹为观止的奇迹。

　　史海浮沉，潮起潮落。历朝历代的风流人物，是最优秀的中华英杰，他们以各自独特的风姿名垂史册。《中华上下五千年》一书，作为引导读者关注历史、以古鉴今的大众文化普及读物，全书选取了一些最精彩的历史片段，用文字简短却内容丰富的小故事来展现历史人物及其事迹，并在行文表意的关键之处，配以精美的插图，力求图文并茂地再现历史原貌，使读者更清晰直观地了解历史。

　　《中华上下五千年》作为中国历史的通俗性普及读本，以历史故事为叙述单位，采用编年体例，力图通过简明的体例、精练的文字、新颖的版式、精美的插图等多种要素的有机结合，完整再现中华五千年历史文化的精髓，让读者直观清晰地感受到历史的演进过程，全面掌握中华文明的发展脉络。使读者在轻松获取知识的同时，获得更为广泛的文化视野、审美感受、想象空间和愉快体验。

　　读史使人明智。中华历史，绵延五千年，其中蕴含着丰富的华夏文化精髓。无论是硝烟弥漫的战争风云，还是变幻莫测的政治权变，抑或是温文尔雅的诗酒文章和大师轶闻，无不体现着精湛的中国智慧。而中国人的智慧，作为最珍贵的东方智慧，正在受到世界各国人民的广泛关注。当代中国人，肩负着振兴中华、传播中国文化的历史重任，更应该认真研读历代史书，借鉴祖先的历史经验，再创华夏辉煌。

《中华上下五千年》是以纯白话的通俗语言，从现代人的角度撰写的一部通史性的著作，对广大青少年了解中国历史、深刻地认识中国历史会起到应有的作用。它具有深厚的文化沉淀，不仅可作历史著作来读，亦可作为文学名篇或政治著作来读。为进一步方便读者朋友的阅读与欣赏，我们根据其中的历史人物和故事情节插入了数百幅精美图片，图文并茂，极具阅读与欣赏价值。

编　者

2008 年 1 月

目 录

卷 一

盘古开天地 / 1

女娲造人补天 / 2

神农勇尝百草 / 3

黄帝战蚩尤 / 4

尧舜禅让 / 6

大禹治水 / 7

父死子继家天下 / 9

少康中兴 /11

夏桀亡国 /12

盘庚迁殷 /15

姜太公钓鱼 /16

武王伐纣 /18

周公辅成王 /20

国人暴动 /22

千金一笑 /24

管仲拜相 /26

齐桓公称霸 /29

唇亡齿寒 /30

流亡公子重耳 /31

晋文公退避三舍 /34

秦晋崤之战 /36

一鸣惊人楚庄王 /38

伍子胥鞭尸雪耻 /40

吴越争霸 /43

孙子用兵 /45

晏子使楚 /48

孔子周游列国 /50

三家分晋 /51

商鞅变法 /54

孙膑智斗庞涓 /56

张仪拆散联盟 /57

冯谖客孟尝君 /59

完璧归赵 /61

毛遂自荐 /63

荆轲刺秦王 /65

秦始皇统一中国 /67

焚书坑儒	/ 69	曹操起兵	/104
指鹿为马	/ 71	桃园结义	/107
大泽乡起义	/ 73	官渡之战	/109
破釜沉舟	/ 75	孙策占据江东	/112
鸿门宴	/ 78	三顾茅庐	/113
萧何月下追韩信	/ 81	赤壁之战	/116
楚汉之争	/ 82	猇亭之战	/119
布衣将相	/ 83	七擒孟获	/120
吕后执政	/ 86	挥泪斩马谡	/122
平定七国之乱	/ 87	司马氏夺政	/123
张骞通西域	/ 89	灭蜀建晋	/126
苏武牧羊	/ 91	羊祜灭吴	/128
昭君出塞	/ 94	八王之乱	/130
王莽篡汉	/ 96	石崇王恺比富	/131
光武中兴	/ 98	江左王导	/133
黄巾起义	/100	王敦之乱	/134
董卓专权	/102		

卷 二

闻鸡起舞 /138

沮水之战 /140

元嘉治世 /142

孝文帝迁都 /144

梁武帝舍身佛寺 /145

反复无常的侯景 /146

陈后主亡国 /147

隋文帝治国 /150

杨广弑父夺皇位 /151

隋炀帝游江都 /153

瓦岗起义 /154

李渊太原起兵 /155

玄武门之变 /157

魏徵直言进谏 /159

文成公主入藏 /162

女皇武则天 /164

开元盛世 /166

贵妃杨玉环 /167

安史之乱 /169

马嵬驿兵变 /170

武将楷模郭子仪 /172

冲天将军黄巢 /173

朱全忠灭唐称帝 /174

后唐李存勖 /177

"儿皇帝"石敬瑭 /178

陈桥兵变 /180

宋太祖统一南方 /181

阿保机建国 /183

澶渊之盟 /184

元昊建立西夏 /186

范仲淹实行新政 /187

王安石变法 /189

司马光写《资治通鉴》 /191

李纲守东京 /193

徽钦被掳 /195

赵构称帝 /197

黄天荡大捷 /198

岳家军大破兀术 /199

"莫须有"冤狱 /202

襄樊保卫战 /204

文天祥起兵抗元 /205

张世杰死守厓山 /207

成吉思汗统一蒙古 /208

忽必烈建元 /211

南坡之变争皇权 /213

朱元璋崛起江淮 /214

鄱阳湖大战 /216

元朝灭亡 /217

靖难之役 /219

成祖励精图治 /221

郑和下西洋 /223

土木堡的惨败 /225

于谦保卫北京 /227

威震敌胆的戚家军 /229

张居正变法 /230

明末后宫三疑案 /232

萨尔浒大战 /234

皇太极巧施反间计 /236

闯王李自成 /238

清军入关 /239

史可法死守扬州 /242 太平天国 /259

夏完淳怒斥洪承畴 /243 慈禧垂帘听政 /261

郑成功收复台湾 /245 左宗棠收复新疆 /263

康熙捉鳌拜 /246 镇南关大捷 /264

康熙平定三藩 /248 中日甲午海战 /265

雅克萨之战 /250 戊戌变法 /268

康熙帝三征噶尔丹 /251 义和团运动 /270

乾隆皇帝下江南 /252 孙中山建立同盟会 /271

贪官和珅 /254 武昌起义 /273

林则徐虎门销烟 /255 袁世凯称帝 /275

陈化成血战吴淞 /257 新文化革命曙光 /279

盘古开天地

在中华五千年的历史中，流传得最久、最广泛的神话就是盘古开天地。相传在天地开辟之前，宇宙是混沌一片，既没有光，也没有声音，更没有上下左右和东西南北，就像一个浑圆的鸡蛋。但是这个浑圆的东西也有一个中心，这个中心就是人类的始祖——盘古氏。盘古氏在这个浑圆的东西中孕育了一万八千年。终于有一天，盘古氏用巨斧把这个浑圆的东西劈了开来，于是这个东西就分成了两个部分，轻的那部分往上浮，就成了天；重的那部分往下沉，就成了地。

以后，天每天高出一丈，地每天加厚一丈，盘古氏本人也每天长高一丈，就这样又过了一万八千年，天变得很高很高，地也变得很厚很厚，盘古氏也成了顶天立地的巨人。可是天地间只有他一个人，盘古氏孤独得有时生气，有时伤心，于是天气也随着盘古氏的喜怒哀乐而发生种种的变化。他高兴时，天空就十分晴朗，万里无云；他生气时，天空就阴沉着，乌云翻滚；他伤心哭泣时，淅淅沥沥的小雨便洒向大地；他忧郁叹息时，阵阵狂风吹得地上飞沙走石。

盘古开天辟地太累了，当天地开辟好后，盘古死去了，他死后，身体开始化生万物。他的左眼，就成了光辉夺目的太阳；他的右眼，变成了皎洁美丽的月亮，这样盘古氏就可以一直注视着他开辟的广阔的天地。而他的头发和胡须，变成了天空密密麻麻的星辰，他的肌肉变成了肥沃的土地，牙齿、骨骼和骨髓，变成了洁白的玉石和地下无穷的宝藏，他皮肤上的汗毛，变成了茂密的森林和美丽的花草。

于是，一个丰富多彩、美丽灿烂的世界诞生了。从此，天地不再混沌，而是有了山川、河流、花草、树木……

神话毕竟是神话，现在的人们谁也不会相信真有这样的事。但是人们喜欢这个神话，一谈起历史，人们就从"盘古开天地"谈起，盘古的神话传说，同许多创世神话一样都是化生万物。在许多其他族的创世传说中有伢俣、盘生等创世之神，但有的创世之神是女子，有的创世之神是男子，这表明创世神话诞生在不同的系族社会。

创世神话毕竟是神话，我们从神话中虽也可以看到一些古人类的影子，如已经灭绝的盘古族就是巨人族，但其创世的传说终是不可信的。茫茫四十六亿年的地球是如何产生的？人类又是如何产生的？按照目前天文学的观点，地球是由星云凝结而成，按照进化论的观点，人类是由类人猿进化而来的。

女娲造人补天

据说盘古氏去世以后，天地间一直是空荡荡的，一个人也没有。后来不知道经过了多少年，才出现了一个人类的始祖，名叫女娲氏。这个女娲氏是个女的，她一个人孤独地生活在天地之间，感到太寂寞了，就想造出一批人来，跟她一块儿生活。

有一天，女娲氏用水和好了一大堆黄泥，用黄泥捏起泥人来。她一会儿捏个男的，一会儿捏个女的。说也奇怪，女娲氏捏好一个，向泥人吹一口气，往地上一放，这泥人就变成了一个会跑会跳、会说会笑的活人。

女娲氏捏呀捏呀，连续不断地捏了半天，她感到实在太疲倦了，想歇一歇。可是，和好的黄泥还剩下很多。女娲氏有点不高兴了，她随手从地上捡起一根粗绳子，对准和好的黄泥抡了起来。哪里知道她一抡绳子，像用手去捏一样，那些溅起来的大团小粒的黄泥，也都变成了一个一个的大大小小的活人。这些被女娲氏造出来的人，在一块儿劳动，一块儿生活，繁衍着子孙后代。

可是事情非常不妙，正在人类不断繁衍生息的时候，天地却损坏了。古时候，人们认为天是圆的，地是方的；天所以能覆盖在地的上面，是因为地的四角有四根柱子支撑着它。由于日久天长，风吹日晒雨淋，这四根天柱都糟朽了，天摇摇晃晃，好像要塌下来似的。大地上出现了许多裂缝，裂缝里不断地冒出烈火和臭水来；蓝天上出现了不少漏洞，雨水不断地从这些漏洞里倾泻下来。

灾难突然降临到人世间，大地上有的地方燃起熊熊大火，有的地方则是一片汪洋。凶猛的野兽乘机出来伤害人们，凶暴的鸷鸟也乘机从天空俯冲下来，用锋利的钩爪抓走跑不动的老弱妇孺。人类的处境实在是太艰苦太危险了。

就在人类没法安安稳稳地生活下去的时候，人类的始祖女娲氏出来拯救她的子孙了。她点燃了一堆一堆的芦柴火，来烧炼红、黄、蓝、白、黑五种颜色的石块，用这些石块来修补蓝天的漏洞。她又从大海里捉来一只极大极大的乌龟，斩下大乌龟的四条腿，用来替换已经糟朽了的天柱。天上漏下来的雨水过多，这

伏羲女娲像

是黑龙造的孽。女娲氏就把黑龙杀死了。地面冒出来的臭水太多，女娲氏就用芦柴灰堵塞住冒水的裂缝。经过女娲氏的这一番努力，蓝天终于补好了，支撑天的四根柱子也巩固了，威胁人类生存的黑龙、猛兽、鸷鸟也都被消灭了。大地上又重新长出了树木和花草，人们又能够安安稳稳地生活了。伟大的女娲氏不但造了人，并且还从严重的自然灾害中拯救了人类。

神农勇尝百草

传说中，人们把伏羲氏、神农氏和女娲氏尊称为"三皇"。

传说在人类文明史中，伏羲氏的主要贡献是教会人们织网打鱼，捕获野兽来维持生存。刚开始，人们都把这些东西生着吃。由于这些生冷的东西，又硬又腥，不好消化，人们得了各种疾病，许多人因体质弱抵抗不了就死去了。后来，伏羲氏就教人们把鱼虾、野兽的鲜肉放在陶器里煮熟了再吃。古时候，由于人们用来捕鱼打猎的工具简陋，所以外出打鱼狩猎往往靠碰运气。运气

神农氏

好的，满载而归，运气不好的只有空手而回。这样，人们有时候可以吃得很饱，而有时候却得饿肚子。于是，伏羲氏就教人们在"大丰收"的时候，不要把所有的猎物都吃掉，而把活着的野兽养起来，以便在打鱼狩猎一无所获时可以不饿肚子。传说，伏羲还发明了"八卦"，作为占卜记事之用。其实，"八卦"是后代制作的，传说中把功劳归于伏羲氏了。

"三皇"之一的女娲氏，我们在前面已经给大家介绍过了。下面我们就讲讲"三皇"的另一个主角——神农氏。

神农氏，他勇尝百草，教民农耕，在传说中是远古时代贡献最大的一个领袖。

传说在神农氏那个时代，人口繁衍得已经很多了。仅仅靠打猎已经填不饱肚子了，氏族中常常有人因分不上食物而生病甚至饿死，人们陷入了极度的苦恼之中。

就在这种十分困苦的情况下，伟大的神农氏出现了。神农氏看着人们过着这种有了上顿没下顿的生活，心里十分难过，就决心想个办法来保证人类能生存下去。他看着满山遍野、茂密的树木和花草，突然灵机一动，人们为什么总是要吃肉呢？这些树木的果实、茎叶不能吃吗？于是，为了人类的生存，神农

氏决定亲口尝一尝各种野生植物的滋味，以确定哪些能吃、好吃，哪些不能吃或不好吃。他采集了各种各样的果实、种子和根、茎、叶，一样一样地亲口尝。在这过程中，神农氏发现，有些东西味道甜美，特别好吃；有些东西又苦又涩，难以下咽；而有些味道尝起来不错，可吃下去后头昏脑涨，上吐下泻，原来这些东西是有毒的。于是，他把这一切都一一记了下来。

伟大的神农氏克服了种种困难，战胜了种种危险，为人类找到了大量的食物。但他并不满足于这些发现。他看到人们为了采到可口好吃的植物，往往要走很远的路。能不能在家门口自己种植呢？神农氏通过观察发现，人们吃完扔在地上或自己长熟落在地上的瓜子、果核，到第二年又发出新芽，长出新的瓜蔓和果树。后来他又发现植物的生长和天气、土地有关系。天气暖和的时候，植物发芽长叶，开花结果；天气寒冷的时候，植物落叶枯萎。而且，有些植物喜欢生长在黄土里，有些植物喜欢生长在黑土里；有些植物喜欢干燥的土壤，有些植物喜欢潮湿的土壤。于是他决定利用天气的变化和不同类型的土地，指导人们对植物进行人工培植，这样就能有计划地来收集果实种子作为食物，以补充打猎的不足。

自从神农氏勇尝百草，教民农耕以后，人类的生活就有了保障。而且，随着农业生产技术的日益熟练，生产的农产品越来越多，逐渐有了剩余的产品，于是就出现了交换关系。每到太阳正午的时候，人们就把自己多余的东西拿到集市上去和别人交换自己所没有的东西。"日中为市"的成语就是由此得来的。

伏羲氏、神农氏的传说当然也是神话，但是反映了远古时代人类生产和生活发展的进程。我们知道，人类解决居住、食物等等问题，是同自然界作斗争，逐步积累经验的结果。这里面包含着一代又一代人的探索、奋斗、失败。在这样的过程中，人们从懂得很少到懂得较多，使生活从很不完善改进得较为完善，最后才取得成功。

黄帝战蚩尤

黄帝是我国古代黄河流域一个很有名的部落联盟的领袖。

传说黄帝的先祖是有熊氏。有熊国的首领少典与一位叫附宝的姑娘结为夫妻，两个人相亲相爱，朝夕相处。一天晚上，他们一起来到附近一条叫姬水的地方玩耍。天渐渐黑了。他们刚想回去，天空中突然传来雷声，接着是一道弯弯曲曲的闪电掠过天空。这时，附宝心里突然产生一种异样的感觉。原来，她怀孕了。消息传开，族里的人们纷纷议论说："附宝是受了上天的灵感怀孕的，一定是有天神问世了。"

后来，附宝生下了一个结结实实的男孩子。他刚生下来，双目炯炯有神，很快就学会了说话；稍大些，就能通百事，断是非。那时，人们认为帝是万物的主宰，金、木、水、火、土为万物之本，称为"五德"。有熊国的人们崇尚土德，土为黄色，这孩子又是天神转世，所以就给他起名叫黄帝。又因为他长在姬水，居住在轩辕之丘，于是就以姬为姓，以轩辕为号，所以后世也常把黄帝称为轩辕氏。

黄帝长大以后，才智过人，再加上好多人都说他是天神下凡，所以就很自然地把他推举为有熊国的首领了。他不负众望，不几年就使黄帝部落强盛起来了。又过了些年，黄帝觉得在姬水一带难以生活下去，便率领本氏族的人们，辗转来到了涿鹿（今河北省北部），准备在这里长期居住下去。

涿鹿一带是一个叫炎帝的势力范围，结果双方为了争地盘在涿鹿附近的阪泉展开了激烈的战斗，最后黄帝打败了炎帝。炎帝同意把两个部落合并，由黄帝担任炎黄部落的首领。炎黄部落就是中华民族最早的雏形。后来中国人常称自己是炎黄子孙，就是从这个故事得出来的。

炎黄两个部落合并以后，天下太平，国泰民安，人们过着安居乐业的生活。正当炎黄部落联盟不断发展的时候，在它南边的九黎族打过来了。九黎族的首领叫蚩尤。他有兄弟八十一人，个个都是牛头人身，四目六臂，头上生有锐利的双角，他们手持金刀铜斧，强弓大弩，作战勇敢，万夫难抵。

为了使自己的家园不落入他人之手，黄帝决心率领部落人马奋起反击，把侵略者赶出去。于是，在涿鹿之野，两兵相接，一时间烟尘滚滚，打得地动山摇。

刚开始，蚩尤张开大口，喷吐烟雾，顿时浓雾弥天，笼盖四野，天昏地暗。黄帝的兵众迷失了方向，失去了联系。黄帝一见这种情况，急忙把专门掌管大风的风伯召来，让他放出狂风猛吹。但蚩尤吐出的雾气十分浓，风伯吹了三天三夜，雾气依然不散。黄帝的兵众被围困在迷雾中，乱成一团，情况十分危急。

这时，聪明的黄帝突然想到，天上的北斗星是固定在一个方向的，于是受到启发，派人制造了一辆可以用来指明方向的指南车。在一辆双轮木车上，站立着一位手臂前指的仙人，任凭车子东转西走，仙人的手指永远指向南方。正是靠这一伟大发明，黄帝的兵众才辨识了方向，杀出了重围。

蚩尤见黄帝兵众冲出浓雾，大吃一惊。他想趁黄帝兵众还未立住脚，打他一个措手不及。原来这蚩尤有呼风唤雨的本领，他跳到半空中呼啸一声，顿时狂

中华上下五千年

风暴雨大作，地面的水猛涨起来，波浪滔天。黄帝的兵众又陷于洪水之中，在这危急时刻，黄帝召来会收云息雨的旱神——女魃前来助战。女魃身上有极大的热量，每到一处，便可使当地雨收云散，烈日当空。这一下，蚩尤的计谋又失败了。

为了彻底打败蚩尤，黄帝派人制作了一面巨大的战鼓，又让人训练了一批凶猛的野兽，决心和蚩尤决一死战。战斗开始了，黄帝擂起战鼓，雷鸣般的鼓声，在战场上空轰响，黄帝军队士气大振，士兵们赶着野兽，高声呐喊着冲向敌人。蚩尤的军队被这震耳的"雷声"和雄壮的队伍吓呆了，一下子乱了阵脚，四处逃奔。混乱中，蚩尤被俘，后来被黄帝杀了。黄帝还把蚩尤的九黎部族全都并入了炎黄部落。从此，黄帝的威望更高了，成了中原地区（指黄河中下游一带）各部落共同拥护的首领。

尧 舜 禅 让

中国历史上评定明君应当把尧舜作为标准衡量。

尧是黄帝的后裔，二十岁就继承了帝位，都城设在平阳（今山西省临汾市）。又称陶唐氏。

尧是继炎帝、黄帝之后又一个最有威望的部落首领。尧勤勤恳恳地工作，认认真真治理着国家，当时，天下太平，人们的生活大有改善，而尧的生活却很俭朴。住的是简陋的茅草屋，吃的是粗粮野菜，衣服穿到破烂不堪才肯换。冬天时，只披一张鹿皮来抵御严寒。人们看见他如此辛劳、俭朴，都纷纷劝他，尧却认为不能让天下的任何一个人挨饿受冻。

此后，人们更加拥戴、敬仰并相信他。尧虽是至高无上的首领，却很民主，大小事宜都要征求大家的意见，同大家商量，最后综合大家的看法行动。尧知人善用，他建立了很有效率的行政机构。他手下的名臣很多，舜管民政，契管军政，弃管农业，夔管教育，皋陶管司法，他还招揽了很多有能力又负责任的人。

在尧老后，按惯例召开了部落会议商议确立自己的继承人，大家通过商量一致推举尧的儿子丹朱继承首领的位置。

尧不放心丹朱继位，却又不好违背众人意见。于

尧　姓祁，名放勋，中国古代传说的圣王。因封于唐，故称"唐尧"。为陶唐氏部落首领，年老，咨询四方部落首领，命舜摄政，经三年考绩，让位于舜，史称"禅让"。

是，他开始教育丹朱如何治理国家。可是，丹朱是个不务正业的人，尧想尽办法也改变不了他。

等到尧退位的时候，他没有传位给他的儿子丹朱，而是让位给了德才兼备的舜，这就是所谓"尧舜禅让"。

舜出生在姚墟（今山西永济北），他的父亲封在虞地，所以舜又叫有虞氏、虞舜。他的继母和弟弟象曾经多次陷害他，父亲也纵容象欺负他，但舜却宽宏大量，非常孝顺，是中国历史上第一个最有名的孝子。

舜当了首领之后任用贤人"八恺""八元"，除掉了"四凶"，制定了"五刑"，设立了各级官职，定下了天子巡狩和部落领袖朝觐的制度，促使中国氏族社会向阶级社会转化。舜娶了尧的女儿娥皇和女英，后来舜在娥皇和女英的帮助下，战胜了继母和弟弟象。舜老了以后，把首领的位置禅让给禹，自己远行巡狩，病死在苍梧地区。娥皇和女英非常想念他，流下的眼泪浸在了竹子上，竹子就布满了斑斑点点的花纹，人们称之为湘妃竹，娥皇、女英后来在湘水里溺死，成了湘水的女神。他们都成为了后世尚贤的楷模。

大 禹 治 水

传说尧在位的时候，发生过许多次特大的洪水。洪水冲垮了房屋，淹没了田地，还淹死了许多人。为了解除群众的疾苦，尧帝将首领们召来，共同商议治理洪水的事情。最后，大家推举一个叫鲧的人来担当治水的重任。鲧治水采取的是用石块和泥土筑坝挡水的办法。他指挥人们挑土运石，垒墙筑坝，来阻挡洪水。洪水排不出去，就往上猛涨；鲧见水涨了起来，就又下令继续加高堤坝。结果是堤越高，水越涨；水越涨，堤越高。憋在堤坝中的洪水，犹如困在笼中的猛兽，只要突破一个缺口，便破笼而出，奔腾咆哮，不可收拾。结果鲧治水九年，弄得劳民伤财，一事无成。尧叫舜去检查鲧的治水工作。舜看到鲧对洪水毫无办法，就把他罢免了，命令鲧的儿子禹继续治理洪水。

禹也是一个非常能干的人，他吃苦耐劳，品德高尚，对事业有一股锲而不舍的精神，他为治水立下了伟大的功勋，后来成为夏朝的第一个君主，所以历史上称他为夏禹或大禹。

禹　姓姒，因治水有功，受舜禅让成为炎黄部落联盟的首领，亦称大禹、夏禹。

　　禹接受了治水的任务，就开始找众人商量如何治水。有人认为，治水就是要挡，否则就不叫治水。可禹想到自己的父亲不就是因为采取挡的办法，筑堤坝，垒高墙来挡水吗，结果却毫无用处，洪水依旧像猛兽一样，怎么办呢？大禹又仔细盘算了一下，感到要疏导洪水，首先必须对地形地势有所了解，从而寻找河源和可以泄导洪水的地方。于是，大禹带着一批忠诚的助手，跋山涉水，顶风冒雨，经历了无数风险，足迹遍及九州大地，就是为了察清地势，探明河道，引水下流。

　　大禹的妻子是南方涂山地区的一位女子，大禹跟她结婚后只在家待了四天，便忙着治水离家外出了。后来涂山女生了一个儿子，取名叫启。这是大禹留下的名字。大禹临行对涂山女说，如果我走后你生了孩子，就取名叫"启"。启，就是启行，是纪念他们婚后几天，大禹为了平治洪水就登程上路的意思。

　　大禹在治水十三年中，曾经三次路过自己的家门口，都没有进去看一看。第一次带人修渠路过自己的家门口，他的儿子刚刚出生，正在呱呱啼哭，他多么想进去看看妻子和刚出生不久的孩子啊！可又一想，前边还有许多事等着他去办，就转过身，头也不回地离开了。大禹治水第二次经过家门口的时候，抱在妻子怀里的儿子已经能够叫爸爸了，他妻子看到他一副疲惫的样子，心疼地让他回家休息休息，大禹对妻子说："不行啊，洪水还没有治平，被围困在高地、山顶的人们，生命还在受着威胁，救人要紧那！""那么，你就少住一两天吧。"涂山女说，"你看，你的衣服也该补一补，草鞋也该换一双了。"

　　"唉，时间宝贵啊！我知道，我不在家你的生活也是很难的。"大禹用带有歉意的口吻说，"但洪水不平，我怎么能休息呢！"

　　大禹接过孩子亲了亲，又安慰了妻子几句话，便又大步向前走去了。

　　大禹治水第三次经过家门口的时候，儿子已经十多岁了，跑过来叫爸爸，使劲把他往家里拉。大禹爱抚地摸了摸儿子的头，叫儿子告诉妈妈，治水的工作很忙，没有空回家，又匆忙地离开了。

　　大禹三过家门而不入的事传遍了各地，人们听了，非常受感动，治水的信心更足了。

　　一年、两年、三年……过去了。大禹由南方走到北方，从太阳出的地方跑到太阳落的地方，不顾风吹雨打，不怕艰险劳累，一直率领人们从事治水的艰苦劳动。经过了十三年，终于把洪渊填平了，河道疏通了，洪水由高处流入低处，从湖里流到河里，然后流入大海。一块块平原露出水面，人们又重新搬回了陆地，修房盖屋，垦荒种地，养牛牧羊，过上了幸福的生活。

父死子继家天下

大禹完成了治水的任务后，舜已经很老了，于是他让禹来接替他的位置，自己带着妻子，到外地出游去了。那时有个习惯，老首领让贤以后要离开都城，以便让新首领行使权力，树立威信，使民众的心逐步转移到新首领身上。

大禹品德高尚，治水有功，深得万民的拥护。帝舜虽然让位了，但人民仍然非常怀念他。在他一百岁的时候，一次到南方巡游，突然患病，死在了苍梧山（现湖南省宁远县南）。噩耗传来，国中臣民无不悲悼哀伤。

大禹听到此讯，也是悲痛欲绝，亲自率领众大臣，来到苍梧山，以隆重的礼仪，建陵殡葬了舜，并修庙祭祀，这就是至今犹存的零陵和舜庙（在今湖南宁远县）。

大禹殡葬了帝舜，带娥皇、女英二妃返都。二妃痛不欲生，当乘船过湘水时，竟双双投江而死。人们不忍说她们死了，而说她们变成了湘水神，因此称作湘妃。

舜去世后，大禹正式成为部落联盟的领袖，这就是夏朝的开始。夏朝是我国历史上第一个朝代，大禹是夏朝的第一个国君。

大禹当上夏朝的国君后，虽然身居高位，却不贪图享乐，没有忘记肩负的重任，没有忘记天下的长治久安。不仅如此，他还经常外出巡游，了解民情。

禹王在巡视期间，看到多数部落首领对他毕恭毕敬，可是也有的部落首领并不把他这个禹王放在眼里，他便下令把各部落贡献的铜凑集起来，铸成了九个大鼎，象征九州。每个鼎上铸着各州的山川名物、珍禽异兽，然后将九鼎运至宫中，号称是镇国之宝。各部落首领定期向禹王进贡时，都要向九鼎顶礼膜拜。拥有九鼎的禹王，当然也就成了九州大地的主人。这九个鼎后来就成了国家政权的象征。

九鼎铸成后，夏禹逐渐在行使一种至高无上的权力，有时，他还有意使这种权力神圣化，使之不受侵犯，否则，他就无法将这遍布九州的各部落有效地统一起来，组织起来。

禹王晚年有一次在茅山（今浙江绍兴）召集各部落首领，说是共商大事，实际上是想借此再显示一下威风，巩固他对万国的控制。说来也巧，这次大会刚开始，就恰好给了禹王一个显示威风的机会。原来是离茅山不

娥皇　女英

远的地方有一个部落，叫防风氏。这防风氏对禹王的权力没有看得很重，因此开会时，有意迟到。禹王见此情况大怒，下令将防风氏处死。各部落的首领见禹王如此厉害起来，个个胆战心惊，唯命是从。

禹王去世前几年，也曾仿照尧、舜的样子，想找一个贤能的人做自己的继承人。最初，人们推举在帝舜时就掌管刑法的皋陶，但不久，皋陶就因病去世了。后来经过商议，又一致推举伯益做他的继承人。

伯益曾经是大禹治水的一名主要助手。他擅长畜牧和狩猎，曾教会人们用烧火的办法来驱赶林中的野兽。所以在当时人们的心目中，伯益是仅次于大禹的一位英雄。

随着禹王王位的巩固，他越来越觉得自己好不容易得来的王权不应该落入他人之手，而应由自己的儿子来继承。可是伯益功劳卓著，威望极高，首领会议上大家又一致推举他做自己的继承人。禹王感到众怒难犯，只好顺水推舟，答应下来，为此事，禹王好多天都没有睡好觉。后来他想到，自己所以能顺利地继承舜位，一是当年治水有功，二是舜选定自己继位之后，就把治理天下的大权全都交给了自己。如果我也效法当年舜的做法，将来的大权肯定会落入伯益手中。我为何不把处理国家的实权交给自己的儿子，而只给伯益一个继承人的空名呢？于是禹王就照此做了，几年后，他的儿子启由于把国事处理得井井有条，在人们心目中的地位逐渐高了起来，而伯益虽为继承人，却没有新的政绩，他过去办的好事，人们也渐渐淡忘了。禹王死后，他的儿子夏启就真地行使起王权来了。而多数部族的首领，也都表示效忠于启。

这下伯益可生气了，他召集东夷部族率军向启杀来。而启早有防备，经过一场大战，把伯益的军队打败了。夏启为了庆祝胜利，在钧台（今河南省禹县）举行了大规模宴会，公开宣布自己是夏朝第二代国君。从此，选贤任能的公天下制度就变成了父死子继的家天下制度了。

尽管启打败了伯益，但他改变禅让传统的这种做法，在许多部族中引起了非议。有一个部族首领叫作有扈氏，首先站出来指责夏启，要求他把王位还给伯益。于是，夏启就和有扈氏在甘泽地方发生了战斗。两军对垒，大战开始前，夏启激励将士们说："我要告诉大家，这个有扈氏不敬天帝，不遵王命，是天帝命令我来消灭他！因此你们要服从我的命令，奋力出击，不可懈怠！"夏启训话完毕，六军兵士就挥舞刀枪，呐喊着向有扈氏的队伍杀去。经过一场激烈的厮杀，有扈氏被打败了。从此，夏启的王位终于坐稳了，父死子继的家天下制度正式开始了。

伯益　又名大费。古代东夷族首领少昊之后，为虞夏之际的一位重要历史人物。

夏启实行家天下制度的故事，说明那时原始社会的氏族公社制度已被彻底破坏，私有制正式确立，开始出现了国家的雏形，奴隶社会到来了。从原始社会进入奴隶社会，是人类历史上一次划时代的进步。因为，在原始社会生产力水平低下，人们的生活极其艰苦。到了奴隶社会，农业和手工业有了分工，社会生产力有很大提高，生产有了很大的发展，人们的生活就会得到很大改善，同时也为文化的繁荣创造了条件，所以说这是历史的进步。

少 康 中 兴

启在位九年，病重而死，大儿子太康继承了王位。太康即位后整天玩乐，不理朝政，长期离开国都出去打猎，最长的一次竟然一百天没回都城。

这时，黄河下游有穷国的首领后羿见太康不务政事，便乘机率兵夺取了夏朝的首都安邑，就是现山西省安邑县。太康听说后，后悔不迭，但也无奈，他身边兵马无几，不能与之抗衡，没过几年，便在忧郁中死去了。

太康的弟弟仲康见哥哥忧郁而死，自己又不能返回王都，便自立为夏王，继续在外流亡，等待复国的时机。

且说那占了夏朝首都安邑的后羿，其实也是一个目光短浅的莽夫。他自己也十分喜欢打猎，喜欢玩乐，不善于管理国家大事。后羿手下有个大臣，名叫寒浞。他生性狡诈，骗取了后羿的信任。寒浞后来用小恩小惠收买了后羿的家奴，用酒把后羿灌醉后，杀死了他，并霸占了他的妻子和全部家产，掌了大权。后来，他有了两个儿子，大的取名浇，小的取名豷。这兄弟俩长到十几岁，力气就大得惊人。寒浞见两个儿子勇力过人，就请来武师教他们舞枪弄棒，领兵布阵，没过多久，他们就成了智勇双全的将军。寒浞有了这样的两个儿子，真是如虎添翼，便把浇封到过地，所以也称过浇；把豷封到戈地，所以也称戈豷。

再说太康的弟弟仲康由于连年流亡在外，身患重病，加上心情不愉快，很快就死了。他的儿子后相又戴上了那顶徒有虚名的王冠，寒浞怕后相以后的势力壮大，回来复兴夏朝，就派大儿子浇带兵去杀了后相。后相的妻子后缗这时正有身孕，她躲开了浇的搜捕，偷偷跑回了娘家。后来她生了一个儿子，取名少康。后缗把眼泪咽到肚里，把仇恨埋到心底，她决心把少康抚养成人，将来去实现他父亲兴邦复国的遗愿。

光阴似箭，少康转眼间长到二十岁了。二十年来，他不断从母亲及外祖父那里受到报仇雪耻的教育，立志发愤图强，为复兴夏朝做准备。起先，他在外祖父那里管理畜业，一有机会就学习带兵打仗的本领。不料，一年夏天，寒浞听到消息知道少康是夏后相的遗腹子，大为震惊，他还以为夏后氏已被灭绝了。听到如此恶讯，寒浞心神不安，心想，此人不除，后患无穷。于是，立即派出大臣椒，带领一班人马，前来捕杀少康。哪知少康听到此讯，就赶紧逃到虞舜后代有虞氏那里，从而躲过了椒的追捕。这有虞国的国君叫思，一向对后羿、寒浞的暴政不满，又见少康气度不凡，大有夏人先祖的遗风，就让他在部落里担任管理膳食的官，学习管理财物的本领。这样，少康就变成了一个文武双全的人。后来，虞思看到少康忠于职守，办事干练，为人可靠，就把自己的女儿嫁给了他，并把一块叫作"纶"的地方交给他管理。纶这个地方方圆十里，有很好的田地，还有兵士五百人，对少康这个亡国之君的后代来说，总算有了恢复夏朝的根据地和武装力量。

过了许多年，在少康治理下的纶地人丁兴旺，生产发展，社会安定，人民安居，成了远近闻名的"天国"。过去散居在山林中的夏人，听说少康是夏后氏的后代，他治理下的纶地政治清明，百姓安居乐业，于是纷纷前来投奔，少康的力量不断壮大起来。

一切都准备好了，少康便从纶地起步讨伐寒浞。寒浞多年来只顾享乐不理政事，大失民心，就是他手下的心腹将士们也早与他离心离德。这时突然兵临城下，而且打的是夏王国的旗帜，哪个还敢抵抗？于是被少康打得一败涂地。寒浞也在乱战中被杀死。在人们的欢呼声中，少康回到了夏故都。他奠典先祖，安抚百姓，设置百官，重整国家。少康即位以后励精图治，爱惜民力，发展生产，很快使夏国恢复了元气。各地诸侯也纷纷来朝，全国上下一片兴旺发达，历史上称为"少康中兴"或"少康复国"。

夏 桀 亡 国

少康在位共二十一年，在此期间，他整治家园，恢复生产，使夏国再次复兴起来。

少康死后，他的儿子杼继位为王，将都城迁到老丘（今河南开封一带）。杼在位时，夏朝比较强盛，但他以后的王却一代不如一代。到传至夏禹第十四世孙夏桀时更加糟糕。

夏桀生得身材魁梧，力大无比，能把鹿角折断，铁钩扳直，高墙推倒，能赤手与虎豹搏斗，而且才智过人。只可惜他的力气和才智没有用到兴邦治国上，而是全都用到了吃喝玩乐上。

夏桀即位后，对打仗发生了浓厚的兴趣，既可开疆拓土、扬名天下，又可抢掠财物，以供享乐。于是四处征战。东夷诸国招架不住，只好向夏王朝称臣，有些小国听说夏王桀贪财好色，就送来金银财宝和美女，以保全国土不被侵吞。桀得了这些奇珍异宝和花容月貌的美女，果然不再征战，回到都城恣意享乐。为了讨得这些美女的欢心，夏桀大兴土木，下令在洛阳建造一座倾宫。倾宫占地方圆十里，高十丈。又在宫室中心用玉石砌成了一座瑶台。这座倾宫花了七年才完工，动用了成千上万的奴隶，花费了大量的财物，给百姓带来了极大的灾难。

夏桀手下有个叫关龙逄的大臣，为人正直，对桀这样腐败荒淫，不理朝政十分不满，不忍看见夏朝一天天没落，于是就向桀进忠言，劝他以国事为重，悔过自新。夏桀不但不听，而且还把关龙逄给杀了。从此，好人都不敢再亲近夏桀，而坏人则成天阿谀奉承围着他转。夏朝越来越腐败了。

正当夏朝日渐衰落的时候，黄河下游的商国逐渐强大起来。商国是夏朝的属国，据说其祖先是帝喾的小儿子，名字叫作契。契曾协助大禹治过水，舜为了表彰契的功绩，赐他姓"子"，并将商地（今河南商丘一带）赐给了他，后来，子契就在封地建立了一个小国家，叫商国。当夏王朝的王位传到桀时，商国正是一个叫作汤的人掌管国事。商汤看到夏桀荒淫无度，凶狠残暴，不得民心，暗暗下决心要推翻这个腐败的夏朝。决心一下，商汤就决定充分利用有利的条件，争取各国的支持，然后进军夏国。为了将来进军方便，他还将王都迁到了亳（在今河南郑州附近）。当时，商国不仅畜牧业发达，农业也发展起来了，粮食充满粮仓。他还经常救济各邻国，因此，商国和各友邻国家关系都很好。

有一次，商汤和几个大臣们来到城外一个小树林里，看到一个老人正在林中布设捕鸟的网。那人在四面布完网后，拜了几拜，嘴里喃喃祷告道："从空中落下来的，从四面八方飞过来的，但愿都能落入我的网里。"站在一旁的商汤看到这种情景，忙走上前去说："这太残忍了，竟然想把天下的鸟都网尽。除了夏桀，谁肯这么干呢？"说完，他把老人布下的朝南、北、西方向的网收起，只留下朝东一个方向的。然后，学着老人的样子，也拜了三拜，祷告道："林中的鸟啊，你们自由地飞翔吧，可千万不要朝东，钻到我的网里。"商汤的这一举动和一番话很快就流传开了。人们都说商汤好，对天上的飞鸟尚且如此仁慈，更不用说对老百姓了。"网开一面"这个成语也是因此而来。

商汤　商的开国君主。契之后，名履。初居亳，为夏方伯。夏桀无道，汤兴兵伐之，放桀于南巢，遂有天下，国号商，在位30年崩。

汤在商国笼络百姓，对内贤明，对外友好，准备进攻夏国。夏桀不久便得知了这个情况，于是就设计把汤骗到了夏国，软禁在夏台（又称钧台）。商国的右相伊尹见此情况，就派人给夏桀送去了很多珍宝及十名美女，夏桀见了这些礼品，怒气顿时消了一半，不久，就把商汤放回来了。

死里逃生的汤更加憎恨夏桀了。在夏国被囚禁时期，他更加看透了夏王朝的腐败。这样，他不仅更坚定了推翻夏桀、取而代之的信心，而且加快了灭夏的步伐。

他一方面劝说那些受夏朝控制的小国反叛夏朝，归顺商国，又消灭了那些死心塌地跟随夏朝的小国，另一方面，在国内积极备战，加紧笼络老百姓，让人服从自己的意志和指挥。

一切准备就绪之后，汤立即成立了讨伐夏国的联军，开始进攻夏国。临行全身披挂的商王汤在几个武士护卫下，登上高台大声说道："诸位将帅、武士们，并不是我愿意兴兵打仗，实在是因为夏桀罪恶累累，是上天命令我们去消灭他。他大兴土木，徭役繁重，使百姓们不得平安度日。现在，就连夏国的臣民也与夏桀离心离德，不愿再听他的命令，可是他还恬不知耻地把自己比作天上的太阳。夏民气愤地说：'你这个太阳啊，愿你早日毁灭，我们宁愿与你同归于尽！'夏桀丧失民心已经到了这种地步，所以我必须去讨伐他！你们要同心协力，成功之后，我将重重赏赐你们。否则的话，你们将受到严厉的惩罚。"

商汤讲完，就率领大军，浩浩荡荡地向夏国进军了。夏桀听说后，立即停止了宴饮，连夜调集军队，在都城周围设下好几道防线。但商军兵强马壮，士气旺盛，而夏国的军队久不上战场，平日又没有进行严格的训练，军纪涣散，所以，两军刚一相遇，夏军的防线就被突破。夏国的兵士死的死，降的降。夏桀看到大势已去，死到临头，便带着几个护从，溜出战场，向南巢（今安徽巢县西南）逃窜，商汤带领部队紧追不舍，终于在南巢将这个作恶多端的暴君俘获。商汤本想杀死夏桀，以平民愤。但又想到，自己一向以宽厚仁慈著称，如果杀死他，怕引起人们的议论，况且昔日的夏王，现在已成了阶下囚，大局已定，留着他又何妨？于是，商汤就把夏桀囚禁在南巢，自己率领部队回亳城了。

夏王朝自夏禹建国，传了十八个国王，延续了四百多年，直到夏桀灭亡。作为亡国之君，夏桀被软禁在南巢，郁郁寡欢，过了几年，也就死去了。大约在公元前十六世纪，即三千七百多年以前，商汤正式建立了商朝，即我国历史上第二个奴隶制国家。

盘 庚 迁 殷

商朝统治五百余年。期间曾多次搬迁都城，最后定都于殷（今河南省安阳市），共二百七十多年，所以商朝又叫殷朝，有时候也称为殷商或者商殷。

商朝将殷定为都城最初始于盘庚，盘庚是商汤的第九代孙子，商朝的第十九个王。盘庚定都于殷后就不再搬迁了，这反映了当时农业的重要性已经超过了畜牧业，人们要求有稳定的住所。

盘庚也是经过一番激烈的斗争才决定迁都到殷的。原来在太甲以后，商朝历代的君主和奴隶主贵族们，生活都很腐化。他们迷信鬼神，又特别喜欢喝酒，完全过着寄生虫的生活，自己不劳动，一切事情都驱使奴隶去做，在奴隶和奴隶主之间，阶级矛盾十分尖锐，奴隶们大批逃亡。在王室贵族当中，争夺王位愈演愈剧烈，有的人说应当兄终弟及，有的人说应当父死子继。叔侄、兄弟之间激烈的斗争此起彼伏，国家已经混乱不堪。

阶级矛盾和奴隶主内部的矛盾极大地削弱了商王朝的统治，一些小国和少数民族不再受商朝的节制，加上水涝、干旱等自然灾害，商朝陷入了艰难的困境。

阳甲，是商朝的第十八个王。他死后弟弟盘庚做了王，盘庚很有心计，善于观察形势，觉得国家不能再照老样子维持下去了，应当想出一个行之有效的办法来缓和这些矛盾，使商朝免于灭亡。他想出来的办法就是把都城迁到殷，开荒建房，准备长期居住于此。

第一，殷地的土地比较肥沃，自然灾害较少较轻，在这里建设都城有利于发展农业生产。第二，迁都以后，一切都要重新开始，奴隶主贵族不能过分享受，这样可以缓和一下阶级矛盾。第三，迁都可以避开危险的反叛势力。如果都城比较安全，统治就会相对稳定。

可是迁都的决定招致了以奴隶主贵族为首的一些人的反对，他们害怕到了新的地方不能照旧享乐。盘庚是个办事十分坚决的人，他没有因为有人反对就改变主意。他把奴隶主贵族召集起来，对他们发表了两篇训诰。第一篇训诰是劝说，告诉大家搬家到殷去的好处。他说："我要像先王关心臣民那样关心你们，保佑你们，带着你们去寻求安乐的地方。你们如果不与我同心，就将受到先王的责罚。"第二篇训诰是威胁，

四羊方尊　商朝晚期青铜器。礼器，祭祀用品。中国现存商代青铜器中最大的方尊，高58.3厘米，重近34.5千克。现藏于中国国家博物馆。

用强硬的口气，警告大家一定要老老实实地服从迁都命令，否则就要进行严厉的制裁。

在强大的压力下，奴隶主贵族们终于屈服了，盘庚把首都迁到了殷。可是斗争并没有结束。老百姓到了一个新地方，生活不习惯，纷纷要求迁回老家。奴隶主贵族也趁机兴风作浪，煽动大家要求搬回老家去。盘庚又发表了一篇训诰，用强硬的语气制止住了奴隶主贵族的反对。这样又经过几年，局势才安定下来。奴隶们在这里被迫没日没夜地劳动，把殷建设成了一个十分繁荣的都市。从此，商朝的都城就固定在殷城，商王朝再次进入稳定、繁荣时期。

那时候，铜的冶炼技术得到很大提高，青铜器的制作范围也更加扩大了。殷城附近就有了一个很大的青铜器作坊，有上千个奴隶在作坊里劳动。奴隶们用铜、锡、铅三种金属做原料，冶炼铸造了成千上万件斧、钺、戈、矛、刀、镞等武器；鼎、爵、觚、壶、盘、盂等饮食器皿；斧、锛、凿、钻、铲等工具。青铜器造型优美，花纹图案精巧，达到了高超的艺术水平，形成了后来著称于世的青铜文化。其中以司母戊大方鼎最为著名。这件青铜器高一百三十三厘米，长一百一十厘米，宽七十八厘米，重八百七十五公斤，现完整地保存在中国历史博物馆里。这是世界上到现在为止发掘到的最大青铜器，充分显示了我国古代劳动人民的聪明与才智。

在殷墟遗址中，还发掘到大批刻有文字的乌龟腹甲和牛肩胛骨。这种文字和现在的不同，是我国已经发现的最古的文字，叫作甲骨文，一共有三千多个单字，大多已经被考古学家认出来了。原来殷朝的王室贵族很迷信，做什么都要先采用龟甲和牛骨进行占卜。刻在龟甲和牛骨上的，大都是占卜的原因和结果，以及后来是否应验等等的话，这些卜辞记载着殷朝的许多大事，也是我们研究殷朝历史可靠的资料。

盘庚迁都，使即将衰亡的商朝得到了复兴，使得殷商这个奴隶制国家，在我国文化发展史上放出了灿烂夺目的光彩，成为当时世界上文明大国之一。

姜太公钓鱼

商朝末年，渭水流域兴起了一个国名叫周的强国，周的祖先姓姬，历史很悠久，据说他们的远祖后稷在尧的时候担任农师，以后世世代代承袭这个职务，管理农业方面的事情。夏朝末年，政府腐败，农业衰落，周的祖先就西迁到现在的甘肃东部和陕西西部一带，自己组成了部落。商朝后期，周族遭受西北方的戎族和狄族的侵扰，周族的首领古公亶父率领族人从岐山北边迁到岐山南边的周原上居住，并且在那里建筑城郭宫室，开垦荒地，设置官吏。大概从那时起，周族逐渐形成了奴隶制国家。古公亶父的儿子季历在位时，周的势力强大起来。商王文丁感到周的威胁，就杀害了季历。

季历死后，他的儿子姬昌继位，就是有名的周文王。因为祖先做过农师，周文王也十分重视农业。他待人宽厚，尊敬老人，爱护小孩，所以老百姓都很拥护他。周文王特别敬重有本领的人，请他们帮助自己治理国家。许多有本领的人纷纷来投奔他，因此他手下拥有许多文臣武将。

殷纣王看到周的势力越来越强，十分害怕，就找了个借口把周文王骗来，囚禁在羑里（今河南省汤阴县西北）。周文王的臣子为了搭救文王，搜罗了美女、好马和珍宝献给纣王，并买通商朝的大臣，请他在纣王面前求情。纣王很贪财，又喜欢美女。他得了礼物，听了大臣的话，把文王释放了。

周文王获得自由以后，决心治理好自己的国家，以便寻找机会，推翻商朝，报仇雪耻。他看到自己手下虽然有了不少文臣武将，可是还缺少一个文武全才能够统筹全局的人，帮他筹划灭商大计。因此，他经常留心寻访这样的大贤人。

有一次，周文王外出打猎，在渭水的支流磻溪边上遇见了一位钓鱼的老人。老人须发斑白，看去有七八十岁了。奇怪的是他一边钓鱼，一边嘴里不断地叨念："快上钩呀快上钩！愿意上钩的快来上钩！"再一看，老人钓鱼的鱼钩离水面有三尺高，并且是直的，不是弯的，上面也没有钓饵。文王看了很纳闷，就过去和老人攀谈起来。

这位老人姓姜名尚，又名子牙，是远古时代炎帝的后代。他曾在商朝的首都朝歌（今河南省汤阴县）宰过牛，在黄河边上的孟津卖过酒。他不会做买卖，亏了本，所以到渭水边上来钓鱼了，其实是在等待贤明的君主来寻访他。

周文王和姜尚的谈话中，发现姜尚是一个眼光远大、学问渊博的人。他上通天文，下知地理，对政治、军事各方面都很有研究，特别是对于当时的政治形势，分析得头头是道。他认为商朝的天下不会很长久了，应当由贤明的领袖出来推翻它，建立一个新的朝廷，让老百姓能过上舒服的日子。

姜尚的话句句都说到了文王心里。文王恳切地对姜尚说："我们盼望您很久了，请您到我们那里去，帮助我们治理国家吧！"说完，就叫手下人赶过车子来，邀请姜尚和自己一同上车，回到都城里去。

姜尚到了文王那里，先被立为国师，也就是最大的武官；后来升为国相，总管全国政治和军事。周文王的

周文王　姬姓，名昌。商纣时为西伯，亦称西伯昌。在位50年，死后周人谥西伯为文王。

中华上下五千年

父亲太公季历在世的时候，就期望着姜尚这样的大贤人了，所以人们尊称姜尚为"太公望"。后来人们干脆把"太公望"的"望"字略掉，把姜尚叫作姜太公。

姜太公果然是栋梁之才，他做了周文王的国相，帮助周文王整顿政治和军事，对内发展生产，使人民安居乐业；对外征服各部族，开拓疆土，削弱商朝的力量。周文王在姜尚的辅佐下，先后打败了大戎、密须等部族，征服了耆、阮等小国家，并吞并了从属于商朝的崇国，在崇国的地盘上营建了一个丰城，把都城从岐山南边的周原迁到了丰城。到周文王晚年的时候，周的疆土大大扩充，西边到达现在陕西、甘肃一带地方，东北进展到现在山西的黎城附近，东边到达现在河南沁阳一带，逼近了殷纣王的都城朝歌，南边把势力扩充到了长江、汉水、汝水流域。据说周文王已经控制了当时天下的三分之二，为灭商奠定了坚实的基础。

武 王 伐 纣

周文王没有来得及实现灭亡商朝的愿望就死去了。他的儿子姬发继承了王位，就是周武王。周武王牢牢记着父王的嘱托，继续用姜太公为军师，并用自己的弟弟周公旦等为辅佐。朝中和睦，上下齐心，决心有朝一日灭商复仇。

周武王即位的时候，商朝已经很腐败了，商纣王终日饮酒作乐，荒淫无度，他强迫成千上万的奴隶，花了七年时间，在都城朝歌（今河南省淇县）建了一座周长三公里、高达千尺的鹿台。鹿台上楼观巍峨，亭阁秀丽，比夏桀的瑶台还要阔气。他还特别喜欢吃肉喝酒，便学着当年夏桀的样子，在宫院中挖了个大池子，里面灌满了酒。这个酒池很大，据说可以行船。又在池边的林木上挂上肉块，称作"肉林"。纣王和王公贵族们在"酒池肉林"中尽情享受。对广大的平民百姓，却实行残暴的统治，稍有冒犯便施之以酷刑，百姓们的生活真是苦不堪言！

商纣王这样荒淫残暴，很多正直的人都规劝他。他有个大臣叫梅伯，对商王朝的存亡很担忧，就向商纣王进忠言，可纣王不但听不进去，还把梅伯施以炮烙酷刑。纣王的叔父比干也好言劝说，他却说："我听别人说你是个圣人，长着七个心眼，今天我要把你的心挖出来，看个明白！"就这样一个忠心耿耿的大臣，纣王的亲叔父惨遭杀害了。这样一来，其他的人再也不敢规劝纣王了。

比干　子姓，商纣王之叔，沫邑（今卫辉市北）人。商朝末年，因不满纣王无道，被剖心残杀。

商朝的天下被纣王搞得乌七八糟，再也维持不下去了。这时候，周武王在姜太公的协助下率领大军来到了黄河南岸的孟津（今河南孟津县东北）。消息传开，邻近部族首领们也纷纷前来助威。武王面对滔滔的黄河，对周军将士和各部族的首领们说道："我的祖先对上天是有功德的，因此，上天命令先王灭掉殷商，拯救万民。先王不幸早逝，归天前将重任托付于我。你们要全力协助，完成先祖的功业啊！"说罢下令渡河，顿时千舟争渡，浪花飞溅。不料周军刚渡到对岸，武王又下令返了回来。不仅那些前来助战的部族首领们感到纳闷，就连周军武士们也摸不着头脑。

原来，这武王很有心计，他想，商国内部虽然腐败，但到底是个控制着众多诸侯国的大国，只靠周军难以取胜。他今天率兵来到孟津，一是进行一次渡河演习，二是借此机会，探探众诸侯国的虚实。他看了一下，发现周军渡河还可以，而前来助威的诸侯国首领们，有的带来了参战的队伍，有的只是来观观阵势而已。周武王认为时机还不够成熟，没有马上出兵。

回去后，周武王一方面扩充军队，准备粮草，另一方面又派出探子，去探听情况。那商纣王本来听说周武王率军打来，一阵惊慌，正准备组织队伍迎战，却见周军不战自退，以为周武王胆小，不敢与他抗衡。于是扬扬得意，继续过着花天酒地的生活。

过了一段时间，周国派出的探子相继回来把商国的情况一一介绍给武王。周武王看到时机基本成熟，决定进攻商国。

第二年春天，周武王出动了三百辆兵车，三千名勇猛的先锋，四千五百名士兵，又会集各部落和小国的支援部队，浩浩荡荡地从孟津向商朝的首都朝歌进发。这支讨伐大军士气旺盛，一路上没有遇到多大的抵抗，就到了离朝歌只有七十里路的牧野（现河南省汲县北）。

在牧野，周武王正式竖起伐纣大旗，当众誓师。他站在高高的王车上，大声说道："尊敬的友邦国君、诸位官员和所有远征的将士们，举起你们的戈，拿起你们的盾，握好你们的矛，为讨伐暴君，我们现在就要誓师了！ 暴君纣王听信谗言，败坏朝纲，残害忠良，荼毒百姓，现在，我遵照上天的旨意来讨伐商纣了。所有参战的将士们，你们要勇猛向前，但不要杀害那些前来投降的人，以便使这些人为我们效劳。勇敢的将士们，作战有功的，将会得到奖赏；如果有谁不努力作战，我就要把他杀掉！"誓师完毕，就挥动旗帜，驱动兵车，向商军进攻。

这时候，商纣王正带着他的宠妃和一帮大臣，在鹿台上欣赏歌舞，喝酒吃肉。手下的人把周军进攻的消息告诉纣王，他这才散了酒席，召集大臣们商量如何应战。商朝的军队当时正在东南地区对付少数民族，一时抽不回来，纣王只好下令把大批奴隶和俘虏编入军队，一共七十万人，然后就向牧野进发。著名的牧野之战爆发了。

牧野之战是我国古代史上规模空前的一场大战。论人数，周武王的讨伐大军远远少于商纣王的部队，可是论士气，周武王的伐纣大军同仇敌忾，都下决心要把商纣王推翻。

大战开始了，周军队伍像一排巨浪，压向商军，一场厮杀在所难免。就在这紧要关头，商军前排的兵士们突然掉转矛头，朝后排冲去。原来这些都是奴隶和俘虏，他们早就恨透了殷纣王，哪里肯替他卖命。商军前排倒戈，队伍顿时大乱，土崩瓦解。

周武王　姬姓，名发，周文王第二子。继承父亲遗志，于公元前11世纪消灭商朝，建立了西周王朝。

商纣王正在朝歌城中等待胜利的消息，突然传报，商军大败，周军正向朝歌涌来。商纣王闻讯大惊，知道自己的末日到了，他不想让周军得到他的鹿台和珍宝，于是命人把王宫里的珍宝全部搬到鹿台上，自己用绫罗缠身，躺在珍宝中，点了一把火，结束了自己罪恶的一生。

周武王带着伐纣大军冲进朝歌。朝歌的老百姓早已烧好了开水煮好了饭，迎接周武王的军队。周武王一进城，百姓齐声欢呼，感谢他从商纣王的暴政底下解救了他们。

当武王来到鹿台时，不禁大吃一惊，鹿台上的琼楼玉阁已成一片瓦砾，未燃尽的巨梁大柱还冒着缕缕青烟。武王断定，商纣王一定畏罪自焚了。不一会儿，武士们果然在灰烬中找到一具尸体。由于尸体四周堆着许多不易燃烧的珠宝玉器，所以尸体的相貌还依稀可辨，果然是商纣王。武王怒不可遏，朝着商纣王的尸体连射三箭，然后用青铜大斧将头颅砍下，悬挂在大旗杆顶上。周武王庄严地宣告伐纣战争胜利结束，商朝已经灭亡。他得到了各部落和小国首领的拥护，建立了周朝，自称为天子。周朝是我国历史上第三个奴隶制国家，也是奴隶制社会最兴盛的时代。

周公辅成王

武王伐纣成功，建立了周朝。为了巩固自己的统治，周武王实行了封侯制，即把东征灭商之中的有功之臣及自己的兄弟亲族封为诸侯，来分管各部地区。他们可以拥兵，但必须随时听候天子的调遣，定期向天子纳贡、朝贺，封侯实行世袭制，但天子对封侯有赏罚予夺之权。

武王把战功显赫的军师姜太公封在营丘（山东临淄），称齐国，弟弟周公旦封在曲阜（今山东曲阜），称鲁国；弟弟召公封在燕国（今北京市一带）。同时，为了缓和、消除商朝旧臣的敌对情绪，分封殷纣王的儿子武庚管理商朝的旧地。后来，为防止武庚叛变，武王便将商地分出两块来封给自己的两个弟弟鲜和度去管理。

分封完毕，一些诸侯就陆续前往封地了。周公发现武王表情沮丧。经过询问，才知道武王不愿让几个心腹重臣离开。周公想后，也认为天下初定，民心未稳，武王身边确实还需要有人辅佐，便让自己的儿子伯禽前往鲁国就封了。

实行分封制后，西周王朝国力日益强盛，但是，武王由于积劳成疾病倒了。临终他把年幼的儿子诵和军国大事托付了周公。周公把诵扶为天子，就是周成王。因为成王年少，一切军国大事均由周公代理。

周公才华出众，又得先王教诲，因此办起事来得心应手，游刃有余。为了治理好国家，他不但广招人才，而且能够礼贤下士。为了接待贤能的人，他忙得不可开交；有一次，周公正在洗头发，刚把头发浸湿，外面来人有急事要报告。周公连忙握着湿淋淋的头发，出去接待，办完事再回来接着洗；洗到半截，又有人来报告，他还是握住湿头发出去。一连出去几次，才把头发洗干净。

还有一次，周公正在吃饭，刚把一块肉放进嘴里，外边有客人来访。他马上把肉吐出来起身去接客人。一顿饭的工夫，来了三次客人，周公就连吐了三次饭菜，这就是"一饭三吐哺"的故事的由来。周公为了周朝的大业，废寝忘食，呕心沥血。岂料这样的做法却招来了非议。武王的弟弟管叔鲜和蔡叔度说他独掌大权，想自己做天子。连姜太公和召公这些老臣也半信半疑了。

周公知道后，一面更加勤恳地处理国家大事，一面恳切地对人解释。他说："先王早就盼望有朝一日天下太平安定。现在刚刚立国，武王死得早，成王又太小，如果出了什么差错，我怎么对得起祖宗呢？我这么做，完全是为了周朝江山，没有一点私心呀！"

大家被他的肺腑之言感动，又见他确实很诚心地为天下苍生着想，为国家办事，便不再怀疑他了。而殷纣王的儿子武庚却认为这是一个可乘之机，便拉拢了管叔鲜和蔡叔度发动叛乱，其他一些地方的人也乘机起兵反周。周公果断地下令东征，经过三年艰苦的战争，叛乱被平息了。武庚在战斗

周公　姬姓，名旦，亦称叔旦，周文王第四子。因封地在周（今陕西岐山北），故称周公或周公旦。是西周初期杰出的政治家、军事家和思想家。

中被打死，管叔鲜自杀，蔡叔度被流放到远方去了。然后，周公又平定了其他地方的叛乱，使周朝的疆土大大扩展了。这场战争巩固了周朝的统治，使得周朝初年的经济迅速繁荣起来。

天下安定以后，周公分析这些叛乱的原因，总结出是由于周朝的首都太过于偏西导致的，为了便于管理从殷商那里得到的土地，经过占卜，周公决定在洛邑重新建一个都城。周公严格遵守文王、武王的遗训，办事节俭，不搞铺张浪费，东都虽然宏伟，但却绝不奢华。它的内城是九里见方，外城是二十七里见方，光是内城的面积就有八十一平方公里，一共花了九年多时间才建成。周朝从此有了东西两个都城，原来的都城镐京称为宗周，表示那是周朝祖宗营建的地方。新建成的东都，定名叫成周，表示那是周朝建成以后修建的。成王依旧在镐京居住，东都由周公坐镇。

周公为了周朝的事业，用尽了毕生精力。他把自己的经验写成文章，还制定了许多法令。周朝实行了这些法令，比以前更加稳定了。周公死后，周成王用最隆重的天子礼节，把他葬在文王陵和武王陵附近，表示周公完成了周文王和周武王没能完成的事业。

国 人 暴 动

周朝传到第十代国王厉王的时候，家底已经十分薄弱了。这时候外族入侵、侯国内乱，贡赋减少，王朝的国库变得很空虚。偏偏新登基的周厉王又奢侈荒淫，挥金如土，使得周王室的财政很快出现了危机。

周厉王为了继续过那种花天酒地的生活，决定增加赋税。可立什么名目来征税呢？他想不出来，该收的税都收了。这时，手下一个叫荣夷公的大臣给厉王

商代云纹铜提梁卣

出了一个点子，让他对一些重要物产实行"专利"。即不论是王公大臣还是市民百姓，只要他们采山上的药，砍山上的柴，捕捞河湖里的鱼虾，射猎山林的鸟兽，都必须依法纳税。还有喝水、走路也得缴纳钱物。这是一种巧取豪夺，搜刮民脂民膏的办法，不仅遭到老百姓的反对，就是一些比较开明的官吏也觉得很不妥当。很多大臣也纷纷向厉王进忠言，其中有个叫芮良夫的大夫劝告厉王不要实行"专利"。他说，"专利"会触犯大多数人的利益，引起大多数人的反对。可是厉王根本听不进去，他一味宠信荣夷

公，让他来负责实行"专利"。

实行专利后，百姓的生活更是苦不堪言，顿时怨声四起，例如，在当时就流传着这样一首歌谣：

硕鼠硕鼠
无食我黍
三岁贯汝
莫我肯顾
逝将去汝
适彼乐土。

意思是说，大田鼠啊大田鼠，不要再吃我的黍（粮食）。多年来我纵惯着你，而你却对我们毫不眷顾。我们要离开你了，到那充满自由的乐土去。这表明了百姓们对周厉王强烈的不满情绪。

老百姓们怨恨周厉王，都纷纷咒骂他。大臣召伯虎看到形势严重，就跑到周厉王面前恳求说："王上，百姓们实在难以忍受了，'专利'再不废除，就要出大乱子啦！"可厉王根本听不进去。他派了很多密探去监视老百姓，如果发现有人议论"专利"，咒骂厉王，就抓来杀头。从此，人们的满腹牢骚只好往肚子里咽，谁也不敢再说出来了。熟人在街上见了，也只是简单地递个眼色，然后走开。整个京城寂然无声，犹如一座坟场。

厉王却以为自己的残暴统治产生了效果，沾沾自喜对召公说："你看，百姓现在还有怨言吗？"召公听了，对厉王说："强把百姓们的嘴堵住，已使他们的怨声变成怨气了。不过，以臣之见，把水堵住，一旦决口，危险更大，所以治水的方法是疏通河道；治民也是这个道理，应该广开言路。大王怎么可以以严刑苛法，堵塞言路呢？"厉王仍然不听劝告，反而变本加厉地实行残暴的统治。

终于，人民再也不能忍受了！堵塞的洪水终于决口了！都城里的小贵族、小商人、手工业者联合起来，冲向王宫，去找厉王算账。起初厉王还想用王师来镇压，可王师中全是些平民百姓。他们见国人造反，很多人也掺和进去了。在迫不得已的情况下，周厉王只好带了一些随从，偷偷溜出了王宫。临走把太子靖托付给了召伯虎。然后就逃奔到了彘地（今山西霍县）。

愤怒的起义群众找不到厉王，哪里肯罢休，决定找太子去抵罪。他们得知太子被藏在大臣召伯虎家里，于是就包围了召公的家，勒令召公交出太子。召公心想："过去天子不听我的规劝，才落到这般地步。现在我把太子交出，会不会有人说我是对天子的不忠、伺机报复呢？当初我曾向天子满口答应保护太子，如若交出，岂不是天大的不义？可是我不交出太子，人们一定不肯答应，怎么办呢？"他考虑再三，决定把自己的儿子冒充太子，交给了起义群众，这才使太子躲过这场灾难。

国人暴动的第二天，周朝的一个诸侯国卫国的国君卫武公就率领部队开到镐京城。这卫武公又叫共伯和。共伯和率军到镐京，本来是前来平叛的，可是当他来到王都，起义群众已经散去，于是他就率领部队，驻到了王宫里。

厉王外逃，不敢回来，太子虽活着，但一来年幼，不能主事，二来他是找了替身才逃了命的，现在暴动刚平，还不能暴露真相。于是召公提议，国事暂由共伯和代理，其他大臣一致同意，共伯和虽然是代理，但实际上行的是天子之职，所以这一年被称作共和元年（即公元前841年）。也就是从这一年起，我国历史开始有了准确的年代可以查考。

共伯和执政以后，采纳了召伯虎的建议，废除了厉王时的"专利"法，减少了名目繁多的赋税，人民得以安生，社会又趋于稳定。

共伯和执政的时期，历史上称为共伯和时期。转眼十四年过去了，逃亡在外的周厉王死了，太子靖也已经在召公家里长大成人了。召伯虎觉得时机已经成熟，于是，一天上朝后，他就对共伯和及众大臣讲了真相，大家见太子还活着，一致同意立他为天子，共伯和知道自己不是周室正宗，而且众怒难犯，也就顺水推舟，亲自到召伯虎家把太子靖接进王宫，举行了隆重的登基仪式。不久，他就又回到原来的封地，当他的诸侯王去了。新即位的天子，就是周宣王。

千 金 一 笑

周宣王即位后，立志复兴周室，洗刷父王的耻辱。于是他挑选了召伯虎等一批忠良贤士做自己的辅臣。在他们的辅佐下，四面讨伐，中兴周室，经过几年的征战，诸侯朝贡，四夷臣服，周宣王已成为一个名副其实的天子了。公元前782年，周宣王由于征战失利，忧郁而死。众大臣们遵照遗嘱，立太子宫湦为天子，于灵前即位。他就是西周的末代天子周幽王。此时幽王已结婚，他的妻子是申侯的女儿。她生了一个儿子，名叫宜臼。根据众朝臣的奏请，幽王下令，立申侯女为王后，宜臼为太子。

周幽王更是一个无道的昏君，他整日花天酒地，荒淫无度，常常好几个月不理朝政。周朝有个诸侯国叫褒国，其国君褒珦见天子如此荒唐，就来规劝，幽王根本不听，反而把褒珦关进大牢。

褒珦的儿子洪德见父亲被关，非常焦急，于是就与母亲商量如何救出褒珦。

他们听说幽王非常喜欢美女，就用重金买下一个年轻漂亮的少女，取名"褒姒"，教给她宫中礼仪，然后送给幽王，幽王见了大喜，于是下令放了褒珦。

褒姒入宫后，很得幽王的宠爱，不久就生了一个儿子，取名叫伯服。幽王为了讨得褒姒的欢心，于是就废了申后及太子宜臼，另立褒姒为王后，伯服为太子。申后遭此厄运，怕以后幽王加害于宜臼，就让他去投奔外公以保全性命。宜臼含泪告别母亲，趁黑夜逃出镐京，投奔了申侯。

宜臼一走，幽王好像拔掉了眼中钉，很是高兴，可是只有一件事不随心意，就是褒姒有个怪脾气，她从来不笑，不管多么有趣的事情，她都不露笑容，幽王觉得十分纳闷，对褒姒说："王后生得这般妩媚，若再开颜一笑，必定更加动人了。"褒姒淡淡地说道："贱妾生来就不喜欢笑，大王不必见怪。"幽王不相信，下决心要让她笑一笑。于是贴出布告：谁能让新王后笑一笑，赏金一千。告示一出，一些人争相入宫。有的吐舌瞪眼做怪相，有的说一些荒诞的笑话，可褒姒看了，听了，仍不露一丝笑容。幽王手下有个大臣叫虢石父，是个会拍马逢迎的坏家伙，他出了一个坏点子，叫作"烽火戏诸侯"。原来古时候，遇到敌情，主要靠烽火台报警。那些烽火台遍布各诸侯国，相邻的两座能互相看见。如果白天某处发现了敌情，就点燃晒干的狼粪，靠"狼烟"传递情报；如果是晚上，就点燃柴草，靠火光传递情报。这样一座传一座，用不了多长时间，消息传遍全国，各地诸侯就会率部队赶往京都，听候调遣。

幽王听了这个计谋，万分高兴，决定一试。一天，天气晴朗，幽王带着褒姒来到城楼顶上，登台远望，远山近水，尽收眼底。幽王下令点燃烽火，顿时狼烟四起，直冲云天。远近诸侯看到烽火点燃，还以为敌国来犯，于是纷纷点齐兵马，向镐京奔来。他们赶到镐京城下，却看不到一个敌兵，只见幽王和褒姒坐在城楼上喝酒看热闹。诸侯们的这一阵奔忙，可把褒姒给逗笑了。她笑幽王如此轻率行事，笑诸侯这样容易上当。褒姒一笑，幽王高兴了，马上给了虢石父千金的奖赏。那些诸侯可气坏了，知道受了愚弄，就大骂一气带兵回去了。

再说申后的父亲、宜臼的外祖父申侯，得知幽王废掉了申后和宜臼非常生气。于是就设计向戎人借兵，准备推翻幽王。戎人兵强马壮，早有东侵之意，现在申侯主动借兵，自然乐于相助。不几天，就将战马、刀枪备齐，发兵前来攻打镐京。幽王看到戎人真的打来了，赶紧派人去点烽火，向诸侯求救，可是这一次，诸侯们还以为天子与王后嬉戏，全都按兵不动。就这样，镐京被戎人攻破，幽王逃到骊山脚下，被杀掉了，褒姒被戎人抓走了。申侯一见镐京被攻破，幽王被杀，觉得大仇已报，但想到周朝天下，不能落在外人之手，于是又暗地里派人去通知各诸侯国，请他们派兵前来镐京，赶走了戎人。诸侯们看到幽王已死，就只好和申侯一商量，拥立幽王的儿子宜臼继承王位，就是周平王。再说戎人上了申侯的当，白白为周人消灭了昏君，自己却未占上什么便宜，因此心中怨恨，屡屡出兵东侵，烽火连绵不断。周平王即位后，怕戎人再一次打进来，加上镐京已被战火搞得残毁不全，于是，在公元前770年，他把王都从镐京迁到了周公营建的东都洛邑。因为镐京在西边，所以历史上把平王东迁以前的周朝称为西周，把平王东迁以后的周朝称作东周。

管 仲 拜 相

　　齐国在今天的山东省北部。要讲齐国称霸，首先要讲齐国的大政治家管仲，因为齐桓公称霸主要靠了他的帮助。要讲管仲，又得从"管鲍之交"讲起，因为把管仲推荐给齐桓公的，是鲍叔牙。

　　管仲和鲍叔牙是好朋友。起初，管仲鲍叔牙合伙做买卖。管仲家里穷，出的本钱没有鲍叔牙多，可是到分红的时候，他却要多拿。鲍叔牙手下的人都很不高兴，骂管仲贪婪。鲍叔牙却解释说："他哪里是贪这几个钱呢？他家生活困难，是我自愿让给他。"管仲曾经带兵打仗，进攻的时候他躲在后面，退却的时候他却跑在最前面。手下的士兵全都瞧不起他，不愿再跟他去打仗。鲍叔牙却说："管仲家里有老母亲，他保护自己是为了侍奉母亲，并不真是怕死。"鲍叔牙替管仲辩护，极力掩盖管仲的缺点，完全是为了爱惜管仲这个人才。管仲听到这些话，非常感动，叹气说："生我的是父母，了解我的是鲍叔牙啊！"管仲和鲍叔牙就这样结成了生死之交。

　　当时，齐国的国君襄公没有儿子，只有两个异母兄弟。一个是公子纠，母亲是鲁国（今山东省西南部）人；一个是公子小白，母亲是卫国（今河南省北部）人。有一天，管仲对鲍叔牙说："依我看，将来继位当国君的，不是公子纠就是公子小白，我和你每人辅佐一个吧。"鲍叔牙表示赞同。从此，管仲当了公子纠的老师，鲍叔牙做了公子小白的老师。

　　齐襄公十分残暴昏庸，常常找碴儿责骂大臣。管

管仲　名夷吾，字仲，春秋时期齐国著名的政治家，颖上（今安徽颍上）人。经鲍叔牙力荐，为齐国上卿（即丞相），辅佐齐桓公成为春秋时期的第一霸主，被称为"春秋第一相"。

仲、鲍叔牙知道他们不会有好结果，找了个机会，一个带着公子纠躲到鲁国去了，一个带着公子小白躲到莒国（今山东省莒县）去了。

周庄王十二年（公元前685年），公孙无知杀死了齐襄公，夺了君位。不到一个月，公孙无知又被大臣们杀死了。齐国有些大臣暗地派使者去莒国迎接公子小白回齐国即位。

鲁庄公听到这个消息，决定亲自率领三百辆兵车，用曹沫为大将，护送公子纠回齐国。他先让管仲带一部分兵马在路上去拦截公子小白。

管仲带着三十辆兵车，日夜兼程，追赶公子小白。他们追到即墨（今山东省平度县东南），听说莒国军队已经过去半天了，就接着赶路，一口气又追了三十多里。他们远远看见莒国军队正在小树林边生火做饭，公子小白端坐车中。管仲跑上前去，说："公子，您这是上哪儿去啊？"小白说："去办理丧事啊。"管仲又说："公子纠比您年龄大，有他办理丧事就行了，您何必急急忙忙赶路呢！"鲍叔牙知道管仲的用心，很不高兴地对管仲说："管仲，你快回去吧。各人有各人的事，你不必多管。"管仲左右一看，那些随从的人，一个个横眉立目，摩拳擦掌，好像要和他拼命似的，再看看自己的人，比他们少多了，心想，硬碰硬非吃亏不可，便假装答应，退了下去。没走几步，突然回过身来，弯弓搭箭，瞄准小白，一箭射去。只听小白大叫一声，口吐鲜血，倒在车上。周围的人一窝蜂跑去救护，其中有人大叫"不好了！"接着，很多人就大哭了起来。

管仲看到这个情景，认为小白一定死了，便驾车飞跑回去，向鲁庄公报告。鲁庄公听说小白已经死了，马上设宴庆贺，然后带着公子纠，慢慢悠悠地向齐国进发。

哪里知道，管仲这一箭并没射死公子小白，只射中了小白的衣带钩。小白怕管仲再射箭，急中生智，把舌头咬破，假装吐血而死。忙乱中大家也都被他瞒住了。直到管仲走远了，小白才睁开眼，坐起来。鲍叔牙说："我们得快跑，说不定管仲还会回来。"于是，公子小白换了衣服，坐在有篷的车里，抄小路赶到了齐国都城临淄。这时候，鲁庄公和公子纠还在半路上呢！

齐国原来主张立公子纠为国君的大臣们，见公子小白先回来了，就对鲍叔牙说："你要立公子小白为国君，公子纠回来了可怎么办呢？"鲍叔牙说："齐国连遭内乱，非得有个像公子小白这样贤明的人来当国君，才能安定。现在公子小白比公子纠先回来了，这不正是天意吗？你们再想一想，鲁庄公护送公子纠回来，要是公子纠当了国君，鲁庄公肯定要勒索财物，齐国本来就够惨的了，那样一来，怎么受得了呢？"大臣们听鲍叔牙说得有理，便都同意让公子小白即位，他就是历史上有名的齐桓公。

过了好几天，鲁庄公才率领大军到达齐国的边境。他听说公子小白并没有

鲁侯爵　西周早期，通高20厘米，重0.76千克。释文：鲁侯作考爵，鬯鬯，用尊桌盟。

死，而且已经当上了国君，顿时大怒，马上向齐发动进攻。齐桓公只好发兵应战。两军在乾时（今山东省淄博市西面）混战一场，鲁军被打得大败。

鲁庄公大败回国，还没喘过气，齐国大军又打上门来了，强令鲁庄公杀死公子纠，交出管仲。鲁庄公一看，大兵压境，不愿意为一个公子纠冒亡国的风险，就急忙下令将公子纠杀死，又叫人把管仲抓起来，准备送给齐国。谋士施伯对鲁庄公说："管仲是天下奇才，如果齐国用了他，富国强兵，对咱们是莫大的威胁，我看还不如把他留在鲁国。"

这时候，鲁庄公的心里只有国门外的齐军，哪里还敢把管仲留下重用？施伯话还没说完，鲁庄公说："那怎么行！齐桓公的仇人，我们反而重用，齐桓公是不会饶过我们的。"施伯说："您如果不用，那就干脆把他杀了，也免得齐国用他。"鲁庄公动了心，打算杀死管仲。

鲍叔牙派到鲁国去接管仲的隰朋，听说鲁庄公要杀管仲，慌了，急忙跑去对鲁庄公说："我们国君对管仲恨之入骨，非要亲手杀他才解恨。你们把他交给我吧。"鲁庄公只好将公子纠的头连同管仲都交给隰朋带回齐国。

管仲进了齐国的地界，鲍叔牙早就等在那里了。他一见管仲，如获至宝，马上让人将囚车打开，把管仲放了出来，一同回到临淄。鲍叔牙把管仲安排在自己家里住下，随后去向齐桓公推荐管仲。齐桓公说："管仲不就是射我衣带钩的那个家伙吗？他射的箭至今我还留着呢！我恨不得剥了他的皮，吃了他的肉，你还想让我重用他？"鲍叔牙说："那时各为其主嘛！管仲射您的时候，他心中只有公子纠。再说，您如果真要富国强兵，建立霸业，没有一大批贤明的人是不行的。"齐桓公说："我早已经想好了，在我的大臣中，你是最忠心、最能干的了，我要请你做相，帮助我富国强兵。"鲍叔牙说："我比管仲差远了，我不过是个小心谨慎、奉公守法的臣子而已，管仲才是治国图霸的人才哪！您要是重用他，他将为您射得天下，哪里只射中一个衣带钩呢！"

齐桓公见鲍叔牙这么推崇管仲，就说："那你明天带他来见我吧。"鲍叔牙笑了笑说："您要得到有用的人才，必须恭恭敬敬以礼相待，怎么能随随便便召来呢？"于是，齐桓公选了一个好日子，亲自出城迎接管仲，并且请管仲坐在他的车上，一起进城。

管仲到了宫廷，急忙跪下向齐桓公谢罪。齐桓公亲自把管仲扶起来，虚心地向他请教富国强兵、建立霸业的方法。管仲讲得一清二楚。两人越谈越投机，一直谈三天三夜，真是相见恨晚。齐桓公接着就任命管仲为相。

齐桓公称霸

管仲走马上任，改革内政。经过管仲的改革治理，齐国的经济、军事力量日益雄厚。齐桓公准备在诸侯中成为霸主。公元前681年，在管仲的建议下，齐桓公提出"尊王攘夷"的口号，借周王的名义来号令诸侯。齐桓公打出"尊王攘夷"这面旗帜，很适应当时的形势。周王室虽然逐渐衰落，不能对诸侯发号施令，但仍然有一定影响力。当时的夷、狄等少数民经常入侵中原，成为了各诸侯国的共同敌人。齐桓公正是利用这一点来取信诸侯，提高自己的威望。

在齐桓公提出"尊王攘夷"的口号不久，宋国发生内乱，原国君被杀死，新君刚立。齐桓公抓住这个机会，派人去见周王，让周王来过问宋国的君位问题。周王很高兴，就让齐桓公全权处理这件事。于是，齐桓公就约宋、鲁、陈、蔡、卫、郑、曹、邾等国，在公元前681年三月初到北杏开会。但实际到会的只有齐、宋、陈、蔡、邾五国。宋国新君又偷偷地提前跑了。对这次会盟，桓公大为不满。回国后，对那些不听号令的国家举兵征讨。首先被讨伐的是鲁国。两军对阵，鲁庄公看到大军压境，于鲁国不利，对齐示弱，两国商定在柯地会盟。鲁庄公带着随从曹沫来到柯地。当两国国君歃血为盟时，曹沫手提匕首，冲上台去，一把揪住齐桓公，大声斥责要他归还鲁国的土地。管仲建议齐桓公答应他的要求。这样，两国缔结了盟约。此事传出后，许多诸侯都称赞齐桓公仁德宽厚，有君子之风。紧接着，宋国也派人到齐桓公那里认错。齐桓公同意宋国入盟。这个联盟已有七个国家加入。这样，齐桓公逐渐成为中原各国的真正盟主。

此后，齐桓公又亲率大兵，打退了侵入中原的戎、狄势力，帮助燕国、卫国、邢国击退入侵之敌，把这几个国家拉入联盟。最后，齐桓公又率军逼退了欲北上争霸的楚军，齐桓公在诸侯中的威望更加高涨。

在齐桓公时代，齐桓公曾经九次会盟诸侯，其中，以公元前651年的葵丘之会最盛。那也是齐桓公霸主威望最高的时候。齐桓公之所以能够成为春秋五霸之首，管仲有很大的功劳，是他使桓公"九合诸侯，一匡天下"。

齐史疑觯　通高11.2厘米，口径8－6.6厘米，重0.24千克。
释文：齐史疑作祖辛宝彝。

唇 亡 齿 寒

齐国的西北边是晋国，晋的南面有两个小国家，一个叫虞（今山西省平陆县东北），一个叫虢（今山西省平陆县东南）。这两个国家山水相连，他们的祖先又都姓姬，所以相处得十分和睦。可是虢国的国君不自量力，经常到晋国边界闹事，侵犯晋国。晋献公老想发兵讨伐虢国，总没找到机会。有一天，他问大夫荀息："现在可以讨伐虢国吗？"荀息说："不行，现在虞虢两国关系很好，要是攻打虢国，虞国一定来援助。咱们一个对付他们两个，我看恐怕不能取胜。"献公说："照你这么说，只好眼看着虢国欺负咱们了？"荀息说："虢公喜欢玩乐，我们送些美女去，让他尽情享乐，不理政事，我们就可以乘机去攻打了。"献公依计而行。虢公见了晋国送的美女，果然什么都不干了，整日花天酒地，吃喝玩乐。晋献公又问荀息："现在可以攻打虢国了吧？"荀息说："可以。不过咱们要是去攻打虢国，最好不要让虞国来援救它。您可以给虞公送一份厚礼，向他借条路去讨伐虢国。这样一来，虢国就会猜疑虞国，虞国也就不会帮助虢国了。"献公说："我们刚刚给虢公送去美女，现在又说去讨伐他，虞公怎么肯信呢？"荀息说："这容易，您派一些人去虢国北部边界闹事，虢国一定要来责备咱们，咱们来个不认账，不就找到讨伐虢国的理由了吗？"晋献公就照荀息的主意办。虢国守边的官吏果然派人来质问。晋献公看到第一步成功了，就派大夫荀息出使虞国。

荀息见了虞公，先送上一双名贵的玉璧和一匹千里马。虞公是个贪心很重的人，见了礼物，眉开眼笑。手里玩着玉璧，眼睛盯着千里马，唯恐荀息再要回去。他问荀息："这些东西是贵国的国宝，天下无双，怎么会舍得送给我呀？贵国有什么事要我帮忙吧？"荀息说："敝国国君一向仰慕您的大名，很想和您结交，这点薄礼只是表示一点心意。顺便有点小事求您帮个忙。虢人多次侵犯我们边界，我们打算惩罚他们，贵国可不可以借一条道，让我们过去？如果侥幸打赢了，所有缴获，都送给您。"宫之奇说："虢虞两国好比嘴唇和牙齿，俗话说'唇亡齿寒'。如果没了嘴唇，牙齿就会受冻。虢国灭了，咱们虞国还能够生存吗？"虞公说："晋国连这么贵重的宝贝都送给我了，咱们连条道都舍不得借给他，未免太说不过去了。而且晋国比虢国强大十倍，就算失去了虢国，交上了一个强大的晋国做朋友，这还不上算吗？"宫之奇还想劝他几句，被大夫百里奚止住了。退朝以后，宫之奇问百里奚："您不帮我说几句，怎么反而劝阻我呢？"百里奚说："咳！给糊涂人出主意，好比把珍珠扔在道路上。反正国君是不会听的，再劝下去，说不定您还会有生命危险哪。"宫之奇料到虞国一定要灭亡，就带着全家老小悄悄地跑了。

周惠王十九年（公元前658年）晋献公派大将里克和荀息去讨伐虢国，当晋国的兵车经过虞国的时候，虞公对荀息说："为了报答贵国，我情愿率兵助战。"荀息说："您与其派兵助战，不如将下阳关献给我们。"虞公莫明其妙地说："下阳是虢国的土地，我哪有权献给你呢？"荀息说："我听说虢公正和犬戎交战，胜负未定，您假装前去助战，他们一定会放您进去。您把兵车都装上我们晋兵，只要他们一开城门，下阳关不就是我们的了吗？"虞公言听计从，果然帮助晋军拿下了下阳关。晋军又乘胜前进，在周惠王二十二年（公元前655年）灭了虢国。里克将俘获的歌女和抢来的财宝分了一些送给虞公，虞公更高兴了。里克把大军驻扎在虞国都城外，说休息几天再回去。

一天，忽然守门的人跑来报告："晋侯来了，正在城外。"虞公急忙备车，到城外欢迎。晋侯约虞公到箕山打猎，虞公为了显示自己的排场，将城中的兵马全部调出，跟随自己去打猎。正玩得高兴，百里奚气喘吁吁地跑来说："听说城里出事了，您赶快回去吧。"虞公刚到城边，只见城楼上一员大将，威风凛凛，朝虞公喊道："您好啊！前次蒙您借给我们一条路，这次又蒙您借给我们一个国家，谢谢您了！"虞公大怒，便想攻城。不料城头上箭如雨下。又听人喊："晋侯大军到了。"这时候，虞公如梦初醒，悔恨交加，回头看到百里奚还跟着自己，便说："当初您怎么也不劝劝我呢？"百里奚说："您连宫之奇的话都听不进去，还能听我的吗？"

正说着，晋献公到了，他笑嘻嘻地对虞公说："我这次来，就是为了取回我的玉璧和千里马的！不过我也不能忘记您借道给我的好意，另外送给您一匹马和一块玉璧吧。"愚昧而贪婪的虞公就这样把国家断送了，自己也当了晋国的俘虏。唇亡齿寒，多么深刻的教训啊。

流亡公子重耳

晋献公的夫人死后，他便立最宠爱的骊姬为夫人。骊姬为立自己的儿子奚齐为太子就逼死了太子申生，并且要阴谋杀害比奚齐年长的公子重耳和夷吾。重耳和夷吾只得分别逃到国外去避难。

晋献公死后，秦穆公帮助公子夷吾于周襄王二年（公元前650年）回国当了

国君，就是晋惠公。

晋惠公在执政的第十四个年头时得了重病，不能临朝。太子圉本来是留在秦国做人质的，听到这个消息后，生怕君位被人抢走，便乘天黑逃回晋国。晋惠公也担心公子重耳回国抢夺君位，于是听从了大夫郤芮的计策，打发一个叫勃鞮的人去刺杀重耳。

重耳逃离晋国以后，在狄国住了有十二年。晋国有才能的人，像狐毛、狐偃、赵衰、魏犨、介子推等人都跟随他。有一天，狐毛、狐偃兄弟俩接到父亲狐突的信，信上将勃鞮将要刺杀公子重耳的消息透露出来。他们赶快告诉重耳。于是大家匆匆赶奔齐国。

从狄国到齐国，必须经过卫国。卫文公却不放重耳进城，他们只好绕着道走。一路上无依无靠，又没有干粮，只好沿路乞讨。

一天，正当他们饥饿难忍地走在路上的时候，看到远处大树下一伙农夫正在吃饭。重耳叫狐偃向他们要点吃的。衣不蔽体的农夫们望着这群贵族打扮的人说："我们哪里有吃的！连野菜都吃不饱，哪有多余的送人呢？"另一个农夫将地里的一大块泥土送到重耳面前说："这个给你吧。"重耳大怒，拿过马鞭，就要打那个农夫。狐偃看到农夫们一个个怒目相视，急忙劝阻说："要弄点粮食不难，要弄块土地恐怕就难了。老百姓送给我们泥土是好兆头啊！这是上天借他们的手给我们的恩赐，得土意味着得国啊！"重耳只好忍气上车，向前赶路，最终来到了齐国。

齐桓公听说重耳前来投奔，不仅给予了热情的招待，还把本家的一个美女齐姜嫁给重耳做夫人。重耳非常感激，更加敬佩齐桓公。他们在齐国一住就是七年。周襄王九年（公元前643年）齐桓公死了，齐国的五个公子争夺君位，国势渐渐衰落下来。跟随重耳的几个人商量要离开齐国。

可是，已经过惯安逸生活的重耳再也不想离开齐国了。即使狐毛等人想见他，也很不容易，大家对此十分发愁。狐偃说："诸位不要着急。要让公子振作起来，我倒有个办法。"赵衰说："你有什么妙计？"狐偃说："这里不是说话的地方。"便把几个人叫到了城外的桑林深处。狐偃说："现在不离开这里不行了！大家回去把行李准备好，等公子一出来，咱们就说请他去郊外打猎，等出了城他也就没办法了。只是不知上哪国去好。"赵衰说："宋国总想做霸主，他们很需要人，咱们投奔宋襄公试试。万一不行，再回秦国或者楚国去。"狐偃又说："宋国大司马公孙固是我的朋友，我看可以到宋国去。"于是他们就分头去准备。哪料到齐姜的几个使女正在树上采桑叶，偷听了他们的谈话，回去后就一五一十告诉了齐姜。齐姜怕使女们走漏消息，把她们杀了，然后对重耳说："听说您要离开齐国了？"重耳说："谁说的？这里挺舒服，有你陪伴着，我还到哪儿去？"齐姜劝他说："您放心走吧！一味贪图安乐，会把您毁了。再说，晋国现在正处于动乱时期，公子乘这个机会回国，一定能够得到君位，创立霸业。"可重耳还是不听。

第二天天刚亮，赵衰、狐偃来叫重耳。重耳还在酣睡。齐姜把狐偃叫了进来，问他有什么事。狐偃就说想请重耳去打猎。齐姜说："你们不要瞒我了。你们商量的事，我都知道了。我很敬佩你们一片忠心，我也曾劝过公子，可是他不听。这次，我一定帮助你们。今天晚上，我请公子喝酒，将他灌醉。你们乘天黑，把他拉出城去。"狐偃见齐姜如此深明大义，不禁肃然起敬。

当晚，齐姜在宫中，请公子喝酒。席间，齐姜又劝重耳返回晋国。重耳很生气，放下酒杯不喝了。齐姜怕事情弄僵，笑着说："算了，算了，要是走呢，那是公子的志气，这酒就算送行；要是不走呢，那是公子对我的一片深情，这酒就算表示我对您的感谢。来，让我们开怀畅饮吧！"重耳转怒为喜，一杯接一杯地喝起来，加上齐姜不断劝酒，不一会儿就醉得不省人事了。齐姜急忙派人去叫狐偃等人把重耳抬上车，连夜出城。等重耳醒来时，已经离城五六十里了。但事到如今，重耳也无可奈何，只好和大家一起上路。

重耳等人先来到曹国。但曹共公和他手下大臣都是只图享受之徒，没有理睬重耳。所以，重耳只在曹国住了一夜，第二天就动身去宋国了。宋襄公在泓水之战中战败，但称霸之心还没有死，总想找几个能人帮助他，重整旗鼓，报仇雪恨，听说重耳来投奔他，立即用国君的礼节招待重耳。可是宋襄公心有余，力不足，也无法帮助重耳回国继位。狐偃等人只好告别宋国君臣，来到了楚国。

楚成王非常隆重地欢迎重耳，用招待国君礼节招待他，对他十分恭敬。重耳经常想回晋国这件大事。有一天，两人谈得正高兴，楚成王问重耳："公子如果回到晋国，怎样报答我呢？"重耳想了想，说："如果我能够回到晋国，一定和楚国和睦相处，将来万一两国打起仗来，我一定命令晋军退避三舍，来报答您的恩情。"一听这话，楚成王更器重重耳了。

这时候，秦穆公正各处打听重耳的消息，听说他在楚国，马上派人去接。重耳听了到这个消息很高兴，他知道秦国力量很强，送他回国不成问题，但他为了讨好楚成王，故意说愿意留在楚国而不愿去秦。楚成王说："可别这么说，楚国离贵国远，中间隔着好几个国家，秦国和贵国紧挨着，早晨出发晚上就到了。再说秦伯恨晋君，他一定

会尽力帮助您的。不要犹豫了，快去吧。"重耳便告别了楚国，带着一行人向秦国奔去。

重耳到了秦国，秦穆公热情招待，还把女儿怀嬴改嫁给重耳。

此时晋惠公已死，继位的怀公（即公子圉）日夜担心重耳回来抢夺君位，下令凡是跟随重耳的人，三个月内必须回来。过期不归，或者在国内的父兄不叫他们回来，一律处死。狐毛、狐偃兄弟二人的父亲因此被杀。重耳将这事告诉了秦穆公，秦穆公说："这是天赐良机，不可错过，我亲自带兵送你们回国。"

周襄王十六年（公元前636年），秦国大军到了黄河。秦穆公派公子絷带兵护送重耳过河，自己带兵留在黄河西岸，作为接应。

公子絷护送重耳过河之后，一连打下好几座城。晋军大将吕省、郤芮也投降了重耳。晋怀公弃城逃跑，不久被人刺死，晋国的文武大臣拥立重耳为国君，就是晋文公。

晋文公从四十三岁起逃难，到即位的时候，已经六十二岁了，在外颠沛流离整整十九年。长期的流亡生活，使重耳和他手下的那班大臣，磨炼了意志，增加了见识，增长了政治才干。重耳执政后，注意整顿国内政治，发展生产，安定人心，晋国很快就强盛起来了。

晋文公退避三舍

晋文公把晋国的内部事务安顿好，眼看着国家一天天强大了，就开始向中原地区发展了。这时，齐国已经衰落，南边的楚国却强大起来，黄河以南的大片土地都成为楚国的势力范围，楚成王还不断把自己的势力向北渗透。这样一来，晋楚两国的矛盾和冲突就变得越来越尖锐。

周襄王十八年（公元前634年），楚国借宋国投靠晋国为名，派兵攻宋。宋成公派人到晋国求救，晋文公召集群臣商议对策。大将军先轸说："现在能和晋国抗衡的只有楚国，主公想称霸诸侯，就一定要打败楚国。"狐偃等人都同意先轸的意见，还说："楚国不久前刚把曹国拉过去，又和卫国结成亲家，现在他们三国正是关系最好的时候，曹、卫两国与我们积怨甚久，我们只好先出兵去攻打这两个国家，楚国一定会去救，这样一来，宋国的围就可解了，我们的仇也报了，岂不一举两得吗？"这个意见得到大家的赞同，晋文公决定出兵。

周襄王二十年（公元前632年），晋国出兵讨伐曹、卫。晋军人多势众，军纪严明，没几天就打下了这两个小国。但楚国还是围着宋国不肯撤兵。晋文公感到十分为难，他对先轸说："如不援救宋国，他势必与我们一刀两断。要去救他，又免不了与楚国有一场恶战，而光靠我们自己的力量未必就能打败楚国，最好能联合齐、秦两国一起攻楚。只是齐、秦素来与楚无怨，怎样才能让他们帮我们呢？"先轸说："这有何难？让宋国用贵重礼物贿赂齐、秦两国，请这两国为宋说情，求楚国退兵。如果楚不同意退兵，齐秦就会认为不给他们面子，到那时，我们联合他们去攻打楚国，准保能成。"

过了几天，齐秦两国的使者正在楚国大将军成得臣面前替宋国说情，只见有人来报说宋国仗着晋国的势力，把曹、卫两国的土地都占了。成得臣一怒之下说道："宋国这样欺负我们的保护国，明明是看不起我们楚国，还有什么和好讲。"齐秦两国使者弄了个没趣，只好离去。晋文公早就派人等在半路上，把两位使臣请到晋军大营之中，设宴款待，对他们说："楚国将领太狂妄了，当面羞辱二位，我们马上就要向楚开战，请你们两国多多协助。"两位使臣当即同意。

楚成王一听说晋、齐、秦三国联盟，感到势力有些单薄，就派人通知成得臣退兵，并对他说："晋侯在外奔波多年，现在都六十多岁了，很有经验，我们未必打得过，不如尽早收兵吧。"成得臣却回答说："拿下宋国只不过是早晚的事了，现在撤兵太可惜，请主公再准我打几天，战胜了宋国再班师回朝。"

成得臣为早日取胜，加紧攻打宋国，却不断遭到宋国军民拼命抵抗，楚军一时也攻不进城去。这时晋文公又设计使曹、卫两国写信与楚断交，并把成得臣的使者扣下。这一来把个火爆脾气的成得臣气得七窍生烟，令三军立即解除对宋国的包围，集中兵力与晋军直接作战。

这时晋军的力量虽稍弱于楚军，且又远离本国作战，但已占领曹、卫两国作为前进的基地，况且齐、秦已与他结成联盟，从而也很有实力。当晋、楚两军直接相对，正要开战时，狐偃对晋文公说："当初您在楚国为客时，曾对楚王说，万一交战，晋军一定退避三舍。现在可不能失信啊。"晋文公听了不语，身边的部将都纷纷反对。狐偃又说："成得臣虽猖狂，但楚王的恩情我们不能忘。我们退避三舍正是对楚王表示谢意，并非怕成得臣啊。"大家听狐偃讲得有道理，就同意了。

楚军见晋退兵，以为晋军害怕了，就在后面追。晋军将士奉命撤退，见楚军这样气盛、猖狂，不由得暗下决心，一定要打败楚军。晋军一退就是九十里，待扎下营来，成得臣派人送的战书也就到了。第二天两军对垒，都想借此一仗置对方于死地。

交战开始，晋军主帅先轸派三军中的下军去攻由陈、蔡联军组成的楚军中的右军。这是一个薄弱环节，晋军一个冲锋就将陈蔡联军击溃了。接着先轸又命上军主将狐毛假充晋军主帅，迷惑对方。楚左军主将斗宜申看见晋军主帅旗帜，便马上指挥兵士冲杀过来，狐毛抵挡几下假意败逃，斗宜申不知是计，紧紧追赶。眼看就要追上，忽听一阵鼓声，晋军主帅先轸率精锐部队拦腰杀出，狐毛也率队反击，两边夹击，楚军顿时慌乱。成得臣见势不好，急令收兵，才幸免全军覆没。

楚军战败的消息传到了楚成王耳朵里，他本来就不满成得臣一意孤行，现在又看伤亡惨重，不由得大骂道："随他出征的战士死亡这样多，他还有什么脸回来！"成得臣听到此话，羞愧万分就自杀了。

晋军大胜的消息传到洛阳，周襄王派人慰劳晋文公。晋文公把俘获的一千名楚兵和一百辆战车献给周王。周王又赐给晋文公红色弓箭和黑色弓箭各一百张。在那个时候，周天子赐弓箭给诸侯，是种很高的奖赏，表示允许这个诸侯自由征伐其他诸侯。这时，晋文公在诸侯中的威望很高了，他借此机会会合诸侯，歃血为盟，当上了霸主。

秦晋崤之战

周襄王二十四年（公元前628年），晋文公和郑文公都去世了，秦穆公就想借此机会打败晋国，自为霸主。他对周围的谋士说："我几次帮助晋国平定内乱，连他们的国君都是我立的，理应由我担任诸侯的首领。只因晋国打败了楚国，我才把首领的位子让给重耳。现在重耳已经死了，我还犹豫什么，到了与晋国一争高低的时候了。"他派孟明视为大将，西乞术和白乙丙为副将去打晋国。

孟明视率大军先灭了一个叫滑的小国，抢到大量珠宝、粮食和衣物，然后到了渑池（今河南省渑池县）。白乙丙对孟明视说："这里靠近崤山，地形复杂，我们一定要小心啊。"但孟明视并不以为然，他认为秦军强大，没人敢来袭击。走了一段路，前面来人报告说路被乱木挡死了。孟明视到前面一看，只见横七竖八的木头堆在路上，上面还竖着一根三丈多高的旗杆，旗上大大一个"晋"字。孟明视虽然有些警惕，但还是命士兵放倒红旗，搬开乱木前进。

岂料秦军刚放倒红旗，顿时鼓声大作，晋军从四面山野中杀了出来。前有堵截，后有追兵，秦军走投无路，只好回到堆乱木的地方。谁知晋军早在那些木头上洒了硫黄等引火物，只等秦军一退到这，就把火点燃了。山谷顿时变成了火海。秦军争相逃命，死伤不计其数，孟明视、西乞术和白乙丙三员大将也成了俘虏。

晋襄公一见晋军大胜，十分高兴，准备把秦军的三员大将杀了，用他们的头来祭祖先，庆胜利。晋襄公的后母是秦穆公的女儿，她听说此事非常着急，便对襄公说："秦晋两国本是亲戚，关系不错，可别为杀这几个人伤了两家的和气。现在秦军大败，秦君一定怨恨他们，不如把他们放回去，让秦君自己去处置他们，省得我们落个杀人的坏名声。"晋襄公听她说得有理，便把孟明视等人放了。但后来又后悔了，就又派人去追。等追兵赶到黄河边上，孟明视三人坐的船刚离岸。追兵无船，只好作罢。就这样，孟明视、西乞术和白乙丙捡了条命，活着回到了秦国。

秦穆公听说孟明视、西乞术和白乙丙三人侥幸逃回，就穿着丧服，亲自去城外迎接他们。孟明视等人见到秦公，赶忙跪下请罪。而秦穆公非但没责备他们，还自己承担了责任，希望他们不忘国耻，奋发图强。孟明视等人见秦公并未怪罪他们，仍然叫他们掌握兵权，十分感动，决心戴罪立功。以后他们招兵买马，训练军队，经过一年的努力，孟明视认为秦国军队又具有打败晋军的实力了。周襄王二十七年（公元前625年），孟明视向秦穆公请求，率兵攻打晋国。得到同意后，孟明视、西乞术和白乙丙三位将军率领四百辆兵车出发了。

晋国早料到秦国不会甘心的，也早做了准备，派出迎战的大军。两军相遇，只一战，秦军又败下阵来。孟明视本以为这次可以取胜，没想到又吃了败仗，觉得这回可没脸见秦穆公了。可没想到，秦穆公并没责备他，还让他继续掌握兵权，这使他十分感动。

经过两次失败，孟明视开始在自己身上找原因。他意识到自己的指挥才能不够，训练军队和作战的方法都有缺陷。于是，他变卖家产，抚恤阵亡将士家属，亲自操练军队，与士兵同吃同住，同甘共苦。就在他正紧张训练军队的时候，晋襄公派大将先且居（先轸的儿子），率领晋、宋、陈、郑四国军队进攻秦国了。面对士气高昂的四国联军，孟明视十分沉着。他认为秦军尚未充分准备好，不能应战，命令紧闭城门，加紧操练。很多秦国人都认为孟明视输怕了，变成了胆小鬼，建议解除他的兵权。秦穆公却对大家说："孟明视一定能打败晋军，咱们等着看吧。"

周襄王二十八年（公元前624年），经过孟明视等将军的严格训练，秦军已经是一支兵精将勇、英勇顽强的军队了。孟明视认为讨伐晋军的时候到了，他请求秦穆公亲自挂帅出征，并且发誓说："如果此次出征不能获胜，我决不回来见家乡父老。"秦穆公下令给出征的军队五百辆兵车，配备精良的兵器和充足的粮食，又拨给出征兵士家属一批粮食和钱财以解士兵后顾之忧。经过充分的准备，秦穆公、孟明视率大军浩浩荡荡地奔向晋国。

秦军过了黄河，孟明视下令烧了渡船，表示不获胜利决不生还。孟明视亲自担任先锋，一路上势如破竹，没几天就把过去被晋军抢占去的城池收了回来。消息传到晋国都城，朝野上下一片惊慌，群臣见秦军如此凶悍，都建议回避一下，不要与秦军作战，连大将先且居也不敢迎战。晋襄公无奈，只好命令晋军坚守，不得同秦军交战。

秦军在晋国的土地上往来驰骋，犹入无人之境，晋军不敢迎战。秦穆公见失地已收复，也打下了晋国的威风，憋了三年的气总算出了，就率领大军到崤山，当年晋军堆乱木树红旗的地方，将上次阵亡将士的尸骨埋好，并亲自祭奠一番。孟明视、西乞术和白乙丙跪在地上，大哭不止。将士们看了都很感动。

一鸣惊人楚庄王

楚成王在城濮之战败后不久，便被他的儿子商臣害死了。商臣就是楚穆王。他不甘心失败，加紧操练兵马，发誓要和晋国决一雌雄。可天不遂人愿，正当他雄心勃勃，准备大干一场的时候，突然得暴病死了。他的儿子旅即位，就是赫赫有名的楚庄王。

晋国便趁着楚国国丧之机，积极拉拢其他诸侯国，发展壮大自己的势力。大臣们心急如焚，可楚庄王却不以为意。且即位三年来，只知沉迷于吃喝玩乐，而不理政事。

有一天，大夫伍举来见楚庄王。楚庄王手里端着酒杯，嘴里嚼着鹿肉，醉醺醺地在欣赏歌舞。他眯缝着眼睛问道："大夫此来，是要喝酒呢，还是想看歌舞？"伍举心情沉重地说："有个谜语，我怎么也猜不着，特来向您请教。"楚庄王一边喝酒，一边说："什么谜语，这样难猜？你说说看。"伍举说："楚国京城，有只大鸟，五彩缤纷，美好多娇；整整三年，不飞不叫，满朝文武，莫名其妙。请您猜猜看，这究竟是只什么鸟？"楚庄王一听，心里明白伍举的意思，笑着说："我猜到了。这可不是只普通的鸟。这只鸟啊，三年不飞，一飞冲天；三年不鸣，一鸣惊人。你等着看吧。"伍举也明白了楚庄王的意思，他高兴地退了出去。后来又经大夫苏从冒死劝谏，楚庄王终于决定要干一番事业。

他首先整顿内政，起用有作为的人，把伍举、苏从提拔到关键的职位上去。

并将权力过大的人进行权力分化，以防其专政谋反。

另一面扩充军队，加强训练，准备和晋国决战，报城濮之战的仇。他即位的第六年，出兵灭了庸国（今湖北省竹山县一带）；打败了宋国；第八年，又打败了陆浑（今河南嵩县北部）的戎族。楚庄王还在周朝的边界上阅兵示威，吓得周定王赶忙派大臣王孙满去慰劳。楚庄王见了王孙满，头一句话就问周朝京城宗庙里的九鼎有多重。这九鼎是天子权力的象征，问九鼎的重量，实际上就是对周天王地位的威胁。经过这一番耀武扬威，楚国的势力和声威大大振作起来。

然而，在楚国国力日益强盛之时，国内的不稳定因素也同样存在。即周定王二年（公元前605年），大臣斗越椒趁庄王讨伐陆浑的时候谋反，后来在漳水这一地方进行了一场大战，最终斗越椒被箭射死，楚军大胜。后又经多年的发展，楚庄王认为已经准备充分，决定挥兵北上，同晋国争霸。

周定王九年（公元前598年），楚庄王趁陈国国内乱的机会，派兵降服了陈国。第二年，楚庄王亲自率领大军去攻打郑国。陈、郑都是晋国的保护国，楚国出兵陈、郑，就是向晋国挑战，不承认晋国的霸主地位。

晋国当然不甘示弱。这一年的夏天，晋景公派荀林父为大将，先轸的孙子先縠为副将，率领六百辆兵车，去援救郑国。大队人马到了黄河边上，探子报告，郑国已经投降，楚国正在往回撤兵。荀林父一听到这消息，便决定退兵，而先縠却意气用事，仗着自己是将门之子和刚愎自用的赵同、赵括兄弟领兵过河，直朝楚军攻去。

楚庄王听说晋军已经渡过黄河，便召集部将们商量对策。令尹孙叔敖主张同晋军讲和，然后退兵；一批年轻的将士都主张战斗。楚庄王一时拿不定主意。有一个叫伍参的小臣向楚庄王分析了晋军内部各派系的分歧，指出其上下不同心的缺点，认为此战必定能获胜。楚庄王听伍参分析得入情入理，便下令楚军摆开阵势，将战车一律朝向北方，准备出击。

孙叔敖见晋军有六百辆兵车，实力雄厚，便建议庄王先派人和晋国讲和，如果此计不通再打也不迟。楚庄王接受了这个建议，派蔡鸠居出使晋军。荀林父表示同意讲和，并且提出双方同时退兵。蔡鸠居完成了使命，准备返回楚营。谁知出来时，在营帐外碰到先縠和赵氏兄弟俩，他们表示决不讲和，并对蔡鸠居极力挖苦、侮辱，并含沙射影对楚庄王及楚国进行讽刺。

蔡鸠居跑回楚营，把他受侮辱的情况向楚庄王讲了一遍。庄王大怒，问："谁敢打头阵，给晋军点厉害瞧瞧？"大将乐伯挺身而出，跨上战车，直奔晋军大营，见到晋兵，也不说话，举箭便射，一连三人中箭而倒。晋军见楚将杀人，分三路追击。乐伯左右开弓，连射几匹战马和几个士兵且箭无虚发，吓得晋军谁也不敢再追，眼睁睁地看着乐伯跑回楚军大营。

荀林父见楚军来挑战，急忙又派魏锜去讲和。荀林父怎么也没有想到，这个魏锜是个小人，竟因晋景公没有封他做大夫，一直心存怨恨，故意将求和之事反向处理，向楚军下了战书。回来后对荀林父说："楚王不同意讲和，一定要决一胜负。"

更意料不到的事情发生了。晋将赵旃自恃本事不凡，总想立名，便在晚上趁黑带兵去偷袭楚军，不小心却被发现了，楚庄王亲自率兵追击，弄清情况之后，楚军决定趁机直攻晋军大营。霎时间，鼓声如雷，车马飞驰，楚军将士争先向晋国军营冲去。晋军将士睡得正酣，一点没有准备。荀林父听到鼓声，急忙下令抵抗。两国军队在邲城（今河南郑州东）郊外大战起来。晋兵刚从梦中惊醒，一时之间，仓促应战，士气不振，抵抗不力。而楚军一鼓作气，往来冲杀，没多大工夫，就把晋军打得溃不成军了。

荀林父带着残兵败将，仓皇逃走。逃至河边，船少人多，你争我夺，自相残杀。船上的人满了，后来的人攀住不放，把船弄翻了不少。先縠站在船上，喊道："谁再攀住船不放，用刀砍他的手。"于是那些船上的士兵举起刀来，砍那些攀船的人，手起刀落，鲜血淋漓，河水都染红了，真是惨不忍睹。

楚庄王率领楚军开进邲城。有人请他乘胜追击。楚庄王说："楚国自从城濮之战败给晋军，就不敢和晋国争锋，这次胜利，足以洗刷掉以前的耻辱了！晋、楚皆为大国，早晚总得讲和，何必赶尽杀绝呢？"于是，下令楚军立即收兵，放晋国官兵渡河回去。

邲城一战，拥有六百辆兵车的晋国大军，一夜之间，几乎全军覆灭。三年不鸣的楚庄王终于一鸣惊人，他继齐桓公、晋文公、秦穆公之后，也当了霸主。

伍子胥鞭尸雪耻

伍员即伍子胥，他逃离郢都后，一路跋山涉水，受尽了苦难，他听说太子建在宋国，就逃到了那里。但是当时正值宋国内乱，他俩就逃到了郑国，尽管郑定公对他们很客气，但郑国国力不能对抗楚国，于是他们又离开郑，来到晋国。

楚国和晋国都是大国，向来有仇，晋国于是打算借太子建灭掉楚国。伍员和太子建就准备逃走，这事又被晋国的国君知道了，就杀了太子建。伍子胥好不容易死里逃生。

他决定去楚国的宿敌吴国，他要到吴国，必须要经过楚国边境昭关。他化装来到这里，看见城墙上悬赏捉拿他的画像，只好转身逃走。

伍子胥正跑着，不料前边大江拦住去路，眼看后边追兵已到，情急之中，忽然发现芦苇荡中有一条小船，他急忙跑到船边，请求艄公救他，那老人将他渡过了长江。为了感谢这位老人的救命之恩，他将祖传的宝剑赠与老人。那老人哪里肯受，说："楚国有命令，捉了你可以赏给粮食五万担，这一把宝剑哪里抵得上！"伍子胥跪在老人面前，深行一礼后离开。

伍子胥来到吴国。吴王僚觉得他谈吐高雅，相貌不凡，就重用了他，封他为大夫。

不久，吴楚两国因边境地区的人民发生冲突而爆发了大规模战争。吴王派公子光率领大兵浩浩荡荡开赴边境，一举扫灭了钟离和居巢，并且直逼楚国的腹地，楚军害怕，急忙撤军。

此时吴国宫廷内部充满了明争暗斗，公子光一心想当国王，到处招兵买马，想有朝一日代吴王僚而立。在攻下居巢的时候，伍子胥曾经劝公子光乘胜追击。但是公子光私下里对吴王说："我看不可再向前进发，伍子胥的父兄都被楚王杀害，他们是想借机报仇，但是对我们吴国却没有好处。"吴王就听从了他的话。

伍子胥觉得在这样的人身边，有可能不但报不了仇，还要惹来杀身之祸，就请求离开宫廷，到山间去种地。公子光一直把他当做夺取王位的重要人物，当然不会同意。伍子胥想出了一箭双雕之计，向公子光推荐了自己的好朋友专诸，这样既可以使自己脱身，又可以监视宫廷动向，而且专诸很令公子光满意，于是公子光也同意了。

公元前516年，楚平王去世，吴王僚立即派大将盖馀、烛庸领兵去攻打楚国，还让他的叔父季札到晋国去观察诸侯的反应。结果吴军被楚军围困。此时在吴国的公子光见吴王僚的亲信都不在京都，就和专诸商量决定马上动手，取代吴王僚而立。

在四月的一天，公子光的行动开始了，他先将大量的武装勇士埋伏在地下室，再把吴王邀来饮酒。吴王最近就觉得公子光的行动反常，对他存有戒心，就带了许多士兵去参加宴会，公子光的住宅的前前后后都站立着他带来的

伍子胥　春秋末期吴国大夫，军事家、谋略家。名员，字子胥。春秋时楚国人。封于申地，故又称申胥。

吴王光鉴　春秋晚期吴国水器。因吴王光（阖庐）故名。1955年出土于安徽寿县蔡侯墓，高35厘米，口径59厘米。现藏于中国国家博物馆。

士兵，这些手执兵器、严阵以待的士兵使公子光感到了下手的困难。

公子光灵机一动忽然说自己的脚很疼，要出去治疗一下，马上就回来。他来到了地下室，见到了他的士兵们。这一切都在吴王的意料之外。

公子光在一条红烧鱼里藏上一把刀子并让专诸送给吴王。吴王还在夸这条鱼怎么这么大，专诸眼疾手快，从鱼中拔出刀子，一刀刺死了吴王。吴王带来的士兵见吴王被杀，立即刺死了专诸。这时地下室里的公子光的士兵一起出来，消灭了吴王带来的卫士。

于是公子光当上了国王，这就是吴王阖庐，他是战国后期一位著名的历史人物。为了感谢专诸的相助，他就把专诸的儿子封为国卿。

在这场宫廷之变中伍子胥也发挥了重要的作用，所以阖庐也给他封了官，专门负责吴国的外交，并且参与谋划国家的大事。那些派往外面攻打楚国的人，如盖馀、烛庸等看吴王僚已死，也不敢回国，到别的国家逃命去了。

阖庐当政不久，就和伍子胥、伯嚭等率领大军攻打楚国，收复了舒邑，并将吴国两个在外面逃亡的公子杀死。他们要攻占楚国的国都郢都，随同他们一同来的大将军孙武认为他们当时兵力还较弱，不足以战胜楚军，于是吴军便撤回了。

公元前506年，吴国联合唐国和蔡国，大举进攻楚国。孙武为大将军，负责统帅联军。这次进攻吴国几乎是出动了全国所有的兵力，吴王在誓师大会上说，胜败在此一举。他们兵分几路，向楚军阵营开去，大军一直到达汉江。楚军也动员全国的兵力予以抵抗，双方就在汉江两岸摆开了战场。经过多次激烈的战斗，吴军最后取得了胜利。

胜利之后，孙武率领大军挥师直下，一直打到楚国的首都郢都，楚昭王仓皇出逃，吴国占领了郢都。伍子胥回到了自己的祖国，他想到父亲和兄长惨遭楚平王的杀害，不由泪流满面，他亲自率领军队去追赶楚昭王，但是没有抓到。盛怒之下，他回到了郢都，刨开了平王坟墓，拖出他的尸体，用钢鞭狠狠地抽打。

这时，吴国的全部兵力几乎都在楚国，吴国的老对手越国趁这个机会，出兵攻打吴国，吴国感到国力空虚，只好退兵回国。

吴王阖庐回国以后，提拔了伍子胥和孙武，吴国的国力也空前强大起来。

吴 越 争 霸

公元前496年，吴王阖庐亲率大军征讨越国，双方大军在今浙江嘉兴一带展开了激战。最终，越国取得胜利，吴军大败，倒退了几十里。吴王在仓皇出逃中腿部被毒箭射中，当天创伤发作而死。

阖庐临死，吩咐立太子夫差为王，并嘱咐他一定不要忘记杀父之仇。

夫差当了吴王，任命伯嚭为太宰，总理国家大事，重用伍子胥等人。他时刻不忘父亲临死时的话，精心治理国家，训练军队，网罗大量贤人，经过三年的努力，吴国的力量大增。伍子胥认为时机已成熟，就劝说吴王攻打越国。

于是夫差亲率精兵，攻打越国，在夫椒大败越军。越王勾践带着五千残兵败将逃到会稽山上。夫差立即将其团团包围。

吴王夫差矛　春秋吴国兵器，1983年出土于湖北省江陵县楚墓。通长29.5厘米。铭文：吴王夫差自作用乍。现藏于湖北省博物馆。

走投无路的越王勾践只好听从范蠡的建议，派文种带重礼去求和。文种来到吴军阵中，跪在夫差面前，行臣子之礼，并说勾践愿做夫差的臣子，勾践的妻子愿意做仆人，为大王日日夜夜服务。

夫差听完，十分得意。伍子胥知道吴王爱慕虚荣，又缺乏远见，就对他说："寇不可养，敌不可纵，吴国的力量现在并不是很强，如果放弃了这个机会，日后一定会后悔的。况且勾践的为人十分阴险，如果留他，必有后患。"夫差听他这么一说，也不敢答应了。

勾践见求和不成，便想拼死突围，结果被文种劝阻。于是勾践又派文种带重礼买通了伯嚭，又为夫差送上了许多美女。夫差见到这些美女眉开眼笑，再加上伯嚭在一旁的劝解，就同意了议和，退兵而去了。

伍子胥看着向后撤退的大军，眼泪止不住流下来，说："吴国不久就会被越国灭亡的"。

勾践从会稽回到国内，整天忧心苦思，尽心治国，食不甘，睡不眠。他将一枚很大的苦胆挂在自己的座位旁边，吃饭之前，总先要尝尝这苦胆提醒自己不要忘了会稽之辱。

勾践一方面让范蠡到吴国做人质，另一方面让文种总理国政，休养生息，

招贤纳士。就这样，经过了七年，越国的力量大增，越王勾践觉得时机已经成熟，就准备向吴国报仇，但大夫逢同却建议勾践再等良机，待吴国和其他国发生争战时再消灭他。勾践认为有理，便采纳了。

又过了两年，吴王夫差不听伍子胥的劝告，出兵讨伐齐国，结果大胜，为此更加得意扬扬。而伍子胥更加忧虑不堪。

这些事情越国人都看在眼里，文种说："夫差太骄纵了，我们可以向他借一些粮食来试探一下他对我国的态度。"勾践认为他的办法不错，就派文种到吴国去，以越国遭受粮荒为由，要吴国借一点粮食给他们，夫差觉得这是小事，就准备答应，可是伍子胥却不同意，但是吴王认为他老了，不中用了，根本不听他的劝告，借给了越国很多粮食。

伍子胥慨叹道："三年后，吴国将会变为一堆废墟。"这话给伯嚭听到了，就在夫差面前说他的坏话。夫差一气之下就把他派到齐国去。伍子胥在到齐国之前，就把儿子托付给好友鲍牧教养。伯嚭等又利用这一问题离间夫差与伍子胥的关系，夫差听到后大发雷霆，等到伍子胥从齐国回来，就派人赐给他一把"属镂"剑，让他自己结果自己。

伍子胥拿着那把剑，知道他所预料的事到了，他来到夫差面前，大笑道："你这个昏君不明真相，我帮助你父亲成了霸业，又拥你为王，你当初要把江山分一半给我，我没接受，可没过多久，你就听信谗言，要加害于我，我老了，死又何足惜，我为我们吴国的未来在心里痛哭。你这个昏君，吴国就毁在了你的手中。"又对旁边他的下人说："我死后，把我的眼睛挖下来，挂在都城的东门上，我要亲眼看看越国的将士是怎样进城的。"

说罢，拿起剑向着自己的胸膛猛地一刺，倒在了血泊中。

伍子胥死后，又过了四年，越国的力量足以和吴国抗衡了，于是勾践动员全国民众讨伐吴国，以雪国耻。

吴国人做梦都没有想到，越国怎么有这么多的军队，勾践率领几十万大兵向吴国进发，在骄纵的国王夫差的统治下，吴国的军队失去了起码的战斗力，根本就不堪一击，节节败退，越军长驱直入，将吴王夫差一直赶到姑苏山上。

走投无路的夫差派大夫公孙雄下山求和。公孙雄全裸着身子，背上背着荆棘，跪在地下向前爬行，一直爬到勾践的面前，说："无路可走的夫差派我来给他传递他的心里话，他以前得罪了你，他给你陪不是，如今你要是能高抬贵手放我们回去，他说他一定甘心做你的臣民，

越王勾践剑 春秋晚期兵器。1965年出土于湖北省江陵县望山，长55.7厘米，宽4.6厘米，柄长8.4厘米。铭文：越王鸠浅自制用铜。现藏于湖北省博物馆。

一定听从你的任何命令，当初在会稽山上，夫差对你还是不错的，夫差愿你一样对他。"

勾践听他这么一说，也动心了，范蠡似乎觉察到勾践的心思，就说："难道大王你忘记了你十多年来日日夜夜盼望的事了吗，难道你忘记了为了复仇，我们国家的千千万万人民所付出的血和汗了吗？今天要是你放了他，将来你将是另一个夫差。"

勾践顿时哑口无言。

范蠡 （前517－前448），字少伯，楚国宛（今河南南阳）人，春秋战国末期的政治家、军事家和经济学家。辅助勾践灭吴后，辞去相职，定居于陶（今山东定陶），经商积资巨万，称"陶朱公"。

最终，勾践对那个使者说："你回去转告你家大王，我可以把他安置到甬东，统治一百户人家。"

此时的吴王夫差心灰意冷，他对来逼他投降的越国使者说："我老了，不能服侍你们的君王了。"就拔剑自杀了。临死时还在高叫："我对不起伍子胥，我对不起伍子胥！"让他的手下人把他的脸盖起来，觉得无颜去见伍子胥。

越王的部队攻进了吴国的国都，杀了那个无用而又好进谗言的伯嚭。从此，吴国灭亡，越国统治整个江南地区。

孙 子 用 兵

孙子是我国历史上著名的军事家，他不但是一位理论家，还精于军事实践，在军事训练、军事指挥等方面显示出他独到的用兵方略。

公元前512年，吴王阖庐当政，为了在诸侯中称霸，他到处网罗人才。一日伍子胥进宫，对吴王说："我举一人，可帮助大王成就霸业。"

吴王急问是谁，伍子胥说："此人姓孙，名武，乃齐国人，胸有韬略，善于用兵，又有用兵之奇书，他的到来，能使我吴国霸业有望。"

于是，吴王急忙派人到齐国去到处寻找这位奇人，一天，在一间破屋中将孙武找到了。孙武来到吴国，首先向吴王献上自己撰写的《兵法》，吴王被这本书深深地吸引住了，他废寝忘食，细心研读，遇有不明之处，就向孙子请教，他称这是他见到的最好的兵书。

风流倜傥的吴王，最喜欢弄一些新玩艺，有一天，他突然对孙子说："你的兵书十三篇，我都一一拜读了，写得非常之好，不知能不能实际试验操练一下呢？"

孙子说："我所作的兵书当然不是束之高阁的东西，可以用来指导用兵。"

吴王说："能不能用女子来训练呢？"

孙子感到大王这问题提得很怪，说："我曾试验以男子操练过，但是没有用过女子，不过我的兵书所用对象是不论男女的。"

原来吴王把练兵既当做考验孙子的用兵方法，又当做娱乐活动。因此，他亲自从宫中挑选了一百八十个美女，交给孙子训练。

孙子将她们分成两队，吴王说："要不要给她们设个队长？"孙子点头称是。吴王令人到宫中，赶快将自己最宠爱的两个妃子叫来，让她俩当队长。

只见这些宫女一个个头戴盔甲，身穿甲衣，右手执剑，左手拿盾，脂粉味中透出一股英气，吴王看这些美女今天又别是一般风味，非常兴奋。

孙子对她们训话："你们都知道心脏、左右手吗？"

众女子答道："知道。"孙子说："你们向前，就看对方的心脏，向左就看左手，向右就看右手，向后就看背部。"

这几句话把这些女子说得笑了起来，说这些干什么，哪个不懂这些。

于是孙子就让他们训练队列，他把十个人分成一队，有一人站在旁边击鼓，鼓一响，她们就走，鼓一停，她们也就得停下。这下麻烦也就来了，这些平时只会唱歌跳舞涂脂抹粉的宫女哪里干过这等事。

训练开始，孙子喊令，一人击鼓，一队出列，瞧她们走得七扭八歪的样子，宫女们大笑，吴王也在台上笑得直不起腰。

孙子大喝一声："停下！"还是有不少女子停不下来，在揉着笑出泪水的眼睛。孙子说："治军要遵守军法，军法不严，则军不得治，我给你们约法三章，若再有不听号令者，当以斩首论处。"这下子女子们不笑了。

孙子又传令开始，鼓又响了，一队队女子出列，都能遵守孙子的号令，就是那两个队长嬉皮笑脸的，因为吴王实在太喜欢她们了，她们还有什么可怕的呢。孙子正色道："听令。"

吴王的两个爱妃不但不听令，而且纵声大笑，这下子局势失去了控制，众女子也跟着笑了起来。

孙子喝令："来人啊。"

从后面走出几个彪形大汉，他们齐声道："将军有何吩咐？"

孙子说："将这二人推出去给我斩了。"

吴王一看要斩自己的两个爱妃，大惊失色，慌忙走到孙子的面前，说："我已经知道将军会用兵，请你饶了这两个女子，我不能失去她们，我要是没有了她们，吃吃不好，睡睡不香。"

孙武　字长卿，即孙子，春秋末期著名军事家。齐国人。所著《十三篇》是我国最早的兵法，被誉为"兵学圣典"，置于《武经七书》之首。

孙子说："大王在上，臣已经接受了大王的命令，正像你平时所说的：治军之法，将在军，君命有所不受。"

吴王眼睁睁看着自己两个心爱的王妃被推出去斩首。斩首完毕，孙子道："以后再有违反军令者，与此同一论罪。"

宫女们看到大王的心上人都被杀了，谁还会敢不听军令。孙子再命令击鼓，这下子，女兵一个个就像训练有素的战士，除了执行军令的鼓声，没有一点声音。

孙子看部队已经训练好了，就站到了吴王的面前，道："军队已经训练完毕，请大王检阅。这支部队，大王可以随心使用，就是赴汤蹈火，也会在所不辞。"

吴王这时正在为那两个妃子而伤心哩，哪有心思去检阅什么部队，就说："你看行就行，我不想再下去看了。"

孙子听了吴王的话，说："恕我直言，大王只是空谈，并不重视用兵之实。"从此，吴王也知道了孙子会用兵。

但是孙子杀了吴王心爱的人，这总使吴王耿耿于怀，他手下的大臣们都觉得孙子可用，吴王想不用他，又找不出什么理由，就暂缓委他以军务之事。

伍子胥进宫面见吴王，这次是专程为孙子而来的。他对吴王说："大王两位爱妃死了，我们做臣子的心里也很难受。但是目前正是吴越相争、吴国霸业未成的时候，尤其需要像孙子这样的人。用兵在严，军法无情，孙子能在大王的面前杀了你的爱妃，可见他把军法看得高于一切，他如果是一个阿谀奉承的人，是绝做不出这样的事来的，用这样的人大王可以放心，我们吴国所战焉能不胜。"这一通话说动了吴王的心，于是就任命孙子为大将军，统领军队。

这之后，孙子领兵，取得了无数的胜利，他和伍子胥一起攻打楚国，在这场战斗中，充分显示了他善于用兵的本领。当吴国的大军攻下了楚国一些城邦时，吴国中有一些大臣主张向楚国的首都郢都进发，但是孙子说："我军反复征战，疲劳不堪，远在他地作战，后援不足，而楚国目前国势正强，他的大多数军队尚未参加战斗，现在我们和他们交战，楚军是以逸待劳，我们取胜的可能性很小。"吴王接受了他的建议，退了兵。

又过了三年，吴王决定再次攻打楚军，孙子和伍子胥仍然是军中主帅，他们二人不赞成正面和楚军交锋的战略，而是先消灭了楚国周围的唐国和蔡国，这两个国家是楚国的联盟国。然后聚集诸侯力量，从几路进兵，向楚国的腹地挺进，在这两位出色的统帅指挥下，这次他们取得了决定性的胜利。

晏子使楚

公元前531年，楚灵王进攻陈国和蔡国，两个国家的国君慌了，就派人到晋国去求救，可是，当时晋国也是泥菩萨过江自身难保了，不能派兵去解救他们，就回绝了陈、蔡两国的请求。

齐国靠着晏子的智谋，国力渐渐强盛起来了，齐景公就想重温当年齐桓公称霸诸侯的好梦，以为晋国目前已经是不行了，称霸诸侯非齐国莫属。但要想称霸必须要使楚国服从自己，楚国当时是一个大国，要想使他臣服并不是一件容易的事。

齐景公于是派晏子到楚国去，一来是去和楚国交好，另一方面想探探楚国的底细。

楚灵王的使臣听说晏子要来楚国，就对大臣们说："晏子是齐国有名的大臣，能说会道，但是他长得很矮，只有三尺多高，你们想想办法，这次来出出他的丑，也好长长我们楚国的威风。"

他的一个大臣出了一个馊主意，他们叫人在城门旁边打开一个三尺多高的洞，那就是给晏子准备的。

晏子哪里知道这些，他高高兴兴来到楚国城墙下，大门却紧关着，城墙两边站着列卫士，瞧着他，一动不动的，晏子说："请你们把大门打开。"一个领头的卫士说："大门开起来很费事，你就从旁边这个小门进吧。"

晏子知道他们是成心要侮辱自己，就从车子上走下来，走到他们的面前，说："这不是城门，而是狗洞，出使狗国的人，才能钻狗洞，这真搞糊涂了，我是来楚国呢，还是来狗国？"

卫士被他这番话说得无地自容，而那些在城墙上面等着看笑话的大臣们，也一个个面面相觑，卫士们只好打开城门让晏子进去。

晏子拜见楚灵王，这位国君还是想羞辱他，就淡淡一笑，说道："哎呀，你们齐国难道真是没有人了吗？"

晏子明白楚王的意思，便不慌不忙说："大王是不是有点少见多怪啊，我们齐国光都城就有好多万人，要是大家都撑起衣袖，就能遮天蔽日；要是大家都洒上一把汗水，就能聚成一场大雨。"

楚灵王身子往后一仰，哈哈大笑，道："那么，你们齐国为什么派你这样的人来当使者呢？"

　　晏子笑着说道："我们齐国派遣使者有一个规矩，德才兼备的人，出使那些仁义贤良的国家；碌碌无为的人，派到那些昏庸无道的国家。所以我就被派到你们国家来了。"

　　楚灵王一听这番话，心里想道：这个晏子果然名不虚传，嘴厉害得就像一把刀子。哪里敢欺负他，只好乖乖地把他当作贵宾来对待。

　　楚王设宴招待晏子，但是他还是想捉弄这个其貌不扬却绝顶聪明的家伙。他们正在喝酒的时候，堂下忽然走出两个武士，他们押着一个囚犯，满脸都是凶相。

　　楚王喝道："你们到这来干什么？"

　　"我们抓了一个罪犯。"其中一个武士回答道。

　　楚王问："他是哪个国家的人？"

　　武士说："他是齐国人，偷我们楚国的东西，被我们当场抓住。"

　　楚王转过身来，对晏子不怀好意的一笑，说："请问先生，你们齐国人都很善于偷盗吗？"堂下一片哄堂大笑。

　　晏子早已知道他葫芦里卖的是什么药，他平静地站了起来，离开座位，走到楚王的面前，以一种无可辩驳的语气说道："大王，你没有听人说过吗，橘树种在淮南，结出来的橘子就又大又甜；可是同样一棵橘树，要是种到了淮北，就会结出又小又酸的果子，就变成了枳。这是因为两地的水土不同啊。同样的道理，人也是如此，我们齐国人在齐国时好好的，个个懂礼，一到你们楚国就变成了小偷，这也许就是我们两个国家的水土不同的缘故吧。"

　　楚王真是搬起石头砸自己的脚，气急败坏地对堂下叫道："你们快给我滚开。"

　　经过这几次交锋，楚王再也不敢戏弄这个小矮个子了。只好客客气气地对待他。晏子出色地完成了这次的任务。

　　晏子回到了齐国，向齐景公谈出了自己对楚国目前的看法。他认为，楚灵王狂妄自大，楚国的朝中又没有得力的大臣，这时候正是攻打楚国的好时机。于是齐景公就发兵去征讨楚国，夺取了楚国许多城池，自此楚国的力量越来越弱了，而齐国的力量却不断强大起来。

孔子周游列国

　　孔子名丘，字仲尼，祖籍宋国，他的祖父曾经与华氏家族发生冲突，全家被迫逃难鲁国，孔子三岁那年他的父亲就去世了。其母颜氏受尽孔氏家族的欺凌，就带着孔子搬到曲阜生活。

　　鲁国是周初周公旦的封地，保留着许多婚丧、祭祖等烦琐的礼节，受这些古老文化的影响，孔子从小就对这些礼节感兴趣，经常学着大人的样子参加一些礼节仪式。对于每一项礼节和祭物他都认真学习。由于他虚心请教，好学不倦，对周礼达到了精通的地步，渐渐有了名气，很多人来登门求教，于是孔子就办起私塾，教起学生来。

　　春秋时期，各国争战，人们渐渐不再重视周礼。孔子三十五岁那年，鲁昭公被掌权的季孙、孟孙、叔孙三家大夫轰走了，孔子就到齐国，向齐景公宣传自己的政治主张，齐景公很赏识他，但相国晏婴则认为孔子的这套主张不切实际，不可实施，孔子最终没有被任用。

　　孔子只好又回到鲁国，继续教书，直到鲁定公即位，孔子才被任用，先做中都宰，隔年升为司空，又调为司寇，并代理宰相，他利用手中的权力，通过“堕三都”，削弱了季孙等三家大夫的势力，取得了鲁定公的信任，鲁定公将齐景公约他去夹谷会盟的事告诉了孔子，并征询他的意见，孔子说应该对齐有所防范，建议他把左右司马都带去。鲁定公接纳了孔子的建议，委派左右两司马率兵与他一起去会盟。在夹谷的会盟会上，孔子运用机智，使鲁国在外交上取得了胜利，会后又促使齐景公归还了以前从鲁国侵占的汉阳等三处土地。

　　齐国大夫黎决定让鲁定公疏远孔子，便利用鲁定公的好色，让齐景公选派了八十名美女，组成一班女乐，送给了鲁定公。鲁定公自从接受了这班女乐，便天天吃喝玩乐，不理朝政，渐渐疏远了孔子。学生们见鲁定公如此荒唐，便劝孔子辞了官，孔子觉得他在鲁国是无所作为了，便决定到别国去宣传推行他的以礼治国的政治主张，于是开始了周游列国的征途。

　　孔子一行首先到了卫国，却被当奸细看待，孔子

孔子　名丘，字仲尼，春秋后期鲁国人。思想家、教育家，儒学学派的创始人，是当时社会上最博学者之一，被誉为“千古圣人”，并且被后世尊为至圣、万世师表。

只好离开。因走得仓促，一些学生失散了，结果被人们嘲讽为丧家之犬。后来他们又游历到陈蔡一带，楚昭王打发人请他，陈蔡的大夫们怕孔子到了楚国对他们不利，于是就联合发兵在半路上围困了孔子一行，他们整整断粮两天没吃上饭，饿得伏在地上，直不起腰来，多亏楚国派兵来，才使孔子一行脱离了困境。

到了楚国，楚昭王听信谗言，使孔子没有受重用。孔子在外周游了十四年，由于当时整个社会正在发生变革，孔子那一套"兴灭国，继绝世，举逸民，克己复礼"的政治主张不被重视，在他七十岁时，彻底绝了在政治上建功立业的念头，回到了鲁国，继续他的教育事业。他乐于教人，又善于启发，因材施教培养了一批出色的人才，传说孔子有弟子三千，贤人七十二。他编纂删订了很多古代文化典籍，如《诗经》《易经》《尚书》《春秋》等。

公元前479年，孔子去世，享年七十三岁，他的弟子将他生平言行记录整理出来，编成《论语》等书，形成了儒家思想，对中国以及世界上许多国家都起到了积极作用。

三 家 分 晋

战国时期有七个较强的国家，他们是齐、秦、燕、赵、魏、韩、楚。晋国在春秋中期还是一个强国，怎么到了战国时期它就消失了呢？原来这里面还有一段故事呢。

晋国国君到晋定公、晋出公的时候，晋国有六家有名的卿大夫，他们是智氏、范氏、中行氏、韩氏、赵氏、魏氏。史书上把这六家称为"六卿"。后来，这六家的势力越来越大，控制了晋国的军政大权。晋国国君到晋定公、晋出公的时候，实际上已成了这六家的傀儡。

公元前455年，晋出公在位的时候，智氏联合了赵氏、韩氏、魏氏，灭了范氏和中行氏，分了他们的土地和财产。从此，晋国就由六卿专政变为四家掌权了。这四家是智伯、赵襄子、韩康子、魏桓子。

晋出公见这四家的势力太大，自己又不甘心做傀儡，就秘密向别国借兵，想削弱他们的势力，不料消息泄露，智伯联合其他三家打败了晋出公，另立敬公为国君，并把敬公牢牢地控制住。实际上，智伯等于把整个晋国的大权抢在自己的手中了。但他还不满足，一心想废掉敬公，自己当国君。可他害怕另外三家不服，就想出了一个削弱三家力量的办法；他打着敬公的旗号，说为了增强晋国的防御力量，要四家各献出一百里土地，作为收取赋税扩大军事开支的费

少虞剑　春秋后期，晋国兵器。长54厘米，宽5厘米，重0.88千克。出土于山西李峪村。

用。如果其他三家交出土地，智伯就可不费力地白得三百里的地盘，他的力量也就更强了，如果哪家拒绝交出土地，他就以国君的名义发兵讨伐，这也是名正言顺的。

于是，智伯派人到三家去要地。韩康子和魏桓子害怕智伯的权势，都按数献出了土地，唯独赵家拒绝交出土地。他对智伯派来的人说："地是我祖宗传下来的，我不能随便把它送给别人。"回来的人向智伯转达了赵襄子的话，智伯听了，气急败坏，于是就传敬公的旨意，联合韩魏两家去攻打赵家，事先怕这两家不肯去，就许愿胜利以后，赵家的地方由三家平分。这样，三家的兵马就浩浩荡荡向赵家杀来。赵襄子见三家来势凶猛，不敢硬拼，就退守到晋阳（今山西省太原市）。晋阳这座城池经过赵家祖辈的苦心经营，修筑了坚实的城墙，储备了很多粮食。赵襄子到了那里，见城墙牢固，粮草充足，心里非常高兴。但他视察完守城的军队后，又发愁起来，原来近些年，赵家只顾发展生产，百姓倒是丰衣足食，仓库里存有不少粮食、干草，但军队的装备却越来越简陋，刀剑大都破旧了，弓箭也很少，赵襄子担心仅靠目前这些武器装备，抵挡不住智、韩、魏三家猛烈的进攻。于是，他连忙把大臣们找来商量对策。其中一个叫张孟谈的大臣对赵襄子说："主公不要着急。我听说先主在修建这座城时有些柱子是用铜铸成的，宫墙里边砌满了芦柴和荆条，我们可以拆几根铜柱作箭头或戈矛，把墙内的芦柴和荆条拿出来作箭杆。"赵襄子一听，非常高兴，马上派人扒围墙、拆铜柱，然后连夜赶造戈矛弓箭等各种武器，加强防备，等着智伯他们来进攻。

智、韩、魏三家兵马一来，就把晋阳城围了个水泄不通，拼命攻打。赵家军队凭着武器精良，粮草充足，士卒勇敢，硬是坚持了三个多月。智伯见晋阳久攻不下，急得像热锅上的蚂蚁。一天，他带领随从登上城西北的龙山去察看地形，见一条晋水从山那边流来，又从晋阳城外滚滚不停地流去，他忽然想出一个破城的办法。于是连忙把韩魏两家找来商量。他说："我想用晋水来淹掉晋阳城，只要筑一条大坝把河水拦住，再在城外高筑一个蓄水库，等到水蓄足了，放出水来就能把城淹没，你们看怎么样？"韩魏两家都说是个好主意。于是，三家的士兵按照智伯的命令立刻行动起来，大坝和蓄水库很快就筑好了，正好赶上雨季到来。智伯乘机下令："掘开堤坝，水淹晋阳。"凶涌的洪水很快把晋阳城给围住了。城里也进了很多水，有许多房屋被水浸塌了，吃饭睡觉都很困难，士兵生病的很多，眼看守不住了。赵襄子非常忧愁，又同大臣们商量解救的办法。大臣张孟谈说："我看，韩魏两家同智家也是面和心不和，我去找他们谈谈，争取他们来击退智家之兵。"在万般无奈的情况下，赵襄子同意让他去试试。

这天晚上，赵军用绳子把张孟谈送出城外。张孟谈装扮成智伯的士卒模样，趁天黑偷偷地溜进了韩魏的营寨。他对韩康子和魏桓子说："俗话说得好，唇亡齿寒，现在智伯领着你们两家兵马来攻打我们赵家，我们也许会灭亡，但赵家要是完蛋了，以后就轮到你们韩魏两家了。"韩魏两家本来就对智伯存有戒心，现在听张孟谈这么一说更觉得有道理，他们想，即使三家平分了赵家，势力大的还是智伯，加上智伯又野心勃勃，贪得无厌，将来自己很可能落得赵家的下场。但转念一想，智伯心狠手辣，我们和赵家联合的事万一被他知道，定不能饶过，所以又犹豫起来。

正在这个时候，发生了一件事，迫使他们下了决心。有一天，智伯约韩康子、魏桓子一起察看水势，智伯扬扬得意地说："水太厉害了，可以把一个国家灭亡呢！你们看，要不了多久晋阳城就变成汪洋大海了。"韩魏两人一听，心里吓得要命。原来韩魏的都城都有河流经过。他们知道智伯是个狠毒的家伙，以后他要这样打韩魏，他们也会遭此厄运。于是，这才下决心和赵家联合起来对付智伯。他们连忙派人悄悄与赵襄子取得了联系，约定一起动手灭智。

一天夜里，韩魏两家派人扒开了靠智家的堤坝，水一下子涌进了智家的营寨。智军大乱，韩魏赵三家趁机杀了进来。智伯从睡梦中惊醒，知道大势已去，慌忙逃出帐外，乘坐一个木筏逃跑了。他想逃到秦国去借兵复仇，谁知刚到河边，就被赵襄子埋伏下来的人抓获。赵襄子当众宣布智伯的罪状，把他处死了。

赵、韩、魏三家联合起来，消灭了智家，瓜分了智家的地盘，这在历史上叫作"三家分晋"。从此，晋国的大权就掌握在赵、魏、韩这三家手里。

后来，赵襄子、韩康子、魏桓子相继去世，他们的继承人是赵籍、韩虔、魏斯。这三家趁着晋幽公刚继位的时机，干脆把晋君的地盘也瓜分了。从此，晋国就名存实亡了。

赵、魏、韩三家虽然掌握了晋国的实权，但在名分上还是"卿"，而不算诸侯，要想当上诸侯，还必须得到周天子的任命。公元前430年，赵、魏、韩各派自己的代表去朝见周天子讨封。其实这时候，周天子早已是个空架子，根本管不了诸侯的事。"三晋"向周天子请封，不过是走个手续。当时的周天子是威烈王，面对既成事实，见三家来请封，就顺水推舟做个人情，封赵籍为赵侯，魏斯为魏侯，韩虔为韩侯。从此，赵、魏、韩正式成为三个独立的诸侯国。晋国这个名字也就消失了。

同时，其他各国的奴隶制度也在逐步瓦

梁伯戈　春秋前期，通高17.5厘米，宽9.4厘米，重0.28千克。

解，新兴地主阶级先后在各国夺取了政权。我国历史开始进入封建社会的新时期。

到了这个时候，"春秋"后期的十几个大国，经过激烈的战争和兼并，一些国家灭亡了，一些国家强大了，只剩下齐、楚、燕、赵、韩、魏、秦七个大国和几个小国。这七个大国被称为"战国七雄"。为了保存和扩展自己的势力，他们都想方设法去侵占别国的土地，削弱别国的实力，相互之间钩心斗角，不断发生战争；战争规模也越来越大。由于这个时期战争连绵不断，所以后来历史书上称它为"战国"。

商 鞅 变 法

齐威王当了霸主以后，各国纷纷前来朝贡，只有西方的秦国没有来。原来，秦国地处西面，又因各方面都比中原各国落后，因此常被其他诸侯国看不起，并不怎么来往。

周显王八年（公元前361年），秦孝公即位。他决心变革这种外受强邻欺压，内被贵族逼迫的状况，因此便下诏寻求能够使秦国富国强兵的人。不久，一个叫卫鞅的年轻人应征从魏国来到秦国。

卫鞅姓公孙，名鞅，原是卫国的一个没落贵族，他看卫国弱小，不足以施展他的才华，就在魏国当了好些时候的门客，也没受重用。卫鞅正在郁郁不得志的时候，忽然听到秦孝公招聘人才，他决心到秦国来。

卫鞅到了秦国，托人介绍，见到了孝公，并把他的一套富国强兵的道理和办法给孝公讲了一遍，他说："一个国家要富强起来，就必须重视农业生产，这样，老百姓有吃有穿，军队才有充足的粮草；要训练好军队，做到兵强马壮；还要赏罚分明，种地收成多的农民、英勇善战的将士，都要鼓励和奖赏，对那些不好好生产、打仗怕死的人，要加以惩罚。"

孝公听得津津有味，废寝忘食。几天之后，孝公决定依照卫鞅的建议实行改革。

这个消息一传开，贵族大臣们都一起反对。他们以祖宗之法改不得为由向卫鞅发起猛攻，说卫鞅提出的新法是"谬论"。卫鞅理直气壮地驳斥他们说："自古以来就没有一成不变的法令，墨守成规、因循守旧只能使国家被时代淘汰，从而灭亡。"卫鞅举出大量从古到今的事实，说明变法的必要，把那些大臣驳得哑口无言。孝公听说他把大臣都驳倒了，就任命卫鞅为左庶长，授予他推行新法令的大权，并且宣布：谁再反对变法，就治谁的罪。这样，那些大臣都不敢吭声了。

卫鞅怕新法令没有威信，就想了个办法。他叫人在都城的南门竖了一根三丈来长的木头，旁边贴了张告示说："谁能把这根木头扛到北门去，赏他十金。"不多会儿，木头周围就围满了人。但是众人都不相信扛根木头就有这么重的奖赏，结果没一人去。卫鞅看没人扛，又把奖赏提高到五十金。这么一来，人们更疑惑了。这时只见一个粗壮汉子分开人群，跨上前去，说："我来试试。"扛起木头就走。许多看热闹的人，好奇地跟着，一直跟到了北门。只见卫鞅夸奖那个大汉说："好，你能够相信和执行我的命令，真是一个良民。"随后就把准备好的五十金奖给了他。这事儿很快就传开了，大家都相信卫鞅不是那种信口雌黄的人。

周显王十三年（公元前356年），卫鞅的新法令公布了。主要内容有：

第一，加强社会治安。实行连坐法，把老百姓组织起来，五家编为"一伍"，十家编为"一什"，互相担保，互相监视。一家犯罪，九家都要检举，否则十家一起判罪。检举坏人有赏，窝藏坏人处罚。外出必须携带凭证，没有证件各地不准留宿。

第二，奖励发展生产。粮食布帛生产贡献多的，可以免除一家劳役；懒惰和弃农经商的，全家充为官奴。一家有两个儿子以上，成人以后就要分家，各自交税，否则一人要交两份税。

第三，奖励军功。功劳大的封官爵就高，车辆、衣服、田地、住宅、奴婢的赏赐，也都以功劳大小而定；军事上没有功劳的，即便有钱也不能过豪华的生活，就是贵族也只能享受平民的待遇。

新法令的推行严重地触动了贵族宗室的地位与特权。为此，他们疯狂地攻击新的法令，在他们的唆使下，就连太子也出来反对。可是，太子是国家继承人，孝公很为难，但为了新法令的顺利推行，必须对太子的事进行处理，卫鞅建议将教唆太子的人给予惩罚。于是，太子的老师公子虔就被割了鼻子，公孙贾被刺了面。大伙看到孝公和卫鞅这样坚决，都不敢反对新法令了。

几年以后，秦国变得强盛起来。老百姓都一心务农，积极种田织布，生产得到很大发展，人民的生活也有所改善；而将士们都英勇作战。孝公看卫鞅制订的新法令成效显著，就提升他为大良造，并且派他带兵去攻打魏国。此时的魏国早已不是魏文侯统治时期的强盛之国了，再加之秦国势力强大，只得向秦国求和。卫鞅凯旋而归，接着，在国内又进一步推行新法令，主要内容有：把国都从雍城（今陕西凤翔）迁到东边的咸

阳，以便于向中原发展；把全国分成三十一个县，由中央直接委派县令县丞去进行治理，不称职的县官要被治罪；废除"井田"制度，鼓励开荒，谁开归谁，允许自由买卖土地；统一度量衡等。这些都是发展生产的有力措施，对于巩固和发展新兴地主阶级的势力起了很大的作用。新法令实行了十年以后，秦国变成当时最富强的国家。周天王派人给孝公送来礼物，封他为"方伯"（一方诸侯的领袖），中原各国都纷纷前来祝贺，再也不敢小看这个曾被他们称为"西戎"的强大敌人。

为表示感谢，秦孝公把商、於一带的十五座城镇封给了卫鞅，从此以后，人们就把卫鞅称作商鞅了。

过了几年，秦孝公病死了，太子即位，是秦惠文王。惠文王以前反对商鞅的新法令，商鞅给他老师判了刑，因此一直怀恨在心。现在他当了国君，那些不满于商鞅的贵族硬说商鞅谋反，惠文王便借此将商鞅处死了。可是，商鞅推行的新法令已经在秦国扎下了根，再也无法改了。他的变法为后来秦国统一中原打下了坚实的基础。

孙膑智斗庞涓

孙膑 （前380－前320），战国时兵家。齐国阿（今属山东）人。曾与庞涓同学兵法，后庞涓成魏国大将，妒忌他的才能，把他骗到魏国，处以膑刑（挖去膝盖骨），故称孙膑。后担任齐威王的军师，先后在桂陵和马陵大败魏军。

孙膑，齐国人。他和庞涓都拜鬼谷子为师，两人很有交情，一起跟鬼谷子学习兵法。庞涓先离开鬼谷子到魏国担任大将军之职。不久就把孙膑推荐给魏王。后来他发现孙膑的才能胜过自己，就心生嫉妒，设计陷害他，孙膑被罚脸上刺字，双脚被砍掉，成了废人。庞涓想让他把兵法写出来，好让自己成名。当孙膑发觉真相后十分愤怒，佯装疯癫，不再为他写兵法。当时，齐国使节到魏国，暗中与孙膑接触。齐使节很同情孙膑，也很佩服他的才学，于是，偷偷地把孙膑藏在车中，带到齐国，并推荐给齐威王。齐威王听说孙膑的军事才能，想任命他为将军。孙膑拒不接受，托辞刑徒之人不宜担任此职。于是，威王任田忌为将军，孙膑为军师。

公元前353年，魏国进攻赵国，赵国向齐国求救。大将田忌准备直接发兵救赵国。孙膑劝他率领大军直指魏都大梁，魏军必然回师自救。然后齐军乘机袭击魏军。这样既救了赵国，又使魏国受到重大创伤。田忌觉得很有道理，采纳了孙膑的建议，亲率大军深入魏国国境，直逼大梁。前方，庞涓攻下了赵国的邯郸，正在得意之际，听说齐军正在逼近大梁急忙下令回师。当魏军行至桂陵时，被齐军攻击，魏军大败。

公元前341年，庞涓又率军攻打韩国，韩国向齐国求救。威王征求大家的意见看什么时候出兵合适。宰相邹忌反对出兵。田忌认为应该趁早出兵。孙膑分析了当时的形势，认为最好的办法是告诉韩国，齐国一定会出兵相救，用以坚定他们抵抗的决心。等到把魏国的兵力消耗得差不多时，齐国再出兵。那样就可以名利双收。威王表示赞同，于是密告韩国说齐国一定会出兵相救。韩国得到齐国的承诺，以为援军旦夕即到，奋力抵抗，然而五战五败，几乎不支。只好再次向齐国求救，并表示愿为齐国的附属国。

齐威王看到时机成熟，就任命田忌为大将，田婴、田盼为副将，孙膑为军师，统率大军，向魏国都大梁挺进。庞涓闻讯，带领军队回救。魏国倾全国兵力，准备与齐国决战。孙膑劝田忌示弱，来使敌军放松戒备，引导他们走向错误。《孙子兵法》记载了以一百里的速度急行军，会损失上将，以五十里的速度急行军，士兵会死散逃亡，到达目的地，最多能剩一半。庞涓一定会中计。田忌于是下令：大军进入魏国后，第一天，建十万个炉灶，第二天建五万个炉灶，第三天建二万个炉灶。庞涓得到这一消息后，亲率精锐骑兵，日夜兼程追击齐军。孙膑估计，按照庞涓的速度，当在某天的黄昏到达马陵。马陵是一个险道，路面狭窄，上有绝壁，下有深谷，最容易隐藏。孙膑命人削去一棵树的树皮，在树干上面写"庞涓死于此树下"。一万余名弓箭手在两边埋伏，并下令："见有火光，集中射击。"果然，在一天黄昏时分，庞涓亲率的先头部队来到了马陵道。庞涓下马四处查看，见一棵树干雪白，上面似乎有字，便命人举火，前去观看。这时，两侧万箭齐发，魏军惊恐万状，四处逃散。庞涓见大势已去，拔剑自刎，死前仍对孙膑不服气。

张仪拆散联盟

商鞅变法后，秦国经济得以飞速发展，国力日益强盛，之后又经过几代君主的励精图治，秦国终于成为七雄之中实力最强的。为此，其他六国采取了"合纵"的计策，即六国结为联盟，一起抵抗秦国。而跟"合纵"唱反调的就是"连横"。主张"连横"的人认为，秦国太强大了，不论哪个国家，只有依赖秦国，跟秦国联盟，去对付其他国家，才能取得胜利。当时倡导"连横"最出名的人就是张仪。

张仪自小饱读诗书，但由于他出身寒微，因此他游说各国时，大家都瞧不起他。后来他听说楚国令尹昭阳正招揽天下贤士做门客，就去投奔了昭阳。

昭阳为楚国立下了汗马功劳，楚王就给了他一块玉璧作为奖赏。昭阳十分珍爱它。一天，昭阳大宴宾客后，拿出玉璧给大家传看。宴席散后，发现玉璧不见了。这时有人便说是被张仪给偷去了，昭阳听信了小人之言，将张仪打得皮开肉绽，鲜血直流，张仪也不承认偷了玉璧。昭阳眼看张仪快不行了，便将张仪放了，张仪养好伤后，就跑到秦国去了。他将那一套"连横"亲秦的策略给秦王一说，秦惠王很赞赏，就拜他为相国。

楚国这时的国君是楚怀王，他听说秦王拜张仪为相国，担心张仪会因"偷璧"之事向楚国报仇，就打算和齐国联盟，共同对付秦国。齐楚都是大国，他们一结盟，对秦国就是一个严重威胁，也是秦国统一天下的最大的障碍。于是，张仪向秦王请求去楚国拆散齐、楚的联盟，秦王答应了。

公元前313年张仪又来到楚国，先买通了楚怀王最宠信的大臣靳尚和其他的一些宠臣，然后才去拜见楚怀王。见面后，张仪根本不提以前在楚国受辱一事，只是表示，此来是为了秦楚两国的友好。并分析了当时天下的形势，表示秦国希望和楚国连横，并愿意将商於一带六百里的土地归还楚国，但条件是楚、齐必须绝交。楚王一听当即答应与齐国断交。朝中大臣大多赞成楚王的决定，只有客卿陈轸和三闾大夫屈原反对。陈轸对楚王说："秦国之所以这么做，还不是因为我们与齐国结为联盟了，如果我们与齐国断交，就等于把自己孤立起来，那时秦国也不会把地还给我们。如果齐国恨我们与他们断交，与秦国联合起来反对我们，那时我们楚国就更危险了。"屈原也坚决反对与齐国断交，并说张仪是个言而无信之人，不能相信。这时靳尚出来说："你们说得倒轻巧，不跟齐国断交，秦国能把六百里地白白送给我们？天下哪有这样便宜的事！"楚怀王一听这话有理，便正式答应了张仪的请求，派使臣跟随张仪去秦国办理土地的移交事宜。

到了秦国，张仪假装摔坏了腿，三个月不露面，楚国的使臣就直接给秦惠王写了一封信，说明张仪答应给楚国土地的事。惠王答复说："张仪答应的事，定会照办。但必须看到楚国与齐国断交的文书，方能照办。"使臣把这意思报告给楚怀王。怀王为表诚意，便派人到齐国边境上闹事，并辱骂齐人，引起了边境战争。齐王知道后很生气，就派使臣去秦国，约好一起去打楚国。张仪一听，他"连横"的计谋得逞了，就去见楚国使臣，让他回去接收自己的六里封地。使臣一听，大吃一惊说："什么，六里？我们大王告诉我的是六百里呀！"张仪若无其事地说："大概是楚王听错了吧，我说的是六里，试想，秦国的土地都是用血汗换来的，怎么会白白地送人。"

使臣回来一报告，楚王当下发兵十万去攻打秦国。但秦国早已有所准备，齐国也派部队来帮助秦国作战，结果楚军大败，楚国汉中一带土地全被秦国夺去了。楚王恨透了张仪，提出拿楚国黔中一带土地来换张仪，要杀掉他。可张仪早已买通了靳尚和楚王最宠爱的王妃郑袖，他们都在楚王面前替张仪求情，张仪最终逃过此劫。

之后张仪又向秦王请求，让他用同样方法去游说其他国家，彻底破坏几国的"合纵"，让他们由"合纵"抗秦，变为"连横"亲秦，然后再图良策，各个击破。秦王同意了，让张仪带上许多黄金白玉，到其他国家去了。

结果张仪以同样的手法连续破坏了其他国家"合纵"抗秦的计划。张仪连横之所以取得成功，主要是因为秦国在实行了商鞅变法后，国富民强，实力雄厚，而中原各国都想依靠它取得利益，又想六国"合纵"消灭它，但每次到重大的时刻，又各自只顾自己的利益，不能齐心合力，反倒给秦国造成可乘之机。果然，过了七八十年，秦始皇终于完成了统一中国的大业。

冯谖客孟尝君

孟尝君是战国时期四公子之一。他本名田文，是齐国的贵族。

孟尝君懂得收养大量门客，获得很多人的拥护和支持，这对于取得名望，巩固自己的地位是很必要的。他到处搜罗人才，不论贵贱，只要有一技之长，都以客相待。这样，他爱慕贤人的名声就慢慢传开了。别的国家的一些豪杰之士，甚至一些逃跑的犯人也来投奔他，把他当作知己朋友，为他办事。

有一次，一个叫冯谖的人来投奔孟尝君。孟尝君手下的人看他那副打扮，一身破衣裳，脚穿草鞋，腰里系着一把剑，连剑鞘也没有，一看是个穷苦人，就把他安排在下等房间里住，天天给他粗饭吃。过了几天，孟尝君问起："那个冯谖整天干什么？"回答说："他呀，天天弹那把剑，边弹还边唱：剑啊咱们回去吧，这儿吃饭没鱼虾。"孟尝君觉得这话传出去，自己没脸面，就让人把冯谖搬到中等房间里住，给他鱼虾吃。没过多少日子，冯谖又唱了："剑啊咱们回去吧，这里出门没车马。"有人把这话报告了

弹铗而歌

孟尝君，孟尝君吩咐再给他一套车马。谁知没过多久，有人又来反映说：冯谖仍旧天天唱，什么"剑啊咱们回去吧，没钱不能养活家"。孟尝君挺生气，但为了笼络更多的人，他还是派人经常给冯谖的老母亲送钱用。冯谖这才不弹不唱了。

过了一年光景，孟尝君名气越来越大，当上了齐国的相国。这时候，他的门客已经有三千人了。养活这么一大帮人，得多少钱啊！尽管他收入不少，可也感到力不从心。他想来想去，就想起薛城放的一大笔高利贷，决定派人去收一下。这收债可是个费力不讨好的差事，门客没人愿意去，孟尝君一时没了主意。这时冯谖自告奋勇，要求去薛城收债。临走的时候，他问孟尝君："债收了以后，要买点什么回来吗？"孟尝君说："您看我家缺什么就买什么吧。"

冯谖到了薛城，他看到因为庄稼歉收，很多人吃不饱饭，于是把还不上债的人找来，当众烧了债券，老百姓齐声感激孟尝君的恩德。冯谖回来后，向孟尝君报告说债已收完。孟尝君询问他买了什么回来，他回答说孟尝君缺少仁义，就帮他买回来了。

孟尝君听不明白，就问冯谖什么是"仁义"，冯谖说免除债务，烧了债契，百姓感恩戴德，这就是仁义。孟尝君一听，心中很不痛快，但又无可奈何。

这件事传开来，孟尝君的威望又增高了不少，中原各国都称赞他有德有义，是个贤相。

后来齐王听信了秦楚两国制造的谣言，怕孟尝君功高欺主，对自己构成威胁，就免去了他的相国职务。那些门客一看孟尝君失了势，纷纷离去，只有冯谖还一心一意地跟着他。孟尝君只得回到自己的封地薛城去闲居。他还没进城，老远就看见人们扶老携幼，夹道欢迎他，不由得掉下泪来，对冯谖说："先生给我买的仁义，今天我算是亲身感受到了。"冯谖说："狡猾的兔子有三个洞，才能保证它的安全呢；现在您只有薛城一个安身地方，我再给您找两个安身之处吧。"于是冯谖就到秦国去了。

这时候，秦国的相国死了，位子空着。秦昭襄王一向很佩服孟尝君，当初就想要拜他为相国，后来散布谣言中伤孟尝君，也为的是把他逼到自己这里来。冯谖就利用这一点带着贵重的礼物来到秦国，孟尝君劝秦昭襄王聘请孟尝君担任相国。秦昭襄王一直很赏识孟尝君，听了冯谖的话，他决定派人带黄金千镒、彩车百辆去迎请孟尝君。

冯谖在秦国使臣出发前就赶回齐国，求见齐宣王。他把秦王要派人迎请孟尝君的消息告诉了齐宣王。齐宣王赶忙派人请回孟尝君，重新任命为相国，又增加了千户的封地。

靠着冯谖的经营，孟尝君名气越来越大，各国纷纷来求，孟尝君门下的食客又多了起来。有了他们的帮助，孟尝君相位坐得十分稳固。

完璧归赵

公元前283年，赵国的国君惠文王得到了一块玉璧，叫"和氏璧"。相传它是楚国人卞和在山上费了好几年的工夫才开采到的，是个无价之宝。秦昭王听说后，非常羡慕，就想办法要把它弄到手。

一天，秦昭王派了使者，带上书信，去见赵惠文王，赵王一看信，见上面写着，秦国愿意拿十五座城池来换那块"和氏璧"。这可让赵王不知如何是好，给玉璧吧，怕秦王不守信用，得了玉璧不给城，不给吧，又怕惹恼秦王，领兵来攻打赵国。他就和大臣们商议此事。后来有个人推荐他的门客蔺相如去秦国处理此事。惠文王派人把蔺相如叫来一谈，也觉得他是个合适的人选，就决定派他带着和氏璧去秦国。临行，蔺相如对惠文王说："请大王放心，如果十五座城给了赵国，我就把玉璧留给秦国，如果不给城，我一定把玉璧完整无损地带回赵国。"

到了秦国，蔺相如把玉璧献给秦王，秦王接过一看，只见洁白无瑕，晶莹透明，果真是个无价之宝，顿时高兴得合不上嘴，他翻来覆去欣赏了好半天，又传给身边的大臣和后宫的美女看，他们个个赞不绝口，纷纷向秦王表示祝贺。蔺相如站在旁边等了好一会，也不见秦王提换城一事，知道秦王要诓骗玉璧。但这时，玉璧已给了他们，又不能硬抢回来，急中生智，蔺相如客气地对秦王说："这'和氏璧'虽是天下至宝，可惜上面还有一点小斑瑕，大王可能还没看见，让我指给大王看。"秦王信以为真，把玉璧拿给蔺相如。蔺相如把"和氏璧"拿在手中，连连倒退几步，靠在殿柱旁，冷冷地说："'和氏璧'又回到赵国之手了！"秦王一惊，忙问："此话怎讲？"蔺相如义正词严地说："这'和氏璧'是人人皆知的宝贝。当初大王派人送信去说要以十五座城池换这块玉璧。人们都说秦国自恃强大，不会守信用，许多大臣劝我们主公不要答应。当时我说，平民百姓都讲信义，何况是秦国这样的大国家呢。我家大王才让我把玉璧送来。可是今天我看大王坐而受璧，又把玉璧随便给人传看，根本没有换城之意，所以我把玉璧收回，大王若是逼我的话，我宁愿把头连同这块玉璧一起撞碎在这殿柱上！"说完，就要往柱子上撞。秦王连忙陪着笑脸劝阻，又让人拿来地图说明把哪些城池割给赵国。蔺相如知道秦王这是想先稳住他，再把玉璧骗去，就对秦王说："这

完璧归赵

中华上下五千年

玉璧是稀世珍宝，我们赵王在送璧之前，斋戒了五天，又举行隆重的送璧仪式，大王要是真心换璧，也应斋戒五天，举行相应的受璧换城仪式，我才敢把玉璧献上。"秦昭王见蔺相如态度坚决，知道硬夺不行，就答应了。

蔺相如回到宾馆，心想："秦王是绝不会用十五座城池来换璧的，今天只不过是暂时推挡一下，璧虽然没有落到秦王手中，可再过五天怎么办呢？"他想来想去，终于想出一个办法，叫一名随从化装成穷人的样子，玉璧包好缠在腰间，抄小路偷偷赶回赵国。

五天以后，秦王邀请了楚、燕、齐、魏等国的使者来参加受璧仪式，想借此来显示一下自己的威风。安排完毕，宣赵国使者上殿。蔺相如按照使节的仪式行过礼，秦王见他手中空空如也，就问他玉璧在哪里，为什么不带玉璧来。蔺相如不慌不忙地说："贵国从穆公以来，前后有二十多位君主，没有一个讲信用的，如今我也怕受到欺骗，就派人把'和氏璧'送回赵国了。"秦王一听，火冒三丈，让人把蔺相如绑起来问罪。蔺相如从容地说："大王请息怒，让我把话当着大家说明白：大家都知道，秦国强，赵国弱，天下只有强国欺负弱国的事，从没有弱国欺负强国的道理。大王如真想要璧，这并不难，先把十五座城池交给赵国，然后派一使者跟我去赵国取璧，赵国绝不敢得了城池不给玉璧，去背个不守信用的名声。我知道这次愚弄了大王，罪该万死，请治我的罪吧，让各国都知道大王为了想得到一块玉璧而杀了赵国的使者，天下的人也可以知道是非曲直了。"一席话说得秦王目瞪口呆，他想就是杀了蔺相如也得不到璧，还落个坏名声，就下令把蔺相如放了。结果，秦国舍不得十五座城给赵国，赵国也没有把"和氏璧"给秦国。

可是秦王对赵国不满，一直想出这口气。过了一段时间，秦王又派人给赵惠文王送去一封信，约他到西河外渑池（今河南省渑池县）会面。赵王害怕，不敢去。蔺相如对赵王说："如果不去，秦国会看不起赵国，以后就更要欺负赵国。"大将廉颇也表示赞同，说如果秦人有诈，就辅助太子，誓死抗秦。于是赵惠文王决定让蔺相如随驾赴会，廉颇辅助太子，留在本国，并选出精兵强将随同前往。

约会的日期到了，两国君王以礼相见，在一起喝酒聊天，酒过三巡，秦王笑嘻嘻地说："听说赵王通晓音乐，我这有个宝瑟，请您弹奏一曲，助助酒兴。"赵王羞愧难当，但又不好推辞，就勉强弹了一个曲子。秦王听完让秦国史官记下来。史官写好后，高声宣读："某年某月某日，秦王与赵王会于渑池，秦王命赵王鼓瑟。"蔺相如见秦王如此无理，存心侮辱赵国，就顺手拿起一个瓦盆，从容地走到秦王面前说："我家大王听说秦王善于演奏秦国的乐器，就请大王击瓦盆，让大家共同快乐！"秦王不肯。蔺相如手持瓦盆，厉声说道："大王您仗着秦国强大，想要威风吗？今天是两国平等相会，如果大王不击瓦盆，五步之内，我就可以把血溅到大王身上！"秦王左右的人一听，就要上前动手。蔺相如瞪大双眼，怒声喝斥，吓得秦王侍者倒退几步。秦王见相如如此厉害，就软下来，说道："先生何必如此，大家欢乐，就击一下有何不可！"他勉强敲了一下瓦盆。蔺相如吩咐赵国史官把这件事记下："某年某月某日，赵王与秦王会于渑池，赵王令秦王敲瓦盆。"记完，也高声读了一遍。秦王一个大臣想挽回局面，就站起来说："今日盛会，请赵王割十五座城池给秦王祝寿！"蔺相如也起来大声还击："礼尚往来，请秦王割让都城咸阳给赵王祝寿！"

秦王知道，有蔺相如在，谈判桌上是占不到便宜的，又得到密报说赵国早已在边界上派了大军严阵以待，就不敢轻举妄动。又想到赵国竟然有蔺相如、廉颇这样的文武大臣，一时也不易对付，就同赵国签订了条约，条约上写着：从今日起，两国友好，互不侵犯。

毛 遂 自 荐

过了十几年，秦国派兵去攻打赵国，在长平关（今山西高平县）遇到赵国大将廉颇。廉颇见秦兵强大，锐气正盛，就下令让各军士严守阵地，增高堡垒，挖深壕沟，坚守不出。结果秦兵一连围困了四个多月，也攻不下来。这时秦国丞相范雎为秦王出了一个点子，派一些心腹门客带上重金去贿赂赵王手下的大臣，让他们在赵王面前说廉颇的坏话，赵王果然上当，撤了廉颇的官，让一个只知纸上谈兵、夸夸其谈的名叫赵括的人去担任大将，结果被秦军打得大败，秦军杀死活埋赵国兵将四十多万人，这是战国时期一次最残酷的大屠杀，从此，赵国一蹶不振。过了两年，秦军又向赵国发起进攻，占领了很多地方，连赵国国都邯郸也给包围了。形势十分危急，赵国的国君孝成王见国都被围，急得像热锅上的蚂蚁，就把平原君找来想办法。

平原君就是"战国四公子"之一的赵胜。赵胜是赵惠文王的弟弟，赵孝成王的叔叔。和齐国的孟尝君一样，他也喜欢收养门客，靠着门客给他出谋划策，在当时有很大名声。平原君见了赵王说："现在国都被围，形势危急，光靠咱们赵国自己的力量恐怕难以保住国都，只好向楚、魏求救。魏国和我们关系还可以，而且我和魏公子信陵君交情很深，我写封信去，估计会派救兵来。只是楚国离我们较远，楚王又害怕秦国，不一定会答应出兵。但楚是大国，举足轻重，必须争取它的帮助，我打算亲自到楚国去一趟，说服楚王派兵，您看如何？"赵王一听非常高兴，就点头同意了。

杜虎符　战国时秦国兵符，长9.5厘米，高4.4厘米。1973年出土于陕西省西安市北沉村。现藏陕西省历史博物馆。

平原君回来把这件事同门客说了，决定在门客中挑选二十个文武双全的人跟他一起到楚国去说服楚王出兵救赵。平原君挑来挑去，只选出了十九个人，别的人不是没有口才，就是武艺太差，平原君感慨万分，说："唉，花了几十年，养了这么多门客，如今连二十个管用的人也挑不出来，全才实在太少了。"这时从后面角落里传来一个声音："公子，看我能不能凑个数啊？"平原君并不认识说话的人，就问："先生尊姓大名？"回答说："姓毛名遂。"平原君想了想，好像不记得有这么一个门客。毛遂接着说他已经给平原君当了三年门客了。平原君不由得冷笑着说："我听说有才能的人，不管到什么地方，他的才能就像锥子放在口袋里一样，锥尖马上就会扎破口袋露出头来。如今先生在我这呆了三年，我不知道您，看来是没什么本事，跟我去又有什么用？"众门客都嘲讽地笑起来。毛遂并不介意，从容地说："问题是公子您一直没有把我放在口袋里，要不然我的才能早已像锥子一样全部显示出来了。岂止是只露个尖呢？"平原君见他机敏过人，就同意他加入了去楚国的队伍。到了晚上，平原君和门客们化装悄悄溜出了城外直奔楚都去了。

平原君一行来到楚都，第二天一早就去拜见楚王。平原君让毛遂等人在殿外等候，他自己进去先和楚王谈判，可谈来谈去，一直到中午，楚王仍然不答应派兵援赵，在殿外等候的毛遂按捺不住，大步流星地冲进殿去。楚王一见闯来个外人，很是恼火，就喝问他是何人，平原君说："这是我的门客毛遂。"楚王一听，更为恼火，斥责道："我跟你主人议事，你来干什么，赶快给我退下去！"毛遂不但不后退，反而手按长剑，走到楚王跟前，说："合纵抗秦是天下大事，大家都可以议论，大王凭什么不许我说话，还赶我出去？告诉您，如果我想的话，随时都能见到您的血！"楚王一听，吓得胆战心惊，连忙陪着笑脸请毛遂说话。毛遂于是侃侃地说道："贵国拥有土地五百里，兵士上百万，具有成就霸业的优越条件。可是，秦国却多次欺负你们，这种奇耻大辱，连我们赵国都替您感到羞耻，你们却装着看不见，今天我的主人屈驾前来跟大王商议合纵抗秦之事，不只是为我们自己，也是为了贵国。试想如果我们赵国被秦国灭了，你们楚国难道能逃脱同样的命运吗？"一席话说得楚王连连点头称是，答应立即派楚军去赵国解邯郸之围。

回国后，平原君歉意地对毛遂说："先生这次去楚国，凭三寸之舌搬来了救兵。先生的才能远不是锥子的锋芒所能比的，过去是我有眼无珠，没有看出来。"从此平原君把毛遂奉为上等门客。

后来，平原君又给魏公子信陵君写信搬救兵，魏王迫于秦国的威胁不肯派兵。信陵君就设计让魏王最宠爱的妃子如姬从魏王身上偷出了能调动军队的虎符（古时候国君授给大将兵权的凭证），调动了八万魏军去援救赵国，终于打败秦军，邯郸之围得到解救。

荆轲刺秦王

公元前230年，秦王派兵灭了韩国。第二年又攻破赵国防线，占领了赵都邯郸，赵王投降秦国。过了不久，秦王又派兵去攻打燕国，燕太子丹为了挽救燕国的危亡，就访求刺客，想法去刺杀秦王。

燕太子丹在秦国做人质的时候，受尽了屈辱。后来他化装逃回燕国，就决心报仇雪恨。于是他就把自己的财产拿出来到处搜罗勇士，物色能刺杀秦王的人。

秦王有个大将叫樊于期，因得罪了秦王，就逃到燕国来投奔燕太子丹。许多人劝太子把樊交还给秦国，太子丹不肯，说不能干这种不仁不义的事。

太子丹听说有个叫田光的人是个很有见识的人，就派人去把田光请到宫里来，恭恭敬敬地向他请教。田光见太子态度很诚恳，就对他说道："人们只记得壮年时的田光，却不知我现在已经老了，不中用了。"太子问："先生交游中，一定认识一些有才能的人。"田光想了一下，说："我有个朋友叫荆轲，是个智勇双全的人。"太子喜出望外，恳求田光把荆轲请来，田光答应了。

不久，荆轲与太子丹见了面。太子丹见荆轲气宇轩昂，举止不凡，对他十分敬重。一套礼节过后，太子说："秦国和虎狼一样，贪得无厌，得寸进尺，不把各国吞并是不会歇手的。如今韩国、赵国都被它灭亡了，接下来就轮到我们燕国了。这情况怎不令人着急？"荆轲问："燕国准备倾全国的兵力和秦决一死战呢，还是另有打算？"太子丹说："燕国太弱小了，和秦国硬拼是不行。我想派一名勇士，假称出使秦国，以重利诱惑秦王，然后接近他，乘机劫持他，叫他把侵占各国的土地退还，如果不答应，就杀死他。不知先生是否愿意担此重任？"荆轲沉思了好一会儿，说道："这是国家重任，我恐怕担当不起。"太子丹跪下给荆轲磕头，一再请求他想法完成这个使命。荆轲推辞不过，就答应了下来。

易水壮别

过了好久，荆轲还没有动身的意思，这时秦军已开始进犯燕国边境。太子丹非常着急，就催促荆轲赶紧动身。荆轲说："我正在准备，要想接近秦王，必须要有充足的理由取得他的信任。一个办法就是把燕国最富饶的地方督亢（今河北省涿县东）一带献给他，光这些还不够，秦王正式悬赏捉拿樊于期，如果能献上樊于期的头，秦王一定会很高兴地接见。"

太子丹一听，直摇头，说："督亢地图好办，樊将军为报秦仇才到我这里来，我绝对不忍心加害于他。请先生另想主意吧！"

荆轲见太子丹这样说，就背地里去见樊于期。见面后，荆轲向樊于期说起谋刺秦王的计划，并说了自己的想法。樊于期说："只要杀了秦王，帮我报了仇，帮燕太子报了仇，我死了也值得！"说完，拔剑自刎了。

荆轲让人报告了太子丹，太子丹听说后坐车赶来，趴在樊于期的尸体上大哭一场，然后叫人厚葬了尸身，把头装在一个木盒里，交给荆轲。

一切都准备好了，荆轲还没有动身。太子丹又催他。荆轲说："我有个好朋友，有胆有识，可做我的帮手。我已派人去请他了。"太子丹担心夜长梦多，就说："我手下有位勇士，叫秦舞阳，就让他当你的助手吧。"荆轲见太子这样心急就同意了。

荆轲和秦舞阳动身那天，太子丹和荆轲的好朋友都来送行。人们送到易水岸边，荆轲的朋友高渐离击着乐器，声音悲壮，荆轲和着节拍，高声唱道：

风潇潇兮易水寒，壮士一去兮不复还！

送行的人都失声痛哭起来。荆轲把太子丹斟的酒一饮而尽，然后和秦舞阳登车而去，连头也没回一下。

荆轲来到咸阳，说明是代表燕王来献地求和的，为表示诚意，又带来了樊于期的首级。秦王听说燕王杀了樊于期，很高兴，就安排了隆重的场面，通知各国使节来参加献图仪式。

进见时，荆轲将用毒药浸好的匕首卷在地图里，自己捧着盛樊于期首级的木盒，让秦舞阳捧着盛地图的盒子，两个人一前一后走进了秦宫。上大殿台阶时，秦舞阳见宫殿里威严肃穆，脸吓得煞白，引起了秦国侍臣的怀疑。荆轲回头看了看，笑着说："他是从小地方来的人，没见过这样大的场面，所以有些不自然。"秦王有些警惕，传旨："只许正使一人上殿。"荆轲只好独自走上前去。秦王验看了樊于期的头，果然不错，又要荆轲把地图献上来。荆轲赶紧走下殿来，从秦舞阳手中接过地图盒，捧到秦王面前。秦王打开地图的卷首，从头慢慢观看，看到最后，一把闪闪发亮的匕首露了出来。荆轲右手抢到匕首，左手扯着秦王的衣袖，正要向秦王提条件，秦王猛地站起，将衣袖扯断，拔腿就逃，荆轲拿着匕首追了上去。秦王看无处可逃，就围着大殿铜柱子躲避。秦国有个规定，大臣不许带武器上殿，殿下的卫士没有国君的命令也不许到殿上来，所以这些大臣都是手无寸铁，有几个上来与荆轲徒走搏斗，都被荆轲打翻在地。这时有人提醒秦王："大王，背上有剑。"秦王在慌乱中忘了身背宝剑，经这人一说，于是抽出剑来就砍荆轲，一剑砍断了荆轲的一条腿，荆轲倒在地上，忍着剧痛，把匕首向秦王使劲地掷去。正在这时，宫中医生扔过来一个装药的口袋正打中荆轲掷匕首的胳膊，匕首刺歪了，飞到后面的铜柱子上，直进火星。秦王又上来刺荆轲，荆轲身受重伤，靠着柱子笑骂秦王："你今天能活着，算你命大！我要不是想劫持你交出侵占各国的土地，一开始就杀死你的话，你有八个也早死了！"秦王也不说话，又连连砍了几剑，把荆轲砍死。阶下的秦舞阳也被武士们杀死了。秦王大怒，当即下令，发兵伐燕，很快就占了燕国的大半国土。燕王喜和太子丹逃到辽东。秦王非要活捉太子丹不可。燕王喜被逼无奈，只好杀了太子丹向秦国请罪求和。

在以后的五年中，秦国先后亡了魏、楚、燕、赵。秦国"远交近攻"的策略取得了成功，秦国统一六国的愿望实现了，至此，七雄纷争的战国全部归并到秦国。中原诸侯从东周开始，经过五百多年的争夺，最后统一了。

秦始皇统一中国

秦王嬴政灭了六国，统一中原以后，发布了一道命令说："韩、赵、魏、楚、燕、齐六国的国王都不守信用，他们今天跟秦国订盟约，明天就背叛盟约，因此我才去讨伐他们。依靠祖宗保佑，我现在已经讨平了他们，天下安定了。我的名号如果不改变，依旧称王，显得和六国的国王没有多大区别，所以请大臣们议论一下，我现在应当用什么样的称号才好。"

丞相王绾、御史大夫冯劫、廷尉李斯等提议说："古时候的五帝只掌握一千里左右的地方，现在陛下已经消灭六国、统一天下，这是五帝不能与陛下相比的。我们听说古时候有天皇、地皇、泰皇，数泰皇最尊贵。所以我们认为陛下称泰皇最恰当。"嬴政听了以后，略一思考说："你们说得很好！我看泰皇的'泰'字可以不要，取他的'皇'字和五帝的'帝'字，两个字合起来，称做皇帝，这样才能显示我的丰功伟绩。我是第一代皇帝，就叫始皇帝，以后我的子子孙孙以世来计数，二世、三世、四世，一直传至千世万世。"

秦始皇 （前259－前210），首位完成中国统一的秦王朝的开国皇帝。后人称之为"千古一帝"。姓嬴，名政。出生于赵国，所以又叫赵政。

从此，中国历史上就有了皇帝这个名称。

统一以后，天下应当如何治理？丞相王绾对秦始皇说："六国诸侯刚刚被灭不久，原先的燕国、齐国、楚国离咱们的京城都很远，如果不在那里分封王侯，恐怕那些地方很难控制得住，您不如把几个皇子分封到那些地方去做王，协助陛下统治天下。"

廷尉李斯反对王绾分封的建议，他说："当年周武王得到天下以后，曾经大封子弟功臣为诸侯，后来诸侯之间关系越来越疏远，互相混战，像仇敌一样，周天子也无力加以禁止。如今陛下统一了天下，可以在全国设置郡县。子弟功臣多多赏赐些赋税钱财，不要分封诸侯，这样您就容易控制他们啦！"

秦始皇决定采纳李斯的意见，他说："以往天下苦战不休，都是因为分封诸侯王的缘故。现在天下安定了，再分封诸侯王，又将会种下战争的祸根。我认为廷尉的建议是对的。"

于是秦始皇把天下划分为三十六郡，郡以下设县。每个郡都由中央政府直接任命三个官长去治理，即郡守、郡尉和郡监。郡守是一郡最高的行政长官，统管一郡的重大事务。郡尉是管理治安的，全郡的军队由他统领。郡监执行监察方面的事情。

地方上的治理办法确定了，中央政府的组织机构也逐渐定型。秦始皇规定中央朝廷里设置丞相、御史大夫、太尉、廷尉、治粟内史等几个重要的官职，协助皇帝治理国家。丞相设两个：左丞相和右丞相，都是皇帝的助手，帮助皇帝处理全国的政务；御史大夫负责掌管重要的文书和监察；太尉主要掌管军队；廷尉掌管司法；治粟内史掌管租税收入和国家的财政开支。所有这些官员都归皇帝任免和调动，从国库里领取薪俸，一概不得世袭。

随后秦始皇又下令，把原来六国的兵器全都收缴到京城咸阳来。当时的兵器大多数是用铜制成的，他叫人把这些兵器都回炉熔化，铸成了十二个大铜人和许多铜钟。大铜人的名称叫翁仲，按当时的尺寸、斤两，铜人高五丈，脚有六尺长，每个重二十四万斤，把它们树立在咸阳宫殿前面的两侧，象征着秦始皇灭亡六国统一中原的伟大功绩。

战国时期，商业已经相当发达，货币的使用已经很普遍。但是各国货币的形状、大小、轻重都不相同，齐国的货币样子像刀，赵国的货币样子像铲；货币计算的单位也不一致。秦始皇规定：以后一律使用圆形方孔、每个重半两的铜钱，各国的旧货币全都作废，不许再在市面上流通。

原先六国的度量衡也是不统一的，尺寸、升斗、斤两等，长的长，短的短；大的大，小的小；轻的轻，重的重。在一个国家买一尺布，到另一个国家也许只能算八寸。在这个国家买一斗米，到那个国家就成了九升。这个国家里一斤重的东西，在那个国家里就成了十四两。度量衡这样乱，和一个统一国家的政权当然不相适应，对人们的生活也太不方便了。秦始皇下令规定了统一的度量衡，全国的尺寸、升斗、斤两都得一致，不许乱来。

原先六国的车辆和道路也各不相同，车辆有大有小，道路有宽有窄。在统一的局面下，这样也显得太不方便了。于是秦始皇又下令，一要"车同轨"，二要修驰道。"车同轨"就是规定车轴上两个轮子间的距离，一律都定为六尺。修驰道就是修筑从京城咸阳到全国各个重要地方的大路。大路路面一律宽五十步（每步六尺），路的两旁每隔三丈种上一棵青松。修了这样的驰道，全国的交通就方便得多了。

战国时期的文字也是不统一的。同一个字的写法不尽相同，形状各异，笔画有多有少。统一以后，这种情况对政策法令的推行和文化的传播，都是一大障碍。所以秦始皇又下了"书同文"的命令。"书同文"就是统一文字的意思，政府规定了一种叫作小篆的字体，作为全国统一使用的标准文字。后来又根据民间流行的字体，整理成一种比小篆更便于书写的字体，叫作隶书。隶书跟现在的楷书已经很接近了。

秦始皇统一中国以后所实行的废分封设郡县，统一货币、度量衡、文字等等，都是有利于加强全国统一、有利于社会经济文化进一步发展的。这是秦始皇的巨大功绩。

焚 书 坑 儒

公元前213年，秦始皇已经统一中原九年了。有一天，秦始皇在咸阳宫为庆贺大败匈奴而摆宴。文武官员全都出席了。同时参加宴会的还有七十个在学术思想上有名望有地位的博士。宴会当中，博士的领袖周青臣举酒颂扬秦始皇的功德，他说："陛下英明，凭借不到千里的疆域消灭了六国，统一了中原，赶走了蛮人和夷人。如今凡是太阳月亮照得到的地方，全都服从陛下的统治了。陛下废除了分封，设立了郡县制度，这样防止了战争的发生，使得天下人人都能安心的生活。这样的太平时世，必定能代代相传，直到千秋万世。陛下的威德，远远超过了上古的三皇五帝啊！"

周青臣的一番颂扬，使秦始皇心里甜滋滋的，他连连点头夸奖道："说得好！说得好！"可是这一番颂扬却触怒了另一些满脑子旧思想的博士们，有个叫淳于越的博士，他听周青臣赞颂郡县制而反对分封制，心里十分难过。他赶快往前走

鎏金刻花银盆　秦代食器。1979年出土于山东淄博市窝托村。高5.6厘米，口径37厘米。为目前唯一一件秦代银器。现藏于山东省淄博市博物馆。

几步，急急忙忙地对秦始皇说："陛下！我听别人说，殷周两代的国王传了一千多年，他们分封子弟功臣做诸侯，像众星拱月那样拱卫中央朝廷，这本来是个很好的制度。如今陛下统一了中原，子弟却毫无地位和实权。将来万一出个像当年齐国田常那样谋篡王位的乱臣贼子，这种局面又将由谁来挽救呢？我听老一辈的人说过：事情不照老规矩办而想要长久，根本就不可能。现在周青臣又当面奉承陛下，加重陛下的过错，我看他不是忠臣。陛下还是最好考虑一下分封的问题！"

秦始皇对淳于越的话十分厌烦。他叫大家再次讨论，看看究竟是分封制好，还是郡县制好。这时候已经升任丞相的李斯反对淳于越的谬论，他对秦始皇说："古今时代不同，情况已经随着时代改变了，我们决不能再拿古代的制度到今天来实行。如今天下已经安定，法令已经统一，老百姓应当努力种田做工，读书人应当努力学习现行的法令制度。可是如今总有一些脑子被旧思想充斥的读书人，用古书思想来攻击时政，这非常不利于您的统治，必须予以严厉禁止。我建议：史官所收藏的图书，凡不是秦国的历史，全部拿来烧了；不是政府任命的博士官所收藏的《诗经》《尚书》，而是私家收藏的这一类书籍，一律焚烧掉，这样来断绝其根源。"

秦始皇也认为那些有旧思想的人到处宣扬旧制度，的确妨碍了他的统治。于是他决定接受李斯的建议，下令焚书。焚书的具体办法是：除了那些讲医药、占卜、种树一类的书以外，凡不是秦国史官所记的历史书，不是官家收藏而是民间所藏的《诗经》《尚书》和诸子百家的书籍，全部在三十日内上交官府并烧毁。以后还有偷偷谈论古书内容的，处死刑；借古时候的道理攻击当前政治的，全家都要处死。官吏知情不告发的，判处同样的罪。命令到达后三十天不烧毁书籍的，在脸上刺字后罚去做四年长城的苦工。如果有人要学习法令，必须跟随官吏去学，而不准学习古书。

焚书的命令发布以后，各郡各县的官吏不敢怠慢，都立即严格地遵照命令去执行。老百姓遭到了挨家挨户的搜查。在很短的时间内，到处出现了焚书的熊熊烈火。焚烧那些刻写在竹木简上的古代书籍，使得中国的文化事业遭受了一次浩劫。秦国以外的历史书和记载着诸子百家学术思想的书籍，几乎全部被烧了。秦朝以前的许多历史事实和学术思想从此失传。

秦始皇下令焚书，遭到许多读书人的反对，不仅那些有旧思想的人反对秦始皇的暴行，连一些在朝廷里享受着高官厚禄的博士，也都在暗地里议论，都认为秦始皇如此摧残文化，实在太过分。

焚书的第二年，即公元前212年，有两个替秦始皇求不死药的方士侯生和卢生，偷偷地议论说："秦始皇为人残暴，自信心太强。灭六国统一中原之后，自以为是从古以来最了不起的一个君主了。他专靠残酷的刑罚来统治天下，大臣们不敢说真话，他也不信任任何人，一切事情都得由他自己亲自来决定。像他这样贪图权势的人，我们还是不要为他求仙药的好。"他们两个人商量好以后，就偷偷地带着从秦始皇那里领来的钱财，逃走了。

秦始皇听说读书人在背后说他的坏话，侯生、卢生还居逃走了，十分生气，决定对他们施行严惩。

于是秦始皇下令叫御史大夫去查办那些在背后诽谤他的读书人。在残酷的刑罚下，一些被抓的人为了给自己开脱，就一个一个地攀连其他的人，攀来攀去，一下子查出来有四百六十多个方士和儒生犯有嫌疑。秦始皇一怒之下，也不详细审问、查证核实，就将他们全部活埋在咸阳城外。其实四百六十多人当中，只有少数人真正反对秦始皇，大多数人都是含冤死去的。这是秦始皇对读书人的残暴屠杀。

秦始皇陵兵马俑·跪射俑　出土于秦始皇陵兵马俑弩兵方阵中心。身穿齐膝长襦，外披铠甲，头绾圆形发髻。目视前方，双手做持弓弩状。

秦始皇进行焚书坑儒，目的是想统一思想，对那些反对中央集权制的思想和言论进行压制，但是他的做法太过分了，太残暴了。焚书，毁灭了秦以前长期积累起来的文化财富；坑儒，杀害了许多精神财富的创造者。从此以后，秦朝宫廷里真正有学问的人大大减少，而那些专会阿谀奉承、欺上瞒下的奸贼如赵高之流，逐渐成了秦始皇身边的重要人物，秦朝开始走下坡路了。秦始皇在完成伟大统一事业的同时，也对人民实行残暴统治，犯下了滔天罪行。

指 鹿 为 马

秦始皇统一中国后，统治残暴，民不聊生，起义不断，秦始皇为此烦恼而经常巡游。

公元前210年，秦始皇第五次也是最后一次到东南一带去巡视，由于年老体衰，在返回的途中病死了。

秦始皇死后，李斯和赵高逼死大公子扶苏，扶助二公子胡亥即位，是为秦二世。秦二世不学无术，凶狠毒辣。他当上皇帝主要是靠赵高的帮助，现在更加信任赵高，把赵高封了个郎中令的大官，让他随时在自己的身边出鬼主意。

胡亥害死了公子扶苏，当了皇帝也提心吊胆。俗话说没有不透风的墙，这件事万一被百官和其他的公子知道了该怎么办呢？赵高又给出了主意，一不做，二不休。找了几个借口把胡亥的几个哥哥和姐姐全部杀掉了。蒙恬的弟弟蒙毅带兵在外，胡亥也找个理由给杀了。胡亥为了巩固他的统治，把朝廷中的那些敢于反对他的大臣也一个个杀掉了。当官的天天提心吊胆，朝廷乱哄哄的好像一锅粥。

当时扶助胡亥即位，李斯是被逼无奈，主要是赵高的主意。赵高如此狠毒，李斯感到总有一天厄运将至。终于赵高诬陷李斯谋反，把李斯全家诛杀。李斯死后，赵高接替他做了丞相。

秦二世靠玩弄阴谋登上了皇位，精神空虚，心情紧张，除了他的老师、野心家赵高以外，朝廷的文武大臣，他都不敢相信，对秦始皇那些好的方面，他一点儿也没有继承，对秦始皇那些坏的方面，他却全盘继承而且变本加厉。老百姓的生活更加艰难，有的连饭都吃不上了，人们纷纷起来反抗。

老百姓起来造反，秦二世却被蒙在鼓里。这时候，朝廷的大权完全被赵高控制了。赵高当了丞相以后，大权在手，逐渐把那些正直善良的大臣给害死了，剩下的由于害怕他，不得不讨好他，而秦二世依然花天酒地，吃喝玩乐，不问政事，这样朝中就更乱了。

有一天，赵高骑着一只梅花鹿去上朝，秦二世很奇怪，就问他原因。

赵高看了看秦二世，又看了看众大臣，一本正经地说："这是臣下刚得到的一匹好马，准备把它献给陛下。"秦二世一听，不由得哈哈大笑起来，说："丞相可真会开玩笑，这明明是鹿，怎么能说是马呀？"

赵高瞪着他那双小眼嘿嘿地干笑了几声，阴险地瞅了瞅众大臣，好像是向众大臣示威似的，连声说："是马！是马！陛下若不信，那就请问一下各位大臣是鹿还是马？"

听赵高这么一说，秦二世也给弄糊涂了。他没有一口否决赵高，反而怀疑自己的眼睛。他吩咐众大臣都过来仔细瞧瞧，看看这玩意儿到底是鹿还是马。许多大臣不知道赵高的肚子里藏了什么鬼花招，都围着那只梅花鹿看来看去，什么话也不敢说。有几个无耻小人，明明知道这是一只梅花鹿，但为向赵高讨好，就附和他说："是马！是马！这哪儿是鹿？"也有几个比较正直的大臣，坚持说："是鹿，是鹿！这怎么能说成马呢？"事后，赵高就制造了种种罪名，把那些坚持说实话的大臣都关进了监狱。这么一来，大臣们就更加害怕他了。

赵高又精心策划了一些日子，感到准备得差不多了，就派女婿阎乐和弟弟赵成带着一千人马去杀秦二世。守门的卫士进行反抗，结果全部被杀了。

阎乐带着人马闯进宫里，他指着秦二世的鼻子破口大骂："你这个无道的昏君，杀了那么多人，办了那么多坏事，实在是罪大恶极。现在天下的老百姓都起来造反，你也应该好好地考虑考虑该怎么办了。我奉了丞相的命令，要替天下人除掉你这个昏君。今天要是杀不了你，回去还没法交差呢！"

这时候，秦二世才知道上了赵高的大当，这个凶狠的糊涂虫只得把宝剑架到了自己的脖子上，死的时候只有二十三岁。

赵高虽然杀了秦二世，但他怕大臣们不服，终于没有敢自己即位做皇帝，而是把二世的侄儿子婴抬出来继承了王位。子婴即位以后，和亲信太监搞了个计策，把赵高骗进宫去除掉了，并且杀了他的三族。赵高这个野心家终于落得了一个应有的下场。但强大的秦朝到此时已开始走向坟墓，全国各地爆发的农民起义敲响了它的丧钟。

大泽乡起义

就在胡亥杀害扶苏当上皇帝的那一年，即公元前209年一月，在我国历史上爆发了第一次农民起义，这就是陈胜、吴广领导的大泽乡农民起义。

陈胜又叫陈涉，是阳城（今河南省登封县东南）人。陈胜小时候家里很穷，受尽了屈辱和欺负，但他志气很大，一心想改变自己的命运。有一天，陈胜和他的伙伴们在地头休息，陈胜又诉起苦来了，对大家说："咱们将来谁要是得了富贵，可别忘了今天的穷朋友啊！"大伙儿听他这么一说，都感到很可笑，那富贵可不是穷人们说说话就能得到的。有个伙伴笑着说："你给人家干活，连锄头都不是自己的，还谈什么富贵呀？"陈胜叹了口气，说道："唉，躲在屋檐下的燕子和小麻雀怎么会懂得大雁和天鹅的远大志向呢？"

秦二世元年七月，陈胜和吴广被派为屯长，带领贫民九百人去渔阳戍边。他们这九百人由两名身带利剑的军官押送，不分昼夜地向渔阳方向赶路。这正是北方多雨的夏季，他们走到蕲县大泽乡（今安徽省宿县西南）的时候，正赶上瓢泼大雨，雨水把道路给淹没了，到处是泥泞一片，他们只好停下来，等天晴了再走。按照秦朝的法律，误了日期是要全部杀头的。陈胜吴广计算了一下时间，无论怎样卖命地赶路也是要误期的。于是，两人悄悄地商量对策。陈胜说："现在

继续赶路，到达后也是送死，想办法逃跑，被抓住也得死。起来造反，即使夺不了天下也顶多是个死。与其等死，还不如起来造反为夺天下而死呢！"吴广也觉得是这个道理。陈胜又说："秦二世残暴，民不聊生，扶苏贤明，但民间不知他已被害，不如我们以扶苏和当时深受爱戴的大将项燕为号召，起来反对二世，一定会有许多人响应的。"

陈胜的主张，吴广完全赞成。二人认为，九百壮丁都是受苦人，一定会跟随起义的，为了造势，他们还采用迷信的办法号召群众。

第二天，伙夫上街买鱼回来，在一条大鱼肚子里发现一块绸子，上面写着"陈胜王"三个大字。这可是一件新鲜事，大伙一下子就传开了，都认为这是老天爷的旨意。

到了晚上，人们三个一堆两个一伙地凑在一起谈论白天的奇怪事儿，忽然外面传来奇怪的声音，仿佛是狐狸叫一般，隐隐约约的听着是"大楚兴，陈胜王"的声音，声音来自古庙，有火光突现，忽左忽右。

第二天一早，大伙儿都指指点点地来看陈胜，越看越觉得他长得像个真命天子。人们正在私下议论的时候，吴广走了进来。人们围住他纷纷问道："吴大哥，听说你和陈胜大哥是好友，他和咱们一样，都是穷苦汉子，难道真能为王？"吴广呵呵一笑，说："乱世出英雄！上天之意，难道还不足信？如今世道要变，咱穷哥儿们要打天下，坐天下！"戍卒们听了，许多人都乐得一蹦老高，纷纷嚷道："对！咱们哥儿们起来造反吧，别白白地等死了！"

陈胜、吴广一看大伙儿热情很高，立即决定杀掉那两个军官，起来造反。

一切都准备好了之后，他们把那两个军官的脑袋做祭天礼品，九百壮丁在陈胜吴广带领下，共同起誓。决定同生死，共患难，推翻秦朝。大伙公推陈胜为统帅，号称"将军"，吴广为副帅，号称"都尉"。他们一下子就攻占了大泽乡。百姓苦于秦朝的残暴统治已久，听到陈胜起义，纷纷赶来响应，起义队伍迅速扩大。陈胜、吴广带着起义军从大泽乡出发，一下子就攻克蕲县。接着，陈胜派葛婴带着一支队伍，攻下了蕲县以东的五座县城。打到陈县（今河南省淮阳县）的时候，起义军已经发展到拥有六七百辆战车、一千多名骑兵、几万名步兵的大部队。陈胜在陈县正式称了王，国号"张楚"，就是要张大楚国的意思。

常言说：鸟无头不飞，人无头不行。陈胜一当王，遍布全国的反秦力量受到极大鼓舞。各地百姓纷纷起来，拿起粗陋的武器，攻占城池。陈胜不失时机，派吴广率领一部分军队去攻打荥阳（今河南省荥阳县），派周文率领另一部分军队去攻打秦朝的京城咸阳，还派了另外一些人带兵去打其他地方。

周文过去曾在楚国大将项燕和春申君黄歇手下做过事，识多见广，懂得点军事，作战也很勇敢。他的军队一路上势如破竹，打下了很多地方，一路上又收了很多人，部队发展到十余万人，一直打到了离咸阳只有一百多里的戏（在今陕西省临潼县境内）。秦二世一下子不知所措，慌忙中派大将章邯组织了骊山陵墓的民工几十万人反扑，由于周文的部队组织性差，又有旧贵族混在里面捣乱，结果战败，周文自杀。

由吴广率领去攻打荥阳的那支队伍，很快就把荥阳给团团围住了。但荥阳的守将是丞相李斯的儿子李由，文武双全，久战不下之际，吴广被部下田藏杀死，田藏突围不成也战败身死。

起义军接连败退，陈胜最终也被他的车夫庄贾暗杀了。

陈胜、吴广领导的农民起义虽然失败了，但是由他们点燃的农民起义的烈火已燃遍全国，这场烈火越烧越旺，最终葬送了秦王朝。

破 釜 沉 舟

陈胜、吴广在大泽乡起义的时候，在吴中（今江苏省苏州市）的项梁、项羽起而响应。项梁的父亲，也就是项羽的祖父，是楚国名将项燕。项羽从小死了父亲，是在叔叔项梁的照顾下长大的。他小小年纪便立志为国家报仇雪耻，叔父教他书法，他不用功；让他去学习剑术，他也不肯努力。项梁很生气就骂他没有出息。但项羽却说："念书写字，顶多记记姓名罢了；剑术学好了也只能和几个人对打，我要学那种一人敌万人的本领。"项梁听项羽这么一说，认为侄子胸有大志，就教项羽学习兵法。项梁本人很善于结交朋友，碰到人家有什么大事，他都赶去帮忙，当地的百姓都很喜欢他，他也就成了吴中豪杰的领袖，连地方官也要敬他几分。

秦始皇最后一次巡游时，经过吴中，许多人前来观看。站在两旁的百姓，一见这威风凛凛、豪华壮丽的皇帝车驾奔驰而来，都呆呆地站着，大气也不敢喘。只有站在人群里比别人高出一头的项羽，瞪着浓眉下一双有神的大眼，脱口说道："这有什么了不起，谁都可以取代他！"项梁吓得赶快

项羽 名籍，字羽，下相（今江苏宿迁）人。中国古代著名农民起义领袖。公元前207年杀秦降王子婴，自立为"西楚霸王"。后与刘邦展开了长达四年的"楚汉之争"。公元前202年，被困垓下，自刎而死。

捂住项羽的嘴，悄悄地警告道："你在这儿胡说八道，让别人告发了可是要灭九族的呀。"

回到家里，项羽埋怨叔父说："平日您总是让我练习武艺，学习兵法，让我念念不忘家国之恨，今天您怎么这样胆小怕事呢？"项梁说："我们是要干一番大事业，不能心急气躁。要想报仇，就必须学会等待时机。"

就在这一年，秦始皇在回咸阳的路上病死了。第二年，二世继位，陈胜、吴广在大泽乡起义。消息传来以后，项梁和项羽万分高兴和激奋，他们感到为楚国报仇的时机已经到来了，就杀掉了当地的郡守，召集起八千子弟兵，起兵反秦。

过了不久，有消息传来，陈胜被秦将章邯打败，项梁赶快率领江东八千子弟兵，渡过长江，向西面前线挺进。一些零散的反秦队伍，如陈婴、英布、吕臣等率领的武装，都纷纷投奔到项梁的队伍中来，使这支部队一下子增长到六七万人。

但是这时陈王已经被叛徒庄贾杀死，张楚政权已经四分五裂。在这个紧要关头，项梁在薛县（今山东省滕县南）召开各路起义军首领会议，商量要公推一个起义军的首领。这时候，有个叫范增的七十多岁的老头子赶来献计，他对项梁说："秦灭六国，楚最不幸。楚怀王被骗到秦国，死在秦国，楚国人至今怀念着他。您从江东起兵，有很多人前来投奔您，这是因为您家世世代代是楚国的大将，人们希望您恢复楚国。您如果拥立楚怀王的后代为王，就一定能够号召更多的老百姓。"

项梁觉得范增的话很有道理，就派人四处寻访楚怀王的后代。没过多久，大家找到一个楚怀王的孙子熊心，这时他才十三岁，正替人家当放羊娃。于是项梁带领大家把熊心立为楚王，为了顺应楚人怀念故国的心情，仍称他做"楚怀王"。这个消息传开以后，果然又有很多人赶来参加项梁的队伍。

项梁把楚怀王安置在盱眙（今山东省盱眙县东北），自己带兵继续西进。他在东阿（今山东省阳谷县东北）打败章邯，又在濮阳（今河南省滑县东北）东面大破秦军，接着又攻下了定陶（今山东省菏泽市南）。这时候，原先齐、赵、燕、魏等国的旧贵族，也都在自己的土地上立了王，恢复了自己国家的名称，秦朝的天下眼看就要完蛋了。项梁命令项羽和不久前来投奔他的刘邦带兵速西进。项羽和刘邦杀死了秦朝的大将李由。章邯见形势危急，赶快请秦朝政府派援军，乘着项梁得胜后骄傲自满，没有防备的机会，偷袭定陶，杀死了项梁。项梁一死，起义军的队伍受到很大损失，项羽、刘邦、吕臣等只好撤退到彭城（今江苏省徐州市）一带，采取守势。

再说秦将章邯击破了项梁率领的楚军主力之后，认为楚军元气大伤，用不着担心了，于是把项羽他们撇开不管，带领大军北渡黄河，攻打当时自称赵王的赵歇。赵王和他的谋臣张耳、陈馀没有防备秦军的进攻，一战就败，只好退到巨鹿（今河北省平乡县）固守。章邯派大将王离和涉间把巨鹿城围困得如铁桶一般，秦军在城外布成了铁墙般的防线，章邯自己则率领主力运输粮草，供应王离的围城大军。

赵军被围困得顶不住了，赶紧派人四处求救，燕齐两国援赵大军早就赶到了，但一见秦军势力强大，谁也不肯充当那碰石头的鸡蛋，都缩头缩脑地远离秦军驻扎。

再说楚怀王接到赵王求援的书信，赶紧准备援军，派宋义为上将军，叫他带着次将项羽、末将范增北上救赵。

宋义率领大军由彭城出发，将士们休整了几个月，现在听说要去和秦军的主力拼杀，一个个摩拳擦掌，斗志很旺。但是宋义却是一个胆小怕事、自私自利的小人，他用甜言蜜语取得怀王的信任，骗取了兵权，但他根本就不想到城下和秦军拼命。当他走到安阳（今山东省曹县东）的时候，便号令全军原地休息，这一住就是四十多天，他自己每天在大帐中饮酒作乐，从不提出兵援赵的事。

项羽实在忍耐不住，便来见宋义："救兵如救火，现在赵王危险，我们应该立即率兵渡过黄河，与赵王来个里应外合，就一定能够大败秦军！"宋义斜着眼看了项羽一下，慢吞吞地说："你哪里懂得兵法的妙用！我们的目标是消灭秦军，我的主意是先让秦赵拼个你死我活，我们可以坐收渔翁之利。在战场上冲锋打仗，我比不上你，要说出谋划策，你可就比我差远了。"项羽遭到一场抢白，强压着火儿没发作，怒哼哼地走出了军帐。

项羽本是个火爆脾气，怎么会咽下这口气？一天早晨，他全副武装，大步跨进宋义军帐，再次要求立即出兵救赵。宋义大发脾气，喊："我的军令已下，难道你要以头试令吗？"项羽大吼一声："我要借头发令！"宋义本是个草包，顿时吓得软成一团，项羽一剑斩下他的脑袋。将士们听说杀了宋义，都立刻表示愿意服从项羽的指挥，并拥立项羽代理上将军一职。

一朝权在手，便把令来行。项羽担任了援赵大军的主帅，下令士兵每人带足三天的口粮，然后又下令砸碎全部行军做饭的锅。将士们都愣了，项羽说："没有锅，我们可以轻装前去，立即挽救危在旦夕的赵国！至于吃饭嘛，让我们到章邯军营中取锅做饭吧！"大军渡过了漳河，项羽又命令士兵把渡船全部砸沉，同时烧掉所有的行军帐篷。战士们一看退路没了，这场仗如果打不赢，就谁也活不成了。

项羽指挥楚军很快包围了王离的军队，同秦军展开了九次激烈的战斗，渡河

的楚军无不以一当十，以十当百，个个如下山猛虎，奋勇拼杀。沙场之上，烟尘之中楚军终于以少胜多，把秦军打得大败，杀死了秦将苏角，俘虏了王离，涉间被打得走投无路，放火自焚而死，章邯在走投无路的情况下，就率领剩下的秦军投降了项羽。从此项羽就做了上将军，诸侯的军队都归他统率。

鸿　门　宴

　　项羽在巨鹿大战中打败章邯，接受章邯投降以后，听说刘邦已经进了咸阳，这可把他气炸了。他觉得自己功劳比刘邦大，本领比刘邦强，本应该先进咸阳，当关中王。他赶快率领大队人马直奔函谷关，很快就打到了新丰鸿门的地方，离刘邦所在的霸上只有四十里路了。

　　当时项羽的军队拥有四十万人，刘邦只有十万人，项羽想要消灭刘邦是很容易的事。项羽的军师，被项羽尊称为"亚父"的范增建议说："刘邦在东边家乡的时候又贪财，又喜欢美女，如今进关以后，财物和美女都不要了，我看他的野心不小，恐怕想要跟大王争夺天下，您不如趁早下手，除了他算了。"项羽正在考虑，还没有做出决定，刘邦手下的左司马曹无伤偷偷派人来给项羽送信说："刘邦想要在关中做王，他准备拜秦王子婴做相国，把秦朝宫里的一切珍宝都占为己有。"项羽听了这个消息，火冒三丈，他决定第二天一早派兵去攻打霸上，消灭刘邦。

　　项羽的决定，惊动了他的另一个叔父项伯。项伯和刘邦手下的张良是好朋友，他生怕明天打起仗来会伤害张良，就连夜赶到刘邦军营里去通知张良，叫张良赶快逃走。张良说："我是特地送沛公进关来的，现在他有危险，我只顾自己逃走，太不讲义气，我得去向他告别一下。"

　　张良把项伯的话一五一十地报告了刘邦。刘邦一听着了慌，连声说："这怎么办？这怎么办？"张良问刘邦说："大王估计一下，咱们的军队能挡得住项王的进攻吗？"刘邦沉默了一下，愁眉苦脸地说："我看挡不住啊！这怎么好呢？"张良说："那您可以请项伯帮帮忙，叫他在项王面前求求情。"刘邦叫张良赶快把项伯请进来，摆上酒席，热情招待。刘邦低声下气地对项伯说："我自从进霸上以来，什么东西都不敢动一下，只是登记

张良　字子房，汉初三杰之一。汉初城父（今安徽亳州市东南）人。秦末农民战争中，率部投奔刘邦，为其重要谋士。汉朝建立，封留侯。

了官民的户籍，查封了秦朝的仓库，日日夜夜盼望项王到来。我派些军队把守关口，也只是为了防止盗贼，决没有抵御项王的意思。请您务必在项王面前替我美言几句，请项王不要听信谣言。"为了结交项伯，刘邦还当场把自己的女儿许配给项伯的儿子，两人结成儿女亲家。项伯答应了刘邦的请托，并嘱咐刘邦第二天清早到项羽大营里去谢罪，然后连夜赶回了鸿门。

第二天一清早，刘邦带着一百来个人赶到鸿门，当面向项羽谢罪。刘邦装作十分诚恳地对项羽说："当初我和将军一起攻打秦朝，您在河北作战，我在河南作战。我自己也没有料想到能够先打进关中，攻破咸阳，今天又在这里和将军见了面。听说有些小人在将军面前造谣中伤，挑拨将军和我的关系。希望将军不要听信这些谣言。"

项羽是个直性人，他看刘邦这样谦虚，心头的怒火很快就烟消云散了。他立刻改变语气，毫不在意地说："这都是你那里的曹无伤派人来说的，要不，我怎么会生你的气呢！"项羽叫人摆上酒席，宴请刘邦，表示和好。宴会上，项羽和项伯坐在主位，亚父范增在旁边作陪；刘邦坐在客位，张良在旁边作陪。项羽举杯劝刘邦喝酒，态度越来越和气。

亚父范增一再地给项羽丢眼色，并且三次举起身上佩带的玉玦作暗示，请项羽赶快下决心杀掉刘邦。项羽默不作声，既不表示同意，也不表示反对。范增急了，借个机会出去，把项羽的堂兄弟项庄找来，吩咐他说："项王的心不够狠，始终下不了杀刘邦的决心。你以敬酒作为借口，进去舞剑助兴，趁机杀了刘邦。否则，你们这些人都会落在刘邦手里。"项庄真的进去给刘邦敬酒，敬完酒以后说："今天项王请沛公喝酒，我给大家舞一会儿剑，也算祝祝兴吧！"说完就舞起剑来。他那把寒光闪闪的宝剑，越舞越近，直逼刘邦，吓得刘邦身上直冒冷汗。

项伯看到项庄不怀好意，生怕他的亲家刘邦吃亏，他也拔出宝剑说："一个人舞剑没有意思，两个人对舞才热闹。"说完，占了刘邦面前的那块地盘，舞起剑来。项庄的剑逼向刘邦的时候，项伯就用自己的身体掩护刘邦，使项庄下不了手。

张良看到形势非常危急，找个机会溜出去，对樊哙说："宴会上形势不妙，项庄拔剑起舞，看样子想对沛公下毒手。"樊哙听了跳起来说："那还了得，我去！"说完，他带着宝剑和盾牌，撞倒了几个拦阻他的卫兵，气呼呼地冲了进去。

项羽看到冷不丁的冲进来一个人，赶快一手按剑，十分紧张地问："你是干什么的？"张良赶快上前一步，替樊哙回答说："他是沛公的车夫樊哙，大概在外面等久了，肚子饿了。"项羽用眼光打量了一下樊哙，见他长得虎头虎脑的，便用赞叹的口气说："好一个壮士！赏他一斗酒，一只肘子。"底下的人就给了樊哙一斗酒，一只生肘子。樊哙站着一口气喝完了酒，然后把盾牌往地上一放，把

樊哙 （?－前189），沛县（今江苏省沛县）人。西汉开国功臣，大将，封舞阳侯，谥武侯，以勇著称。

肘子放在盾牌上，蹲下身子，用宝剑割着生肘子吃。项羽觉得这人挺可爱，问他说："你还能喝酒吗？"樊哙粗声粗气地说："我死都不怕，还怕喝酒！想当年秦王凶暴得像虎狼一样，杀人唯恐杀不完，处罚人唯恐不够重，所以逼得天下的人都起来造反。楚怀王跟诸将约定：谁先打败秦军，进入咸阳，谁就做王。如今沛公先打进了咸阳，他可什么东西也没有拿，只是封了宫室库房，驻兵霸上，等待大王到来。像他这样劳苦功高的人，大王不但没有给他什么封赏，反倒听信小人的挑拨，想要杀他。这不是学秦王的样子吗？我认为大王真不应当这样做。"

项羽对樊哙的这一顿责备，不知道怎么回答才好，他只是说："请坐，请坐。"樊哙一屁股坐在张良旁边，一只手紧紧地按着宝剑。项伯看到形势已缓和，就回到了自己的座位上。项庄看到没法再下手，只好收起宝剑，站在项羽身边。

刘邦这才镇定了下来，他假装要上厕所，赶紧出去了。张良和樊哙也跟了出去。刘邦想要溜回霸上，又怕没有告辞，失了礼数。樊哙说："干大事业的人，不必拘泥于这种小节，如今他们的刀尖对着咱们，还跟他们讲什么礼数。"说着，推着车子来，催刘邦马上走。刘邦只得把张良留了下来，叫他去向项羽表示谢意。张良问："大王带来了什么礼物没有？"刘邦说："我带来白璧一双，是献给项王的；玉杯两只，是送给亚父的。刚才项王发脾气，我没有敢献上去，你就代我送去吧！"刘邦又怕项羽派兵来，决定把车子留在鸿门，他自己骑上一匹马，樊哙、夏侯婴、靳彊、纪信四个人，拿着宝剑和盾牌，跟随他步行抄小路从骊山脚下赶回霸上。因为这条小路只有二十里，比走大路要近一半。刘邦还再三叮嘱张良，估计等他们回到霸上的时候，才进去向项羽告辞。

刘邦等人一溜小跑回到霸上，进入军营后的第一件事，就是把曹无伤抓来杀了。

张良在外边等了好一阵子，估计刘邦他们已经到达霸上军营，就进去对项羽说："沛公的酒量小，已经喝醉了，不能亲自来向大王辞行。他临行交给我白璧一双，吩咐我敬献给大王；玉杯两只，是送给亚父的。"项羽说："沛公现在何处？"张良说："沛公听说大王有意要找他的差错，不敢在此久留，已经早走一步，估计现在已经回到霸上军营了。"项羽听说刘邦已经走了，就收下白璧，放在案上。范增气鼓鼓地接过玉杯，扔在地上，用宝剑把它劈了，然后长长地叹一口气说："唉！项王太幼稚，真不值得替他出主意。将来与项王争夺天下的，必定是刘邦，我们都等着做俘虏吧！"

萧何月下追韩信

鸿门宴之后不久，项羽也率领军队进入咸阳，自立为西楚霸王，凌驾于十八个王之上，而刘邦被封为汉王，只统辖着汉中、巴蜀等四十一个县，地方比较偏僻，不好向外发展自己的势力。刘邦想要跟项羽较量一番，可是力量相差太远。丞相萧何又再三劝阻，叫刘邦不要拿鸡蛋往石头上去碰。在鸿门宴上帮了大忙的张良，这时候要回到韩国老家去。他劝刘邦要有耐心，要设法蒙骗住项羽，偷偷地准备力量，以便出奇制胜，夺取天下。他教给刘邦：公开地烧掉从关中通向汉中的栈道，向项羽表示自己安于汉中这个偏僻的地区，决不再向东去跟项羽争夺地盘；实际上则在汉中和巴蜀招兵买马，积极准备东进。刘邦手下的士兵并不理解这一番计策，他们看到栈道被烧毁，以为把归路断绝了，都感到十分恐慌。有的整天唱着家乡的民歌，表达怀念家乡的心情；有的干脆不辞而别，开了小差。连担任治粟都尉的韩信，也开了小差，偷偷逃走了。

韩信是淮阴人，年轻时候家里很穷，经常连饭都吃不上，只好东求西讨地向人家要一点吃的。有一次，他挎着宝剑在街上走，一个恶少拦住他说："你敢用剑杀了我吗？不杀，你就从我胯下钻过去。"韩信不跟他计较，就从他胯下钻过去了。恶少和周围人哈哈大笑，说他是胆小鬼。项梁起兵反秦，韩信带着仅有的一把宝剑去投奔，在项梁手下当了一名小兵。项梁战死以后，韩信又跟着项羽做了郎中的小官。他曾几次给项羽贡献计策，项羽都没有采用。韩信一气之下，离开项羽，投奔到了刘邦门下。刘邦也没有发现韩信是个人才，只是叫他做了个治粟都尉的官，负责经办粮草一类的事情。

最早跟着刘邦起兵的萧何，却是个善于识别人才的人。他曾经找韩信谈过几次话，发现韩信是个了不起的将才，正准备找机会向刘邦推荐。可是还没有等萧何推荐，韩信却偷偷地逃走了。

萧何听说韩信逃走了，他来不及向刘邦说一声，就骑上一匹快马，乘着月色，亲自去追赶韩信。

有人报告说丞相萧何也逃走了。刘邦大吃一惊，他相信萧何不会弃他而去，私自逃走，但谁也不知道萧丞相哪里去了。刘邦急得不得了。过了三天，萧

萧何（？－前193），西汉初期政治家，汉初三杰之一，沛县（今江苏省沛县）人。秦末辅佐刘邦起义。刘邦为汉王，以萧何为丞相，汉朝建立，以他功最高封为"赞侯"。惠帝二年（前193）卒，谥号文终侯。

何回来。他声称为刘邦追回一名将才，便是韩信。

刘邦听萧何说清了来龙去脉，仍然不是很相信。经过萧何再三劝谏，同意任命韩信为大将。并答应选择一个吉利的日子，斋戒沐浴，建一座高台，隆重地拜韩信为将。

仪式过后，韩信向刘邦详细地分析了形势，指出了楚与汉各自的优势与劣势，帮助刘邦制定了东征的计划。刘邦这才相信韩信确是一个帅才，后悔自己以前没有看清，对韩信言听计从。从此，韩信指挥调度人马，加紧训练，帮助刘邦与项羽争天下。

楚 汉 之 争

公元前207年十一月，项羽率军四十万打进关中，杀死了已经投降的秦王子婴，又放火烧了阿房宫。接着，项羽以胜者自居，自称西楚霸王，并以霸主的身份大封诸侯王。其中刘邦被封为汉王，居汉中、巴蜀之地（今陕西南部及四川一带）。刘邦对项羽自恃强大，违背"先入者为王"的先前之约，甚为不满，但他自知力量不如项羽，只好暂时委曲求全。为了控制刘邦，项羽又特意三分关中，封了三个秦的降将即章邯、司马欣、董翳为王，史称"关中三王"。项羽则东归，定都彭城。但由于项羽分封不公，引起诸侯和功臣的不满。分封不久，握有重兵而未得封王的田荣首先在齐地（今山东临淄地区）起兵，自立为齐王。项羽率兵攻打田荣，刘邦见有机可乘，便乘东方战事再起，项羽忙于平定东方诸侯国叛乱无暇西顾之机，率兵消灭了关中三王，出其不意地重新夺取关中，后又挥兵东下，一举攻下彭城。从此，与项羽展开了长达四年之久的"楚汉战争"。

彭城失守后，项羽立即回师相救，项羽军队士气正盛，而项羽又是盖世英雄，浩浩荡荡的大军疯狂逼来，刘邦此时却疏于防范，被胜利冲昏了头脑。结果，刘邦被项羽打得丢盔弃甲，苍皇出逃。项羽俘虏了他的父亲和妻子。刘邦逃到荥阳、成皋一带后，又重整队伍，韩信也带兵前来支援，刘邦渐渐恢复元气。由于东进西击，项羽的力量也渐渐削弱。于是，项羽、刘邦逐渐形成了相持不下的局面。

在四年的楚汉战争中，项羽一直处于优势地位，但由于项羽为人刚愎自用，军纪涣散，处处扰民，所以不得民心。而刘邦则不然，他知人善用，军纪严明，又善于联合各地反项羽力量，以孤立项羽。逐渐地，项羽和刘邦的优劣势地位逐渐发生了转换。眼见刘邦日渐强盛，而自己则因为长期征战，人困马乏，实力渐弱，项羽只好暂时和刘邦讲和，放回其父亲与妻子，约定鸿沟为界，分而治之，互不侵犯。刘邦深知项羽已到了兵疲食尽的地步了，如果划界分而治之，不趁机消灭他，必定养虎自患。公元前203年十二月，刘邦在项羽放回父亲和妻子后，立即撕毁协议，会同各路诸侯对项羽发动了进攻。项羽疏于防范，仓促应战，节节败退，一直退到垓下（今安徽固镇）。一日夜里，项羽在其爱妾虞姬的陪伴下正在军帐中借酒消愁，忽听汉军在四面唱起了楚地民歌，以为汉军已把楚地全部占领了，惊恐不已。于是，项羽挥泪告别虞姬，自领八百名壮士突围。天亮时，刘邦发现项羽已逃，连忙派兵追杀。当项羽跑到乌江（今安徽和县东北）时，被汉军追上。两军短兵相接，展开肉搏战。项羽仅剩下的二十八个人也被汉军杀死。穷途末路的项羽奋力拼杀了一阵，面对如此惨状，这位曾经以一夫挡百万之勇的一代枭雄，自感无颜再见江东父老，遂拔剑自刎。历经四年的楚汉之争，最终以农民出身的刘邦的胜利而宣告结束。

公元前202年二月，刘邦即皇帝位，建立西汉王朝，刘邦就是汉高祖。

布 衣 将 相

刘邦消灭了项羽，建立了汉朝。他当皇帝后，一天，在皇宫里大宴群臣。当酒宴进行到一半的时候，汉高祖说："各位大臣议论一下：看看我为什么得到天下，项羽为什么得不到天下。大家请直言，不必隐讳。"大臣高起、王陵回答说："陛下脾气比较大，喜欢侮辱人；项羽讲究仁义而尊敬人，在这一点上项羽强于陛下。但是陛下赏罚分明，派人去攻城略地，攻下来的就给予奖赏，使大家都能得到好处；项羽嫉贤妒能，谁有功劳就害谁，谁有本领就怀疑谁，打了胜仗不给人记功，得了土地不给人奖赏，因此他得不到天下。"

汉高祖听了说道："这只是一个方面，还有一个方面你们却不知道。要论出谋划策，决胜于千里之外，我不如张良；要论治理国家，安抚百姓，筹集粮饷，我不如萧何；要论带兵打仗，攻城占地，百战百胜，我不如韩信。这三个人都是人杰，我能用他们，这才是我得天下的根本原因。范增本来是一个很好的谋臣，而项羽却不能好好使用，所以他失败。"

的确，在用人方面，项羽是无法与刘邦相比的。在争夺天下的过程中，他不仅用了张良、萧何、韩信这样能独当一面的人杰，并且还用了许多有各种长处的人才。他用人有个特点，就是只要有本领就用，不管什么出身。在开国时期的文臣武将当中，数张良的出身最尊贵，是韩国的公子。其次就要算萧何和曹参，一个在沛县做过文书，一个是沛县的监狱官，但都是卑微低贱的官职。再往下数，像陈平、王陵、郦食其等人，都是白丁，没有做过官，更不用提韩信了。樊哙，曾在鸿门宴上保护过刘邦，最初只不过是宰猪的。大将周勃以织草席子为生并兼吹鼓手。大将灌婴是个绸布贩子。这些没有做过官的白丁，也包括做过小吏的萧何、曹参在内，在当时的社会里只能穿布衣，不许穿绸衣，因此，历史上称他们为布衣将相。

一个人的才能和成就并不是由他的出身决定的，而要看他是否有智谋，有武力。就是这些布衣将相，在帮助汉高祖争夺天下的过程中，个个都立了大功；在汉朝建立以后，又为巩固封建统治做出了贡献，他们

曹参 （？－前190），是继萧何之后汉代的第二位相国。早年随汉高祖刘邦起兵，高祖六年，封平阳侯。惠帝二年，萧何于临终向汉惠帝刘盈举荐其为汉相。

的功绩是不可磨灭的。

萧何与刘邦本是同乡，具有政治眼光和政治才干。他了解刘邦，认定刘邦将来能够成就大事业。他在沛县做文书的时候，只要是刘邦与别人发生纠纷，无论谁对谁错，萧何总是站在刘邦这边，处处袒护他。刘邦担任亭长，每次向咸阳押送壮丁需要筹集旅费，别人只出三百钱，萧何常常出五百钱。陈胜、吴广在大泽乡起义以后，萧何和曹参派樊哙把刘邦找回来，几个人商量着一起举兵反秦，并杀了沛县县令，拥戴刘邦做了沛公。萧何可以称得上汉朝的开国元勋。刘邦打进咸阳的时候，别的将士忙着抢劫金银财富；只有萧何，一进咸阳，就封锁了秦朝的丞相府、御史府，接收了全部的图书律令和文书档案。这是一批极其重要的经济、政治、文化资料，有了它，使刘邦对全国的山川险要、郡县户口以及社会情况了解得一清二楚，对于打败项羽、统一天下起了极为重要的作用。另外萧何月下追韩信，帮助刘邦起用了一员大将，更显出了他目光远大，深谋远虑。

萧何还擅长管理后勤工作。因楚汉战争中，他以丞相的身份留在关中，在刘邦屡次被项羽战败以后，他很快又筹足了粮饷，补充上士兵的给养，使刘邦能够重整旗鼓，保证了战争的最后胜利。所以刘邦在统一天下以后，封他为酂侯，让他做了丞相，是对他功劳的表彰。

韩信，他自从被拜为大将以后，军事才能得以发挥，立了许多战功。他在战争中常常能够出奇制胜，以少胜多，为建立汉朝立下赫赫战功。

在攻打赵王时，韩信在半夜里挑选了轻骑兵两千人，叫他们每人拿一面红旗，从小道进军并埋伏在赵军大营附近。出发以前，韩信吩咐他们说："等赵军倾巢出动，来追赶我军时，你们冲入赵军的大营，拔掉他们的旗帜，换上我军的旗帜。"

　　轻骑兵出发以后，韩信传令给全营将士准备点饭菜，他说："现在大家少许吃一点，等天明打败了赵军以后，再举行丰盛的会餐。"接着，他派一万人做先锋，背靠河流扎下了营寨。赵军看到韩信背水为阵，都笑他不懂兵法。第二天天亮，韩信就向赵军发动进攻。双方打了一阵子，韩信突然下令抛弃军旗等往后撤退。赵军见汉军战败，都争先恐后，一窝蜂地离开大营，来抢夺战利品，汉军退到河边，无路可退了，就回过身来，拼死力战，锐不可当。这时候，埋伏在赵营附近的两千轻骑兵，趁赵军倾巢出动的时候，一举占领赵营，插上了汉军的旗帜。失败的赵军逃回自己的营地时发现已被汉军占领，只好抛戈弃甲，纷纷逃走。汉军前后夹攻，大破赵军，还将主将陈余斩杀。

　　战后，有人问韩信："将军不依兵法，背水为阵，结果却取得胜利，这是为什么呢？"韩信回答说："我的做法，本来是在兵法上有记载的，只是你们没有注意罢了。兵法上不是说：'陷之死地而后生，置之亡地而后存吗？'我正是活用了这条啊！"从此，大家才知道韩信是一个善于灵活运用兵法的人，都非常佩服他。刘邦取得天下以后，把韩信封为楚王。

　　曹参在战争中也立下了不小功劳。自沛县起义开始，他就跟随刘邦南征北战，多次打败敌人。歼灭并斩杀李由，给予秦朝极其沉重的打击，这是他所立的第一件大功。攻克咸阳的战役中，曹参担任先锋，是最早进入咸阳的大将之一。楚汉战争中，曹参的战功也十分显著，他常在紧急关头扭转战局。他灭了两个六国旧贵族建立的国家，攻克县城一百二十二座，俘获敌人的两个王，三个相，六个将军，以及许多大大小小的官吏。而自己也受过七十多次的伤，身上疤痕累累，这些都是为创建汉朝立下血汗功勋的见证。

　　王陵，虽说是布衣出身，家里却比较富裕。起义以前，他跟刘邦是结拜兄弟。刘邦进攻咸阳的时候，王陵也在南阳聚集了几千人马。起初他觉得自己年岁比刘邦大，是老大哥；又觉得自己跟刘邦的仇人雍齿很要好，所以不愿意归附刘邦，想要自己打开一个局面。直到楚汉战争开始，他才站到了刘邦一边。

　　在一次战争中，楚军捉住了王陵的母亲。王陵派使者去向项羽要还母亲，项羽故意请王陵的母亲坐在西边的客位上，十分尊敬地待她，打算招降王陵。王陵的母亲在送使者的时候，流着眼泪偷偷地告诉使者说："你回去对我儿子讲，叫他好好跟着汉王打天下，千万别为了我而三心二意。汉王是个了不起的人物，他准能得到天下。"说完，她就拔剑自杀了。王陵牢记母亲的教训，对刘邦忠心不二，为汉朝的建立立下了汗马功劳。

韩信（？－前196），字重言，淮安（今江苏省淮安市）人，西汉开国功臣。中国历史上伟大的军事家、战略家、统帅和军事理论家。

刘邦手下的谋臣武将可以说人才济济，像陈平的足智多谋，樊哙一身是胆，周勃为人忠诚、厚重少文，不仅在汉朝建立的过程中立下汗马功劳，后来还有力地保卫了刘姓江山。

吕 后 执 政

汉高祖刘邦杀马立誓以后，病情越来越严重，不久便去世了。刘邦一死，吕后就开始四处活动起来，她偷偷地和自己的亲信审食其商量要杀害朝中功臣。有人听到这个消息以后，立即跑去告诉大将郦商。郦商对审食其说："我听说皇帝已经死去四天了，你们却打算杀害功臣，这不是给天下制造危险吗？陈平和灌婴带着十万兵马驻守在荥阳，樊哙和周勃率领二十万兵马在平定燕代，如果他们听说皇帝已经去世，朝廷又想杀害他们，那他们联合起来造反不就坏事了吗？"审食其把这话转告吕后，吕后也觉得不能轻举妄动，就把太子刘盈立为皇帝，这就是汉惠帝。

汉惠帝刚满十七岁，天生软弱无能，身体又不太好，这样吕后就掌握了朝中的大权。

吕后平常最恨的，就是深受高祖宠爱的戚姬，她让人剃光戚姬的头发，用铁链锁住她的双脚，穿破烂的衣服，关在潮湿阴暗的破屋里，让她一天到晚舂米，舂不到一定数量的米，就不给饭吃。接着，吕后又把戚姬的儿子赵王如意召到京城里来，准备杀害他。汉惠帝听说母亲要对如意下毒手，赶紧派人把如意接到皇宫里，尽自己最大的力量保护他。吕后虽然气得咬牙切齿，但是一直都没有机会对如意下手。这一天，汉惠帝清早起来出去打猎，如意睡懒觉，没起来跟着去。吕后终于找到了可乘之机，用毒酒害死了如意。汉惠帝打猎回来一看，如意口中、鼻子全部流血，变成了一具直挺挺的僵尸。惠帝抱着弟弟的尸体大哭了一场，只好让人埋掉了。如意死后，吕后又让人砍掉戚夫人的手脚，挖掉眼珠，弄聋耳朵，又灌了哑药，把她叫作"人彘"，放在厕所里面。过了几天，吕后又叫汉惠帝来看"人彘"，惠帝认出这个断了手脚、又瞎又聋又哑的"人彘"是戚夫人，他悲伤得大哭了一场，病了一年多。到他即位的第七年就在忧伤里死去了。

汉惠帝死后，吕后夺了朝中大权以后，想封吕家的人为王，但她又怕大臣们反对，于是就征求右丞相王陵的意见，王陵当时就表示反对，对吕后说："高祖在世的时候，曾经杀白马订盟约，规定不是刘家的人不得封王，没有功劳的人不得封侯，谁不遵守这个盟约，天下人共同讨伐他！如今您要封吕家的人为王，这是违背盟约的，我不能同意！"吕后听了这话，脸上立即挂了一层霜。陈平和周勃见她神色有变，两个偷偷地交换一下眼色，互相微微点头，齐声说道："高祖皇帝平定天下，曾封子弟为王，今太后掌管朝政，分封吕氏子弟没什么不可以。"吕后听了这番话后，立即转怒为喜，脸上有了笑容。

不久，吕后就免掉了王陵右丞相的职务，王陵很生气，就告假回故乡去了。吕后立即把左丞相陈平升为右丞相，把自己的亲信审食其提升为左丞相。

接着，吕后又向大臣们放出口风，极力地鼓吹自己的侄子吕台如何能干，大臣们不敢违背吕后意思为吕台请封，吕后就把吕台封为吕王，把济南郡作为他的封国。不久，吕台死了，他的儿子吕嘉继为吕王。由于朝中无人直接公开反对，吕后越发放开手脚，一口气又封了好几个王侯，封吕产为梁王，吕禄为赵王，吕台的儿子吕通为燕王，还封了六个吕家的人做列侯。

就这样，由于吕太后的专权，吕氏子侄一个个被破格提拔，吕后恐怕刘吕两姓互相争斗，又用亲上加亲的政策压制刘姓人。慢慢地朝中大权完全由吕后执掌。到这时候，吕太后和她的侄子侄孙们，已经把刘姓的天下给篡夺去了。

平定七国之乱

汉高祖刘邦在铲除韩信、彭越、英布等异姓王的过程中，分封刘姓子弟为王，去接替空出来的王位，那就是同姓王。同姓王国起初只有九个，后来逐渐增加，传到汉文帝刘恒的时候，已经增加到二十多个，其中领地最大的有齐、楚、吴、荆、燕、淮南等。这些王国所领有的土地，合起来占了西汉帝国土地的大半。皇帝直接统辖的地区，仅仅只有十五个郡，并且这十五个郡当中往往还有列侯和公主的领地，真正属于皇帝能管辖的土地，也就只有十个郡左右。

良好的初衷往往不等于完美的结局。刘邦自认为可靠而又可信的子侄也有会变成豺狼虎豹的一天，分封同姓王这一做法终于导致了西汉历史上最严重的一次叛乱——七国之乱。

其实早在汉文帝三年（公元前177年）和六年（公元前174年），济北王刘兴居和淮南王刘长已经发动过叛乱，因为叛乱范围较小，很快被镇压下去了。比这两次叛乱更早一些，吴王刘濞也已经在准

汉文帝 （前202－前157），名刘恒，是汉朝的第三代皇帝，高祖刘邦第三子，在位23年，与汉景帝共创"文景之治"。

备叛乱了。刘濞是汉高祖刘邦的侄子，三十岁时被封为吴王，掌管东南地区三郡五十三城。他倚仗自己封国内自然资源丰富的有利条件，采铜铸钱，煮海水为盐，蓄积财富。他为了收买民心，宣布免除封国内的赋税，并且招降纳叛，拼命扩张势力，准备谋反。

汉文帝立自己的儿子刘启为太子。不久，吴王刘濞把他的儿子送到长安来，名义上是给太子伴读，实际上是想以此向文帝表示他并没有谋反的野心。太子刘启和刘濞的儿子都喜欢赌博，两个人都年轻气盛，有时赌着赌着就会吵起来，甚至还动手打架。有一次，两个人又打起来了。太子刘启便顺手抄起赌博用的木盘，扔了过去，一下子就把刘濞的儿子给打死了。刘启便派人把他送回吴国去安葬。刘濞看到儿子的遗体，先是大哭一场，接着怒气冲冲地说："我和当今皇上是同一个爷爷的孙子。我的儿子既然死在长安，就应当在长安的皇陵里安葬，为什么要送回来？"他派人把儿子的遗体又送往长安，硬要在皇陵里安葬，用这种要挟的手段向汉文帝示威，并且从此以后，他就假装有病，不再到京城里朝见皇帝，更积极地准备造反了。

面对这样的情形，一些拥护中央集权制度的大臣和官吏，都认为应当迅速谋求解决的办法。有个叫作贾谊的大臣，给汉文帝上书，指出当时王国势力过于强大，认为应当赶快分割诸侯的王国，削弱他们的力量，这样他们就无力造反了。太子刘启的管家晁错，也跟贾谊有同样的看法，建议汉文帝削减王国的领地，分散他们的力量。汉文帝明知他们的建议都很好，可是觉得时机还没有成熟，不能太性急了。他只是在齐王刘则死后，因为没有儿子继位，才把领地最大的齐国分成了六个小国，又把曾经发动过叛乱的淮南国分成了三个小国。

汉文帝死后，太子刘启即位，就是汉景帝。汉景帝任命自己的管家晁错为御史大夫。晁错又一次建议削夺王国的领地。他对汉景帝说："吴王因为儿子被打死，假装有病不来朝见天子，这种狂妄的行为，按照古代的礼法应当杀头。现在他不改过自新，反而更加骄横，应当趁早削夺他的领地。"汉景帝说："削夺他的领地，他造起反来怎么办？"晁错说："削夺他的领地，他早一点反，危害小一些；不削他的地，他晚一点反，准备得更充分了，危害就更大。"汉景帝认为晁错说得有道理，就开始实行削弱王国的措施。他先从楚国、赵国和胶西国下手，将这三国的几个郡县划归朝廷直接管辖。

吴王刘濞看到汉景帝已经削了三个王国，下一个就要轮到他了，决定用武力对抗，便联合了楚王刘戊、胶西王刘卬、赵王刘遂、济南王刘辟光、菑川王刘贤、胶东王刘雄渠，于汉景帝三年（公元前154年）发动叛乱，这就是历史上有名的七国之乱。

吴楚七国起兵的名义是"清君侧"，就是要求杀掉汉景帝身边主张削弱王国的晁错。这当然是一个借口，实际上是吴王刘濞纠集分裂割据势力，想要夺取汉景帝的皇位。汉景帝一方面派太尉周亚夫和大将军窦婴等分头率军应战，另一方面却又不愿意将战事扩大，便把晁错杀了，借以缓和激化的矛盾。可是杀了晁错，吴楚七国仍然没有停止军事行动，还是一个劲儿的向西北进军。

周亚夫 （？－前143），西汉时期著名将领，沛县（今江苏省沛县）人。

平乱的太尉周亚夫，是周勃的儿子，很善于用兵。他接受平乱的任务以后，对汉景帝说："楚国的军队很剽悍，跟他们正面作战很难取胜，应当断绝他们的粮道，才能制服他们。"汉景帝批准了他的作战计划，周亚夫领兵出发了。

军队来到霸上，有个叫赵涉的人拦住周亚夫的马车献计说："吴王刘濞占据的地方很富饶，再说他蓄谋已久，这次您出兵去征讨，他一定会在山势险峻的地方设下埋伏袭击，所以您应当走蓝田，出武关，直奔洛阳，走这条路虽说远一些，路上要多花一两天时间，但是走这条路出乎他们的意料，他们一定没有防备，等到您突然出现在他们面前，他们一定会大吃一惊，以为您是从天而降。"周亚夫接受了赵涉的意见，大队人马从右路直奔洛阳。

赵涉的建议果然起到了出奇制胜的作用。周亚夫率领的大军很快截断了吴楚联军的粮道，使得叛军的粮食供应发生很大困难，士兵由于饥饿，纷纷逃散。周亚夫乘机发动猛烈进攻，把吴楚七国联军打得大败。楚王刘戊自杀，吴王刘濞带了几千人冲出重围，逃到长江南岸的丹徒。他想去联合东越兵卷土重来，可是周亚夫早已千金悬赏要他人头，所以东越人不但没有帮助他，反而乘机杀了他，把他的脑袋献给了周亚夫。至此，历时约三个月的吴楚七国之乱，终于被平定了。平定吴楚七国之乱，统一的中央集权制度又一次战胜了地方封建割据势力。从此，汉朝才真正成为一个统一的封建帝国，社会才进一步得到安定，经济和文化的发展才有了可靠的保障。

张骞通西域

汉武帝初年，匈奴人多次南下入侵汉朝。而匈奴与月氏的仇恨极深。汉武帝决定联合月氏攻打匈奴，在全国招募人才，准备出使月氏，一时之间报名的人很多。

汉武帝高兴极了，经过严格的挑选，他选出一百人。其中有一个叫甘父的人特别擅长射箭，甘父本是匈奴一个姓堂邑的贵族的奴隶，所以人们也叫他堂邑父。

张骞是这一百人中最优秀的，被汉武帝任命为月氏国的使者，于公元前139年，带着一百多人从长安出发了。

不久，他们就进了匈奴人的活动范围。但是却被匈奴人发现了，单于并不知道他们是去联合月氏国攻打自己，只把他们扣押了，当作人质。

张骞不甘心失败，一直想逃走。有一天，他和甘父等几个人商量好，趁匈奴放松警惕的时候，偷了几匹骆驼和骏马，向西逃去。大沙漠一望无边，没有食物和水，张骞等人又渴又饿，一连走了十几天，累得都走不动了。终于到了一个有水、有草的地方，而且有很多鸟儿和野兽，这时候，甘父使出看家本领，箭无虚发，射中很多鸟兽，大伙就生吃了。

翻过葱岭，他们来到了大宛国，这儿的风景很好，与汉朝可大不一样。这儿的人也都是高鼻梁、蓝眼睛、大胡子，而且非常热情。大宛国王对汉朝十分仰慕，拿出好酒好肉招待了他们，并亲自把张骞等人送到去月氏国必经的康居国境内。张骞等人到了康居后，康居王也很热情，又派人把他们送到月氏。再说月氏人，自从被匈奴打败后，向西逃到葱岭以西，联合大夏国建立了一个国家，叫作大月氏国。这些年来，他们无忧无虑，种地放羊，生活很富裕，时间长了，就把报仇的事给忘了。张骞见到月氏国王后，就表明自己的来意，劝他和汉朝联合对付匈奴。可是，月氏人老是借口路太远了，力量不够来岔开话题，张骞感到很失望。

过了一年多，张骞看到还是不能达到目的，就决定回长安。路上又被匈奴人给抓住了，不过这次匈奴人内部发生了叛乱，单于死了，这给了张骞和甘父一个好机会，他俩又逃了出来，终于回到了汉朝。

这次出使，张骞可是吃了不少苦，也老了许多，并且一百多人也只剩下他和甘父两个人了。十三年前的使团终于回来了，汉武帝非常高兴，尽管张骞这次没能完成任务，武帝还是重赏了他们。

张骞向武帝说了西行的遭遇，并把西方许多国家的风土人情告诉了汉武帝。汉武帝大开了眼界，原来西边还有这么大！他想：如果再派使者去，使他们都服从汉朝，那我不又多了几万里土地吗？

于是，汉武帝又派张骞出使西域，这次从四川出发。不过，由于道路不通，和当地的少数民族语言又不通，因而没能达到目的。接着，汉武帝又派张骞协助霍去病征讨匈奴，由于耽误作战时间，张骞被免官。

汉朝军队不断打败匈奴，去西域的道路已经没有障碍了。汉武帝又起用了张骞，张骞建议汉朝联合乌孙国（今新疆伊犁河流域），共同打击匈奴。于是，张骞带着三百多人的使团到了乌孙，路上由于没有匈奴的干扰，很是顺利。张骞还派自己的副使到大宛、康居、大夏等国。

乌孙国王见汉使厚礼诚意而来，便也派了使者出使长安，看到汉朝兵强马壮，遂决定与汉朝和好。

不久，西域其他国家也派了使者，并且像乌孙一样，和汉朝发展了友好的关系。

因为张骞功劳很大，汉武帝封他为博望侯。从此后，汉朝和西亚、欧洲的经济、文化交流有了极大地发展。以前，中原并没有萄葡、胡萝卜、核桃、石榴等东西，这些都是从西域传过来的，而我们的丝绸、瓷器、铁器和一些生产经验也传到了西域。从此，汉族人民和西域人民之间的来往越来越密切，关系也越来越融洽。而这条汉朝通往西亚的商业贸易道路就是赫赫有名的"丝绸之路"。

苏 武 牧 羊

公元前119年，汉武帝派大将军卫青和骠骑将军霍去病远征匈奴，至此匈奴元气大伤，再也没有胆量和力量侵扰汉朝边境了。过了几年，匈奴派使者到汉朝来访问，为了表示友好，汉朝也派使者回访匈奴。可是，匈奴单于并非真心实意和汉朝通好，经常扣留汉朝派去的使者。汉朝为了报复，也扣留匈奴派来的使者，但这并非长远之计。

公元前100年，汉武帝下诏，准备再次派兵讨伐匈奴。正在这个时候，匈奴又派来了使者，说刚刚即位的鞮侯单于愿意和汉朝和好。作为和好的表示，匈奴把以前扣留的汉朝使者全部释放。汉武帝觉得这个新即位的单于还懂道理，就决定罢兵，愿重新修好。为表诚意，他决定派中郎将苏武为正使，副中郎将张胜为副使，带着助手常惠和一百多名士兵，护送以前扣留下来的匈奴使者，同时带了好多金银绸缎等礼物，赠送给匈奴的单于。

苏武，字子卿，是已经去世的平陵侯苏建的第二个儿子，他和哥哥、弟弟都是汉朝的官员。苏武这个人办事认真，而且对皇帝很忠诚，所以汉武帝就把这次出使匈奴的任务托付给了他，让他拿着"使节"和匈奴修好。"使节"是表示使者身份的，它是一根七八尺长的长杆，顶部挂着一串毛绒球，很威严。

到了匈奴，苏武把那些被扣留的匈奴使者交给单于，然后送上礼物和汉武帝的书信。由于汉武帝在信

苏武　（前140－前60），字子卿，杜陵（今陕西西安）人。汉武帝时奉命出使匈奴，被借故扣留。数次拒绝匈奴的劝降，后被发配北海牧羊长达19年之久，直到公元前81年，苏武才回到长安。

中的语气很和气，匈奴单于便以为汉朝天子是讨好他呢！又看到汉朝送来那么多的礼物，心里更加得意不免骄横起来，就说了些狂妄的话，对苏武他们也很怠慢。苏武心里很生气，但表面上还是一团和气。尽量压着火气耐着性子，准备完成任务后及早返回汉朝。

眼看着任务就要完成了，一件很不愉快的事情发生了。

原来，早在苏武出使匈奴之前，有一个叫卫律的汉朝使者投降了匈奴。匈奴单于正需要人帮他出主意，就封卫律为丁灵王。卫律见单于这么器重他，也就死心塌地地跟着单于。于是他把汉朝很多的秘密告诉了单于，卫律有个手下叫虞常，曾被扣留在匈奴。这个人有些骨气，他表面上投降了匈奴，实际上是一直在等待时机，想把叛徒卫律清理掉，然后回汉朝。虞常听说汉朝又派来了使者，而且里面有他的老朋友张胜，于是他就偷偷地和张胜商量说："我决定除掉卫律这个叛徒。我的母亲和弟弟都在汉朝，倘若我有什么不幸，希望能够得到皇上的照顾。"张胜非常赞成虞常的计划，答应说："您如果真的这么做，我一定会告诉皇上，重赏您的母亲和弟弟！"当下他拿出好多钱财资助虞常。可是，由于虞常办事不够仔细，计划泄露而被抓。

事情变化得这么快，张胜有些慌了。他怕事情闹大，赶紧去找苏武。苏武听了吃了一惊，说："看来我难逃此劫了。可我乃堂堂汉朝使者，如果因为这事受到人家的审讯，就等于侮辱了汉朝，给皇上丢脸，给自己丢脸，还不如趁早自杀。"说着，拔出刀就往自己的脖子上抹。张胜和常惠赶紧上前把刀子夺下来。

卫律用各种严酷的刑罚拷打虞常，把虞常折磨得死去活来。重刑之下虞常把张胜供了出来。单于听说汉朝使者参与了这件事，勃然大怒，命令卫律去把苏武召来受审。苏武叹口气，对常惠他们说："丧失了使臣的气节，使国家受到了侮辱，我即使活着，又有什么脸面回到汉朝呢？"拔出佩刀向自己脖子上抹去。卫律大吃一惊，急忙去夺刀子，可是苏武已经受了重伤，晕了过去。众人抢救了半天，苏武才慢慢地苏醒过来。

单于很佩服苏武的骨气和视死如归的精神。他想："如果苏武这样的忠臣能为我效力，那有多好！"于是他早晚派人去问候苏武，想软化苏武，让他投降。

苏武的伤势渐渐好了。一天，单于命令卫律提审虞常和张胜，叫苏武去旁听，打算迫令苏武投降。审讯的地方挂满了刑具，阴森森的很吓人，卫律把虞常提上来，宣布他的死罪，当场杀死。然后回头对张胜说："你身为汉朝的副使，竟敢参与谋杀匈奴的大臣，也应当把你杀了！不过单于有容人之量，你要是肯投降，可以免你一死！"张胜害怕了，两腿一软，跪在地上请求投降。卫律冷笑几声，扭头看看苏武，冷冷地说："副使犯了罪，你应当跟他连坐。"苏武正色回答道："我既不是他们的同谋，又不是他们的亲属，凭什么叫我连坐？"卫律被苏武顶得说不出话，气急败坏地举起宝剑向苏武砍来。苏武不但不躲，反而迎了上去。卫律吓得赶紧抽回宝剑。硬的不行，只好来软的。卫律干笑了两声，和颜悦色地说："苏先生，我劝你还是投降吧！如果你投降，单于保证你此生享尽荣华！否则，身死匈奴空有一片忠心又有什么用呢？"最后还说要和苏武结为兄弟。苏武再也听不下去了，站起来指着卫律的鼻子大骂。卫律被骂得狗血淋头，只好灰溜溜地走了。

单于见苏武这样坚定，更加希望苏武投降。他把苏武关在一个大地窖里，想用饥饿来迫使苏武投降。匈奴地处北方，冬天气候十分寒冷。但是，苏武丝毫也没有动摇，渴了，就抓一把雪塞进嘴里；饿了，就扯一把毡毛大嚼。这样一连过了几天，苏武居然没有死。单于实在无法劝降苏武，又不忍心杀掉这个硬汉子，就下令把他送到北海边上（今俄罗斯西伯利亚贝加尔湖）去牧羊。

苏武牧羊

这边人烟稀少，就是鸟兽也很少，苏武只好靠野菜充饥，靠羊取暖。过了些日子，单于又派人来劝苏武投降，苏武毫不动摇。一年年过去了，苏武在北海边上竟然待了十九年。

汉朝听说匈奴扣留了苏武，就派李广利、李陵等将军多次攻打匈奴，但一直没有结果。汉武帝死后，汉昭帝即位，匈奴发生了分裂，又想和汉朝议和。汉朝要求匈奴把苏武他们放回来，匈奴欺骗说苏武早就病死了。后来，汉朝使臣又来到匈奴，苏武的副手常惠听说了这件事，就在夜里偷偷地去见汉朝使臣，把苏武的情况详细地报告了汉朝使臣，并且给他出了一个主意，让单于放回苏武。

第二天，汉朝使臣去见单于，要他把苏武放回汉朝。单于又想故伎重施。汉朝使臣就按照常惠教给他的一套说："单于你怎么能老是骗人呢！你如果一点信义也不讲，怎么能和我们汉朝通好呢？前不久，我们大汉天子在上林苑里打猎，射下一只大雁，那雁脚上系着一条绸子，上面有苏武亲笔写的字，说他在北海边上给你们牧羊呢？你怎么说苏武几年前就死了呢？"单于听了，真的以为苏武的气节感动了上天，连大雁都给他传书呢！他只好放他回国。

公元前81年的春天，苏武、常惠等九个人回到了久别的汉朝。长安人民听说苏武回来了，都出来迎接他。他们看到白发苍苍的苏武手里还执着那根光秃秃的使节，都被感动得流泪了。汉昭帝亲自接见了苏武，勉励了他一番，然后准备了牛羊等祭品，叫他到先帝陵庙去祭祀汉武帝的灵位，把那根光秃秃的使节交还到汉武帝灵前。

苏武出使匈奴时，还是个四十岁左右的中年汉子，十九年后他从匈奴回来时，头发胡子全白了。他那种坚强不屈、忠贞不二的精神感动了很多人，不论是做官的，还是普通老百姓，一提起苏武的名字，人们都称赞不已。

昭 君 出 塞

汉武帝时，由于有卫青、霍去病等将领，所以匈奴被打得再也不敢大规模地侵犯了。汉朝政府为了彻底消除匈奴的威胁，又加强了边防的戍守。

汉宣帝五凤元年（公元前57年），匈奴有个叫呼韩邪的单于，逐渐强大起来，打败了其他几个单于。可是，他的哥哥也不甘示弱，乘机自立为郅支单于，和弟弟又打了起来。呼韩邪没有准备，损失很重。于是，带兵投降了汉朝。

公元前51年，呼韩邪单于要来长安朝见皇帝。汉宣帝很高兴，送给他一套很好的衣帽、一颗金子做成的大印、一辆头等的马车，此外，还赏赐他很多的金银财宝、绫罗绸缎。

呼韩邪单于穿戴打扮好，坐着新马车，跟着汉朝使者来到了长安。汉宣帝用高于诸侯王的礼仪亲自出城迎接他，文臣武将，各地诸侯王以及黎民百姓都来欢迎他。当汉宣帝和呼韩邪单于登上渭桥，众人一齐高呼"万岁"。呼韩邪从来没有见到过这么大的场面，简直都惊呆了。汉宣帝还为呼韩邪单于专门举办了宴会，他们两个互相敬酒祝福，关系非常融洽。

一个月后，呼韩邪单于恋恋不舍地回去了。汉宣帝派出一万六千名骑兵护送他，并给匈奴送去许多粮食。郅支单于看汉朝皇帝对呼韩邪这么好，如果汉朝一旦帮助呼韩邪，那他就不是呼韩邪的对手了。于是，他表示愿意同汉朝和好，主动地向西搬迁。

到了汉元帝竟宁元年（公元前33年），呼韩邪单于又要求到长安来。原来这次，呼韩邪想和汉朝结亲，想使两国关系越来越友好。元帝心想：这很好呀！这次和亲可是双方都有好处的事呀。于是，就答应了呼韩邪单于的请求，他命令手下随从："你们到宫中去挑选一个又美丽又能干的宫女，如果她愿意嫁给匈奴单于，我就把她像公主一样来看待！"

宫中有许多宫女，大都是被强选入宫的。整年整月见不着自己的亲人，有的连皇帝也见不着，都想早点从皇宫中出去。现在，虽然能够出去，但却

王昭君　姓王名嫱，南郡秭归（今湖北省兴山县）人。与西施、貂蝉、杨玉环并称为中国古代四大美女。公元前133年出塞下嫁匈奴呼韩邪单于。

要背井离乡，远嫁匈奴，她们又不愿意了。

这时候，有一个名叫王嫱的宫女站了出来，说她愿意嫁给匈奴单于。王嫱又叫王昭君，是湖北秭归人（今湖北西部），她能歌善舞，才貌双全，刚被选入皇宫不久，还没见到汉元帝。她想：和匈奴单于成亲，这可不只是她一个人的事，自己生活好不好是小事，汉朝和匈奴的友好才是大事。

汉元帝命人教王昭君说匈奴话，给她讲匈奴的风俗习惯，还教她学习琵琶，王昭君学得非常认真，琵琶弹得连鸟儿听了都不舍得飞走。

到了成婚的那一天，呼韩邪单于像汉人新郎官一样，亲自来迎娶新娘。他轻轻地揭下王昭君的红盖头，不禁看呆了：真是太美了！而且汉元帝给的那份嫁妆也令人吃惊：金银无数，单是丝绸就有一万八千匹！呼韩邪高兴得连嘴都合不拢了。汉元帝也很高兴，他想：这点东西算得了什么！只要匈奴不再侵略，那就行了。

王昭君要和呼韩邪回匈奴了，元帝和文武大臣来为他们送行。长安城内的老百姓也都向王昭君高喊："一路平安！"王昭君激动得哭了，她看到每一个人，都觉得像是自己的亲人，是啊，她以后就不会再回来了，也再见不到亲人了！但是，一想到国家安定、人民幸福，一种自豪感就涌上心头。她抱起了琵琶，弹出了一首动听的曲子。这首曲子表达了她既高兴又忧伤的心情。后人把它称作《昭君怨》。由于有人又尊称王昭君为汉明妃，所以《昭君怨》又被叫作《明妃曲》，一直流传到今天。

王昭君来到匈奴以后，把先进的知识和生产技术传给了当地的人民。她帮助呼韩邪单于改变匈奴族以前单一的游牧生活，不再整日骑在马背上，到处游荡，而开始定居。她还帮助匈奴人发展农业生产，学会使用中原先进的农具，使匈奴人的粮食有了保障，生活也稳定下来。王昭君还建议呼韩邪改革匈奴人的一些落后的风俗习惯，学习汉族的文化。在王昭君的大力帮助下，呼韩邪单于使匈奴族又繁荣起来，人口增多，牛羊也到处可见。

呼韩邪单于非常喜欢王昭君，两人也没有因为习惯不同而产生矛盾，夫妻俩相亲相爱。第二年，王昭君生了一个儿子，呼韩邪高兴极了，整天抱着儿子，给他取名叫伊屠智牙师，长大以后被封为匈奴的右日逐王。

匈奴有一个老风俗，新的单于要娶老单于的王妃为妻。就这样，当呼韩邪死后，王昭君又嫁给了新单于复株累若鞮，她又生了两个女儿，分别叫作须卜居次、当于居次。

昭君出塞

在匈奴时间长了，虽然过得很好，王昭君还是很想念故土，她多想回到家乡，再见一见自己的父母兄弟呀！可是，作为匈奴单于的王妃，出塞以后，是不能再回去的了。王昭君经常梦到自己回到了家乡，和家乡人们一起唱歌、生活。

王昭君是个很爱国的女子。她经常派人送信回来，询问中原的情况，还送特产给汉朝皇帝。当然，汉朝皇帝也不时地送一些贵重物品给匈奴单于。六十多年了，双方一直是这样友好地往来，和平地生活，再也没有打过仗，王昭君可算功不可没！

王昭君在临死时，告诉自己的儿子和女儿一定要和汉朝友好，要他们在她死后，把她埋在归化（今内蒙古自治区呼和浩特市）郊外，坟墓一定要朝向南方，好让她永远望着自己的家乡。

她去世后，被埋在一块水土很好的朝阳山坡上，她的墓被叫作"昭君墓"。本来，那个地方靠近沙漠，很少有青草。可是昭君墓却始终长满了青草，所以，昭君墓又叫作"青冢"。

王 莽 篡 汉

汉成帝时期，王政君被尊为皇太后，王氏家族获封者甚多。由于大权在握，王氏家族日益骄横起来，整日打猎玩乐，子侄们没有一个干正经事的。不过，汉成帝二舅王曼的儿子王莽与众不同。

王莽，又叫作王世君，是王曼的第二个儿子。王曼死得较早，王莽从小就跟着母亲生活，无依无靠，地位很低。可是，王莽是个很有志气的人，他总想做一个了不起的人，还结交了一些很有才能的朋友。在家里，他很孝敬母亲，对人有礼貌，生活很朴素。对待伯父和叔父，更是非常孝敬，像对待父亲一样，人们全都夸赞王莽。

大伯王凤病重的时候，王莽不分日夜地守在他的身边，不仅亲手给王凤喂饭喂药，而且给他端屎端尿，这样一连几个月，王莽没有好好吃过一顿饭，没有舒舒服服地睡过一次觉。王凤被感动了，他临死嘱托王太后和汉成帝，要他们多照顾王莽。后来王莽进入官场，先做黄门郎，后又做射声校尉。但其仍然衣着朴素，对人谦虚诚恳，并且广交朋友。当他的叔叔王根年老退位后，王莽就做了大司马，取得了朝政大权。

王莽野心很大，他一心想要超过几位伯父、叔父，于是，他更加严格地要求自己。汉成帝死后，汉哀帝即位。汉哀帝对王家很不满，再加上另一伙外戚急着想夺取大权，王莽一看，觉得情况对自己不利，就辞职回家了。

外戚傅家、丁家上台后，更不像话，做了许多坏事，许多大臣都觉得还是王莽做大司马好。不久，汉哀帝死了。九岁的汉平帝即位，王莽又重新被任命为大司马。王莽看到汉朝的天下已经很不稳定了，就决心要自己当皇帝。

王莽在朝中不断提拔自己的亲信，网罗听从自己命令的人。为了巩固地位，他把女儿嫁给了汉平帝，这样一来，王莽不仅是大司马大将军，而

鎏金铜马　西汉，通高62厘米，长76厘米。1981年于陕西兴平县茂陵一号无名冢出土。据考证，该马是根据西汉大宛良马的形象铸造的。

且又是"国丈"，地位高得不得了。许多大臣纷纷上书，说："现在皇帝还小，不能很好地处理朝政，不如让大司马代理皇帝的职权，就像周公旦那样，相信国家一定会更强大的。"太皇太后于是就让王莽行皇帝的职权。

汉平帝长大后，便想要回自己的权力。有一件事更是激起了汉平帝对王莽的不满。汉平帝的母亲卫姬被封为中山王后，而根据老规矩，是应当被尊封为太后的。但是王莽怕再像上次那样被外戚排挤，所以排挤卫姬和她的亲戚。后来，王莽知道平帝心里恨他，就一狠心把他给毒死了。然后，他从汉宣帝的玄孙中找了一个两岁的刘婴来做皇太子。刘姓皇帝的后代有很多，可王莽偏偏要选一个两岁的小孩，这只不过是便于他控制皇帝，来夺取汉朝天下罢了。

这时武功县的孟通，在淘井时挖出一块白石，上面刻有"告安汉公莽为皇帝"几个大红字。于是王莽以此为借口摄政皇帝，从此独揽大权。

刘家的人不能坐等王莽篡权，安众侯刘崇第一个起兵反叛，但不久被王莽打败。不久，东郡太守翟义就发兵攻打王莽，为了扩张声势，他拥立严乡侯刘信为天子，并向全国发出号召说："王莽是汉室的叛逆，想要夺取刘氏的天下，希望大家能和我一起讨伐王莽！"反对王莽的人越来越多，翟义的队伍增加到了十几万。这时，长安附近的赵明、霍鸿，也起兵响应翟义。王莽急得食不甘味。他一面派王邑、王级领兵去对付赵明、霍鸿，同时，他还抱着小皇帝四处祷告，说自己只是代替皇帝行使职权。

由于义兵准备不足，平时缺乏训练，所以很快就被王莽的军队打败了。王莽这下信心大增，称帝的野心更加膨胀，很多拍马屁的人也乘机迎合王莽。有一个叫哀章的书生，他想出一个好办法，他自己制作了一个铜匣，铜匣里装了两本图书，内容是说汉高祖刘邦要把皇位传给王莽，然后，他把铜匣放到刘邦的神庙中。人们打开一看，连忙告诉王莽。王莽看到时机已经成熟，就不再推让，率领文武群臣到高祖的庙中，祭拜高祖，正式登基称帝，改国号为新。

光武中兴

刘秀和绿林军联合作战，在昆阳大战中打败了王莽的主力部队，立了大功。他的哥哥刘縯也攻下了宛城，已经被拥立为更始皇帝的刘玄进驻宛城，将宛城作为更始政权的临时都城。

刘玄在宛城安顿下以后，觉得自己的地位虽说巩固了，可是还是担心刘縯、刘秀兄弟的势力强大起来之后，同自己争夺天下，就借口把刘縯杀了。这时候，刘秀正在别处，他听说哥哥刘縯被杀害，内心又是悲愤又是恐惧。他想替兄长报仇，可自己的势力还敌不过刘玄，只好暂时压下火气，并亲自到宛城向刘玄谢罪。表面上，刘秀装出一点也不在乎的样子，既不替哥哥戴孝，又在别人面前谈笑如常，见了刘縯的部下，一句私话也不讲。对刘玄更是百依百顺，绝口不提自己在昆阳之战中的功劳，还把许多错误都揽在自己身上。可是一到晚上，他关起门来，偷偷在房中哭泣，发誓要为哥哥报仇。刘玄为了安抚和笼络刘秀，他拜刘秀为破虏大将军，封为武信侯；但是并没有交给他什么实质的权力。

过了些时候，刘玄准备迁都洛阳，派刘秀先去洛阳整修宫殿。宫殿整修完毕以后，刘玄迁入洛阳，派刘秀到黄河以北去扩充势力。刘秀得到这样的好机会，不仅可以保全自己免遭刘玄杀害，更像蛟龙归海，猛虎归山，可以放手去发展自己的势力了。

王莽的新朝政权被推翻以后，黄河以北的地主富豪害怕农民起义的烈火燃烧到他们那里，纷纷组织起了地主武装。他们见刘秀到来，就都前来归附。这样，刘秀的势力逐渐壮大起来，在黄河以北站稳了脚跟。

更始皇帝刘玄怕刘秀的势力继续扩大，就派人去封刘秀为萧王，并且召刘秀回首都长安来商量国家大事（这时候刘玄已经迁都长安）。刘秀既然已经有了自己的力量，当然不愿意再受刘玄的控制。他叫人给刘玄带去一封信，信上说："黄河以北还没有完全平定，我不能回长安去。"这标志着刘秀跟刘玄的决裂。

为了进一步扩大势力，刘秀对分散在冀州、兖州一带（今河北、山东、河南三省交界地区）的农民起义军进行了残酷的镇压。他打败了力量比较强的铜马、青犊等农民军，用诱降的手段收

汉光武帝刘秀 （前6－57），东汉王朝的开国皇帝，字叔文，南阳蔡阳（今湖北枣阳）人。建武元年（25）称帝于鄗（今河北柏乡北），重建汉政权，史称东汉。庙号世祖，谥光武帝。

编了一些零散的农民军，把黄河以北的广大土地全都掌握到自己手中。接着，他又乘赤眉军出兵西进的机会，派人两路出兵，扩充自己的势力，一路从河北南下，夺取了原先赤眉军的地盘；一路从河北往西，进攻并州（今山西省）。经过几次战斗，刘秀的军队终于取得胜利，他的势力进一步扩大，物产富饶的中原地区几乎全都落入他的掌握之中。

刘秀一得势，就有更多的割据势力来归附他，那些立了战功的大将，为了自己能够当个开国功臣，都急着要拥戴刘秀做皇帝。他们对刘秀说："如今天下一片混战，大王是高祖九世之孙，众望所归，希望您趁早即位称帝，安定民心。"刘秀听了大将们的话，内心自然高兴，但是他怕时机还不成熟，就假装推辞，意思是希望有更多的人来向他劝进。

大将们看出刘秀的心思，发动更多的人联名给刘秀上书，劝刘秀即位称帝。大将耿纯代表大家说出了心里话，他对刘秀说："天下的英雄，离别亲属，抛弃田园，跟着您出生入死，无非是想攀住龙鳞，附着凤翼，能够做开国元勋罢了。希望您赶快即位称帝吧！"

刘秀看到那些大将真的愿意拥戴他，就不再推辞，于25年六月在鄗城（今河北高邑）正式即位称帝。接着，他派兵西进，去进攻占据着关中地区的赤眉军。

这时候，赤眉军也已经建立了自己的政权，他们在华阴（今陕西华阴县）拥立了一个十五岁的牧童刘盆子做皇帝，樊崇做了御史大夫。

那个在长安的更始皇帝刘玄，靠绿林军坐了江山，终日沉湎于酒色。将领们有事找他商量，他因为喝得酩酊大醉，不能出来见面，就叫一个侍从坐在宫殿上，前面挂上帐幕，代替他说话。将领们一听不是他的声音，都很生气，在背后议论说："皇帝的宝座还没有坐稳当，就如此昏庸！"而且刘玄还杀害了好几个绿林军将领，越来越肆无忌惮了。后来王匡等人被迫逃离长安，和赤眉军联合，一同打进长安，推翻了刘玄的统治。

赤眉军进入长安的时候，长安城里的老百姓扶老携幼、成群结队地到街上来欢迎。可是长安附近的地主却把粮食偷偷地藏起来，想要饿死起义军。富有政治斗争经验的刘秀，就乘着这样的时机，派大将邓禹一路打来。赤眉军虽然曾多次打败邓禹，可这一回由于缺乏粮食，不能坚持抵抗，樊崇只好下令放弃长安，准备往东打回山东老家去。一路上，他们遭到了刘秀军队的伏击，损失极大，只好被迫投降。樊崇在投降后又想要重新恢复起义军的势力，被刘秀发觉后给杀害了。

刘秀在农民起义声中起兵，利用农民起义军的声势扩大了势力，又在各派势力的争斗中逐渐占得了上风。他在鄗城称帝以后，不久定都洛阳。因为洛阳在长安的东边，所以历史上称刘秀建立的汉朝为东汉，又叫后汉。刘秀是东汉的第一个皇帝，历史上称他光武帝。

黄 巾 起 义

东汉时，宦官专权，外戚夺政现象极为严重，人民生活日益窘迫，社会处于动荡不安之中。从汉和帝刘肇的时候起，全国各地水灾、旱灾和蝗灾不断。人民到处流亡，难民随处可见，可谓饿殍遍野，尸陈千里。农民被逼得走投无路，只能打出造反的旗号，聚众起义。东汉政府对各地的农民起义进行了残酷镇压，可是农民反抗斗争的烈火是扑不灭的。当时民间曾流行着这样一首歌谣：

发如韭，剪复生；头如鸡，割复鸣。
吏不必可畏，小民从来不可轻。

如此富有反抗精神的歌谣，强烈地表现了他们对统治阶级的藐视，和对自身力量的正视，饱含着呼唤人们起来斗争的激情。从汉安帝刘祜在位的时候起，小规模的农民起义已时有发生。到汉灵帝刘宏在位的时候，终于爆发了一次波澜壮阔的农民大起义——黄巾大起义。

黄巾大起义是张角领导的。张角是巨鹿（今河北省平乡县西南）人，太平道的首领。太平道是道教的一派，他们信奉中黄太一之神，以《太平清领书》作为他们的经典，宣传"黄天太平"思想，认为只有到了太平的时代，人们才能不愁吃穿，过无忧无虑的日子。张角本人懂点医道，常常借着免费给农民治病的机会向人们宣扬太平道。穷苦农民为了摆脱眼前困苦的生活，把张角看成是自己的救星，都纷纷信奉太平道，张角的信徒越来越多。在山东、河北、河南、湖北、湖南、江西、安微、江苏等八个州太平道的信徒很快就发展到几十万人。

张角把八个州的信徒组织成为三十六方，大方一万多人，小方六七千人，每一方都指派一名道领去领导，叫作渠帅。三十六个渠帅听张角统一指挥。张角还制定了"苍天已死，黄天当立，岁在甲子，天下大吉"的十六字起义口号。"苍天"是指东汉，"黄天"指起义军要创造的天下，甲子是年号，即汉灵帝中平元年（184年）。他们预定在这一年的三月五日，八个州同时发动起义。张角还叫人在首都洛阳地方州郡官府的门上，用白土写上"甲子"二字，标明这些官府衙门到时候都将改变主人，借以鼓舞人心。

张角手下最得力的弟子是大方渠帅之一的马元义。他经常到首都洛阳负责传达张角的命令。张角叫他先把荆州、扬州两地的信徒几万人调到邺城（今河南安阳北）集中，作为起义军的主力，以便配合洛阳附近各州郡的起义军进攻。在起义之日的前一个月，济南的起义军中出了一个名叫唐周的叛徒，他向朝廷告了密，起义的消息泄露了。东汉政府捉拿了马元义，并在洛阳将他斩首示众，在洛阳受牵连被害的有一千多人，起义者的鲜血染红了洛阳街头。东汉政府还下令搜捕张角，一时之间，风声鹤唳，洛阳城中，形势一触即发。张角得知消息以后，连夜派人通知各地的信徒立即发动起义。

叛徒的告密虽然打乱了起义的日程，使得起义军牺牲了一个重要领袖和一千多名战士，但是却不能扑灭起义的烈火。三十六方一接到张角的命令，立即同时发动起义。起义军用黄巾裹头，作为"黄天"的标志，因此被称为黄巾军。张角自己称为天公将军，他的两个弟弟张宝和张梁称为地公将军和人公将军。他们三个人共同指挥起义军的战斗。起义军每打到一个地方，就捣毁衙门，斩杀贪官酷吏，打击地主豪强，一场声势浩大的农民起义在各地纷纷展开。十几天工夫，东汉朝廷统治陷入一片动荡之中。

东汉朝廷惊慌失措，派重兵守住洛阳和附近的关口，命皇甫嵩为左中郎将，朱隽为右中郎将，率领四万多名精兵来镇压黄巾起义军。颍川的起义军首领波才打败了皇甫嵩，把他围困在长社（今河南长葛东）。官军看到黄巾军作战勇敢，声势浩大，都十分害怕。但老奸巨猾的皇甫嵩，却看出了黄巾军缺乏作战经验的弱点。知道黄巾军结草为营，一定害怕火攻。在一个刮风的夜晚，皇甫嵩命令官军偷袭黄巾军，放火焚烧波才的军营。波才梦中惊醒，赶快整顿队伍，奋勇抵抗，可是已经迟了。黄甫嵩、朱隽和骑兵都尉曹操率领官军，包围了他们，砍杀了成千上万的黄巾军战士。汝南、陈留两地的黄巾军闻讯赶来援救，也被打败。波才没有办法，只好退往阳翟。

北方由张角兄弟亲自率领的黄巾军，打败了东汉官军的北中郎将卢植和工中郎将董卓。汉灵帝命令皇甫嵩从河南北上，夹击黄巾军。张角派张梁迎战皇甫嵩，两军在广宗（今河北省威县东）地方大战。张梁率领黄巾军奋勇冲杀，打得皇甫嵩紧关营门不敢应战。就在战局十分紧张的时候，张角突然得病死了。张梁因为料理哥哥的后事，放松了警惕。皇甫嵩乘机向黄巾军反扑，攻破了黄巾军的大营。张梁率领部下奋勇抵抗，他和三万多名黄巾军壮烈牺牲。皇甫嵩居然劈开张角的棺材，砍下他的脑袋，送到京城里去请功。接着，皇甫嵩又去进攻张宝率领的黄巾军。张宝势孤力单，在曲阳（今河北晋县）战死。

黄巾军的主力虽然被东汉政府镇压下去了，但是各地的黄巾军仍然在继续战斗，沉重地打击了东汉朝廷的统治。在黄巾军影响下的各地农民起义军，也纷纷起来斗争。直到汉灵帝的儿子献帝刘协执政的时候，农民起义的浪潮还没有平息下去。

董 卓 专 权

张角领导的黄巾起义沉重地打击了汉王朝，它直接导致了军阀的大量涌现。他们招兵买马，扩充了自己的势力。各自为政，不服从东汉皇帝的命令。豪强地主和大大小小军阀之间，互相攻伐，战争连年不断，给人民带来了深重的灾难。其中，董卓给社会带来的灾难最为严重。

董卓是陇西临洮（今甘肃岷县）人。年轻的时候，他曾经到羌族地区去游玩，结交了许多豪强贵族，因此在那一带他的名声逐渐大了。后来他又因为镇压黄巾起义有功，官越做越大，势力也越来越强。

正当董卓极力扩展自己的势力时，东汉王朝内部外戚和宦官的斗争也越来越激烈。这两个派系都想控制东汉政权，不断互相争斗。汉灵帝的皇后有个哥哥叫何进，任大将军，负责守卫洛阳。他的势力很强大，引起了宦官的不满和反对。上军校尉蹇硕密谋诛杀何进，不料走漏了消息，反而让何进先下手，将他杀了。灵帝死后，何进就立了皇子刘辩继承皇位，这就是少帝，改年号为光熹元年（189年）。中军校尉袁绍建议何进趁这个机会把所有的宦官都杀了，这样何进就可以独揽大权。但是却遭到太后的反对。何进对太后产生了不满，便将西凉军阀董卓召进京城，以此来牵制太后。

野心勃勃的董卓一接到命令立即带了三千人马进入洛阳，并略施小计使别人以为自己有几万人马。负责洛阳及周围治安工作的长官丁原看出了董卓的野心，对他的行为表示不满。董卓也知道不除掉丁原就不能专权。他就派人收买了丁原的部将吕布，接着又让吕布杀死丁原，投靠到自己手下。这年九月，董卓废了少帝，立陈留王刘协为皇帝，即东汉最后一个皇帝献帝。第二年改年号为初平元年（190年）。

从此，董卓大权独揽，自封为郿侯，而且当上了丞相，他成了实际上的"皇帝"。董卓凭借他的权势，为非作歹。有一次在洛阳郊外的庙会上，他竟让士兵把赶庙会的男子全部杀掉，把妇女和财物装上牛车拉回洛阳。后来又让人把那些砍下来的脑袋，绑在车轴车辕上，说打了胜仗凯旋。

董卓的残暴行径，引起了民众和众大臣的强烈不满。中军校尉袁绍因和董卓的意见不合而逃到渤海郡。典军校尉曹操也怕遭到董卓的毒手，逃出洛阳，回到陈留，招兵买马，打起了反对董卓的旗号。与此同时，还有十几个州郡反对董卓。袁绍凭着他的威望，召集了许多支人马共同讨伐董卓。他们的联军称关东军，共推袁绍为盟主。

关东军虽然包围了洛阳，但各支人马都有自己的私心，最终因内部意见难以统一，只好各自散去，无功而返。关东军虽然撤退了，但黄巾军的余部依然对洛阳构成了威胁。董卓听从了谋士的意见，决定迁都长安。

董卓把洛阳及其附近二百里的老百姓几百万人编成小队。每一个小队由一队士兵押送、有谁敢反抗，便就地处死。为了断绝人们重返家园的念头，董卓下令将洛阳城中及周边的宫殿民宅全部烧毁；把牲畜物品等也全部毁掉。洛阳城变成一片废墟。

迁都长安的董卓继续扶立献帝，还自比西周时的姜尚，要汉献帝尊敬地称他为"尚父"。此外，还把他的亲戚也提升做官，甚至连正在吃奶的儿子也封为侯。为满足他自己极为奢侈的要求，董卓到处搜刮、抢夺人民钱财。他把秦始皇在长安铸造的铜人和长安皇宫里的铜架，加上原来的五铢钱统统收集起来重新铸造成了小钱，结果造成了物价飞涨。

在长安东边二百五十里的郿（今陕西省郿县东北），董卓还依山建成了一座郿坞，城墙和长安的城墙一样厚、一样高。城里有宫殿建筑，水池园林；里面存放着可供他们食用三十年的粮食，还有数以万斤计的黄金、白银。他常常在长安住一段，再到郿坞住一段。两地相隔几百里，来来回回都要百官送行和迎接。在一次饯别时，董卓命人把一批降兵剁手剁脚，挖去双眼，最后又把他们扔进开水里活活烫死。百官吓得浑身发抖，但残暴的董卓依然大吃大喝，神态自若。

董卓的所作所为遭到了他手下官员的反对。司徒王允一心想除掉董卓，但均未成功。他见董卓握住兵权不放，实在难以下手，就决定从吕布身上打主意。吕布是董卓的干儿子，是个见利忘义的人，也是个好色之徒。王允就想出了一条"美人计"。王允有个非常漂亮的歌妓貂婵，他喜欢她如同亲女儿一样，貂婵对他也是感恩不尽。一天晚上，王允把貂婵引到自己的书房，"扑通"给貂婵跪下。貂婵吓坏了，赶紧跪伏在地上，说："大人快起来，有用得着小女子的地方，一定万死不辞！"王允这才起身，先叙说了董卓的罪恶，后又说出了诛杀董卓之计。貂婵说："我愿意按照大人的计谋去做！"

第二天，王允就把吕布请到家里，先是极力奉承一番，忽后又把貂婵叫了出来。趁吕布有些醉意之时说许配给他。吕布高兴极了，连连点头。他俩说定了日子，到时把貂蝉送到吕布家里。又过了几天，王允打听到吕布不在家，就把董卓请来旧戏重演。董卓乐呵呵地当即就把貂蝉带回家里。这样一来，吕布和董卓为了貂蝉，产生了矛盾。王允趁机火上浇油，使得吕布决心杀掉董卓。

于是，王允派人到郿坞，通告皇上有病，请太师回朝议事。董卓回到长安，仍让吕布紧随保护。他为了防备意外，还穿上厚厚的铁甲。当他带领卫队要进北掖门时，由于门的宽度，他只能带少数亲信通过。吕布趁这个时机用戟把董卓杀死了。国贼董卓一死，大家高兴不已。他们把董卓的尸体扔到大街上，还捅开了他的肚脐，插上灯芯，点起了"天灯"。还有人往他身上砸石头、踩脚。百姓都买酒庆贺，如同节日一般。

曹 操 起 兵

曹操，字孟德，小名阿瞒，沛国谯县（今安徽亳县）人。他的父亲曹嵩本来姓夏侯，叫夏侯嵩，后来过继给大宦官、中常侍曹腾做养子，才改姓曹。

曹操自幼接受封建教育。可是他却更喜欢驾鹰驱狗，骑马射箭。而且一旦打起猎、练起武来，总也没个够。他不受旧礼教的约束，并且从小就爱写诗，以诗来表达自己想治理国家的志向和敢于奋争的气魄。他看了许多书，尤其爱读兵书。他将各家兵法汇集成《摘要》一书，还给我国著名的《孙子兵法》作了注解。年纪轻轻的曹操很快有了名声，就连汉末大名士乔玄也当面赞扬他是"可以安定天下的能人"。

曹操 字孟德，小名阿瞒、吉利，沛国谯县（今安徽亳州）人。东汉末年杰出的政治家、军事家和诗人。

曹操二十岁时就被举为孝廉，担任了皇宫的侍从官。不久，他被调任洛阳北部尉，负责洛阳北部的治安工作。当时的洛阳，外戚、宦官仗势欺人，弄得乌烟瘴气。"尉"这个官职挺小，曹操却有很大的决心，要整顿好京都的秩序。曹操命令部下将二十多根用五种颜色油漆的大棒挂在衙门口左右，公开声明说，有谁敢违反他颁布的"夜禁令"，就用五色棒惩罚他。

有一天晚上，曹操亲自带着一队士兵出去巡逻，检查"夜禁令"的执行情况。当时已经很晚了，曹操巡逻了一会儿，迎面碰上了宦官蹇硕的叔叔人称蹇叔的恶霸。他平时依仗侄儿的势力，为非作歹。白天干尽了坏事还不算，晚上还经常带着一批爪牙抢占民女。这天晚上他又想去干坏事，结果给曹操碰上了。曹操早就想惩罚一下这个恶霸，这下可有了借口，他大喝一声："来人！抓住这批歹徒！"巡逻队一拥而上，把这帮人带回了衙门。他们将蹇叔按倒在地上，用五色棒狠狠地揍了他一顿。不一会，蹇叔就四肢挺直，没气了。消息像风一样传向了四面八方，那些坏人再也不敢到曹操的属地胡作非为。曹操的名声也随之大了起来。

宦官们对曹操怀恨在心，总想找个办法惩治他。正巧，曹操的堂妹夫得罪了宦官。他们利用这件事，将曹操也罢了职。但曹操一直不屈服，坚持和他们斗争。后来他复了官，当上了议郎。黄巾起义时，曹操任骑都尉。因为他有功，又被封为济南相（相当于济南的郡守），于是曹操又到济南上任去了。

董卓进洛阳的时候，曹操正担任典军校尉的职务。董卓想拉他入伙，任命他为骁骑校尉，董卓越信任曹操，曹操心中越打鼓。具有政治头脑的曹操早就看清了董卓的面目。别看董卓现在有那么大权势，百官都不敢得罪他，但他的倒行逆施必然会使他遭到失败。因此，曹操改换衣服，更换姓名，带着几名随从，骑着快马，从洛阳跑了出来。

曹操在逃跑途中一直小心翼翼，夜间赶路，白天躲藏。当路过成皋（今河南荥阳）时，遇到了父亲的好朋友吕伯奢。他就进了吕家的庄园，一来休息一下，二来打听父亲的情况。碰巧吕伯奢不在家，他的五个儿子都热情地接待，并挽留曹操。曹操住了下来，心中却不由得犯起嘀咕：他们干吗对我这么热情？是不是想拖住我，好派人去报告官府呀？他越想越害怕，根本就睡不着。

到了半夜，他听到动静，后院传来霍霍的磨刀声和窃窃私语声。他爬起来侧着耳朵仔细一听，就听到有人在小声地说："这个家伙够厉害，还是先绑起来再杀吧！"曹操心想，不得了，他们真是想杀我！他轻轻地下了床，抽出宝剑，摸出房来，见人就杀。一直杀到最后，才见到一口大肥猪被捆在后院，他这才明白，人家是要把这头肥猪杀了，好招待他。可是吕伯奢的五个儿子全被他杀了。他仰天长叹，说："宁我负人，人毋负我！"

曹操离开洛阳后，没日没夜地跑了五百多里，一直跑到了陈留。陈留一带从上到下都反对董卓。而且曹嵩在这儿有一定的根基，积累了一部分财产，可以供他招兵买马。很快，曹操就招募了五千义兵。他开始有了自己的一支队伍，便公开打出了讨伐董卓的旗帜。

曹操的威信使很多有才干的人来投靠他。例如曹仁、曹洪和夏侯惇、夏侯渊两对兄弟。曹仁、曹洪是曹操的叔伯兄弟，都有一身好武艺。夏侯淳、夏侯渊不仅是曹操的同乡，而且还是同族兄弟。曹操的队伍越来越大。190年，他带兵参加了以袁绍为盟主的关东军，讨伐董卓。

关东军虽然打着反董的旗号，实际上却按兵不动，对董卓的迁都不加制止。曹操对此十分气愤。在一次关东军诸将领的集会上，他慷慨陈词，并分析了此时进军的好处。尽管他讲得义正词严，头头是道，但袁绍却不予理睬，其他将领更是无动于衷。曹操实在忍不住了，就独自带着部队从酸枣向西进军了。

　　董卓迁都长安后，仍在洛阳驻兵。他听说曹操独自带着人马来了，根本不放在眼里，派大将徐荣堵在汴水（今河南荥阳北）。等到曹操带着军队赶到汴水时，徐荣早就布好了阵势。曹操同敌人奋战到天黑，却终不是对手。曹操拨转马头就跑，徐荣在后面紧紧追赶，箭像雨一样射过来，曹操的肩膀被射中了。

　　当他带着箭伤回到营地时，其他将领正在饮酒作乐。曹操十分生气。几千人马只剩下了几百，其他人又按兵不动。于是，曹操离开了酸枣，打算再去招兵买马，重上战场。谁知，关东军内部发生了矛盾，互相兼并。结果，竟散伙了。

　　曹操带着部队到了兖州，有曹仁、曹洪和夏侯惇兄弟辅佐，兵不多将却强。他在兖州的势力有了飞速的发展。曹操在东郡得到了一位大谋士荀彧。荀彧帮曹操出主意说："董卓的暴虐到了极点，他必定会在动乱中丧命。"他建议曹操专心在兖州方面扩张。曹操接受了他的意见。

　　此时，青州的黄巾军有了很大的发展。他们像一股汹涌的怒潮，浩浩荡荡地从青州涌入兖州，杀死了兖州刺史刘岱。可是黄巾军只会流动作战，不懂得把兖州作为自己的根据地。刘岱死后，兖州就群龙无首了。消息传到濮阳，曹操的就派出手下的谋士陈宫去说服兖州官员。这样，曹操不费一兵一卒，轻易地当上了兖州牧。

　　曹操深知，若想称霸四方，光有一块地盘还不行，最重要的是必须有强大的军事力量，他派兵和青州黄巾军作战，打了几场胜仗，黄巾军一遇挫折，就给曹操写来一封信。信中说："以前您在担任济南相时，毁掉了六百多座邪神祠庙，得到老百姓拥护。您的思想和我们黄巾军的真道应该是差不多的，现在却又迷惑了。您应该看出汉朝的气运已尽，黄天当立，这是天意，不是您的才力所能挽回的。"

　　曹操从黄巾军的来信中看出他们没有斗志，而且对自己还挺钦佩。于是，他以军事进攻为主，以诱降为辅。青州黄巾军缺乏能干的统帅，哪里斗得过曹操。他们放下武器投降了。曹操从这支农民军中挑选出青壮年三十万人，称为"青州军"。从此，青州兵就成为了曹军的骨干。

　　此时的曹操已经成了一个势力超群的大军阀。投靠他的谋士良将越来越多。他不仅脱离了袁绍，成为一支独立的势力，而且也渐渐敢于和袁绍针锋相对了。

桃 园 结 义

东汉末年，刘备、关羽、张飞三人在桃园结为
生死兄弟。

刘备，涿郡（今河北涿县）人，字玄德，中
山靖王刘胜的后代。传到他这一代的时候，家
道衰落，只能靠和母亲一起编卖草席、麻鞋过
日子。

张飞字翼德，与刘备同乡。他性情暴躁，为
人直率，而且武艺高强，好见义勇为。

关羽字云长，河东解良（今山西解虞）人，据说

桃园结义

他本来并不姓关，因看不惯当地县令的小舅子仗势欺人，就把县令和他的小舅子
杀了，逃离家乡。当他逃到潼关时，看见潼关城门上正挂着悬赏捉拿他的头像。
关羽不慌不忙地对盘查他的士兵说："我姓关……"从此以后，他就以假为真，
改姓关了。

关羽过了潼关，东行到涿郡，结识了张飞。后来又遇上刘备，三人意气相
投，于是就在桃园里结拜为兄弟。刘备是老大，关羽是老二，张飞最小。他们对
天发誓，表示要同心协力，干出一番事业。

刘、关、张桃园结义后，一边招兵买马，一边扩充自己的武装力量。他们三
个带着招募来的士兵，屡次击败黄巾军。东汉政府就派刘备做安喜县（今河北省
定县）县尉，主管一县的军事。但不出几个月，就因不满朝廷派来视察的督邮的
行事，将其痛打一顿，三人辞官而去。

刘备带着关羽、张飞去投奔公孙瓒。他们在公孙瓒那儿讨伐了叛乱称帝的
张纯、张举，立下战功。朝廷不但免了刘备打督邮的罪，反而任命他为别部司
马。后来，又任命他为平原相，关羽、张飞为别部司马。

不久，徐州牧陶谦的部将张闿因贪图钱财，抢走了曹操父亲的全部财宝，并
杀了曹家老小。悲痛万分的曹操立即下令，三军戴孝出征，立誓要杀死陶谦。陶
谦抵挡不住，便求救于刘备。于是刘备带领三千人马前去援救，逼走了曹操。

感激万分的陶谦给刘备四千人马，请他留下来帮助自己。刘备感到陶谦非常
诚恳，而平原又没什么可留恋的，就答应了。陶谦立刘备为豫州刺史，请刘备驻
扎在小沛。从此刘备就以小沛为基地，发展自己的势力。

后来，陶谦死了，刘备继任徐州牧。吕布、陈宫因被曹操打败而前来投奔刘备。刘备让吕布屯兵小沛。吕布心中虽然不满，但也无可奈何。

不久，袁术为了扩充地盘，就发兵徐州。袁术和刘备交战一个多月，不能取胜，就以二十万斛军粮、五百匹战马来拉拢吕布，同灭刘备。反复无常的吕布看到有利可图，就乘着张飞酒醉，攻占了徐州。

事后，袁术并没有兑现当初的承诺，吕布便与刘备讲和。只不过他们互相换了一个位子，吕布占了徐州，刘备到了下邳。袁术看到吕刘讲和，对自己占领徐州不利，就故伎重演，多方拉拢吕布，与其结成儿女亲家，挑拨吕刘关系。吕布听信了袁术，带兵去打刘备。损兵折将的刘备只好带着手下投奔曹操。

刘备虽然住在曹操那里，但心里老想着发展自己的势力。他知道曹操对他放心不下，便装出庸庸碌碌的样子，整天浇水种菜。关羽、张飞等人十分不解。

有一天，刘备正在菜园里浇水，曹操派人把刘备请到后花园的一个小亭里，一边吃青梅酒，一边畅谈。

此时正值夏季，突然阴云密布，眼看大雨来临。曹操指着天上的云彩问刘备："您知道龙的变化吧？"刘备回答："不清楚。"曹操又说："龙能大能小，变化不定。龙乘时而变，如同得志之人，纵横天下。龙就好比世上的英雄。"停了一下，他问道："玄德，您周游四方，见多识广，在您眼里，谁才是当世真正的英雄？"原来曹操是想在酒后，套刘备的实话，看他是不是也有称霸天下的野心。刘备对此早有防备，故意说："我哪配谈英雄！"曹操说："您不要谦虚，就说说吧。"刘备说："淮南的袁术，已经称帝，可以算作英雄吧！"曹操笑笑，说："袁术只不过是坟中的枯骨罢了，眼看就要被我消灭！"刘备又说："河北的袁绍，占领了四个州，谋多将勇，可以算作英雄吧！"曹操又笑了笑，说："袁绍表面厉害，胆子却很小；虽然善于谋划，关键时刻却犹豫不决。这种干大事怕危险，见小利不要命的人，可算不上是英雄。"刘备又说："刘表坐镇荆州，又是'八俊'之首，可以算作英雄吗？"曹操不屑地说："刘表徒有虚名而已。也算不上英雄！"刘备接着又说："孙策血气方刚，已经成为江东领袖，是英雄吧！"曹操摇摇头说："孙策是凭着他父亲孙坚的名望，算不得英雄。"刘备又举了一些割据一方的军阀，但都被曹操否定了，刘备只好说："我孤陋寡闻，除了这些人，可实在不知道还有谁配称英雄了。"曹操指指自己，又指指刘备，说："现在天下称得上英雄的，只有您和我两人呀！"刘备心里一吓，手一松，筷子掉在地上。恰好此时，天空打了一个闷雷。刘备赶紧弯腰捡起筷子，谎称："雷声真大啊！把我吓了一大跳！"曹操见这么个雷把刘备吓成这样子，以为他是个胆小鬼，禁不住哈哈大笑起来。

刘备见曹操对自己有戒心，一心想找个机会逃脱，正巧曹操准备派人往徐州截堵袁术，刘备就借口自己熟悉那儿的地形，骗得曹操放他出了许都。为了监视和牵制刘备，曹操派了许灵、路招两位将军同行。刘备大军一到徐州，正赶上袁术的军队抵达下邳。刘备指挥大军将袁术杀得大败，袁术不久就吐血而死。于是刘备以让许灵、路招回去报信为名把他们支走，以免去监视。刘备进而占领了徐州。

曹操听说以后十分气愤，决定马上出兵讨伐。刘备无力抵抗，只得去投靠袁绍。曹操于是把矛盾对准了袁绍，一场大战一触即发。

官 渡 之 战

汉献帝建安五年（200年）二月，袁绍任命沮授为监军，统领十万大军，从邺城（今河南安阳北）出发，进攻许昌。袁绍则亲率十余万冀州精兵到黄河北岸的黎阳（今河南浚东北），建立自己的指挥部。他派大将郭图和颜良进攻和黎阳隔岸相对的白马（今河南滑骨县东）。袁绍企图引诱曹操离开官渡（今河南中牟县东北），然后一举消灭曹操。沮授向袁绍建议：颜将军虽然勇猛，但骄傲自大，缺少智谋，不适合单独统兵作战。可袁绍固执己见，下令迅速渡河，打下白马。

留守白马的刘延听说袁军来进攻，急忙派人向曹操报告。而此刻，在许昌正展开一场是否抗袁的大辩论。名士孔融被袁绍的表面强大所迷惑，他认为："袁绍辖地广阔，拥兵数十万，文有田丰、许攸这样的谋士出谋，武有颜良、文丑这样的勇将打仗，还有审配、逢纪这样的忠臣效劳。与袁绍对抗，很难取胜。"许多人听了，都情绪低落，只有一个人挺身而出与孔融抗争，此人就是曹操的主要谋士荀彧。他说："袁军虽兵多，但法不严。而且田丰刚愎自用，无法与袁绍长期合作；许攸贪心太重，不能顾全大局；审配专断，缺乏谋略；逢纪心胸狭小，又骄傲自大。这些谋士到一起怎么能相容呢？至于颜良、文丑这类武将，皆有勇无谋，擒拿他们，对曹公来说，乃小事一桩。"荀彧这一番话，驳倒了孔融，也激励了将士，增强了胜利的信心。曹操根据大家的建议，决定不和袁绍硬打硬拼，而采取声东击西，避实就虚的打法。曹操亲率大军西进延津（今河南延津北），以诱惑袁军主力西移，从而麻痹在白马的颜良。果不出曹操所料，袁绍立即命令黎阳的守军赶在曹军渡河之前到达延津渡口，准备同曹军决战。曹军见袁绍中计，就悄悄率领轻骑，急奔白马。而此刻围攻白马的颜良正一心想困死白马城内的军民，他做梦也没想到曹军会在一夜之间赶回东边，

孔融　东汉文学家，鲁国（今山东曲阜）人。少时成名（孔融让梨讲的就是他的故事），建安七子之首，建安十三年（208）被曹操所杀。

同自己决战，所以毫无迎战准备。在仓促应战中，颜良被一匹火红快马的将军劈下马。袁军失去主将，顿时乱了阵脚，刘延也从城里杀出，同曹操的兵马两面夹击，一举击溃了颜良、郭图的队伍。而那位斩颜良的将军，正是要报答曹操厚恩的关羽。

恼羞成怒的袁绍立即下令：全军渡河，西追曹操。沮授急忙劝阻袁绍："将军，目前大军应该屯在河北岸，只派一路军队攻打河南岸的官渡。如果攻打下了官渡，我们就有了立足之地，然后大军方可过河。否则贸然渡河，万一有了意外，就可能全军覆灭！"袁绍根本就听不进劝阻，决意渡河。

袁军渡过黄河，抵达延津后，袁绍派颜良的好朋友文丑追击曹操。为了立功和替颜良报仇，他快马追击。一路上，到处都是曹军丢下的车辆物资，山坡上有许多无主的战马，袁军毫不怀疑这是曹军仓促逃命时丢弃的。于是文丑的部下便争先恐后地跳下马，一窝蜂地去抢夺战利品。其实，他们中了曹操的计谋。曹操一见文丑的队伍乱了阵，便一声令下，曹兵就从四面八方围冲过来，见了袁军就杀，文丑也同颜良一样，还没明白是哪儿来的神兵天将，脑袋就被劈了下来。袁军全部溃散了。

白马、延津与曹操的两次交手，袁军连连失利，但从总的力量来看，袁军仍占优势。袁绍坚决主张渡河同曹操的主力决战，因为他自恃兵多，不顾沮授的再三劝阻，亲率大军渡过黄河，进驻阳武，又涉过濮荡渠，直逼官渡。官渡离许昌不到二百里，是南北交通的咽喉。如果失掉官渡，那么许昌就失去了屏障。因此曹操尽全力固守官渡，与袁绍相持不下。日子久了，袁绍感到军粮供应困难，就想尽早结束僵持局面。他命令士兵沿曹营阵地堆起土山，筑起望楼，让弓箭手居高临下，寻找机会向曹营射箭，曹军死伤不少。不过，曹军很快就有了对策，他们制造了可以抛发石块的发石车，俗称"霹雳车"。只要扳遥车上的机关，就可以把大石块远远抛出。袁军的望楼被打得倒塌歪斜，士兵也头破血流。袁绍又想起了挖地道灭公孙瓒的战术，就命令士兵偷挖地道，直通曹营。曹操就在军营前挖了一条很深的沟，蓄满水，只要袁绍的地道一挖到壕沟，水就灌入地道，这又破坏了袁绍的计谋。

尽管曹操打败了袁绍的多次进攻，但时间一久，粮草供应越来越困难。

曹操自知比起袁绍，他兵少粮缺，将士们东征西讨，南攻北伐，也太疲劳了，恐怕支撑不了多久，便有意撤军回许都。他写信给荀彧，荀彧回信，借用了当初刘邦、项羽在荥阳、成皋相持的经验，说明现在袁、曹两军，谁先退谁的气势就会受挫。荀彧还表示尽力筹措军粮，支援官渡。曹操从荀彧那里得到了信心，他一边坚守官渡阵地，一边派骑兵四处侦探，寻找出奇制胜的时机。不久，就派人烧了从冀州运往袁营的几千车粮食。

时间一晃，袁曹两军官渡之战已僵持半年之久，曹操急于速战速决，他绞尽脑汁筹划计谋。突有卫兵来报：从袁军那边跑来一个名叫许攸的官员，说有急事求见。许攸是曹操过去的朋友，曹操像对老朋友一样接待了他。许攸是因为在袁绍那里受了委屈，来投奔曹操的。原来，在袁绍轰走沮授后，许攸向他献计说："曹军兵少，主力又在官渡与我军相持半年之久了，想必都城许昌一定空虚。请将军派一支轻骑兵，赶往许都，一定会毫不费力地得到许昌。"可袁绍却拍着桌案上的文书，瞪着眼睛，对许攸说："邺城来报告说你的家属犯了法，已被审配逮捕入狱。你连家属都管不好，怎么还敢在我面前出主意呢？"许攸又气又羞，无意留在袁营，连夜投奔曹操。曹操听完，笑着说："你来到我这儿，大事已经成功了！"许攸向他一一介绍了乌巢的粮情和兵情，而且建议曹操派兵去袭击乌巢。他说："袁绍派在乌巢看守粮仓的淳于琼，是个骄傲自大、喜欢饮酒、警惕性特差的人。只要烧了乌巢的粮草，不出三天，袁军就会不战而乱，您就会结束官渡的相持局面，大获全胜了！"于是曹操就召集谋士们商量袭击乌巢的方案。

经过周密策划后，一天夜里，曹操派曹洪等将军守营，以防袁军前来偷袭；自己和张辽、于禁、徐晃等，精选五千名步骑兵，打上袁军的旗号，悄悄离开了官渡，向乌巢进发。途中碰上袁军哨兵，张辽骗他们说："我们是蒋奇的人马，是袁将军派来加强乌巢守备的。"而且不等袁军哨军靠近，张辽就走近一步，压低了声音，装出神秘的样子，说："袁将军听说曹操要来偷袭乌巢，就派我们赶来增援。"袁军哨兵一见旗上斗大的"袁"字，而且因乌巢就在袁军大营之后，怎么也不会有敌人来，便不再怀疑，放他们过去了。黎明以前，曹军抵达了乌巢。而此刻夜夜饮酒的淳于琼睡得正香，袁军还来不及穿衣，曹军就冲了进来。刹时间，粮囤到处起火，浓烟滚滚，直冲云霄。

乌巢粮草被烧，不远处的袁营看得真切。大将张郃劝袁绍立即援助淳于琼，同时切断曹军退路，而袁绍在关键时刻一错再错，听信谗言，置乌巢于不顾，让张郃、高览二将前去袭击曹军大营。张郃苦苦劝说："曹操很会用兵。他既然派精兵去偷袭乌巢，那么官渡的守备也一定不会放松。还是先去援助淳于琼吧！"袁绍仍执迷不悟，张郃高览只好勉强带兵出发。袁军进攻官渡，遭到曹洪守军的坚决抵抗；背后又受到从乌巢回师官渡的曹军的猛烈攻击。张郃腹背受敌，抵挡不住，加之不满袁绍的虚伪奸诈，就和高览一起投降了曹操。

乌巢粮草被烧，张、高二将投降，袁军果然不战自乱，曹军乘胜全军出击，袁绍还没来得及穿上盔甲，只穿着便服，扎着头巾，带着八百名骑兵仓皇逃过了黄河。这些残兵败将们再也无法恢复原来的势力，从此便没有声息了。

官渡之战，曹操以少胜多，以弱胜强。曹军势力大增，乘胜追击，继续向袁绍占领的地区进军，不久就统一了北方，为以后出现三国鼎立的局面，奠定了基础。

孙策占据江东

献帝初平三年（192年），袁术派部将孙坚去攻打荆州的刘表。不料，因骄傲轻敌，孙坚被刘表的部将黄祖设计杀死，年仅三十七岁。当时，孙坚的长子孙策只有十七岁，他只能投靠父亲的上司袁术，袁术失去爱将，很是伤心，又见孙策少年英俊，心里很是喜欢，常常夸奖他。

不久，扬州刺史刘繇以优势兵力侵占孙策舅舅吴景管理的丹阳，情况很是危急。孙策就要求袁术借兵解围。袁术也认为刘繇的行为损害了自己在江东的利益，于是就借给孙策一千人马南下。

孙策率领一千人马在进军江东的途中不断扩充自己。同时，他又得到了好朋友周瑜的援助，补充了粮食及其他必备的物资，加强了自己的力量。在牛渚（今安徽当涂采石矶），他首先打败了刘繇的部将张英；又在秣陵打败了笮融；最后终于赶走了刘繇，解救了处境困难的舅舅吴景，并且控制了江东的一大块地盘。同时他严格要求部队，不许士兵抢劫百姓的财物，也不许虐待俘虏。不出十天，便扩充了两万多人。孙策在江东人民的鼓励和支持下，乘胜攻下了吴郡（今江苏苏州），占领了会稽和其他四个郡，自任会稽太守。从此，他就与袁术断绝了一切联系，开始在江东称霸。

怀有称霸中原雄心的孙策想要渡江与曹操争夺地盘。不料消息被吴郡太守许贡得知并向曹操报信，送信人在渡江的时候被孙策的士兵查出来了，孙策得到报告以后，就想了个办法把许贡骗了来，拉出去杀了，许贡的家属和奴仆一心想为许贡报仇雪恨。

一天，孙策正在丹徒（今江苏镇江）郊外打猎，忽然，他看见一只鹿在前面跑，就赶快催马追了上去。追到树林的深处，却看见了三个持枪带弓箭的人等在那里。孙策十分迷惑，正想开口盘问他们，其中一个已经举枪刺杀过来。孙策赶快挥剑应付，砍倒了他，却不防脸颊中了另一个人一箭。那个人大声地叫道："我们为我们的主人许贡报仇！"当孙策的卫兵赶来，杀死刺客时，孙策已满面流血，伤势严重。

被毒箭所伤的孙策知道自己活不了多久了。便把弟弟孙权、长史张昭叫到跟前，吩咐后事。孙策

孙权（182－252），孙坚次子，字仲谋。吴大帝，三国时吴国的建立者。吴郡富春县（今浙江富阳）人。

把印绶挂在孙权的脖子上，让他继承父亲和自己的事业，要依靠张昭、周瑜振兴江东。然后又嘱咐张昭要尽力辅佐孙权，争霸天下。不久，二十六岁的孙策就死了。

在孙策死后，十九岁的孙权，在长史张昭的帮助下逐渐开始掌握起军政大权。不几天，孙策的好朋友周瑜也从巴丘赶回吴郡，来辅佐年轻的孙权。当时，周瑜正担任守护军、江夏太守，兵权在握，是一个很有实力的人物。周瑜的到来，使孙权心里更觉得踏实。另外，周瑜还向孙权推荐了鲁肃，让鲁肃在孙权身边出谋划策。

孙权继承了父兄的事业，担负起了巩固江东基业的重担。但当他开始掌握江东政权的时候，刚刚经过战乱的江东政局十分不稳定，百姓也不相信这个年轻的首领，所以人心惶惶，这对孙权来说确是一个严峻的考验。江东许多有名望的人都对孙权持观望态度，有人怀疑他的统治能否长久，有人认为他不会成大器，甚至有人进行了公开的反叛。危急关头，孙权亲自平定了庐江太守李术的叛乱，使江东的局势稳定下来。

汉献帝建安七年（202年），曹操派使者到江东，要孙权送一个儿子到许昌去做人质，以表示两家和好。孙权召集文武官员商议。长史张昭是个文官，很害怕打仗，建议孙权答应曹操的要求。因为张昭在文武百官中很有名望，所以许多人都同意张昭的观点。但周瑜反对他这种助他人威风、灭自己志气的意见，就对孙权说："您哥哥也曾说过不要向任何强暴屈服，才能完成称霸江东的大业。现在，我们占有江东六郡，这里物产丰富，兵粮充足，人才辈出，而且人心稳定，将士用命，我们有什么理由要给曹操送人质呢？我们有什么理由拿江东六郡去让曹操控制呢？"孙权本来也不打算送儿子做人质，周瑜这一番话，更加坚定了他的信心，所以坚决拒绝了曹操的要求。

后来，孙权用心管理政事，努力增强军事实力，又加上一班文臣武将的辅佐，由孙策开创的称霸江东大业，在孙权的手中逐渐得到了巩固。

三 顾 茅 庐

官渡之战使袁绍元气大伤，原来投靠袁绍的刘备，只好带着张飞和从曹营回来的关羽，投奔荆州军阀刘表。刘表这个人既无大志，又无胆略，还害怕刘备的势力发展，所以就叫刘备带领一些兵马屯驻在偏僻的新野县城内。

此时的刘备名声已很大。有许多德才兼备的人都认为他是一个明主，来投靠

刘备 (162－223)，三国蜀汉开国君王。字玄德，涿郡（今河北省涿县）人。221年，于成都即位称帝，国号汉，年号章武。伐东吴兵败，因病崩逝，享年62岁，谥号昭烈帝，史称刘先主。

他，同时，刘备也为了江山大业在四处寻觅人才。

刘备刚刚将兵屯驻在新野后，就有一个人来投奔他，此人名叫徐庶。刘备见他机敏、忠诚，就请他担任军师，有一天，徐庶对刘备说："您知道卧龙先生吗？"刘备说："曾经听别人说起过，不知道他的才能比您如何？"徐庶急忙摇摇头，摆手说："我怎么能与卧龙先生比呢？如果非要拿我和他比的话，就是乌鸦比凤凰了。"刘备惊讶地说道："那么他一定是个非常难得的人才了，请您带他来见我吧！"徐庶连忙说："这个万万使不得，像卧龙先生这样的天下奇才，得您亲自登门拜请才行。此人复姓诸葛，单名亮，字孔明，是琅邪阳都人。从小死了父母，跟着叔父在荆州避难。在他十七岁那年，叔父也死了，他就在襄阳城西二十里的隆中山定居下来，平时除了种地以外，经常和一些朋友们攻读史书，切磋学问，谈论天下大事，而且他还将自己比作辅佐齐桓公成为霸主的管仲和辅佐昭王打败齐国的名将乐毅。您想想看，他不正是你所寻求的兼有将相才能、能辅佐您成就大业的人吗？他是一个非常了不起的人物，就像卧在地上，准备腾空而起的巨龙，所以被称作'卧龙先生'。您说，像这样的天下奇才，是不是值得您亲自前往，请他出山呢？"刘备听得心花怒放，点头称是，决定亲自去请卧龙先生。

次日，刘备带着关羽和张飞前往隆中。等他们来到孔明家的门前，刘备下马亲自敲打房门，里面出来一位小书童，问："你们找谁呀？"刘备客气地说："请告诉卧龙先生，刘备前来拜见。"小书童说："先生不在家，一早就出去了。"刘备急忙问："先生去哪儿了？"小书童说："不知道，先生朋友很多，大概找朋友们一块读书去了。"刘备很失望，问道："那么先生什么时候能回来呢？"小书童说："这也说不定，或者三五天，或者十几天，没准儿。"张飞见刘备还想问下去，很不耐烦，就对刘备说："既然他不在，我们就回去吧！"关羽也同意，刘备只好对小书童说："等先生回来，请你转告他说，刘备前来拜访。"于是，三个人失望地离开了卧龙岗。

回到新野后，刘备天天派人打听隆中的动静，过了几天，终于听到了孔明回来的消息。刘备命令："立即备马。"这时候，正赶上冬天，冷风飕飕地吹，天上又飘着雪花，关羽和张飞都劝刘备改天再去，刘备不听劝阻，决意要亲自去请，关羽、张飞也只好陪着。雪花纷纷扬扬飘落下来，山就像用玉砌成似的，树也好像用白银裹着似的。可三个人却无心赏景。他们冒着风雪，好不容易才到卧龙岗，刘备下马，轻轻地敲门，又是那个小书童出来说："诸葛先生正在堂上读书呢。"等刘备高高兴兴地进去拜见时，却得知读书的并非诸葛亮，而是他的弟弟诸葛均。刘备二请诸葛亮，仍是没有见到人影，只好失望地回去了，打算改日再来拜访。

又过了几天，打探到孔明确实回来了，刘备第三次前往隆中拜见诸葛亮。为了表示自己的恭敬，在离草屋很远的地方，刘备就下马步行。从小书童那里得知诸葛亮还在草屋睡觉，就没敢惊动，便让关羽和张飞在门外等候，自己恭恭敬敬地站在草屋的台阶下等着。刘备等了好一会儿，诸葛亮才醒来，小书童连忙向诸葛亮禀报说："刘备将军已来了好半天了。"诸葛亮立即出门迎候。刘备看诸葛亮，二十七八岁的年纪，身高约八尺，但长得清秀，神采焕发。刘备迎上去说："久仰先生大名，今日承蒙接见，很荣幸。"诸葛亮赶紧说："刘皇叔三顾茅庐，未能迎候，请您原谅。"二人就进入草堂交谈起天下大事来。

刘备说："现在汉室衰败，曹操将汉献帝挟持到了许昌，借着天子的名义摆布各诸侯。我想尽我的全力，平定天下，但是我的智慧和谋略很差，能力也很微薄，起事二十多年，也没有什么成就。很想请您出山，帮助我实现夙愿。"

诸葛亮说："我为将军您忧国忧民之心而感动。但是我年纪太轻，学识不足，而且又不愿意追求功名利禄，还是请将军另请高明吧！"

诸葛亮怎么也不肯答应刘备的请求，刘备急忙诚恳地说："希望先生能救救天下受苦受难的百姓，为我指出一条宽阔的前程吧！"

诸葛亮虽然在隆中居住了十年，但他却根据自己对天下大事的精心观察分析，形成了独特的政治见解，确定了统一天下的方针。刘备诚恳的求问使他很受感动，就向刘备提出了自己的见解。

他说："自从董卓叛乱进入洛阳以来，天下豪杰们同时举起反叛大旗，势力很大，大有争夺天下之势。曹操和袁绍相比，无论从实力上讲还是从名望讲，都不如袁绍，可他却打败了袁绍，主要是因为他有智谋。如今，曹操兵力充足，并且挟持了汉献帝，不可能与他争夺天下。而孙权呢，他占有长江的险要，而且老百姓都顺从他，有才能的人也时有去投奔他，因此对他只能联合，不能打他的主意。总之，要联孙抗曹。"

诸葛亮见刘备不住地点头，接着又说："荆州这个地方，地势险要，北有汉水、沔水，南通南海，东连吴会，西通巴蜀，是个用兵的好地方，而刘表却没有守住它的能耐。这荆州之地，正是为将军提供了发展事业的好地方。而且益州（今四川及云南、贵州、湖北、陕西、甘肃各一部分），号称'天府之国'，将军您可以益州为根

诸葛亮　字孔明，号卧龙。三国时期杰出的政治家、军事家、外交家。207年出山辅佐刘备。214年刘备建立蜀汉政权，被任命为丞相。蜀汉后主刘禅继位，封为武乡侯。234年病逝于五丈原军中，享年54岁。

据地，完成您的远大志向。"

听完这一番话，刘备舒了一口气，精神也为之一振。诸葛亮又说："您是皇家后代，而且为人正直，许多人才都前来投靠于您。您如果能同时占有荆州、益州，凭着险要的地势，团结好西南的少数民族，对外联合孙权，对内政治清明，等待时机，再向中原发展。这样，您就能完成自己的夙愿，汉业也可以复兴了。"

刘备对诸葛亮精辟的分析大为赞赏，一再拜谢道："先生的话使我受益匪浅，如能出山相助，我就可以随时领教了。"诸葛亮仍然推脱，刘备悲伤地说："先生您这样的天才，不肯出山相助，是我刘备的不幸，是汉室的不幸呀！"说着，泪水夺眶而出。诸葛亮深深地被感动了，答应出山。

从此以后，诸葛亮就用他全部的智慧和才干辅佐刘备。刘备三顾茅庐求贤诸葛亮的佳话也一直流传至今。

赤 壁 之 战

官渡之战以后，曹操就统一了北方，发展生产，增强军事力量，下一步他就打算进军南方，消灭驻守在荆州的刘表和江东的孙权，统一全国。

在汉献帝建安十三年（208年），曹操率大军南下，直逼荆州。而此时，驻守荆州的刘表刚刚死去，次子刘琮承袭了他的职位，胆小怕事的刘琮暗地里投降了曹操。受刘表派遣驻守新野一带的刘备，见曹军来势凶猛，想抵抗也来不及了，就匆匆忙忙地向江陵（今湖北江陵）退却。江陵是一个军事重镇，又是兵力和物资的重要补给地，曹、刘双方都为争夺此地而日夜兼程，在长坂（今湖北当阳东北）曹操赶上了刘备，并且打败了刘备，占领了军事要地江陵。刘备被打得无路可走，只好从小道到夏口（今湖北武汉），与刘表的长子刘琦相遇，合兵一处，约有两万人。而且在夏口，刘备碰到了等他很久的孙权的谋士鲁肃。原来，孙权在得到曹军南下，刘表去世的消息后，就接受了鲁肃"联合刘备、抗击曹操"的建议，并派鲁肃以给刘表吊丧为名，和刘备取得联系。在夏口，鲁肃向刘备坦诚地说明了来意，希望孙、刘两家能够联合抗曹，这正符合了诸葛亮在隆中同刘备讲的对策。刘备当即决定派诸葛亮为代表，同鲁肃前往柴桑（今江西九江西南），面见孙权共商联盟破曹之计。

孙权爱慕诸葛亮的才华，诸葛亮见孙权气度不凡，两个人谈得非常投机。孙权首先向诸葛亮请教，诸葛亮说："现在天下大乱，曹操占据北方，大有吞并天下之势。而将军您占据着江东，刘豫州刘备一心想振兴汉室，两位都有和曹操争夺天下的气势，真是志向相同啊！"诸葛亮一句话就将孙、刘拉到了共同抗曹的立场上。但他见孙权在联合抗曹上仍有些犹豫不决，就对孙权说："曹操占领了荆州，名声震及四海，现在他顺江而下，直逼江东。将军您应该根据自己的力量作出决断：如果能以您吴、越之力量与曹军抗衡的话，等于就是与曹操断绝关系；如果您估计无力与他抗衡，为什么不及早投降曹操，还可以苟且偷生呢？像现在这样，您表面上服从曹操，可内心却犹豫不决，在紧要时刻作不出决断，灾难可就要来了。"孙权听了有些生气。诸葛亮又说道：

周瑜 （175－210），三国时期吴国将领，杰出的军事家。字公瑾，庐江舒县（今安徽庐江）人。美姿容，精音律，多谋善断，人称周郎。208年赤壁之战中大败曹军，不幸早逝。

"刘豫州是汉朝的宗室，才能是他人所无法比及的，许多人都仰慕他，归顺他，如果他抗曹不能成功，那也是天命；他是无论如何也不会向曹操投降的。"诸葛亮的几句话分明在激励孙权作出正确的决断。受到激励的孙权，猛地站起来说："我也不是甘受摆布的人，我不能拿着整个江东的十万士兵，受人家控制！我的主意已定！不和刘豫州联合，就无法与曹操抗衡。"诸葛亮为了进一步解除孙权的顾虑，就说："刘豫州虽然刚打了败仗，但是他仍有精兵两万。曹操虽然兵马很多，但是经过长途跋涉，已经疲惫不堪了；更何况，曹军大部分都是北方人，用强力射出的弩箭，到了最后，也该掉在地上了，连最薄的丝绸也穿不透。再加上曹操刚刚占领荆州，人心不服，他们心是向着刘氏的。将军您想想看，只要孙、刘两家联合起来，协力作战，就一定会打败曹操的。而且曹操失败以后，必定会退回北方，荆州、东吴的势力就会发展起来。这样，三足鼎立的局面就形成了。"诸葛亮这一番话，增加了孙权抗曹的决心。他立即召集文武群臣商讨抗曹的办法，恰巧这时曹操写信恐吓孙权，说他要率八十万军队讨伐江东，同孙权一见高低。信中的傲慢语气吓得众谋士脸色俱变。威望最高的长史张昭说："如今，曹操打着皇上的名义，四处征战，如果拒绝，则名不正，言不顺。尽管我们依据长江之险，但曹操已占有荆州，拥有大量战舰、水军，我们的长江之险无作用了。所以，最好迎他前来。"其实这就是主张向曹操投降。许多谋士也附和张昭的观点。孙权听了很不高兴，起身离开了，鲁肃也跟了出来，对孙权说："你千万不能听张昭他们的泄气话，他们的话对将军您是很不利的，您应赶快请周瑜来主持军事，联合刘备，共抗曹操。"

周瑜此时正在鄱阳湖训练水军，得到孙权的命令，连夜抵达柴桑。周瑜听了文武官员的意见，对孙权说："我们占据着江东，地方数千里，兵粮充足，怎么能将这些拱手送给他人呢，哪能向曹操称臣呢？"周瑜说："其实，曹军至多不过二十多万，而且现在又是天寒地冻的季节，他们缺乏草料。尤其北方将士不服南方水土，疾病就要流行。这正是曹军的致命弱点，请将军拨给我几万精兵，开赴夏口，击败曹操。"孙权为周瑜这几句话而感动，拔出佩刀，一刀砍下案桌的一角，说："如有人再提投降曹操，就和这张桌子一样。"

第二天，孙权任命周瑜做大都督，程普做副都督，鲁肃做赞军校尉，率领三万人马，与刘备的水军会合，协同作战。孙刘联军在长江南岸的赤壁，跟北岸曹操的军队隔江对峙，一场大战就要开始了。

而此刻，曹营内疾病正吞噬着士兵的身体，许多士兵生起病来；没病的士兵也因晕船而呕吐不止，失去了战斗能力。有人献计将战船用铁链连在一起，铺上木板，结成"连环船"，北方的士兵在上面走，就会平稳而安全。其实，平稳了倒是真的，不过将船连上后却潜藏着更大的危险。在一个雾弥大江的夜晚，东吴三代老臣黄盖派人送给曹操一封投降信，说自己已经看出东吴无力抵抗势力强大的曹军，只有胸怀狭窄、目光短浅的周瑜和鲁肃硬要以卵击石，自取灭亡。而他是实心实意地归顺曹操。此时的曹操被胜利冲昏了头脑，认为自己处于绝对优势，东吴内部出现了分歧是极有可能的，所以就相信黄盖的投降信，还约定了黄盖来投降的日期和暗号。

而东吴大营内，正商讨攻曹大计。黄盖认真地研究了曹军的连锁船，对周瑜说："目前敌人力量雄厚，我们仅仅有三万人，不应该打持久战，现在曹军把战船首尾接起来，我们可以用火攻的方法，烧毁他们的战船。"周瑜点了点头，但他担心冬天西北风多，怕把火烧到东南方自己的战船来。鲁肃知道诸葛亮通晓天文，就把他请了来。诸葛亮同周瑜商定冬至那天发起进攻，因为那天是东南风。

黄盖写信给曹操说冬至日率领粮船来降，以船头有牙形青龙旗为投降信号。冬至日那天，天色渐晚时刮起了东南风。一会儿，江面上就有一列帆船，迅速向北方驶来，船头插着牙形青龙旗，曹操不禁大喜，说："黄盖一来，我就大功告成了！"他哪会想到在黄盖的船上，装的不是粮草，而是浇上油的枯柴干草，外边盖上了帷幕。在离曹军水寨二里的地方，黄盖回头看到南岸周瑜已做好准备，只等他这里点火，就率领队伍压过江来；刘备也在樊口准备同时进兵。黄盖一声令下："放火。"水手们早就准备好，刹时间，几条大船变成了火船，像一条条火龙漂向曹军水寨。水手们迅速跳上小艇，拔出武器，冲向曹营。曹营的战船无法移动，士兵们被十条火龙吓得魂不附体，纷纷逃跑。说时迟，那时快，十条火龙已将曹军的战船一只接一只地燃烧起来，呼呼的东南风助长了火势，江面上火光冲天，曹军被烧死、踏死、挤死、淹死的不计其数。周瑜、刘备的战船上人马也乘势驶过江来，与曹军混战起来。

黄盖大船后的几十只小船迅速逼近曹营，一面放火箭，一面寻机杀敌。老将黄盖盯着曹操的帅船驶去，果然见到曹操正向一条小船上逃跑，他举刀高喊："曹操！哪里逃！黄盖来了！"曹操已经跳进了张辽前来迎救的小船，连头也不敢回。张辽拉弓搭箭，射中了黄盖肩膀。老将军"呀"地一头栽入冰冷的水中，恰巧被东吴老将韩当的船救起，黄盖因此保住了性命，曹操趁机逃走了。

曹操带着几千残兵败将，摆脱了孙、刘联军水路、陆路的追击，由陆路逃回许昌，从此再也没有力量向南进军了。

赤壁之战，以孙刘联军的胜利、曹军的失败而宣告结束。这是我国战争史上一次以少胜多，以弱胜强的著名战例。

猇 亭 之 战

关羽被杀，荆州被孙权夺去以后，刘备非常愤怒，几次要发兵攻打东吴，都被丞相诸葛亮和大臣们劝阻住了。

221年，刘备称帝后，第一件事就是发兵进攻东吴，夺回荆州，为关羽报仇雪恨。诸葛亮、赵云等大臣们都反对这种做法，可刘备坚决不听，率领七十多万兵马，向东吴发动进攻。

刘备大兵进入东吴地界以后，一路势如破竹，短短的时间内，便向前推进了五六百里路程，孙权非常惊慌，派出使者向曹丕表示愿意在曹丕下面做一名大臣，但要求曹丕发兵为自己解围；同时，又派大将陆逊为兵马大都督、安东中郎将孙桓为先锋，率领五万大军抵抗刘备的进攻。

刘备大军缓缓前进，听到前头部队不断传来捷报，又听说孙权派大将陆逊领兵出战，知道不久将会有一场大战要打，将大军开到猇亭，安下营寨，准备和陆逊决战。哪知接连挑战了十几天，吴兵不肯出战，刘备急躁起来，准备亲自去挑战。

但陆逊还是不出，刘备叫士兵们在吴军阵前大声叫骂，吴军的大将们气愤不过，要出去迎战，陆逊不同意，说这是刘备的诱敌计策，他在不远处山谷里还埋伏着精兵。将军们不相信，几天后，果然见山谷里出来许多精锐部队，大家这才开始信服陆逊了。

两军就这样相持了半年多，季节已经是夏天，气候炎热，刘备令自己的部队全部移到树林里靠近水边安营扎寨，等蜀兵安营结束，陆逊这才说："打败

陆逊 （183 - 245），字伯言，本名陆议，吴郡吴人也。孙策之婿，三国时期吴国大臣，著名的军事家。

刘备的日子到了！"

陆逊召集大将说出了自己的火攻战术并命令士兵们人人带着火种，偷偷地绕到蜀兵大营后面，突然放火，又把各路将领的行动路线安排好。

夜晚，刘备正在和部下商量进兵的事情，忽然报告说军营起火，刘备上马出营指挥救火。哪知道火势越来越大，直烧到自己身边来。正忙乱中，忽然从四面八方冲出无数的吴兵来，蜀兵大乱，四散逃命，死伤无数。刘备领着兵士拼命冲出火阵，却又被陆逊埋伏好的军队冲杀了几次。等冲出包围圈，脱离危险时，只剩下很少人马，幸亏赵云接应得快，这才安全地撤到白帝城住了下来。

刘备这时候已经六十多岁了，一累一吓，竟然病得起不了床，一场病生了大约半年的时间，知道自己的性命不长了，便把诸葛亮和一些老臣叫到白帝城，安排了后事便死了。

七　擒　孟　获

三国时期的蜀国，少数民族的孟获乘着刘备刚死的机会，煽动了很多人杀死当地官吏，发动叛乱。

孟获的叛乱，不但使南中地区的众多少数民族失去了安定的生活，而且也严重影响了蜀国的统治。于是，在225年，诸葛亮率领浩浩荡荡的大军，分兵三路，向南中进发。

临行，参军马谡建议诸葛亮要以攻心为上，攻城为下，深得诸葛亮的赞许，到南中后，诸葛亮派人全面了解了孟获的情况，知道他有勇无谋。于是，诸葛亮制定了周密的作战计划。

一天，诸葛亮派大将王平带着军队突然冲进孟获的营地，孟获慌忙迎战。开战不久，王平又假装败走。不知是计的孟获，带领兵士穷追不舍。王平带着人马逃往一条山路，路的两旁是陡峭的高山，地形十分险峻。忽然，王平一班人马停住了，孟获正感到奇怪，这时喊声大起，两旁山上蜀兵不断冲下来，孟获中了埋伏，掉转马头想逃走，但无奈寡不敌众，被赶到的蜀兵捆绑起来。

诸葛亮看了一下被擒的孟获，见他身材高大、肩宽臂粗、双目炯炯，果然是一条硬朗朗的汉子。孟获心中正懊恼不已，以为被汉人俘虏，必死无疑。这时，他看见诸葛亮慢慢地走过来，孟获把眼一闭，正准备等死的时候，却不料绑绳被诸葛亮亲自解开。孟获正惊异不已，听见诸葛亮说：

"孟将军，你没有受伤吧，我们一同出去走走。"

走出军营，孟获看到的是一些老弱病残兵，刀枪破旧，旗帜破烂，在旗杆上奄奄拉着。

这时，诸葛亮问孟获自己的军队如何。

孟获冷笑说："以前我不了解你们，所以吃了败仗，现在看了你的军队，那肯定可以打败你。"

诸葛亮一直观察着孟获的表情，这时微微地笑了：

"那好吧，孟将军，我这就放你走，你回去之后赶紧重整人马，咱们再打上一仗。"

孟获回去之后，当即挑选了一支精锐部队，在晚上前来劫营。一直到蜀营跟前也没被发现，孟获暗暗高兴，心想这一次可是大获全胜了。孟获把刀一挥，顿时，兵士们举着火把，一窝蜂地冲了进去。孟获很快发现上当了，原来营房里一个人也没有，还没等他发令撤退，营寨四周已是火把连天，孟获再次被俘。

天亮以后，士兵把孟获押了上来。诸葛亮说："这次你又被我活捉了，心里应该服气了吧？"孟获却倔强地说："这根本不是打败仗，而是上你的当。如果真刀真枪地打一仗，你再把我擒住，我就服了！"

其实，孟获知道这次是必死无疑了，他不过是这样说说而已，却听见诸葛亮爽朗的笑道：

"来人，给他松绑。"

诸葛亮又好酒好肉地加以款待，让他把俘虏及兵器都带走，让其回来再较量一次。

孟获通过两次交锋之后，不敢再死冲硬拼。他回去后赶紧造土城、土垒，又退到泸水南岸，企图以泸水为屏障，抵挡诸葛大军。

但诸葛亮立即想出了一条妙计，他留下少数士兵在岸边，装着准备渡河的样子，把孟获的军队都吸引到岸边来准备作战。然后派出两支部队，分别从上游和下游水流缓慢的地方，偷偷渡过河去，再像一把铁钳一样，从两边包围上来。毫无准备的孟获来不及抵抗，就再次成了俘虏。

孟获见了诸葛亮仍说不服，于是诸葛亮就又把孟获放了回去。

这样捉了放，放了又捉，一连捉了孟获七次，最后一次，孟获对诸葛亮说："我感谢丞相的恩德，可是心却不服。因为我们世世代代住在这儿，您为什么无缘无故来侵犯我们呢？"

诸葛亮耐心开导他说："你们这里有汉人居住，北边也有南人来往，大家都是自己人，怎么能说是侵犯呢？而我这次率军南下，还不是因为你们的叛乱吗？"

孟获听了诸葛亮的话感动不已，对各部族的首领说：

"七擒七纵，这是自古以来没有的事啊！丞相如此厚待我，我再不感谢他的恩德，就不知羞耻了。"

而那些部族首领和众多的蛮兵、蛮将早就心服了，听孟获这样一说，赶紧跪下谢恩，高呼："丞相的恩德我们永世不忘啊！南人永远不再造反了。"

于是，诸葛亮摆下丰盛的酒宴款待孟获及部族首领，庆贺民族的友好，在酒席上，诸葛亮宣布：蜀军占领的地盘，全部退回，由孟获和各部首领治理。自此，诸葛亮南征大功告成。

挥泪斩马谡

227年，诸葛亮率兵首次进攻魏国，先假意做出要从郿城进攻的样子，引得魏国大都督把主要军力集中在郿城防守，再突然出其不意地向祁山逼进，使得大军一路势如破竹，很快就攻下了魏国的安定、天水、南安等三处城池，消息传到魏国首都，举国上下一片震惊。这时，魏国皇帝曹睿启用了名将司马懿，让他领兵到长安抵抗蜀兵。

诸葛亮也知道，只有司马懿最会用兵，也只有他最了解自己的特点，他肯定会出兵攻占街亭（今甘肃庄浪东南），街亭是蜀军运送粮草的主要道路，也是蜀军退回汉中的唯一通道，如果让司马懿占领了街亭，就等于掐住了蜀兵的咽喉，这是一个战略地位极强的要道。

于是他召集将官们商量，问谁愿意领兵去把守街亭，魏延、吴懿、马谡等都抢着去，诸葛亮比较相信马谡，便让马谡率领两万多人去守街亭，又特地派了作战经验丰富的大将王平去协助他。临出发之时，诸葛亮反复交代："街亭是我军的根本，如果街亭失守，不光战争要失败，甚至连自己的性命都要搭上，一定要千万小心！"

马谡一看到街亭的地势，便产生了轻视敌人的想法，觉得这里将是自己打败魏兵、建功立业、大显身手的好机会，在怎样守卫的问题上和王平发生了争吵，王平要在道口扎营，挡住魏军前进的道路，而马谡却要在山上扎营，一意认为从上往下攻击必定大获全胜。王平担心对方断绝水路或者用火攻，马谡不但不听，还笑话王平不懂军法，最后只让王平领五千来人在道口扎营。

司马懿来到街亭后，果然采取了围住山头、断绝水路的战术，马谡命令士兵们往山下冲锋，司马懿命

司马懿 （179－251），字仲达，河内温县（今河南温县）人。三国时期魏国杰出的政治家、军事家。其孙司马炎称帝后，追尊为晋宣帝。

令士兵们用弓箭往上射击，蜀兵死伤无数，士兵们都慌忙往山上跑，许多人竟然去投降了魏军。而王平的五千来个士兵，冲了几次也没办法将马谡解救出来，马谡只得领兵突围，街亭就这样被马谡轻易失去了。

回到西蜀以后，诸葛亮把将官们召集起来，处理这次街亭失败的事件，按军令要处死马谡。马谡承认了自己的罪过，对诸葛亮判自己的死罪心服口服，他只是向诸葛亮提出，自己的妻子儿女，请诸葛亮多多关照。诸葛亮和马谡本来关系很好，但他不愿让个人感情破坏了军中的法纪，他一面流泪，一面答应马谡的请求，保证照顾好马谡的儿女。

斩了马谡以后，诸葛亮认真检查自己的过失，觉得自己用人不当是造成这次街亭失守、全军惨败的根本原因，便向皇帝刘禅上表请求免除自己的丞相职务，降官三级，刘禅同意了诸葛亮的请求，降了他的官职，但还是让他代理丞相的事务。

司马氏夺政

曹丕废汉建魏之后，做了六年皇帝就死了，他的儿子曹睿继承帝位，称魏明帝。这个魏明帝治理国家的本事比不上他父亲，可是在尽情享乐、大兴土木上都超过曹丕，更超过他的祖父曹操。他不仅重修了九华殿，还在洛阳建筑了总观章、太极殿、凌霄殿。宫内有湖、有河、有假山；山上有盘桓小路和漂亮的亭台，绿树成荫，野鸟啼鸣。

曹睿大兴土木、骄奢淫逸，高堂隆等许多有名的大臣连连上奏，劝他爱惜民力。只有司马懿一人没有提出反对意见。魏明帝的时候，中央政权已经形成曹氏和司马氏两派。司马懿的势力是在对蜀国作战的过程中培植和壮大起来的。曹氏的势力以曹真之子，曹操之侄孙曹爽为代表。两派的党羽遍布朝野。

荒淫无度的曹睿刚刚三十五岁就死了。临死的时候，因为没有儿子，就从曹氏家族中抱了两个孩子，一个是齐王曹芳，一个是秦王曹询。他立了八岁的曹芳为太子，拜曹操的庶子曹宇为大将军辅佐曹芳。同时一起辅政的还有夏侯献、曹爽、曹肇和秦朗等人。这一下，引起了司马派的不

魏文帝曹丕 （187－226），三国时期魏国君主。字子桓，沛国谯县（今亳州谯城）人。曹操次子。曹操死，继位为丞相、魏王。当年十月，逼迫汉献帝禅位，自立为帝。国号魏，庙号世祖，谥号文皇帝。

满。他们趁曹宇不在场和曹睿病危，竟然让曹睿下诏书，免去了曹宇、夏侯献、曹肇、秦朗的职务，不准他们留在宫中，只留下软弱而无能的曹爽为大将军；同时发出诏书，命令司马懿火速赶回洛阳。

当时，司马懿刚刚打败了辽东背叛魏国的公孙渊，正在回朝的路上。司马懿收到诏书后，立即预感到京师有了重要情况，就撇下军队，用最快的速度赶回洛阳。亏他跑得快，当他飞一样赶入宫里时，曹睿已经奄奄一息了。临终，曹睿拉着司马懿的手，让司马懿和曹爽共同辅佐曹芳。

当天晚上，曹睿就死了。第二天，曹芳即位，曹爽和司马懿共同执掌曹魏大权。曹爽把司马懿当作父辈看待，遇事常常和他商量。司马懿也故意装得很谦卑，对曹爽很尊重。但实际上，两人的明争暗斗从未停止过。

曹爽周围有一些青年人，如何晏、邓飏、李胜、毕轨等，他们都是公子哥儿。当时人称他们"浮华友"，曹睿在位时，就看不惯他们的行为，不让他们做官。可是曹爽却和他们习气相投。当权后，就把这些人一一提任高官。这一伙人害怕司马懿，就千方百计排挤他。他们将司马懿调任太傅，抬高地位，就是不掌握实权，更无兵权。

司马懿心里明白，但反击条件还未成熟，只能装作糊涂。曹爽看司马懿没有什么反应，就又任命弟弟曹羲做中领军，曹训做武卫将军，曹彦做散骑常侍，一家子掌握了军政大权，但是这帮"浮华友"哪里是司马懿的对手。

为了迷惑曹派的人，司马懿后来又在家装病。曹爽这边的人很久没看见司马懿了，就借口李胜由河南尹改封为荆州刺史，去向他辞行。

司马懿正在和他的儿子司马师、司马昭兄弟商量东山再起的计划，忽然听门人报李胜来了，他赶紧扔掉帽子，扯乱头发，跳上床去，抱住被子，半躺半坐，还故意叫两个使女在旁边扶着，一切准备好了，才请李胜过来。

李胜进来一看此时的司马懿也大吃一惊，他连叫几声"太傅大人"，司马懿才睁开眼，问："你是谁呀？"李胜忙说："我叫李胜，皇上让我当荆州刺史，特地来向您老人家辞行。"司马懿故意装作听不清楚，说东道西。李胜信以为真，以为司马懿神志不清了。过了会儿，司马懿用手指口，侍从的婢女会意地递过汤。他不伸手接，而是伸着脖子去喝，结果被弄了一身汤。他装出一副想要说却说不出话的样子，半天才从嘴里挤出了几句话："我现在已经老了，活不了几天。请你转告大将军，请他照料我的两个儿子吧！"说完，一仰身倒在床上，说不出话来了。李胜回去向曹爽报告，曹爽信以为真，不加戒备了。

司马懿从此不再出门，却天天派人去打听曹爽他们的情况。魏嘉平元年（249年）正月，皇帝曹芳由大小官员陪同去高平陵祭祀父亲。太傅司马懿因为病得很重，自然就不必去了。

司马懿探听曹爽兄弟都去了，马上发动兵变。他们首先统领自己的部队，关闭了各个城门，然后占据了曹爽和曹羲的军营。这一切行动都是打着郭太后的旗号办的，所以十分顺利。司马懿亲自去见郭太后，只是说："曹爽乱国，应该撤职。"郭太后没加考虑就同意了。他又命令太尉蒋济写表，声讨曹爽的罪行。司马懿自己屯兵洛水浮桥，掌握全局。曹爽知道司马懿发动政变，控制了洛阳，深知大势已去，就答应把兵权交给司马懿。这样，曹爽兄弟才随着皇帝曹芳回到了洛阳。不久，司马懿就将曹爽灭了族并铲除了其党羽。这就是历史上的"高平陵事变"。

事变发生后不久，司马懿就死了，他的儿子司马师、司马昭相继执政。司马昭做了丞相，更加专横跋扈，继续大肆杀曹氏集团中的人。他还把曹芳给废了，立曹睿的堂弟、年方十四岁的曹髦做了皇帝。

曹髦对自己当个傀儡皇帝十分不满意，每当想起自己祖宗的丰功伟业，想起司马昭的飞扬跋扈，就十分伤心。他有感于井中出现黄龙的民间传说，为抒发忧愤之情写了首《潜龙诗》。诗的大意是：可怜的黄龙被困在井中，不能到大海里自由翻腾。泥鳅鳝鱼居然也敢来欺侮，在黄龙面前摇头摇尾逞能。可怜的黄龙呀！你和我处境相同呀！

这首诗传到司马昭耳中，立即引起了他的不满。他带着宝剑大步走进宫里，问皇帝："你写的《潜龙诗》，里边的鳝鱼和泥鳅就是我吧？"曹髦低着头，不说是，也不说不是。司马昭冷冷一笑，转身就走了。曹髦再也不想当这个憋气皇帝，找来三个大臣说："我与其坐着等死，还不如带兵和他拼一拼！"大臣当然都劝他要慎重。他却从怀里抽出早就写好的诏书，扔在地上，自己去禀告太后。有两个大臣转脸向司马昭报告了这件事。

曹髦带着兵吵吵嚷嚷地进攻司马昭，还没来得及动手就被司马昭指使的凶手成济杀死了。司马昭听说皇帝死了，又装得万分惊讶与难过，先命令把曹髦的尸体收起来，又在舆论的压力下灭了成济三族。成济自然不服气，就光着膀子爬上房顶，大喊大叫："是司马昭让我杀死皇帝的。"并把司马昭的阴谋全都抖落了出来。他的野心人人看得很明白，即所谓："司马昭之心，路人皆知。"

曹髦死后，司马昭立了曹操的孙子曹奂做后帝，改年号为景元元年。至此，司马昭篡权活动的重大步骤已经完成，曹魏政权名存实亡，此时也进入了三国末期。

灭 蜀 建 晋

司马昭掌握了曹魏军政大权，并一心想取而代之。他认为若取代曹魏，必须先灭蜀汉和东吴。蜀国自从诸葛亮死了以后，国家失掉了顶梁柱，宦官当权，政治搞得一塌糊涂，像一座快要倒塌的房屋，只要稍许用点力气一推，就能把它推倒。因此，司马昭调集了十八万大军，于魏元帝曹奂景元三年（262年）春天兵分三路分别由邓艾、诸葛绪、钟会三员大将率领攻蜀。

邓艾 字士载，义阳郡棘阳（今河南南阳南）人，三国时期魏国杰出的政治家、军事家和战略家。

邓艾从小是个孤儿，做过放牛娃，有口吃的毛病，说起话来结结巴巴，还憋得脸红脖子粗。但是他从小喜欢武艺，爱看兵书，没想到后来真的被司马懿看中，并做了尚书郎。他做官以后，特别注意兴修水利，发展农业生产，为军队积聚粮食。他还派人疏通航道，以便战时运输军粮。

景元三年初冬，邓艾率领的伐蜀部队到了阴平（今甘肃文县西北），再往南走，就是现在四川的松潘地界了。从阴平到松潘，中间得走过七百里无人烟的荒僻小道。这一带山势特别险峻，到处是悬崖峭壁，不但行人感到艰难，连猿猴到了这里也会发愁。正是因为这个缘故，蜀汉在这一带没有驻兵设防，而是把重兵驻在离阴平几百里的剑阁。

邓艾经过仔细勘察，选定了一个山口，他用毡毯把自己包裹起来，冒险从山上滚下去，试探进攻的道路。士兵们看主将这样勇敢，大受鼓舞，也个个奋勇争先，攀着树木和葛藤，蹬着刀砍斧削的陡壁，跟着前进。几天之后，他们好像一队从天而降的神兵，突然出现在剑阁的后方江油（今四川江油东）。邓艾派一部分人留守江油，切断驻在剑阁的蜀将姜维的退路；自己带着另一部分人去进攻绵竹，杀了绵竹的守将诸葛瞻，继续向成都进军。

住在成都皇宫里的蜀汉后主刘禅，小名阿斗，十七岁即位做皇帝，光知道吃喝玩乐，不会管理国家大事。诸葛亮在世的时候，他依靠诸葛亮的扶持，诸葛亮死后，他依靠蒋琬扶持。蒋琬死后，他已经是个四十一岁的中年人了，名义上由他自己掌管国家大事，实际上把大权交给了宦官黄皓，变成了宦官专权的局面。邓艾率领魏军打进来的时候，刘禅已经五十八岁，是个登位已达四十一年之久的老皇帝了，可他还是一点主意也没有。他听说魏军已经打下绵竹，逼近成都，吓得浑身哆嗦，六神无主，赶快叫大臣们帮他拿主意。光禄大夫谯周建议他向邓艾投降。他对这个建议不加思考就接受了，命令尚书郎李虎带着户口簿和军队的花名册，写明蜀汉全国二十八万户，九十四万人，十万二千将士，四万官吏，连同白米四十余万斛，金银各二千斤，绵绮彩绢各二十万匹，全都献了出去。然后他用绳子把自己缚起来，带着象征蜀汉政权已经死亡的棺材，亲自去向邓艾投降。这样，由刘备、诸葛亮，以及关羽、张飞、赵云等人流血流汗，苦心建立并经营了多年的蜀汉政权就灭亡了。

晋武帝司马炎 （236－290），字安世。司马昭长子。司马昭过世后，继承晋王的爵位。同年十二月，逼迫魏元帝禅让，即位为帝，国号晋。谥号武皇帝，庙号世祖。

　　钟会率领的另一路伐蜀大军，被蜀国大将姜维挡住，不能前进。刘禅派人告诉姜维，让他也投降。姜维只好放弃抵抗，到钟会帐中投降，可他心里还想着有一天再恢复蜀汉。正巧，钟会和邓艾在这个时候起了矛盾，使局势变得复杂起来。

　　邓艾兵进成都，抢了灭蜀的头功，心中十分得意。他上书给朝廷说："现在就可以准备战船，沿江而下，把吴国一齐灭了。"对刘禅的处理，他也自作主张。司马昭知道后，派人告诉邓艾，不得擅自行动。邓艾听了，很不高兴。

　　钟会这个人野心很大，本想独占灭蜀之功，不想让邓艾抢了先，心里也不痛快。现在听说邓艾对司马昭不满，就马上密报司马昭，诬告邓艾要谋反，应该尽早除掉。他是想杀了邓艾，好自己独占蜀地。姜维见此情形，心中暗喜，他打算利用钟会反对司马昭，然后乱中取胜，想办法恢复蜀汉。

　　谁知他的一举一动都被心计多端的司马昭密切注视着。司马昭见到钟会的密报，他一方面下令，让钟会进军成都，逮捕邓艾；一方面又派心腹贾充率军跟在钟会后面。这还不算，他自己也率大军带着魏帝曹奂到了长安，准备随时对付突变。

　　钟会得知这一切，大失所望，只好孤注一掷。抓住邓艾后，他在姜维支持下，在成都宣布反对司马昭，要当第二个刘备。可是，拥护司马昭的人先动起手来，一场混战，钟会和姜维都被杀死，邓艾也被冤杀。司马昭牢牢地控制了局势，既灭亡了蜀汉，又防止了又一次分裂，为下一步统一全国打下了基础。

　　灭亡了蜀汉之后。司马昭被封不久就病死了。他的儿子司马炎享受了从祖父、伯父和父亲那里留下的果实，当上了晋王，掌握了魏国大权。

　　司马炎急于当皇帝。几个月以后，他就让魏帝曹奂让位，自己登上了宝座。一切禅让仪式和条件，都仿照当年曹魏代汉的格式。这可是曹丕当年万万料想不到的。

　　司马炎兵不血刃，接管了曹魏政权，改国号为晋，他就是晋武帝。三国鼎立的局面变成了南北对峙。下一步，晋武帝就着手准备灭吴国了。

吴国最后一个皇帝孙皓是孙权的孙子。他不但不懂得治国治军的策略，还专横残暴，唯我独尊。他曾经下令迁都武昌，可武昌物产不多，要从扬州往那里运粮运物，加重了百姓的负担，后来只好又迁回了建业。他贪图享乐，乱杀大臣，弄得君民、君臣关系十分紧张。这样，吴国被晋朝灭亡就是迟早的事情了。

羊 祜 灭 吴

羊祜 （221－278年），字叔子，泰山南城（今山东费县）人，西晋著名的战略家。

西晋代魏以后，晋武帝司马炎接受将军羊祜的建议，积极准备灭亡东吴，统一中国。

羊祜早有灭亡东吴统一中国的远大抱负，他决心把南夏一个靠近东吴边境的城镇治理好，作为伐吴的基地。他在南夏推行屯田政策，让士兵开垦荒地八百多顷，经过一年的努力，粮食大丰收，可供十年的食用，解决了军粮问题。羊祜对东吴军民还实行招抚诱降的政策，对从东吴过来投降的人，给予奖励，而且来去听便。有些投降过来的人，回到东吴说羊祜怎样优待他们，跟着来投降的人就越来越多了。

晋武帝司马炎非常赞赏羊祜在南夏的政绩，提升他为车骑将军，还要为他在洛阳建造住宅。羊祜推辞说："东吴未灭，国家尚未统一，我的成绩微不足道。希望皇上多多奖励那些对国家有更大功劳的人。"羊祜这种居功不骄，一心为国的精神，使得朝廷上下的文武官员都深受感动。

东吴的西陵督军步阐，在羊祜宽大的政策的感召下，准备率领全城士兵过来投降。羊祜正要去接应，哪知道吴将陆抗已经得知消息，他以迅雷不及掩耳之势袭击西陵，把步阐活捉去了，这事传到西晋朝廷上，有人乘机散布流言蜚语，中伤羊祜，说步阐被擒是因为羊祜没有及时去接应的缘故。结果羊祜受到了降职的处分。羊祜把个人的得失置之度外，灭吴的决心没有因为降职而有丝毫动摇，反而更加紧了灭吴的准备工作。

羊祜对东吴军民进一步采取攻心战术，有意识地和东吴军民表示友好。有一次，他的部下为了贪功，抓了两个东吴的牧童作为俘虏献了上来，羊祜了解情况以后派人把牧童送还东吴境内，当面交给他们的父母。牧童的父母高兴极了，到处称颂羊祜的恩德，并且带着一帮人过来投降。又有一次，东吴的将领陈尚、潘景来进攻西晋，被西晋的军队打死了，羊祜说："两军交战，各为其主，他们对东吴是尽了忠心的，应当买两口上等棺木装殓他们，通知他们的子弟来迎丧。"陈尚、潘景的子弟果然过来迎接，羊祜亲切地接待他们，劝他们不要悲伤，要为国家统一做出贡献，避免出现更多的死亡悲剧。羊祜的行为使吴人十分感动，他们在提到羊祜的时候，都不叫他的名字，尊称他为"羊公"。在不知不觉中，羊祜把吴国的人心收买过来了。

在收买了人心的同时，羊祜也加紧进行灭吴的军事部署。他推荐益州刺史王濬任龙骧将军，在长江上游督造战船，训练水军，准备顺流而下，灭掉东吴。

在一切准备好了以后，羊祜向晋武帝提出了灭吴的建议。当晋武帝正准备出兵东吴的时候，不料秦、凉二州的少数民族发生了动乱，就把出兵东吴的事情给耽搁了。羊祜又写了一份奏折，说：秦、凉二州的动乱是小事，统一天下是大事。灭了东吴，乘胜再去平定秦、凉，就可以不费吹灰之力了。他要求晋武帝迅速作出决定，不要再犹豫了。但是，由于遭到朝廷上多数人的反对，羊祜的主张虽然得到晋武帝的赞许，还是被搁置了起来。羊祜只得仰天长叹说："当断不断，恐怕将来没有这样的好机会了！"

羊祜为无法实现统一事业而闷闷不乐，不久就生病了。他要求带病进京，当面对皇帝文武大臣陈述灭吴的计划。晋武帝见羊祜身患重病，让他坐着车子上殿，还免去了朝见的礼节。晋武帝对羊祜为统一事业操劳的精神非常感动，但是怕他累坏了身体，加重病情，劝他去休息，并且专门派了中书令张华同他共商灭吴大计。

过了几天，张华向晋武帝详细报告了灭吴的谋略。晋武帝很高兴，他准备派羊祜带病领兵出征。羊祜辞谢说："消灭东吴、统一国家是我的愿望，但是我有病在身，不便带兵。我建议派杜预担任灭吴的统帅。"

晋武帝接受建议，拜杜预为平东将军。正当杜预接受任务，招集兵马，准备粮草的时候，羊祜病情恶化，与世长辞了。他死后并没有为子孙留下什么遗产。两年前，他的女婿曾经请他置备一些产业，以便传给子孙。羊祜却对他的子女说："一个人应当大公无私，如果整天为着私产打算，就会忘记了公共的事业。"

羊祜死后的第二年，杜预讨平了东吴，国家统一了。在庆祝胜利的时候，晋武帝想起了羊祜，他举着酒杯对大臣们说："讨平东吴，统一天下，羊太傅应当记头功。"接着，他带领文武大臣到羊祜的墓前去祭奠，用胜利的喜讯告慰已经安眠地下的羊祜。

杜预 (222－285)，字元凯，京兆杜陵(今陕西西安)人，西晋时期著名的政治家和学者、灭吴统一战争的统帅之一。

八 王 之 乱

291年，晋惠帝司马衷的皇后贾南风和楚王司马玮合谋，杀掉了当时掌权的杨骏。杨骏是杨太后的哥哥，非常受武帝司马炎的信任，从武帝后期开始便主持国家大事，和两个弟弟杨珧、杨济一起，被称为"三杨"。惠帝继位后，杨骏以太尉的身份主理军国大事，独揽大权，结果引起了司马氏皇族和皇后贾南风的不满，贾南风突然袭击，以谋反罪把"三杨"和他们的全家抓起来杀掉，把杨太后关进冷宫饿死。任用汝南王司马亮和太保卫瓘管理政事，又让杀杨骏有功的楚王司马玮管禁军。司马玮目中无人，横行霸道，听说卫瓘要夺自己的兵权，便和贾南风合计，以汝南王司马亮和卫瓘合谋造反为名，杀了司马亮和卫瓘，贾南风独掌了朝政大权。

贾南风没生皇子，当时的太子不是自己生的，于是她把太子先废掉后又杀死。赵王司马伦乘机和梁王司马肜发动兵变，把贾南风捉了起来，废掉了她的皇后位置。

赵王司马伦很有心计，他先前总是拍贾南风的马屁，取得了贾南风的信任，人们都把他当成贾南风的死党看待，实际上他野心很大，当贾南风废杀太子时，他默不作声，等太子被杀死，他突然起兵，废除贾后，自封为相国。在301年，又废除惠帝司马衷，自己当了皇帝。

司马伦自立为帝一事，引起了分封在各地的王侯的极大不满。镇东大将军司马冏首先领兵举事，要讨伐司马伦，恢复晋惠帝的位置，他通知成都王司马颖，河间王司马颙一同起兵，司马伦也通知河间王司马颙就地讨伐司马冏，司马颙见司马冏和司马颖的势力强大，于是便倒戈讨伐司马伦。三个王侯的大兵打进京城，杀掉了司马伦和他的亲信孙秀，将惠帝司马衷接进都城，恢复了皇帝位。

司马冏因恢复司马衷的帝位，功勋显赫，在朝中掌管大权，而司马颙却没得到多少好处，便联合长沙王司马乂，发兵讨伐司马冏。司马颙认为，司马乂的力量比不上司马冏，肯定会被司马冏打败，然后自己再打败司马冏，最后再废掉惠帝，换一个皇帝，自己来当宰相。哪知他的如意算盘落了空，司马乂发兵成功，司马冏被杀，惠帝因为司马乂有功，任命司马乂为太尉，总管军政大事，实权在握。司马颙又一无所得，便再次联合成都王司马颖共同攻击司马乂，结果接连被打败，司马颙准备退军算了，却突然传来好消息，东海王司马越和禁军将领朱默合谋，夜中捉住了司马乂，用火把他烧死了。成都王司马颖被任为丞相，住在邺城，遥控朝政。司马颙被任为太宰，居住在长安。

304 年，东海王司马越对司马颖独掌大权越来越不满，以皇帝的名义，发兵攻击司马颖，结果连连吃败仗，只得逃回自己的封地去了，司马颖便把惠帝劫持到邺城，由自己控制起来。

皇帝被劫持到邺城，司马颙的大将张方乘虚占据了洛阳。不久，安北将军王浚和司马越的弟弟司马腾联合起来大胜司马颖，司马颖大败，带着晋惠帝司马衷一道逃到洛阳。洛阳守将张方又逼惠帝和司马颖迁居长安，接受司马颙的管辖，司马颙削掉了司马颖的官职，自己以太宰的身份主管全国军事。

305 年，东海王司马越再次发兵进攻司马颙，这时候，司马颖的部下将军汲桑等人攻下了邺城，将司马颖接回邺城。司马颙不敌许多诸侯的进攻，丢下晋惠帝独自逃跑，晋惠帝这才被司马越再一次接回洛阳，仍然当他的皇帝。惠帝任司马越为太傅，总管大权。司马越派人找到司马颙，请他回朝，让他当司空，司马颙信以为真，在回洛阳的途中不明不白地被人杀死。

掌权后的司马越，不满意司马衷，便将司马衷毒死，然后立司马炎的第二十五个儿子司马炽为皇帝，这就是晋怀帝，到这时候，"八王之乱"宣告结束。

所谓"八王之乱"，指的就是从 303 年到 305 年这一段时间内，诸侯王互相攻杀的事件，这八个王分别是：汝南王司马亮、楚王司马玮、齐王司马冏、赵王司马伦、长沙王司马乂、河间王司马颙、东海王司马越、成都王司马颖。实际上，参加"八王之乱"的诸侯王不止八个，《晋书》将这八个人合为一篇传记，统称八王，后代将这一事件通称为"八王之乱"。

石崇王恺比富

西晋初年，国家统一，社会秩序比较安定。将东吴纳入版图之后，晋朝国力大增。武帝宣布改元太康，下诏划全国为十九州、一百三十七郡，罢州郡兵以示天下太平；又改屯田为占田、课田，颁布户调制，规定丁男（十六岁－二十岁）年纳绢三匹、绵三斤；女及次丁男（十三岁－十六岁，六十一岁－六十五岁）减半；男子一人占田七十亩，女子三十亩；此外丁男课田五十亩，丁女二十亩，另交田租，在一定程度上减轻了百姓负担，故生产积极性有所提高。没用几年，国家的经济竟有了长足的发展。

与此同时，代表士族地主当政的司马统治集团很快就暴露出他们腐朽和贪婪的本质。他们卖官鬻爵，贪得无厌。晋武帝后宫原有宫女几千人，灭吴以后，又挑选吴宫美女五千人，整天宴饮作乐，过着荒淫无耻、纵情享乐的生活，皇室以下的豪门权贵大肆搜刮钱财，挥霍无度。石崇和王恺斗富的故事就是这些士族官僚地主靡烂生活的写照。

石崇是前司徒石苞的儿子，从小就刁钻，长大后更是奸猾贪婪。他在平吴中立功封侯，后又任荆州刺史。这期间，他一面公开勒索百姓，一面暗中派部下扮作江洋大盗，专门拦劫过往巨商乃至域外进贡的船只，再加上世代残酷剥削遂成暴富，拥有大量的珍宝、金钱、田宅和八百多名奴隶。他家里仅水碓就有三十多处。农民想把糙米舂成白米，使用一下他家的水碓，就要收取高额的舂税，扣下许多白米。

王恺是武帝的舅父、被封为山都郡公，领有一千八百户的封地，还做过骁骑将军、散骑常侍等大官。他和石崇一样，也拥有大量财富。

王恺听说石崇家里富有，仗着自己是皇亲国戚，有心想跟他斗一斗，看究竟谁更阔气些。王恺家用麦糖洗锅，并且以此向石崇炫耀。石崇家就用白蜡当柴烧，压倒了王恺。王恺不服，出门的时候，在道路两旁用紫丝布做成挡风墙，全长四十里，用成千上万匹布。石崇听说了，出门的时候就用锦缎做成挡风墙，全长五十里，又压倒了王恺。王恺用赤石脂抹墙，把家里的房屋弄得富丽堂皇；石崇就用城外买来的花椒粉和泥抹墙，家里的房屋芳香扑鼻，又胜过了王恺。

晋武帝看到舅父王恺跟石崇斗富，不但不加以制止，居然还帮助王恺斗倒石崇，就赐给王恺一株高二尺多的珊瑚树。这"树"，似树非树，似玉非玉，两根主干上生着许多奇特枝丫，通身像红宝石似的闪光。这在当时是一件很难得的珍稀之物。王恺得到这株珊瑚树，高兴极了，得意扬扬地把石崇请到家里来，请他观赏。哪知石崇看见是株珊瑚，也不答话，只微微一笑，顺手拿起一个铁如意，猛地一挥，就把珊瑚打得粉碎。这下王恺可急了，他窜上去一把抓住石崇，红着眼睛吼道："你嫉妒我的宝贝，你卑鄙！这是皇上赐……"不等他嚷完，石崇便轻蔑地看他一眼，轻轻地把他的手拨开，冷冷地说道："王公不必如此，我赔您就是！"说着一摆手，让侍从们回家搬取他收藏的珊瑚树。大大小小的珊瑚树一搬来，一下摆满大厅。其中仅三四尺高的就有六七株，株株色彩鲜艳夺目，像王恺那样二尺多高的更多。王恺一时眼花缭乱，伸着脖子，瞪着眼睛，右手僵直地向前指着，一点动弹不得，好大一会儿才缓过劲来。王恺又一次输了。

从此，石崇声名大振，都说他的珠宝多得像砖头瓦块一样，算得京中首富。不过，像王恺、石崇这样的挥霍的大臣并不是少数。大尉何曾每天吃饭的钱就近万，他的儿子何劭则每天要花二万钱。驸马王济宴请武帝，竟用人乳喂的猪崽做菜。为了满足自己的穷奢极欲，从上到下，从皇帝到大小官僚都拼命地捞钱。

王恺和石崇为表示自己的阔气，还常常大宴宾客。王恺请客人喝酒，要美女在旁吹笛，如果稍有失韵走调，就把美女拉出去杀了。石崇叫美女劝客饮酒，如果客人不高兴喝或喝得不多，就杀劝酒的美女。

在一次酒席上，石崇请一个官僚王敦饮酒。
王敦这个残忍的家伙故意不喝酒，石崇
于是一连杀了三个美女。

西晋的统治阶级就是这样一群贪得无
厌、荒淫腐朽的家伙，正因为如此，西晋的阶级矛盾
十分尖锐，统治阶级内部争权夺利的斗争也很激烈。后来
事实证明，西晋只维持了短短二十多年的安定局面，统治阶级内部就先乱起来了。

江 左 王 导

西晋时，在北方战乱不断的情况下，江南一带却相对安定。朝廷任命琅琊王司马睿为安东将军，坐镇建业，都督扬州军事。当时司马睿年纪尚年轻，又没有什么功绩，因此文臣武将对他此番出任扬州并不看好，这给司马睿造成了极大的心理负担。

司马睿有一个最亲信之人叫王导，王导出身于世家大族，在朝廷中颇有名望，且有胆有识，有谋有略；审时度势，纵观全局。所以，司马睿非常尊重王导，当他从下邳到江南任职时，带着王导一道同行，让王导担任自己的司马，军政大事都向王导请教。

王导观察到江东一带经济、文化都很发达，人们看重身份、地位及声名，因此，要想在江东站稳脚跟，必须得是名威身重之辈，才能获得当地贵族官僚的支持。王导便为司马睿策划了一个办法。

当地有一个风俗，每年清明节前后，居民们都到江边去修禊，乞求上天保佑能够消灾免祸。这一天，江边、集市上人山人海，所有的大小官僚、有钱人都在，王导便陪着司马睿也到江边去看热闹。

王导让司马睿乘着肩舆（一种用人力扛抬的代步工具，有的上面有顶，有的无顶）在前面走，王导则带领着各级官员随护在左右，毕恭毕敬地侍候着，随行士兵，各个气宇轩昂，很有气势。当地的有钱人和大小官僚都知道王导是大家族中的名流，他都对司马睿这么尊敬，别人谁还敢不尊重呢？都认为这个司马睿肯定大有来头。

江东的大贵族顾荣、纪瞻等也在，他俩看到王导和司马睿的风采，心里也很佩服，便主动地在道路旁边向司马睿下跪行礼，司马睿马上让队伍停下来，亲自下地向他们两位还礼，谦逊、待人亲切，这使顾荣和纪瞻都深受感动。

回城后，王导对司马睿说："今天外出，效果已经很好，下一步应该将顾荣、贺循、纪瞻等人请出来做官，只要他们一来，其他来求见您的人就会络绎不绝。"司马睿便写一封信，让王导拿着，亲自去请贺循、顾荣等人，这些人见王导亲自送信，都觉得荣幸万分，均表示很乐意出来做官，跟着王导来见司马睿，司马睿将他们一一封官，收在自己的门下。

由于司马睿能够广招天下贤士，且以礼待之，又能知人善任，广开言路，在王导等人的辅助下，不到几年，江东一带人民生活安定，地方出产丰富，官家府库充盈。北方的许多贵族士大夫们纷纷跑到江东来避乱，王导和司马睿又乘机招揽人才，共得到一百零六人，司马睿将这一百零六人征集到一起，任为掾属（帮助主要官员办事的官员，不需朝廷任命），当时称作"百六掾"。

众官员以王导为领袖，北方初到之士皆以为司马睿难成大气候，不足为之效命。但一与王导相交，便觉其乃天下奇才，随即归附，共同为司马睿服务。

在建业城南有一座劳劳山，山上有七个亭子，名叫"新亭"，王导经常和同僚们去新亭游览，有一次，他们在新亭集会，饮酒作诗，周颛喝了几杯，便情思涌动，念及北方故土战乱，不觉潸然泪下，道："风景年年都是一样的，可这大好江山却变样了！"情及悲处，竟失声痛哭，众人受感染，一时间亭内外竟泣声一片。王导从容地放下酒杯，站起身来，慷慨激昂地说："男子汉大丈夫自当心系天下，拯救苍生。今日我等聚在一起便应该同心协力，以恢复晋室大好河山，怎能这么精神不振，只会流眼泪呢！"一席话说得大家心服口服，一齐拜谢王导的指教。后来的"新亭对泣"说的就是这段故事。

317年，司马睿在建康（313年，因避晋愍帝司马邺的名讳，将建邺改为建康，即今天南京市）称帝，史称晋元帝，从此后，晋朝的国都设在建康，晋朝的国土也就在江东一片，所以历史上称这个朝代为东晋。

东晋的建立，在很大程度上归功于王导的王氏家族，所以当时又有"王马共天下"的俗语，"王"指王导家族，"马"指司马氏皇帝。

王 敦 之 乱

在东晋的大官贵族中，王氏家族名望最高，权力也是最大。

其中的王敦，极其残忍凶狠。当年，大贵族王恺、石崇互相斗富，经常把朝中有权有势的大官请到家中赴宴。王恺设宴会，让家中的女艺人吹笛助兴，只要有一点走调，王恺便将吹笛人杀掉，客人们对王恺动不动就杀人很不安，而王敦却毫不在乎。石崇设宴，让家中的美女劝酒，客人不喝，就杀掉倒酒的美女，王导虽然不会喝酒，也勉强喝下去，而王敦却不干，他不想喝就不喝，看着石崇连杀了三个美女。王导实在看不下去，责备王敦，说他太固执，而王敦却说："他杀他家的人，跟我有什么关系？跟你又有什么关系？"

王澄是王敦的哥哥，从小就经常教训王敦，王敦也非常怕他，但也暗暗对这个哥哥怀恨在心。当王澄在荆州被打败逃到王敦处避难时，王敦就不怎么尊重他了，王澄还想摆出架子来教训王敦，王敦一气之下，就把王澄和他的卫兵全部杀了。

当司马睿正式称帝以后，王敦在江南的声望越来越大，他为平定流民起义立了大功，一直被提升到大将军的位置。当时，王导在东晋首都内部执政，王敦在长江中上游总管兵权，王氏弟兄权力太重，老百姓都唱出了"王与马，共天下"的民谣，司马睿想控制一下王氏弟兄的权力，便任用刘隗、刁协、戴渊、周颛等人为亲信，王敦不满，上表给司马睿，要求重用王导，司马睿不但不予理睬，还在军事上逐渐分散王敦的权力，王敦更加不满了，终于在322年发动兵变。

王敦从武昌发兵，王敦的死党沈充从吴兴（今浙江吴兴一带）起兵响应，南北同时向建康进攻。

晋元帝司马睿见王敦造反，非常气愤，立即让刘隗、戴渊守卫京城，任命王导、戴渊、周颛等人领兵防御王敦，又命令右将军周札专门守卫石头城，王敦领兵来到石头城下，用部将杜弘的建议，猛攻石头城，城中守将周札坚持不住，率兵投降，王敦的士兵基本上没有伤亡，便占领了石头城。石头城一攻破，建康就很难保卫，周颛、刘隗等人本来就不会打仗，士兵们与王敦的军队一接触就四散奔逃，溃不成军，王导这时候也不愿出去和王敦作战，只说自己士兵战败，晋元帝司马睿急得坐卧不安，只得把刘隗、刁协找来，流着泪对他们说："你俩赶快逃命吧，王敦是一定要杀了你俩的！"刁协和刘隗这才领着家里的人出城逃命去了。

王敦占据了石头城，晋元帝的士兵失去了战斗力，眼看着只能任王敦宰割了，可王敦还不想背一个造反的名声，他装成一副忠臣的面孔，派人对晋元帝说自己起兵是迫不得已，只要杀掉皇帝身边的几个奸臣就行了，晋元帝司马睿无可奈何，只得发下诏书，说王敦不但无罪，而且有功，给他加封为丞相，封武昌郡公，诏书到达时，王敦坚决推辞，不受加封，但也不听元帝退兵的命令，在石头城住下来，也不去朝见皇帝。

这次兵变后，王敦实际上掌握了东晋的军事、政治的全部权力，把和他政见不合的人杀死的杀死、免官的免官，还任用了一批亲信、死党，然后，才再次领兵回到武昌镇守。从此，晋元帝父子都对王敦恨之入骨。

中华上下五千年

乙力·编

【卷二】

陕西新华出版　三秦出版社

闻 鸡 起 舞

东晋的人祖逖年轻时，就怀有雄心壮志，喜欢结交英雄好汉。他和好朋友刘琨谈论天下大事，总是慷慨激昂，义愤满怀。他们互相鼓励，表示将来一定要为国家干一番大事业。

祖逖和刘琨同睡在一张床上，半夜时鸡叫头遍，祖逖就叫醒刘琨："你听听，这鸡叫的声音多么激越昂扬，那是在叫人发愤图强呀！"他们两人兴奋得再也睡不着了，就披衣起床，拔剑起舞，强身健体，准备将来好为国出力。

在匈奴贵族刘渊、刘聪跃马横戈，驰骋北方，攻下洛阳的时候，祖逖也和别人一样，带着家属、亲戚、朋友，离开北方南下，到了江南。刚刚建立东晋政权的晋元帝，派祖逖做军谘祭酒。这种官职只能提提建议，没有军事实权。祖逖住在京口（今江苏省镇江市），为了准备恢复中原，他招集了许多勇敢而有胆识的壮士，练习武艺。过了一些时候祖逖向晋元帝建议说："前朝的大乱，是由于皇族内部争权夺利，互相残杀，这才使得胡人乘机兴兵，扰乱中原，给北方人民带来深重的苦难。如今北方人民都在反抗胡人，假如陛下能下令出兵，派我北伐，必定会得到天下人的响应，国家的耻辱也就能洗雪了。"晋元帝虽然没有北伐的决心，但是祖逖这番义正词严的要求，是没有理由拒绝的，他只得派祖逖做奋威将军，兼任豫州牧，给了一千人的给养和三千匹布，让祖逖自己去招兵买马，制造武器，出师北伐。

祖逖不顾条件艰苦，带领亲信部属一百多人渡江，向北进发。等船开到江心，祖逖用佩剑敲着船桨，当众誓师说："我祖逖如果不能肃清中原的敌人，决不再过这条大江！"祖逖这铿锵有力的誓言，在碧波浩淼的江面上久久回荡。

祖逖渡江以后，进驻江阳，先在那里起炉炼铁，制造武器，又招募了两千名壮士，然后继续向北进发。祖逖一刻也没有忘记自己的誓言，勇敢地跟敌军展开斗争。江北的人民听说祖逖北伐，都十分欢迎。他们给祖逖送粮送信，配合着打击敌人。在人民的支持下，几年之间，祖逖就收复了长江以北黄河以南的大部分地方。

祖逖领兵继续北进，在黄河边上跟石勒展开了

闻鸡起舞

激烈战斗。祖逖手下的将领韩潜和后赵将领桃豹，两军争夺一个叫蓬陂（今河南省开封市东南）的城堡。韩潜占了东城，住在东台；桃豹占了西城，住在西台。晋军从东门进出，后赵军从南门进出。双方对峙了四十多天，粮食供应发生困难，都感到难以坚持下去了。祖逖为了战胜对方，跟韩潜商量，定下了一条计策。

　　他叫部下用许多麻袋装上土，假装是粮食，派一千多人高唱着劳动号子运上东台；又派几个人搬运一些真的米袋，故意装做疲劳的样子，走到与桃豹交界的路上去休息。桃豹的士兵早就饿急了，见了运米的晋军，就追赶过来。祖逖的部下故意丢下米袋就跑。桃豹的士兵抢到米，很是高兴，立刻埋锅做饭。他们一边吃着香喷喷的米饭，一边谈论着祖逖军队粮食这样充足，而他们却要经常忍饥挨饿。言谈之间，不觉流露出不愿继续打下去的情绪，军心开始动摇。这情况很快反映到石勒那里。

　　为稳定军心，石勒火速派人组织了一支由一千多头驴子组成的运粮队，运送粮食去接济桃豹。祖逖得知这个消息，立刻派韩潜等带领一支人马去袭击，在汴水（今河南省中牟县境内）岸边，打败了后赵的运粮队，夺得了全部粮食。桃豹听说粮食被抢，知道无法坚持，吓得连夜逃跑了。

　　祖逖打了许多次胜仗，东晋朝廷为嘉奖他，升他为镇西将军。祖逖虽然做了将军，生活却仍然俭朴。他常常用节省下来的钱，帮助部下解决困难。他和将士们同甘共苦，认真训练部队，准备继续向黄河以北挺进。为了安定后方，祖逖还积极奖励农业生产，安排好从匈奴人和羯人统治地区逃来的官兵和百姓。他还认真做好争取人心的工作，对那些曾经为后赵做过事的人放手任用，不怀疑他们。那些人都很感激祖逖，遇到后赵的军队有什么动静，就赶快向祖逖报告，使祖逖能及早准备，迎头痛击敌人。

　　祖逖恢复中原的措施，得到了广大百姓的真诚拥护。同时也引起了东晋统治集团的猜忌。他们不仅不再支持祖逖继续前进，还派人去监视他，妄图夺他的兵权。晋元帝司马睿派尚书仆射戴渊做征西将军，掌管青、兖、豫、并、雍、冀六州的军务，坐镇合肥，来做祖逖的顶头上司。戴渊是南方人，虽然有些才能，名望也很高，可是为人气量狭小，见识浅陋，是个没有作为的人。祖逖看朝廷不信任自己，感到恢复中原是没有指望了，他的内心痛苦到了极点，愤恨到了极点。在大兴四年（321年）的九月间，祖逖在忧愤中病死了。

　　祖逖逝世的消息一传出，黄河南岸许多地方的人民伤心地放声痛哭。人们给祖逖建造祠堂，塑了他的像，表示对他永远怀念。

淝 水 之 战

前秦皇帝苻坚是一个很有作为的皇帝。他任用王猛为相，内修政治，外拓疆土，先后击退了晋军，灭亡了燕国。随着前秦的胜利，秦王苻坚的骄气也越来越大了。他灭了北方的许多小国，并且出兵攻晋，占据了襄阳，就这样，苻坚统一了北方的大部分。经过几年的治理，前秦渐渐强盛起来，西域各国也都前来朝拜，贡献礼品。秦王便自以为了不起，渐渐又兴起了豪华之风。每次筵宴群臣，必然载歌载舞。

有一天，苻坚召集群臣，商议进攻东晋的事。大臣们各有想法。苻坚用威严的目光扫视了一下群臣，很自信地说："朕继承王位已经二十多年，东征西战，每想到天下尚未统一，便深感不安。现在四方夷族都已降服，只有东晋还在顽固抵抗。现在我国有精兵百万，良将千员，朕欲亲自带兵讨伐晋国，众卿以为如何？"

苻坚这一席话一出口，底下大臣便议论纷纷，一些惯于见风使舵、拍马屁的人极力附和，把苻坚的战功吹捧了一番。苻坚听到这些话十分高兴，脸上也露出了笑容。一些明智的大臣却极力反对。

大臣权翼慷慨激昂地说："如今晋国国力虽弱，但却君臣和睦，上下齐心，并且朝中还有谢安、桓冲等杰出人才，因此现在出兵伐晋还不是时候。"话音刚落，大臣石越应声奏道："臣以为，权翼之言讲得有理。晋国不但君臣一心，而且有长江作为屏障，百姓也愿意为朝廷出力。"苻坚对这些话根本听不进去，驳斥道："长江有什么了不起！现在我有雄兵百万。若将马鞭投入江中，便能把江水截断，天险有什么用！"

苻坚看到反对伐晋的人越来越多，心中生气，他不耐烦地说："不要再说了！在路边盖房子的人，去询问每个过路人的意见，是永远也不会一致的。这件事还是由我来决定吧！"众大臣见秦王生了气，也不敢再争论了。

早在七年前，王猛去世前就嘱付苻坚千万不要攻打晋朝。当时苻坚对王猛是言听计从的，但在攻晋这个问题上却一直有自己的看法，而且过了这么多年，苻坚对王猛的遗言就更不以为然了。

就这样，伐晋决定下来了。苻坚开始为这次大规模的军事行动做准备。他强迫前秦统治下的各族人民当兵，又在全国各地搜刮财产做为军用物资，决心打败东晋。

383年八月，这一年称为东晋孝武帝太元八年，苻坚率领大军八十万，号称百万大军，浩浩荡荡向东南方向进发。

秦军出兵的消息早就传到东晋的国都建康。在这紧急关头，为争夺权力而互相钩心斗角的东晋统治集团，停止了内乱，并任命主战派首领谢安全面负责抵御秦军。

谢安是个很了不起的人物，他文武双全，很有智谋。他对手下的大将做了分工：命令谢石指挥全军；谢玄担任先锋，带领八万兵马阻击秦军；又派胡彬带领五千名水兵，去淝水河边的寿阳城帮助当地的官兵抵抗苻坚，谢安自己亲自担任了征讨大都督。

为了安定人心，不使人们丧失斗志，谢安装作若无其事的样子，游山玩水，其实他却一直在观察着苻坚的一举一动。

谢安 （320－385），字安石，陈郡阳夏（今河南太康）人。395年，指挥晋军在淝水之战中大败前秦苻坚。

前秦将领苻融率领的先锋部队，日夜行军，仅用一个月时间，就到达淮河，并攻占了寿阳。而东晋的大将胡彬只好退守硖石。秦将梁成占领军事要地洛涧，扎下许多水寨，把谢玄带领的八万晋军，阻挡在洛涧东边。

朱序，原来是东晋的将领，后来作战中被前秦俘虏，留在前秦。现在他看见前秦与东晋作战，认为自己为东晋出力的机会到了，恰好此时苻坚派他到晋军大营中去劝降，他到晋军营中，不但没有劝降，反而向谢石出谋划策，建议谢石趁着秦国各路大军还未到齐，赶快出击，挫败他们。他还答应做晋军的内应，里应外合共破秦军。

谢石立即派东晋将领刘牢之带兵来到了洛涧，在夜幕的掩护下向秦军阵地发起了突袭。睡梦中的秦将梁成慌忙起身迎战，被刘牢之一刀砍死。秦军失去主将，无心再战，晋军乘胜追击。谢石带领晋军主力渡过洛涧，在寿阳城附近的八公山下扎下营寨。

寿阳城里的苻坚对秦军的失利非常着急。他站在寿阳城上，观察晋军，只见八公山上密密麻麻全是旌旗，不知道有多少晋军在东奔西突地苦练杀敌本领。他连忙下令，秦军不要轻易出击。其实，八公山上并无晋军，只因苻坚这几日非常惊慌，把山上的草木当作晋兵了。

谢石派了使者到寿阳城，要求苻融定期作战。条件是秦军后退一些，腾出地方做战场，让晋军渡河作战。苻坚自以为高明地决定，同意将队伍后撤，以便在晋军渡河时进行袭击。

383年十一月，淝水之战爆发了！

到了约定的日子，苻坚下令秦军后退，让晋军渡河，秦军中的各族士兵不愿意为苻坚卖命，掉头拼命往后跑。晋军在谢玄、谢琰的带领下，冒着严寒，抢渡

淝水，冲向秦军阵地。符坚一看大事不好，急忙令秦军杀回来，但秦军只顾逃命，已经非常混乱，正在这时，朱序高喊："秦军败了！"秦军士兵听到秦军败了，更加没命地跑，符融在混乱中被晋军活活砍死了。秦军失去控制，自相践踏，死伤不计其数，符坚见大势已去，只得骑马奔逃。一路上听见随风飘来的八公山上鹤叫的声音，也以为晋军追过来了。他一口气逃到淮北，清点一下残兵败将，只剩下了十之二三。晋军穷追不舍，直到收复了寿阳才收兵。

淝水之战又是我国历史上一次著名的以少胜多的战例。

元 嘉 治 世

宋武帝刘裕　字德舆，小名寄奴。南北朝时期宋朝的建立者，史称宋武帝。中国历史上杰出的政治家、卓越的军事家、统帅。

刘裕建宋朝三年后病逝，他的长子刘义符继位。刘义符年轻贪玩，不会管理国家大事，没到两年，被大臣徐羡之等人杀了，徐羡之勾结另一个大臣傅亮，拥立刘义符的弟弟刘义隆做皇帝，这就是宋文帝。

宋文帝刘义隆是精明能干的人。他十四岁被封为宜都王，住在江陵，把封地内的大小事情都管理得井井有条，因此很有声望。他做皇帝那年，只有十八岁，已经懂得如何治理国家了。他决心不让徐羡之、傅亮这样的人继续掌握大权，找了个借口，撤了他们官职。随后，又把他们杀了。

宋文帝认为，国家稳定的关键，是让农民有地种，有饭吃，这样他们才不会起来造反，自己的皇位才能坐得稳。当时农民很穷，欠的官债不少，连种子也买不起。宋文帝宣布，农民欠政府的租税一律减半，等秋后收了粮食再交。到了秋天，他看到农民交了欠租以后，第二年播种又要发生困难，就再次宣布所欠的租税一概免除，但以后要好好生产，不许继续欠账。减免租税的命令极大地调动了老百姓的生产积极性。接着，宋文帝又下令给全国官吏，叫他们带领农民好好耕种。农民缺少种子的，政府要借给他们。如果哪里生产搞得不好，就要处分官吏。宋文帝还亲自带领文武大臣去京郊耕田锄地，给大家做出榜样。在宋文帝的带领下，战乱中被破坏的农业生产，很快得到了恢复。

在恢复农业生产的同时，宋文帝对救灾的事情很关心。有一年，江南闹旱灾，水稻种不上，宋文帝下令改种比较耐旱的麦子。又有一年，丹阳、淮南、吴兴、义兴一带闹水灾，田地被洪水淹没，农民没有饭吃。宋文帝下令从政府的粮仓里拨出几百万斛米，用船运到灾区，救济灾民。

当时很多地主常常利用灾荒吞并农民的土地，使农民成为他们庄园里的农奴。于是，宋文帝又经常下令清查户口，把农民和他们的土地登记在政府的户籍册上，防止大地主侵吞。同时，土地多的，要向政府多交租税，这不仅增加了国家的收入，也使租税不至于平均摊给土地少的农民，相对地减轻了他们的负担。

在对官员进行考核和选拔方面，宋文帝也十分重视。他派有能力的人到地方上去做官，对于贪官污吏严加处分。

有一次，荆州刺史要换人，派谁去好呢？宋文帝反复考虑，仔细寻找合适的人选。荆州是长江中游的政治军事重镇，按照宋武帝刘裕在世时的规定，荆州刺史只能由皇帝的本家依次轮流担任。这一次，按照规定应该轮到南谯王刘义宣了。可是刘义宣的能力不行，担不起这样重的担子。几天以后，宋文帝竟出人意料地派衡阳王刘义季去担任这职务。虽然有人反对，他也不改变主意。

宋文帝选择刘义季，有其中的原因。刘义季本来很喜欢打猎，常常在春天纵马追逐飞禽走兽，踏坏地里的禾苗。有一天，有个上了年岁的农民看到刘义季又来打猎，就劝告他说："打猎成了一种嗜好，不顾节气，这是自古以来人们禁忌的事。"他给刘义季讲了夏朝时候太康失国的故事。太康因为爱好打猎，丢开国家大事不管，结果被后羿乘机夺取了政权，失掉了国家。老人又说："现在正是春季，风和日暖，是播种庄稼的好季节。如果失去这个播种的时机，田地就要荒芜，百姓就要挨饿，朝廷也会收不到租税。您不应当只图一时的快乐，在这时候打猎，影响百姓的耕种。"

刘义季听了老农这番劝告，觉得很有道理，抱歉地说："你说得很对！"从这以后，刘义季在春季不再打猎了。这件事传到了宋文帝的耳朵里，他高兴地说："人，谁没有过失！这种知过能改的精神是最宝贵的。"所以这次他坚持派刘义季到荆州去。刘义季果然没有辜负宋文帝的期望，勤勤恳恳地处理政务，认真地训练军队，把荆州治理得秩序井然，市面欣欣向荣，老百姓生活比较安定。

宋文帝对贪官污吏毫不客气地予以惩办。南梁郡太守（管理今河南省汝南一带的地方官）刘遵考，是宋文帝的堂叔，他当年跟随宋武帝刘裕北伐，立过不少战功。可是，他为人粗暴，贪财好利。他在南梁郡做太守的时候，当地发生特大旱灾。他不但没有采取措施拯救灾民，还乘机侵吞朝廷拨来的救灾粮。宋文帝得知刘遵考这种不法行为以后，不徇私情，果断地免去了他的官职，给了他应得的处分。

宋文帝重视农民，重视农业生产，注意人才的选拔，使得社会经济逐渐繁荣起来。当时有人记载说：宋文帝在位期间，天下太平，老百姓不用负担繁重的徭役，租税也很轻，粮食年年丰收。穷人也娶上了老婆，生了孩子。整个国家出现了人丁兴旺的景象。收割后的粮食垛在地里，没有人去偷，居民晚上睡觉，不用关门闭户。宋文帝在位的三十年，年号为"元嘉"，历史上就把他统治的这段时期称为"元嘉治世"。

孝文帝迁都

冯太后一死，北魏孝文帝拓跋宏亲自执掌朝政大权，继续实行政治改革。他知道，要使北魏富强，必须抛弃民族偏见，接受汉族的先进文化。为了加强同黄河流域汉族的联系，便于进攻南朝，统一中国，他决定迁都洛阳。

但迁都是件大事，关系到许多鲜卑贵族的切身利益。守旧派贵族留恋旧都的田地财产和奢侈的生活，害怕迁都会改变生活方式，强烈反对迁都。孝文帝为了迁都，定下了一条妙计。

太和十七年秋，孝文帝亲自率领步兵、骑兵三十万南征。队伍到洛阳，孝文帝带领大臣们参观西晋宫殿的遗址，他指着那满目荒凉的景象，对大臣们说："西晋的皇帝不好好管理国家，国家灭亡，宫殿荒废，看了真让人伤感。"他触景生情，朗诵起《诗经》中《黍离》这首诗来。据说，当年东周大夫回到西周的镐京，看到旧日宫殿的遗址都种上了茂盛的谷子，感到十分哀伤，就写下了《黍离》这首诗。孝文帝朗诵完毕，还掉了几滴眼泪。

那时候，洛阳正是秋雨绵绵的季节，跟随的文武大臣们，对太武帝拓跋焘南征刘宋，战败逃回的情景，还记忆犹新。他们担心这次南征的结果也像过去一样，劳民伤财，毫无收获。

正当大臣们忧心忡忡的时候，孝文帝突然下令立刻向南进发。他来到军前，文武大臣们见孝文帝真的要南进，都一齐跪下，俯首在地，请求停止南进。安定王拓跋休代表大家向孝文帝诉说了南进的利害。孝文帝说："我们这次南征，兴师动众，成功或失败，影响甚大，这点我是清楚的。你们既然不愿意南下，那就得听我的话，把国都从平城迁到这里来，等将来有机会再灭亡南朝，统一全国。"南安王拓跋桢赶忙说："只要陛下停止南进，我们一定赞成迁都洛阳。"一时间，停止南进的消息传遍全军，大家都高呼"万岁"。迁都洛阳的事，就这样决定了。

北魏·铜牛车

孝文帝怕留在平城的大臣们反对迁都，就派任城王拓跋澄回去做说服工作，又派贵族于烈留守平城。

事情果然不出孝文帝所料。拓跋澄回到平城，一说迁都洛阳的事，鲜卑贵族们都纷纷表示反对，许多人痛哭流涕，有的甚至表示死也不离开平城。拓跋澄再三解释迁都的好处，仍然有少数人反对。第二年，孝文帝亲自回平城去说服他们，才使得多数人服从迁都的决定。

迁都后，孝文帝着手改革鲜卑的旧风俗，从各方面积极推行汉化政策。孝文帝迁都洛阳和实行汉化政策，目的是改革鲜卑族一些落后的风俗习惯，学习汉族的先进生产技术和文化知识。经过这一系列的改革，黄河流域的鲜卑族和其他少数民族跟汉族逐渐融合起来，使北魏在政治、经济、文化等方面接受汉族的影响，迅速地发展起来，黄河流域开始出现欣欣向荣的新气象。魏孝文帝对我国民族大融合和黄河流域的经济发展作出重大的贡献，是一位值得赞扬的少数民族的杰出政治家。

梁武帝舍身佛寺

南方梁朝的武帝萧衍，是一个残暴、愚蠢、伪善而又善于玩弄政治手腕的人。他乘南齐末年政治十分混乱的机会，夺得了帝位，做了皇帝以后，一心盘算着建立万世基业，一方面用严刑峻法镇压老百姓，一方面又把自己打扮成信佛的善人。但是梁武帝每逢杀人的时候，又总是假惺惺地掉几滴眼泪，念几声"阿弥陀佛"。

梁武帝大力提倡佛教，规定佛教是梁朝的国教。佛教宣扬人们只要规规矩矩，虔诚地吃斋念佛，死后就可以进"天堂"；如果不遵守皇家的法律，犯上作乱，死后就要下"地狱"，遭受种种痛苦。这种说教实际上是叫人们忍受现实世界的痛苦。

梁武帝既然叫别人信仰佛教，自己也得做出十分虔诚的样子。他经常手里攥着一串念珠，嘴里诵经念佛，有时候，他还斋戒，不吃荤腥，光吃素食。其实他吃的素食也是十分讲究的，一顿饭花费的钱，足够几个老百姓吃上一年。

梁武帝下令修建了一座同泰寺，他每天早晚都到寺里拜佛念经。在他的提倡下，梁朝境内到处建起了佛寺，大批的人出家当和尚、尼姑，光是首都建康一地，就有七百所佛寺，十多万和尚尼姑。这些和尚尼姑都是不参加生产劳动、光靠别人养活的寄生虫。寺院还拥有许多朝廷给的和自己霸占的土地，强迫农民耕种，形成一种寺院地主。

梁武帝不光是一般地信仰佛教，他甚至还表示不愿意做皇帝，想出家去当和尚。他先后四次斋戒沐浴，到同泰寺去"舍身"，就是把身体施舍给佛爷。其实这不过是一种骗人的把戏。在他的授意下，他每次"舍身"以后，大臣们就拿一大笔钱把他赎回。他"舍身"四次，大臣们把他赎回四次，总共花钱四万万。这些钱都是从老百姓身上榨取来的。在他最后赎身回宫的那一天晚上，同泰寺突然发生火灾，佛塔烧毁了，梁武帝胡说这是魔鬼干的坏事，应该做法事来镇压魔鬼。他下

梁武帝 (464－549)，即萧衍。南朝梁的建立者，502至549年在位。字叔达，南兰陵（今江苏常州西北）人。曾任齐雍州刺史，镇守襄阳。后乘齐内乱，起兵夺取帝位。

诏说，道愈高，魔也愈盛，行善事一定会有障碍，应该重建佛塔，把新塔修得比旧塔高一倍，才能镇得住魔鬼。他召见了大批和尚尼姑做法事，给他们吃上等的素斋，消耗了上万斤香烛，念了好几天经，又叫大臣们跟他一起烧香磕头。还派出大批工匠，上山采石砍树，花了无数的钱财，用了好几年工夫，建造起一座十二层的高塔。

梁武帝兴佛教愈来愈厉害，剥削压迫老百姓的罪孽也愈来愈大。有人说，宋明帝的罪比塔高，梁武帝的罪比宋明帝的罪还大。

人们形容那些表面上信佛，内心里十分凶狠龌龊的人是"口念弥陀，心如毒蛇"。梁武帝正是这样的人，无论他怎样"舍身"，怎样把塔修得高而又高，都难以掩盖他的罪恶，也保不住他的皇位。相反，他的胡作非为，终于导致一场大乱——侯景之乱。在那场战乱中，梁武帝被软禁起来，后来，被活活地饿死了。

反复无常的侯景

南梁开国皇帝武帝萧衍迷信佛教，大肆勒索百姓，以致他的胡作非为引来一场大乱——侯景之乱。一天早朝，梁武帝兴致勃勃地对群臣说："众爱卿，寡人昨晚做了一个梦，梦见北朝的刺史、太守都来向寡人投降。你们以为如何？"底下的大臣都知道梁武帝迷信，都纷纷向他贺喜。梁武帝自己也十分得意对大家说："我这个人平时很少做梦，这次做这样一个梦，肯定是个好兆头。"说来也巧，没过二十天，就有西魏的大将侯景派人来，说他跟东魏、西魏都有冤仇，决心向南梁投降，还表示愿把他控制的十三个州都献给南梁。梁武帝接见了侯景派来的使者以后，马上召集大臣商议。一些大臣知道梁武帝有接受侯景的意思，都

不作声。但有一位大臣对梁武帝说："皇上，这个侯景可不是个忠诚可靠的人。据我所知，他是高欢手下的一员大将，但却不听高欢的命令，先是带人投降了西魏，而后又不听西魏宇文泰的话，现在想向我们南梁投降。是否接纳这个人，还要仔细斟酌。"

他这么一说，其他大臣也说起来，大多认为南梁和北朝多年相安无事，现在接纳了北朝叛将，要是引起纷争没有什么好处。而梁武帝却认为如果接纳了侯景，可以乘机恢复中原，还得到函谷关以东的十三个州。再想起他做过的梦，更认为他收复中原，振兴梁朝的机会到了。想到这些，梁武帝一意孤行，不但接受了侯景，还把侯景封为大将军、河南王，派他的侄儿萧渊明带兵五万去接应侯景。

谁知事情可没那么简单，梁朝的军队一到那里就被打得落花流水，萧渊明也成了俘虏。东魏的军队进攻侯景，把侯景也打得大败，只剩下八百个人逃到南梁境内的寿阳。侯景这个人很狡猾，他怕梁武帝出卖他，就派一个人冒充东魏使者送信到建康，提出用萧渊明交换侯景。梁武帝果真上当，答应交出侯景。侯景本来就不是真心投降南梁，这样一来，他就更加决心叛变了。于是他很快带人打到了长江北岸，梁武帝派萧正德在长江南岸布防抵抗。侯景派人诱骗萧正德说，只要他肯做内应，在推翻梁武帝之后，就拥戴他做皇帝。萧正德正想做皇帝，听他这一说，信以为真，就帮助侯景的叛军渡过长江和秦淮河，顺利地进入建康，把梁武帝居住的内城台城包围起来。侯景用尽各种办法攻台城，遭到了台城军兵的奋勇抵抗。双方相持了一百三十多天。台城之内百姓和军队死伤无数，而城外救援的人马都在建康周围按兵不动。最后侯景的叛军攻进了台城，梁武帝也成了侯景的俘虏。

侯景自封为大都督，掌握了朝廷大权。他杀了萧正德，饿死梁武帝。最后自己当起了皇帝。可是侯景十分残暴，屠杀掠夺，百姓对侯景切齿痛恨。后来梁朝的大将陈霸先、王僧辩率领大军打败了侯景，至此侯景叛乱才得以平息。

陈后主亡国

陈霸先灭掉梁朝，建立陈朝，被称为陈武帝。他只做了三年皇帝就死了。他的几个儿子都比他死得早，他死了以后，只好把皇位让给了侄子陈蒨，称为陈文帝。他在位共七年时间。

陈文帝有一个儿子叫陈伯宗，陈伯宗是一个很软弱的人。文帝的二弟叫陈顼，一直想做皇帝。文帝临死之际，想伯宗是一个软弱的人，成不了什么大事，还不如把皇位让给二弟陈顼。他把这个想法告诉了陈顼，陈顼虽然很想做皇帝，但是文帝当着许多大臣的面这样说，他感到很为难，就再三推辞，还说自己一定好好帮助侄子治理国家。文帝看他诚心诚意，很高兴，也放心了，闭上眼死了。

伯宗继位以后，陈顼就忘了对文帝许下的诺言。他把皇帝排挤到一边，自己想做什么就做什么，不把皇帝放在眼里。过了一年多，他就废了伯宗，自己做了皇帝，称为陈宣帝。他在位共十四年。

陈宣帝有三个儿子，大儿子陈叔宝，二儿子陈叔陵，四儿子陈叔坚，这三个人都很有政治野心。宣帝生前立陈叔宝为太子。封十六岁的叔陵为始兴郡王，掌管江川（今江西省九江市）、郢州（今湖北省武汉市）、晋州（今安徽省潜山县）三个州的军事，叔坚被封为长沙王，掌管湖南的大片土地。

陈叔陵是一个狠毒、虚伪的人。他对待手下的人十分厉害，稍微有点过失，他就重重地惩罚，逼得人走投无路去寻死。他还很会伪装，每次入朝的时候，坐在车上或马上，手里总拿着一本书，嘴里念念有词，一副十分好学的样子。一回到家，他就把书扔到一边。他经常在晚上找来一大群朋友，玩闹一直到天亮才睡觉。他把自己管辖的地区变成一个独立王国。他一心想等宣帝死后就篡位。

陈宣帝晚年的时候，身体不好，经常生病，三个儿子经常守在他的床边，装出很孝顺的样子，其实他们是为了得到皇位。

宣帝快死的时候，叔陵就暗地里准备，他本来想在皇帝死的那天动手，结果没有得逞。第三天，宣帝的遗体被装入棺木，太子叔宝正趴在棺材上痛哭的时候，叔陵拿出早已磨好的刀向叔宝砍去，砍在叔宝的脖子上，顿时，皇宫大乱。

柳皇后一看叔陵要杀叔宝，就上去阻拦，结果也被叔陵砍了几刀。这时，叔宝的奶娘吴氏也跑出来了，她绕到叔陵身后，揪住他的胳膊不放，叔宝乘机逃走了。当时，叔坚也在场，他看到叔陵想杀叔宝，等叔宝逃走后，就冲到前面，抢下了叔陵手中的刀，又把叔陵绑在柱子上，然后他就去向叔宝请功，想乘机取得朝中的大权，他没有想到，叔陵力气很大，挣开绑他的绳子，逃回东府城了。

叔陵逃回东府城后，派人封锁了东府城和台城之间的通道。他把监狱里的犯人放出来，发给他们武器，发动政变。他又在东府城招兵买马，为夺取皇位准备。可是，人们都知道他想夺皇位，就没有人愿意去，只有他的一个堂兄弟去

陈后主（553－604），即陈叔宝，字元秀，南北朝时期陈朝末代皇帝（583－589），在位时大建宫室，生活奢侈，日与妃嫔、文臣游宴，制作艳词。

投奔他。最后，他们的队伍也只有一千多名士兵。叔陵就带着这一千多人的队伍守着东府城，等着一有机会，就攻打台城的皇宫。

叔宝逃回后宫后，因为受了伤不能管理政事，就暂时把权力交给叔坚。叔坚派右卫将军萧摩诃去攻打东府城。萧摩诃带领骑兵去攻打，实力显然比叔陵的队伍强大。叔陵就不敢和他打，于是，他派人给萧摩诃送礼，想收买他，还派人对萧摩诃说，要是他掉转矛头，帮助他的话，等他做了皇帝，一定拜他做宰相。萧摩诃假装答应，但是，他要求叔陵派心腹送信才肯照办。叔陵以为萧摩诃真的答应了，就派心腹戴温、谭骐鳞去给萧摩诃送信。萧摩诃把他们两个人抓起来，送到台城杀了，又拿他们的头去警告叔陵。

叔陵一看大势不好，就带着一部分人马，渡过秦淮河，去投靠北朝。在半途上被萧摩诃派人杀死了。于是陈叔宝登上了皇帝宝座。

陈叔宝是一个很无能的人，他贪于酒色，整日在后宫和宠妃们饮酒作乐，无心过问朝政。当时的皇后沈氏，性格沉静寡欢，生活一向很俭朴，她喜欢读诗，平时还念佛经。所以她也是不管什么事的。但当时的贵妃张丽华，深得陈叔宝喜欢，陈叔宝对她言听计从。这样一来，六宫的事就全部交给了张贵妃。时间一长，张贵妃逐渐开始过问朝廷政事了。她让皇帝废了太子陈胤，立自己的亲生儿子陈深为太子。

太子陈胤被废掉以后，全国出现了许多奇怪现象：郢州一带下起了黄色的雨；东治地区，有人正铸铁，忽然有一块陨石落入铁炉。这些现象在当时看来都是十分害怕的。陈叔宝想可能是因为废了太子陈胤，老天爷在惩罚自己。于是，就把自己卖身佛寺，每日去做法事。

一天，陈叔宝正和张贵妃还有几位大臣在花园里赏花，忽然有人来报，说："皇上，不好了，隋文帝杨坚派二儿子晋王杨广来攻打我们了，共有五十万兵，分八路，现在已经到长江北岸了。"长江，自古以来，像一道天然的屏障，挡住南北进攻的军队。长江水流又较急，水面也宽。所以，要想渡过长江，是很困难的。陈叔宝不相信杨广能飞渡长江，就满不在乎，接着和张贵妃饮酒赏花。

第二天早晨，有太监慌慌忙忙跑进来，报告说："隋将韩擒虎从采石、贺若弼从京口渡过长江，向建康城攻来了。"

情急之下的陈叔宝连忙召集文武百官，商量如何打退隋兵。但是，当时朝政腐败，文武大臣们都很无能，竟没有人敢带兵出战。陈叔宝又气又急，这时，车骑将军、岭南徐州刺史绥远公、老将军萧摩诃站了出来，他愿带领三军去打退隋军。陈叔宝非常高兴，说："等你出征后，我派人让你的妻子和儿子进宫，我要加赏封号，赏给他们金银。"

萧摩诃带兵出征后，他的妻子和儿子入宫受赏。陈叔宝一下看中了萧摩诃新近娶的年轻貌美的妻子，就把她留在了宫中。萧摩诃离开建康，在白土岗布下了一字长蛇阵，正要开战时，忽然听到妻子被留在宫中的消息，萧摩诃气得昏倒在地。结果陈军乱成一团，不战自败。

第二天，隋军包围了建康城，守城的将士不战自降，打开城门，放隋军入城。文武百官都各自逃命了。

陈叔宝这时还在后宫，听到喊杀的声音，知道大势已去，就拉着张贵妃和孙贵嫔逃往景阳殿。

隋将韩擒虎冲入宫中后，派人到处找陈叔宝。后来，在井里找到了三个人。韩擒虎杀死了两个皇妃，把陈叔宝绑起来带走了。陈朝也随之灭亡，隋朝统一天下，全国复归统一。

韩擒虎 （538－592），原名擒豹，字子通，河南东垣（今河南新安县）人，隋朝名将。

隋文帝治国

南北朝时期北周的大贵族杨坚在581年二月，逼迫幼主周静帝退位，自己当上了皇帝。他就是隋朝的第一个皇帝隋文帝。隋文帝借鉴前人的治国经验，吸取北周灭亡的教训，他认为只有谨慎地处理政事、提倡节俭、实行廉政才能安抚民心。隋文帝自己就是以节俭著称的。平时，他就非常留意民间疾苦。有一年，关中闹饥荒，他看到百姓只得吃糠，就责备自己没有治理好国家，下令饥荒期间自己和大臣们都不许吃酒肉。他经常教导太子杨勇说："自古以来，没听说有奢侈腐化而能长治久安的。你是太子，更应该做万民之表率，应当注意节俭。"另一方面隋文帝在国内又进行了许多政治改革，奖励耕织，减轻赋税徭役，废除酷刑，推广均田制等，隋朝经济及社会状况逐渐好转。

589年正月二十二日，晋王杨广攻入建康城，陈灭亡。隋文帝清楚地认识到，打天下不易，坐天下更难。因此他下命令：王子犯法，与庶民同罪，即使是自己的亲儿子也不能例外。他的三儿子秦王杨俊自恃功高，又是皇子，因此做事便胆大妄为起来，不仅放高利贷、敲诈勒索百姓；还大兴土木，仿造宫殿，不分昼夜地笙歌燕舞。文帝知道后罢了他的职，并将其囚禁起来。几位大臣多次来求情都没有用。没过几天，杨俊病死了。他手下的人请求给杨俊立个石碑，隋文帝不同意，还吩咐把杨俊府中奢侈华丽的装饰全部毁掉。

然而，对百姓隋文帝却相当的宽容。他下令制定"隋律"，废除了前朝的许多残酷刑罚。

600年，齐州有一小官吏，名叫王伽。他押着许多犯人往长安。不忍见众犯人带着沉重的镣铐枷锁，还要忍受日晒雨淋，便决定放开他们，到约定日期在长安城门外集合。犯人们被其精神感动，到了约定日期，一个也不少地来城外集合。隋文帝听说这件事以后，马上召见王伽，对他大加赞赏，还赦免了罪犯们的罪行。而且下了一道诏书，要求各级官吏学习王伽，用感化的办法管理百姓。

隋文帝 （541－604），即杨坚，弘农华阴（今陕西华阴）人。隋朝开国皇帝，庙号高祖，谥号文皇帝。

隋文帝重视有真才实学的人。他对于那些提出正确建议的人，即使是批评他的，也都加以重用。太子杨勇生活越来越腐化，有一次，还让后宫的美人跟他的家臣唐令学弹琵琶。文帝知道后大发雷霆。大家都吓得不敢吭声，只有李纲义正词严地说："太子不过是个中等才能的人，做事是否能英明果断全靠辅助他的人怎样，而陛下派去唐令这样的家臣，怎么能不把太子带坏呢？我认为这是陛下的过错。"隋文帝一听，惊住了，说："你的话虽然有道理，可是我选择你这样的人去辅佐他，他都不知任用，又有什么用呢？"李纲马上又说："我所以不被重用，就是因为太子身边像唐令这样的小人太多，责任还是在陛下。"隋文帝听后，一甩袖子退朝了。没想到，过了几天，隋文帝反倒任命李纲作了尚书右丞。

由于隋文帝的廉政清明，隋朝的经济有所发展，国家也再趋统一，人民生活水平有了相当的提高。

杨广弑父夺皇位

隋文帝的长子杨勇因为生活越来越奢侈，为人越来越骄横，很不得皇帝皇后欢心，因此他的太子地位越来越不稳固了。

与此同时，隋文帝的二儿子晋王杨广为了得到太子之位，便使尽计策讨文帝欢心，故意让自己的姬妾打扮得朴素从简，又假装远离声乐。文帝还真以为他如表面上所表现的一样。

有一次，杨广外出打猎，遇到大雨，侍从给他送上油衣（雨衣），他坚持和士兵们一样淋雨。

杨广知道皇后不喜欢杨勇，便对皇后身边的人极力讨好，并且还去广泛地结交大臣，并招纳贤才、笼络人心。以此来博得皇帝皇后的信任。

有一次，杨广要离开长安回扬州，去辞别皇后的时候，他故意装出难舍难分的样子，哭哭啼啼的，说太子要害他，他怕再也见不到母后了。皇后非常气愤，越发地恨杨勇。

杨广回到扬州，就开始秘密策划谋取太子地位。他的部下宇文述提议从越国公杨素处下手，因为皇帝最信任杨素，要有他的支持改立太子这事肯定能成。

杨广同意了宇文述的建议。于是宇文述来到了长安，找他的故交杨素的弟弟杨约帮忙。故意把许多珍宝古董以赌博的形式输给了杨约。并向杨约分析说："虽然你和越国公富贵已极，可还很难说能永保富贵。越国公执掌大权多年，不知得罪了多少人。况且又多次与太子有所冲突，一旦皇上去世，太子登了基能饶过他吗？"杨约忙问："您有什么高见？"宇文述贴在杨约耳边说："皇上皇后有意要废除太子，改立晋王，这全仗您一句话了。事成之后，晋王一定感激您。您的富贵还愁不长久吗？"杨约连连点头。

杨素（？－606），字处道，弘农华阴（今陕西华阴）人，隋朝权臣、诗人，杰出的军事家、统帅。

杨约把宇文述的话告诉了杨素，杨素思量之后同意了，答应马上行动。

过了几天，杨素便对皇后说："晋王对皇上皇帝很有孝心，还能够勤俭节约，很像皇上。"接着又说了一通太子的坏话。杨素的话正合皇后的心思，皇后便让他想办法废太子，立晋王。隋文帝派杨素去看望太子时，杨素故意拖延着不进去，想激怒太子。太子果然大怒。杨素回去对隋文帝说："太子怨恨陛下，我去的时候他正在发脾气，恐怕会发生意外，陛下得多加防范。"隋文帝信以为真，派人监视杨勇。

杨广又收买了太子的亲信姬威，姬威写表揭发说太子经常找人占卜，看他什么时候能登大宝，隋文帝看了之后，心痛地说："想不到杨勇心肠这样狠毒！"于是下令把杨勇抓起来。

600年，隋文帝贬杨勇为庶人，立杨广为太子。

四年以后，隋文帝得了重病。杨广便写信给杨素，询问应该怎样处理隋文帝的后事。没想到这件事竟被文帝给发现了，文帝勃然大怒，立即召杨广责问。

这时候，隋文帝的妃子陈夫人慌慌张张跑了进来，哭着向隋文帝说："太子无礼！"原来杨广见陈夫人长得漂亮，趁陈夫人换衣服的时候跑去调戏。这真如火上加油，隋文帝即要废杨广，重新立杨勇为太子，命大臣柳述、元岩写诏书。

谁知改立太子之事走露风声，杨广和杨素带兵包围了仁寿宫。他们假传皇帝命令逮捕柳述和元岩。随后，又用自己的人马代替了仁寿宫隋文帝的卫士，把守住宫殿的各个出入口，并命令照顾隋文帝的人一律离开，由右庶子张衡负责一切。大家刚刚走开，只听见殿内一声喊叫，过了一会儿，张衡出来说："皇上早已死了，你们为什么不及时禀报？"宫内外的人大惊失色，可是谁也不敢说什么。就这样，隋文帝被杨广、杨素一伙害死了。随后，杨广派人给杨勇送信，说皇上有遗嘱，要杨勇自尽。还没等杨勇回答，派去的人就把杨勇拉出去杀了。

这年七月，杨广即位，即隋炀帝。

隋炀帝游江都

杨广做了皇帝以后，充分显露出他荒淫、残暴的本性，只知道贪图享乐，靠残暴地压榨老百姓来满足自己的贪欲。

为了加强对东部地区的控制，隋炀帝打算把都城从长安迁到河南洛阳。605年，他下令大兴土木，营建东都洛阳。

洛阳的工程规模十分浩大，每月要征调二百多万个民夫，从江南送奇材异石。为了从江西运一根大木桩，就需要二千人次，运到洛阳需要几十万个民工。很多民夫被活活累死了，载尸的车辆源源不断。不仅如此，隋炀帝为了更好地行乐，下令在洛阳西郊修建了一个大花园，叫作"西苑"。西苑占地有二百多里，苑内有海，海中修造三个仙岛。苑内建筑十分华丽、壮观，花树点缀得四季如春。苑内还饲养着各种珍禽异兽，供皇帝观赏、打猎。夜里，隋炀帝经常带着几千宫女到西苑游玩，日夜享乐。

西苑工程刚刚结束，隋炀帝又征调一百多万民夫，开始挖掘大运河。大运河由通济渠、邗沟、永济渠三部分组成，全长四五千里，沟通海河、黄河、淮河、长江、钱塘江五条大河，全部挖成前后用了不到六年的时间。在运河岸上，每两驿设置一座斋宫，供皇帝休息使用。从洛阳到江都共设置斋宫四十多座。大运河方便了南北交通，但它是用无数劳动人民的血汗开成的。仅开通济渠的一百多万农夫，就有三分之二被累死。

隋炀帝 （569－618）即杨广，隋文帝次子，杀死文帝及兄长杨勇后继位。在位共14年，后被农民大起义的浪潮困于江都（今江苏省扬州市），为部下宇文化及等发动兵变缢杀，终年50岁。

605年秋天，隋炀帝带领大批随从、嫔妃、王公大臣、僧尼道士，乘坐几千艘华丽的龙舟到江都游玩。浩浩荡荡的船队，在运河中船头接船尾，随从船只每日络绎不绝从京口出发，纤夫共有八万多人。隋炀帝在船上纵情饮酒作乐，两岸还有骑兵护送，热闹非凡。沿途五百里以内的百姓，被迫奉献美味佳肴。多得吃不完，都被抛弃埋掉。

以后，隋炀帝又两次巡游江都。他每巡游一次，许多官吏就拼命搜刮百姓，向皇帝献厚礼，沿途百姓苦不堪言。隋炀帝最后一次下江都时，全国各地不断发生农民起义。隋朝的统治已经摇摇欲坠，然而隋炀帝不顾大臣们的劝告，坚持上江都享乐。最后杨广被宇文化及在江都绞死。

瓦 岗 起 义

隋炀帝登基以后，荒淫无道残暴至极，使得民不聊生，怨声载道。在忍无可忍的情况下，农民起义终于爆发了。

大业七年（611年），王薄首先在山东长白山（今章立、邹平、长山等县交界处）起义，活跃在齐郡（今济南）、济北郡（今茌平）一带。王薄自称"知世郎"，他作了一首《无向辽东浪死歌》号召起义。

隋炀帝调集大军进行镇压，更加激起了广大农民的愤怒。不久，各地起义军汇合成三支强大的队伍，一支是由窦建德领导的河北起义军，一支是由翟让领导的瓦岗军，一支是由杜伏威领导的江淮起义军。其中瓦岗军力量强大。

一天，瓦岗寨门口突然来了一个衣衫褴褛的人，要找瓦岗首领翟让，卫兵把他带到翟让那里。原来他就是远近闻名的李密。李密出身于贵族家庭，父亲是隋朝有名的武将，被封为蒲山公。李密本是杨素的儿子礼部尚书杨玄感手下的将官。因为杨玄感起兵反隋打败，隋朝官府到处追捕他，最后，他终于上了瓦岗寨。

李密是个很有才干的人，他又做过隋朝的官，政治斗争经验和指挥作战的本领比翟让这些人高明。他看到瓦岗军力量越来越大，可只是袭击来往官兵、抢劫运河上运货的船只，没有远大政治目标，便给起义军的将领们分析形势。接着，李密又去说服瓦岗军周围的小股农民起义军和瓦岗军组成联军，共同作战。这样，瓦岗军越来越壮大，成为一股强大的反隋力量。

大业十二年（616年），瓦岗军在翟让、李密的指挥下，打下金堤关（今河南省滑县南）。拿下荥阳附近的几个县城，直逼荥阳城下。

第二年春天，李密又率领七千精兵，攻下了隋朝设在东都洛阳附近最大的一个粮食仓库洛口仓（又叫兴洛仓），打开仓库，把粮食分给老百姓。人们奔走相告，感谢瓦岗军，纷纷送自己的子弟参加起义军。瓦岗军在很短的时间内就发展到几十万人。

翟让看到李密很有政治眼光，又屡建战功，就把瓦岗军的领导权让给了他。于是，李密称魏公、行军元帅，改年号为永平。李密封翟让为司徒（相当于丞相）。洛口仓扩建为洛口城，成为政权所在地。瓦岗军发布了讨伐隋炀帝的檄文，列举了隋炀帝十大罪状，指出："罄南山之竹，书罪无穷；决东海之波，流恶难尽。"意思是说，隋炀帝的罪恶，把南山上的竹子都做成竹简，也书写不完；决开东海，用海水也洗刷不清，号召人民起来共同推翻隋王朝。

瓦岗军建立政权以后，南北起义军纷纷响应，前来归附，李密成了中原起义军的领袖。

在起义军的猛烈攻击下，隋朝的统治已经土崩瓦解，众叛亲离，许多地方官纷纷起兵反隋。右屯卫将军宇文化及，乘机发动了兵变。

大业十四年（618年）隋炀帝在江都被宇文化及绞死，隋朝名存实亡。

李渊太原起兵

李渊出身于大官僚贵族家庭，七岁的时候就继承了唐国公的爵位。616年，隋炀帝任命李渊为太原留守，尽管李渊非常地尽心尽力，想博得隋炀帝的赏识。可是隋炀帝还是不信任他。另派自己的心腹王威、高君雅做太原副留守，监视他的行动。李渊敢怒不敢言，只能整天喝闷酒度日。

李渊有四个儿子：李建成、李世民、李玄霸、李元吉。其中李世民最有远见卓识和雄才大略，他看到当时全国风起云涌的反抗斗争，认为隋朝的统治不会长久，只有趁现在天下大乱的时机，夺取政权，才能保住家族的地位和利益。于是，他决定帮助父亲改变目前的状况。

李世民知道光靠自己是不行的，必须找几个有本领的人帮助自己才能成大事。通过观察，他发觉有个被关在监狱的叫刘文静的地方官倒是个很有头脑的人，能为自己所用。于是，李世民就到监狱去探望他，试探他说："像您这样正直的人也被关进大牢，这世道真是忠奸不分哪！"刘文静激愤地说："如今还有什么忠奸可言！

唐高祖李渊　唐代开国皇帝，字叔德。先世本为赵郡（今河北赵县）李氏。618年五月，李渊称帝，改国号唐，定都长安。庙号高祖。

除非有汉高祖、光武帝那样的英雄人物，不然，天下是安定不了的！"李世民赶忙说："怎么知道没有这样的人物？只怕是一般人发现不了。今天我来这里，就是想和您商讨天下大事，听听您的高见。"刘文静十分高兴，笑着说："我到底没有看错公子，现在天下大乱，烽烟不断，皇上只顾在江南游玩，这是个好机会。太原城里有的是豪杰，唐国公手下有八九万军队，只要振臂一呼，杀出关去，用不了半年，天下就可以到手！"李世民说："只怕家父不同意，怎么办？"刘文静想了想，附在李世民的耳边说了几句话，李世民点头微笑。

第二天，李世民就派自己的亲信带着几百钱财去找晋阳宫监裴寂赌博，借此，与其搭上关系。过了几天，李世民请裴寂喝酒，随后裴寂又回请李世民。一来二去，两人的关系十分密切了。一次，李世民突然发愁地对裴寂说："皇上把我们李家看作眼中钉、肉中刺，真是朝不保夕啊！看来局势早晚将有大变！我很想乘机干一番事业，只怕我父亲不同意，您看怎么办呢？"裴寂和李渊的交情很深，听李世民这么说，想了想，说："公子不必着急，我自有办法。"

不久前，李渊曾收下裴寂送去的晋阳宫的两个宫女，裴寂在这件事上做起了文章。一天，他请李渊喝酒，两人喝得醉眼蒙眬的时候，裴寂就说："都是我害了您，我送您两个宫女的事，怕要传出去了……"李渊大吃一惊，吓得酒醒了一半。私留宫女，灭门之罪，这可如何是好！裴寂赶忙说："二公子世民怕事情败露，招来大祸，正在招兵买马，网罗人才。我看先下手为强，起兵反隋，也许成功。"李渊低头沉思了一会儿，无可奈何地说："事到如今，也只好如此了。"李渊走后，裴寂忙派人把这个情况告诉了李世民。

与此同时，李渊的军队连吃败仗，使他更加不安，生怕皇上怪罪下来。一天，他正在屋里踱来踱去，焦虑地想这些事，突然闯进一少年，说："大人，您不当机立断，还待何时？"李渊一看是李世民，便问："你有什么主意？"李世民说："大祸临头了。不如这时顺应民心，举兵反隋，夺取天下。我观察了天下大势，才敢这么说。您一定要告发我，我只好听命。"李渊叹气道："我怎么忍心告发你。只是，以后你可要千万小心，不要随便说这样的大胆言辞。"第二天，朝廷命令李渊出兵去镇压农民起义军。李世民劝李渊说："大人不要再犹豫了。平不了盗贼，是您的罪过，平了盗贼，也不会得到信任。还是快做主张吧。"走投无路的李渊只好下定决心起兵造反。

李世民先是冒充皇帝的命令下一道公告征兵，引起老百姓的强烈不满。接着又想出一条公开招兵的妙计。一天，李渊对两位副留守说："叛匪头子刘武周现在占据了汾阳宫，要立即平叛。可是天子远在天边，这如何是好？"王威、高君雄说："事情紧急，留守这时候就自己决定吧。"于是，李渊就名正言顺地打着

"讨贼"的旗号，派李世民、刘文静到各地征兵。又暗地里派人去通知其他几个儿子和女婿到太原相会。

李渊的兵力急速加强，又都由他的亲信统率。引起了王威、高君雄的疑心，决定暗杀李渊，不想消息走漏。李渊和李世民先下手干掉了两个隋炀帝的耳目，然后诬告他俩阴谋引敌入侵。

于是，李渊在太原正式宣布起义，公开与隋炀帝对抗，并不久攻下长安，建立了唐朝。

玄武门之变

唐朝建立以后不久，李世民和皇太子李建成之间，就为争夺皇位展开了激烈的斗争。

本来，唐朝的建立，李世民出力最多，功劳最大，他又网罗了尉迟敬德、秦叔宝、徐世勣、李靖这些著名将领，广泛结交知名人士，像房玄龄、杜如晦等著名的十八学士，都成了他的谋士。所以，他的势力无人能比。李建成在太原起兵之后，也统领一支军队，打过一些胜仗，虽然没有李世民那样雄厚的实力，但是，因他身为太子，使得一大批皇亲国戚聚集在他的周围；他长期留守关中，在京城长安一带有坚固的基础，甚至宫廷的守军（玄武门的卫队），都在他的控制之下。另外齐王李元吉一直是他的支持者。

唐高祖李渊昏庸无能，他见李世民威信一天比

秦琼 （571－638），字叔宝，齐州历城（今山东济南）人，唐朝开国将领，凌烟阁二十四功臣之一，与尉迟恭为传统门神。

一天高，十分不满，一次，李世民把一块好地分给了淮安王李神通，得罪了高祖宠爱的妃子张婕妤，被高祖训斥了一通。唐高祖另一个宠妃尹德妃的父亲尹阿鼠，无缘无故地把李世民的谋士杜如晦痛打一顿，还恶人先告状，说李世民唆使部下打他。唐高祖听了以后，不问青红皂白，又把李世民给骂了一顿。从此，唐高祖就疏远了李世民。李建成乘机加紧和李元吉、张婕妤、尹德妃勾结，想暗害李世民。

有一次，建成、世民、元吉跟随唐高祖到城外打猎，唐高祖让他们骑马比箭。李建成故意让李世民骑他的一匹难以驯服的烈马。李世民刚骑上马，马就狂蹦乱跳起来。李世民急忙跳下，等马安静了，再骑上去。谁知刚一上马，马又蹦

中华上下五千年

一五七

跳起来。这样反复了三次，李世民才制服了这匹烈马。他骑在马上，对旁边的人说："有人想用这匹马害死我，岂不知，死生有命，怎么害得了呢？"李建成听了，就添枝加叶地对张、尹二妃说："秦王太狂妄了，他说天命在他身上，一定要坐天下的，不会轻易死掉！"张、尹二妃又把这话告诉了高祖。高祖立即召见李世民，责备他说："天下是上天规定的，不是你要点手段能当得上的！我还没死，你为什么那么心急呢！"李世民再三解释，高祖不听，拍着案子发脾气。正在闹着，外面送来情报，说突厥入侵。高祖要靠李世民打仗，所以马上改变了态度，这件事才算平息下来。

李建成一计不成，又生一计。一天夜里，他请李世民喝酒，想用药酒毒死李世民。李世民毫无戒心，拿起酒杯一饮而尽，突然感到胸口疼痛难忍，接着就大口吐血。幸好淮安王李神通在场，把李世民背回西宫。

李建成还用金银财宝收买秦王府的武将，又鼓动高祖把李世民的心腹谋士一个个调到外地。矛盾就要由明争暗斗发展到兵戎相见的地步。

李建成和李元吉策划，利用抵御突厥入侵这个时机，先夺了李世民兵权，等出征的时候再把他杀掉。李建成在唐高祖面前推荐李元吉代替李世民北征。高祖答应了。李元吉又请求秦王府的尉迟敬德、程咬金、秦叔宝等猛将归他指挥，并调李世民部下精锐士兵充实自己的部队，高祖也都一一同意了。李建成以为自己安排得十分周密，其实，这消息很快就传到李世民那里。李世民急忙找来长孙无忌、尉迟敬德等人商量对策，大家都主张立即动手，先发制人。

唐高祖武德九年（626年）六月的一天，李世民上朝去控告李建成和李元吉，揭发他们在后宫胡作非为以及与张婕好、尹德妃的暧昧关系。高祖大吃一惊，认为值得怀疑。李世民说："不但如此，他们还几次想谋害我。如果他们得逞，儿就永远见不到父皇了！"说完哭了起来。高祖决定次日让他们当面对质。

当天夜里，李世民调兵遣将。第二天一早，他亲自率领长孙无忌等人，埋伏在玄武门附近。张婕好听到了风声，马上派人报告李建成。李建成找李元吉商量。李元吉说："我们应该赶快把兵马布置好，称病不去上朝，观察一下动静再说。"李建成说："怕什么？内有张、尹二妃照应，外有自家军队守卫玄武门，能把我们怎么样？我们一起上朝去，看看情况再说。"说完两人骑马进入玄武门。

守卫玄武门的将领叫常何，原来是李建成的心腹，但是已经被李世民收买过去了。李建成和李元吉走到临湖殿，发现情况异常，立即掉转马头，往东宫跑。只听有人喊道："太子、齐王，为什么不去上朝？"李元吉回头一看，不是别人，正是对头李世民。他急忙取弓搭箭，一连向李世民发了三箭，都没射中。李世民对准李建成回射一箭，只听嗖地一声，李建成从马上摔下来，断了气。李元吉急忙向西逃去，迎面碰上尉迟敬德，又掉转马头往回跑。忽然一阵乱箭射来，李元吉趁势滚下马鞍，往附近的树林里钻，正巧遇见李世民。仇人相见，分外眼红，李元吉骑到李世民的身上，夺下了弓，动手去扼李世民的头颈。就在这万分危急的时候，尉迟敬德骑马赶到了。李元吉放开李世民拔腿就跑，尉迟敬德一箭把他射死了。

玄武门外，人喊马嘶，原来是东宫的大将冯翊、冯立，齐府的薛万彻带着二千多人，正在攻打大门。大力士张公瑾一个人用身子顶着门，外面的人没能攻进来，守卫玄武门的敬君弘、吕世衡两位将军挺身出战，先后战死。东宫、齐府的士兵又去攻打秦王府，情况十分危急。这时候，尉迟敬德提着建成、元吉的脑袋赶来，大喊道："奉圣旨讨伐二贼，你们看，这就是他们的头，你们还为谁卖命？"东宫、齐府官兵见两颗血淋淋的人头，果然是建成、元吉的，就一哄而散。

三兄弟在玄武门火并之时，唐高祖正带着大臣、妃子在海池中乘船游玩。忽然看见岸上有一个全副披挂的将军，匆匆赶来，就问："来的是什么人？"只见那位将军跪在地上说："臣就是尉迟敬德。"高祖又问："你来这里干什么？"尉迟敬德说："太子、齐王叛乱。秦王恐怕惊动陛下，特地派臣来护驾。"高祖大吃一惊，忙问："太子、齐王现在何处？"尉迟敬德说："已经被秦王杀死了。"高祖十分难过，吩咐游船靠岸，回头对裴寂等人说："想不到会有今天这样的事发生，你们看怎么办？"左右的大臣听到建成、元吉已死，旁边又有一个这样凶猛的将军手拿兵器守候着，他们就顺水推舟做个人情。萧瑀、陈叔达说："建成、元吉本来就没有大功，秦王功盖世，深得人心，理该立为太子。"高祖说："我本来也是这样想的。"尉迟敬德忙说："外面还没有完全平静，请陛下降旨，要各路军队都接受秦王指挥。"高祖立即派人传旨结束了这场政变。

三天之后，唐高祖宣布秦王李世民为太子，国家大事，一律由太子处理。这年八月，唐高祖被迫让位，自称太上皇。李世民当了皇帝，就是唐太宗。第二年，改年号为贞观。

魏徵直言进谏

627年，唐改年号为贞观，李世民即皇帝位，就是唐太宗。

唐太宗虽然出身于地主官僚家庭，但是他目睹了隋朝的灭亡，看到了农民起义军力量的强大，因此，时刻铭记着"水能载舟，亦能覆舟"的道理。他认为人君即便是"圣哲",也应当"虚己以受人",这样才能使有才能的人为他尽心尽力。

建国之后,太宗提拔魏徵为谏议大夫,让他随时随刻指出自己治国之中的过失。有一次,他问大臣魏徵,君王怎样才能"明",怎样才是"暗"?魏徵回答说:"兼听则明,偏信则暗。"他非常赞成这个见解。因为他知道,自己并不是无所不知,无所不能。古时候,把统治者听取不同意见,判断是非,然后采纳正确的意见,叫作"纳谏"。唐太宗很注意纳谏。他鼓励大臣们大胆地表达自己的意见,只要说得对他都认真的接受,哪怕是批评的意见。

唐太宗 (599-649),即李世民。在位23年间国泰民安,社会安定,后人称为"贞观之治"。为中国历史上伟大的军事家、卓越的政治家、著名的理论家、书法家和诗人。

626年,唐太宗派人征兵。有个大臣建议:只要是身强体壮的男子都可以征。唐太宗同意了。但是诏书却被魏徵扣住不发。唐太宗催了几次,魏徵还是扣住不发。唐太宗说:"我已发布诏书,你为何迟迟不发?"魏徵不慌不忙地说:"我听说,把湖水弄干捉鱼,虽能得到鱼,但是到明年湖中就无鱼可捞了;把树林烧光捉野兽,也会捉到野兽,但是到明年就无兽可捉了。征兵同样如此,如果按您的命令,国家的租税杂役,又由谁来承担呢?"唐太宗觉得魏徵说得有道理,可还是不能息怒。魏徵接着说:"陛下的诏书上清清楚楚地写着征召十八岁以上的男子当兵,现在不到十八岁的男子也得应征,这能算讲信用吗?"唐太宗吃惊地问:"我什么时候不讲信用?"魏徵说:"陛下刚即位的时候,曾经下诏:拖欠官府东西的,一律免除,可是官吏们照样催收,陛下曾明令规定:关中百姓免收租赋二年,关外百姓免除劳役一年。如今已经服了劳役或交了租赋的又被征为兵,陛下一向说要以诚信待人,岂能做出此等不讲信用之事?"魏徵的一席话,说得唐太宗哑口无言。于是,又重新下了道诏书,免征不到十八岁的男子。这以后,唐太宗更加信任魏徵了,并且提升他担任了太子老师这样高级的官职。

还有一次,唐太宗到九成宫,不久,宰相李靖和王珪也来了。当地的有关官吏就把原住在官舍中的随行宫女迁到别处,把官舍让给李靖住。唐太宗知道这件事很生气,准备下令惩罚这个县令。魏徵说:"李靖、王珪都是朝廷大臣,而宫人不过是后宫服役的奴仆。朝廷大臣到地方上巡视,县令要向他们请示公事;大臣回朝以后,陛下也要向大臣询问民间疾苦。官舍应作为接待朝廷官员的处所,这是合情合理的事。至于宫人,他们除了办理生活小事以外,根本不接待来访的客人。如果因此惩罚县令,将会引起天下人批评。"唐太宗听了魏徵的话,认识到了自己的错误,就不再查办县令了。

唐太宗还鼓励各级官吏有什么说什么，不要因为怕得罪皇帝而隐瞒真相。有一次，他询问房玄龄："自古以来君主都不能看本朝的历史，这是为什么呢？"房玄龄回答说："一个好的史官会如实地记录君主的功与过。而许多君主若看到自己的过错被史官记录下来，那么史官就危险了，所以才有这一规定。"唐太宗坚持要看看本朝的历史，房玄龄把有关高祖、太宗的两部分历史材料整理好，送给唐太宗看。唐太宗看到关于记载的玄武门之变有关杀死李建成、李元吉的情形叙述得十分含糊，便把编写国史的史官叫来，细致地讲了一遍当时的情况，并说诛杀李建成、李元吉一事不必隐讳，因为这是安定国家、有利于百姓的事情。

　　贞观中期以后，唐朝经济更加繁荣，政治也很安定，朝廷大臣都尽力歌颂太平盛世。而只有魏徵仍然不断地给予太宗正确的建议，不时地指出太宗的过失之处。

　　唐太宗不仅能纳谏，而且还时常鼓励大臣向自己纳言谏行。太宗刚登基的时候，处事特别严肃，吓得大臣都不敢发表意见。唐太宗发现这个问题以后，主动改变自己的行事作风，缓和气氛，为大臣进谏创造条件。对敢于批评朝政大臣，给予赏赐。有一次，唐太宗准备把一个犯人判处死刑，大臣孙伏伽批评太宗说他对没有犯重罪的人这样做便是滥加酷刑。太宗接受了孙伏伽的批评，并且把价值一百万的兰陵公主园赏给他。有人评论说："赏赐得过分优厚了。"唐太宗说："我从登基以来，大臣没有敢批评朝政的，这次厚赏孙伏伽，就是为了鼓励大家关心朝政多提意见。"

　　为了给大臣创造批评朝政的条件，唐太宗建立了一种制度，即允许谏官史官参加政事堂会议。实行这种制度以后，谏官能及时了解朝廷内政，宰相不敢谎报政绩。军国大政如果有错误，谏官有权当面指责。同时，史官参加政事堂会议，可以及时了解皇帝和宰相的言行，然后根据第一手材料编写起居注，对于封建统治者是一种监督。

　　在唐太宗的倡导下，大臣们都敢于直言，甚至连一个小地方官也敢于说出自己的意见，自此，朝廷上下都形成了一种劝谏与纳谏的风气。

　　唐太宗说过这样一句话："以铜为镜，可以正衣冠；以古为镜，可以见兴替；以人为镜，可以知得失。"

　　643年魏徵死了，唐太宗十分悲痛，亲自为他撰写了墓碑的碑文，并说："魏徵死了，我失去了一面镜子！"644年，也就是魏徵死的第二年，唐太宗远征高丽，劳民伤财，损失惨重。回来的时候，唐太宗想起了魏徵，十分感叹地说："假如魏徵在世，他一定不会让我有这番举动的！"

　　正因为唐太宗能纳谏，大臣们都敢于直言进谏，所以他在位期间，唐朝的政治比较开明，经济繁荣，唐太宗不愧是我国封建社会一位杰出的政治家。

文成公主入藏

正当唐朝繁荣发展的时候，在西藏高原上，出现了一个强大的少数民族政权——吐蕃。

吐蕃人是藏族的祖先，他们能征善战，不怕牺牲，生活在青藏高原上，过着农耕和游牧的生活。吐蕃人的首领称为"赞普"，意思是雄壮强悍的男子。

大约在629年，吐蕃人沦赞弄囊统一了西藏各部，后来，吐蕃毗王族的残部发动叛乱，沦赞弄囊被毒死了。令人惊奇的是他年仅十三岁的儿子松赞干布，担负起了国仇家恨的重任，在中小贵族的帮助下，平定了叛乱，维护了吐蕃王朝的统一。松赞干布做了赞普之后，把都城迁到逻些（现在的拉萨），制定官制和法律，创立国有王田制度，建立了强大的奴隶制政权。

由于松赞干布钦慕唐朝文化，于是在634年，他第一次派遣使臣前往长安访问。唐太宗很快就派使臣回访。从此，汉藏两族关系越来越密切了。

为了更进一步取得与唐朝的友好关系，松赞干布派使臣来到了长安，向唐朝皇室求亲，太宗拒绝了。但使臣为了好向松赞干布交差，便捏造了事实，从而导致两国关系恶化，并扬言"不嫁公主，军队即到"，太宗盛怒之下派兵讨伐吐蕃，松赞干布大败，收兵退回逻些。

松赞干布看到唐朝这样强大，既畏且敬，想通婚的愿望更加的强烈。于是在640年，他派大相禄东赞再次来到长安。据说当时有多国使臣均到长安求亲，因此太宗决定考考他们，再做决定。

唐太宗把各位使臣请到宫里，拿出一颗九曲明珠和一束丝线，对他们说："你们中谁若能将丝线穿过这九孔明珠，就将公主嫁给谁的国王。"原来，这颗明珠有两个相通的珠孔，一个在旁边，一个在正中，中间的孔弯弯曲曲，要想用一根软软的丝线穿过去，非常困难。几位使臣拿着丝线直发愁。禄东赞很快就想出一个办法，他将一根马尾鬃拴在蚂蚁的腰上，把蚂蚁放到九曲珠的孔的一端。一会儿，这只蚂蚁便拖着鬃从另一端的孔中钻了出来。禄东赞再把丝线接在马尾鬃上，轻轻一拉，丝线就穿过了九曲明珠。唐太宗见禄东赞这样聪明，很高兴。

接着，唐太宗又让他们将两个马圈里的一百对母马和

天竺人面纹青铜壶

马驹配对，即辨认出它们的母子关系来。其他几个使臣束手无策，只有禄东赞想出了办法。他运用吐蕃人民在游牧方面的丰富经验，让人暂时不给马驹吃草和饮水。过了一天，他把母马和马驹同时放了出来。只见母马嘶叫，马驹哀鸣，小马驹一个个跑向自己的母亲去吃奶，太宗看后，更加赞赏。

当天夜里，宫里钟鼓齐鸣，皇帝宴请各国使臣入宫看戏。其他几位使臣急忙穿戴整齐赶到宫里。只有禄东赞因初到长安，路途不熟，便在去皇宫途中的十字路口都做了记号，以防回来迷路。看完戏，唐太宗说："你们各寻归路吧，谁能最先回到住处，就把公主许给谁的国王。"禄东赞有记号指引，很快就回到了住处。其他使臣由于不熟悉路途，直到天亮以后才找到住处。

经过五次考试，禄东赞都取得了胜利。唐太宗决定将文成公主嫁给吐蕃赞普。

为了欢迎文成公主入藏，吐蕃人民表现了无比的热情。为了减少公主在旅途中的艰苦，他们在很多地方都准备了马匹、牦牛、船只、食物和饮水，吐蕃王松赞干布亲自率领大队侍从和护卫人员，从逻些起程到青海去迎接。

当时松赞干布以唐皇帝女婿的身份拜见了前来送行的江夏王李道宗，对唐太宗表示感谢，并请李道宗代向太宗问好。松赞干布陪文成公主到了逻些。

到达之日，礼乐齐鸣。吐蕃人民穿着节日的服装，争着去看远道来的赞蒙（藏语王后的意思）。

松赞干布为了纪念唐朝与吐蕃的友谊，按照唐朝建筑的风格，在逻些为文成公主修建了城郭和宫室，就是现在的布达拉宫。

文成公主到吐蕃，不仅带去各种谷物、蔬菜种子，而且带去了工艺品、药材、茶叶及各种书籍。

在农业方面，开始出现了小块的农田，并采用唐人平整土地，防止水土流失的方法。在居住方面，人们开始建造房屋，并非只住帐蓬。在衣着上，也渐渐脱下笨重的毡裘而开始穿上绫罗绸缎。因此，还有各种技术的运用，如酿酒、造纸、制墨、纺织等各方面，这些都极大地提高了吐蕃人民的生活水平。

吐蕃过去没有文字，无论什么事都用绳子打结，或在木头上刻符号表示。文成公主劝松赞干布设法造字。于是他指令柔扎布去研究，后来造出了三十个字母和拼音造句的文法。松赞干布认真学习新文字，并把这些字刻在宫殿的石崖上，从此吐蕃有自己的文字。他们用吐蕃文释译唐朝的儒经和佛经，促进了吐蕃当地文化的发展，同时也加强了民族间的融合。

文成公主是一位献身于汉藏两大民族团结友好事业的伟大女性。直到680年去世，她在吐蕃总共生活了四十年。

女皇武则天

武则天名曌。武则天十四岁时，长孙皇后去世，杨妃为太宗选美女充实后宫，武则天被选入宫，被太宗封为才人，并赐名媚娘。

太宗死了以后，媚娘被送到感业寺出家为尼，高宗李治即位后将她召回宫并封为昭仪，媚娘才貌双全，又颇善权术，因此倍受高宗宠幸。

永徽四年，武则天为高宗生下儿子李弘，宫中地位更是无人能及，当人的权力越来越大时，欲望也会不断地膨胀。又过了一年，她又为高宗产下一女。一天，王皇后来看望小公主，武则天顿生一计。王皇后走后，高宗来看爱女，掀开一看，小公主早已没气，

武则天 （624－705），中国历史上唯一的女皇帝。名曌，并州文水（今山西文水）人，唐高宗李治皇后。高宗去世后，废掉儿子中宗、睿宗，继位称帝，改国号"周"，史称"武周"。

武则天抱着女儿号啕大哭，高宗大怒，问谁人来过，大家均说是王皇后。事实不言自明，唐高宗就起了废王皇后，立武则天为皇后的念头。

围绕着要不要立武则天为皇后的问题，朝廷中两派展开了激烈的斗争。一派是以长孙无忌、褚遂良为首的元老重臣，他们坚决反对。一派是以许敬宗、李义府、李勣为首的新贵族，却表示支持。

过了几天，唐高宗问李勣："我打算立武昭仪做皇后，褚遂良他们坚持反对，这事怎么办好呢？"李勣说："废立皇后，这是陛下的家事，何必一定要外人同意呢？"李勣当时任司空掌握军权，唐高宗听出他是支持武则天做皇后的，便下了决心。

655年冬天，唐高宗下诏废了王皇后，立武则天为皇后。武则天一当上皇后，就参与朝政，废除或诛杀先朝大臣，提拔许敬宗，李义府等担任宰相等要职，更是趁高宗生病之际，将朝政揽入自己手中。由于武则天将朝政处理得井井有条，甚至比高宗还好得多，威信越来越高。

当时，大臣们把唐高宗和武则天并称为"二圣"。实际上，实权完全掌握在武则天手中，高宗对此深感不安，便立李弘为太子。没想到，武则天竟用酒毒死了李弘，立次子李贤做太子。不久，又把李贤废为庶人，改立三儿子李显为太子。

683年十二月，唐高宗去世，太子李显即位，即唐中宗。武则天以皇太后的身份临朝执政。后又把唐中宗废了，立她的四儿子李旦为帝，即唐睿宗。她不许

睿宗干预朝政，一切由她自己作主。

唐朝一些元老重臣对武后专权极为不满，便以"护中宗"为由在扬州起兵。武则天派兵三十万讨平了他们，并杀了徐敬业、裴炎等老臣。

690年，已六十七岁的武则天下诏废了唐睿宗，改国号为"周"，自称"圣神皇帝"，成为中国历史上著名的女皇帝。

武则天称帝以后，想了很多办法挖掘人才。

她鼓励地方官推荐人才，还允许人们自己推荐自己。被举荐之人，只要真有才学，即刻便被重用。此外，她还改革了科举制度。贡生考时，考生不用再糊住自己的名字，表示了对考官的充分信任；并且还开创了殿试，以表皇帝对人才的重视；除了文举的选拔之外，还增设了武举人的选拔。

武则天还不拘一格任用人才。她以修书为名，广泛召集有文才的人到宫里来，让他们对朝廷政治提出意见，并协助宰相处理各地送来的奏章。因为这些人出入宫廷不走角门而走北门，所以称为"北门学士"。由于武则天善于选拔人才，在她当政的时期，人才济济，文武大臣并不比贞观时期少。像李昭德、苏良嗣、狄仁杰、姚崇这些武则天选拔出来的宰相，都是历史上有名的"贤相"。

武则天当皇帝不久，封她的侄子武承嗣做魏王，还任命他做宰相。从此，武承嗣权倾朝野，无人敢惹，不仅想做太子，还想当皇帝。李昭德看到武承嗣野心勃勃，便劝武则天对武承嗣要严加提防。武则天刚开始还不能接受，李昭德便以"亲子也可能弑父，更何况子侄乎？"来劝说，于是武则天削了武承嗣的权。武承嗣知道自己被革去宰相之职是李昭德所为，便到武则天那里去诋毁他，武则天板着面孔说："我任用李昭德，才能睡好觉。他能为我效劳。你怎么能比得了他！"武承嗣碰了一鼻子灰，只好退出来。

苏良嗣也是武则天后来任命的一位宰相。他为人耿直，不喜欢逢迎。当时武则天特别宠爱和尚薛怀义。众人都怕他，见之唯恐躲避不及。有一天，苏良嗣在朝堂遇见薛怀义，薛怀义趾高气扬，昂首而过。苏良嗣大为生气，命令左右把他拉下去，打了几十个嘴巴。大家都想苏良嗣这次死定了。没想到，武则天却批评薛怀义说："你应该出入北门。南门是宰相往来的地方，你不要触犯他们。"

武则天保护直言敢谏的大臣，对她身边的亲近人，加以约束，尽量限制他们的特权，目的是使她的那些皇亲国戚的不法行为有一定的限度，不至于过多地损害她的统治。对于那些被提拔上来的人，武则天对他的监督、控制也很严厉。发现不称职的，不是罢免就是判刑或者杀掉。

所以，她能在唐高宗去世以后局势十分动荡的岁月，稳定自己的统治，客观上起了巩固国家的统一、保持社会安定的作用。

开 元 盛 世

韦皇后与安乐公主的统治越来越不得人心，李隆基与太平公主联合起来，一起发动政变，除掉了韦皇后和安乐公主，拥立李隆基的父亲李旦即位。两年后，李隆基登上帝位，这就是唐玄宗。不久太平公主又想发动宫廷政变，废除李隆基。但是，李隆基先发制人，粉碎了太平公主的篡位阴谋。他将太平公主赐死，并将其余党一网打尽。随即改年号为开元，开始了从开元至天宝年间长达四十余年政局比较稳定的鼎盛阶段。

粉碎太平公主的篡位集团之后，唐玄宗先是流放郭元振，斩杀唐绍，重树皇帝权威，同时礼待自己的同胞兄弟，却不给予实权，减少发动政变的可能性，贬斥那些自认为对他有功而要求权力的人，从而巩固了皇权。之后，他开始整顿朝纲，任用贤能。

首先，李隆基任命姚崇为宰相。据说，李隆基起先任命姚崇为宰相时，还受到姚崇的"要挟"。姚崇初次见到李隆基时，他正在渭水边上打猎。皇帝让姚崇加入宰相的行列，姚崇没有接受。当时皇帝感到很奇怪，休息时就问姚崇说："你为什么不加入宰相的行列呢？"姚崇回答道："我要建议十件大事，如果陛下不能实行，那我就不敢接受任命。"李隆基听了姚崇的十大建议以后，觉得非常有意义，就批准了。姚崇也就答应了做宰相。姚崇当了宰相后还做了一件大事，就是主持了开元初年治理蝗灾的工作。当时很多地区发生了蝗灾，遮天蔽日的蝗虫给庄稼带来严重的侵害。姚崇知道如果不能及时遏止蝗灾，不仅经济上会有重大损失，而且也会威胁国家稳定。于是，他亲自指挥，下令各郡县要全力消灭蝗虫。在姚崇的统一部署下，蝗灾终于被遏止。

姚崇之后的宰相宋璟，也是一个非常有才干的人。他一面重视挖掘人才为国家所用，一面绝不徇私枉法，严格要求自己的亲属。有一次，宋璟的远房叔叔宋元超参加吏部的考核时，向主考官表明自己和宋璟的特殊关系，希望能照顾一下，弄个好官儿。宋璟得知后，特地关照吏部不给他官做。

开元时期，不仅仅是皇帝李隆基重视人才的选拔培养，其任用的几位宰相也都善于发现人才，从

姚崇　唐代名臣。原名元崇，字元之。开元元年(713)，因避年号讳，又改名崇。陕州硖石(今河南省三门峡市)人。历事武则天、唐中宗、睿宗、玄宗诸朝，任宰相。

中华上下五千年

而形成了一个很好的风气。张九龄出身广东，广东那时候叫作岭南，是还没有开化的蛮荒之地，要是看出身背景，肯定做不了宰相。可是张九龄却受到唐玄宗的重用，而他虽然感激唐玄宗的知遇之恩，却对皇帝的过错不加隐瞒，及时指出。

唐玄宗　即李隆基，又称唐明皇，睿宗李旦第三子。与太平公主合谋发动政变，杀韦后，拥其父睿宗即位，被立为太子。延和元年 (712)，受禅即位，改元开元。

唐玄宗纳谏的事情，还可以通过他对后来的宰相韩休和萧嵩的态度，有所了解。韩休十分耿直，一发现唐玄宗的过失，就会直言进谏，萧嵩相反，总是唯唯诺诺，顺从唐玄宗。有一次，玄宗照过镜子，显出闷闷不乐的样子，左右内侍说："韩休当了宰相以后，陛下消瘦了，为什么不将他罢官呢。"玄宗严肃地说："我虽然瘦了，但是天下人却一定肥了。萧嵩来奏事，只是顺从我，他走了以后，我心里不踏实，不知道我的处理是否妥当。韩休来了以后，我睡觉却很安稳，因为我知道这件事情肯定能成。我任用韩休，为的是治理国家，而不是为我一人。"

正是由于唐玄宗执政初期重用人才，知人善任，赏罚分明，善于纳谏，办事干练果断，加上一系列合理的政策和规章制度，开元时期，唐王朝政治安定，国力强盛，百姓富庶，经济文化的发展达到了顶峰。其中唐诗最为后人称道，而著名诗人高适、岑参、王维，特别是李白、杜甫都生活在开元时代。其他如音乐、绘画、雕刻等艺术也都有显著成就。此外，唐玄宗还对吏治进行改革，让官员们恪尽职守，尽职尽责。又对兵制进行改革，军事实力日益增强，一度收复了北方与西北的领土，恢复了丝绸之路。历史上把李隆基锐意改革所取得的太平盛世称为"开元盛世"。

贵妃杨玉环

开元二十五年，唐玄宗最宠爱的妃子武惠妃死了，然而后宫佳丽三千，竟没有一个能令玄宗笑逐颜开的。三个月以后，玄宗过生日，妃嫔、儿女和文武大臣们照例要给皇上贺礼。行礼一批一批进行，玄宗心情郁闷，只是勉强应付着。轮到儿女们来向他贺礼了，忽然，他眼前一亮，发现十八子即与武惠妃所生的寿王李瑁身边站着一个王妃装束的女子，是那样的美丽动人，真可谓回眸一笑百媚生！玄宗皇帝怦然心动了，这是他有生以来所看到的最合他心意的女人。玄宗问高力士："在李瑁身边那个女子，是寿王妃吗？"高力士回答说："是的，寿王妃姓杨，叫杨玉环，是五年前陛下和武惠妃替寿王选的妃子。今年二十二岁。"尽管这女人是他的儿媳，可玄宗还是决心把她纳为自己的妃子。于是，玄宗皇帝就把这件事交给高力士去办。

在高力士的设计下，杨玉环被迫自己请求"出家"了，她"出家"的地点是道观太真宫，因此杨玉环的道号便叫"太真"。杨玉环坐上一乘轿子，但却没进太真宫，而直奔骊山。那里有一座温泉，叫作华清池，事实上是一座叫温泉宫的离宫，玄宗这时正在那里等她。第二年八月，唐玄宗册立杨玉环为贵妃，从此杨贵妃集三千宠爱为一身。

入宫后，不管杨贵妃想要什么，玄宗都能给他弄来。杨贵妃想吃荔枝，但由于荔枝产于岭南（现广东省）和川东（现四川省），路途几千里，为了吃到新鲜的荔枝，地方官员就派出最善于骑马的人，骑上最快的马，从生产地带着鲜荔枝，一站一站地换人换马，接力传送。荔枝很快被送到长安皇宫里面。剥开一尝，颜色和味道都还保持着新鲜，一点没变。为了红颜一笑，竟如此劳民伤财！

唐玄宗越来越离不开杨贵妃了。有一天早晨，杨贵妃触犯了唐玄宗。玄宗一气之下派人把她送到了她哥哥那里。可是这一来，玄宗立刻显得六神无主，失魂落魄，食不知味，睡不安心，想把杨贵妃接回宫来，又放不下面子。高力士摸透了玄宗的心思，就提议说要把贵妃平日用的东西送过去，玄宗顺水推舟，欣然答应了，还把自己的"御膳"分了些，让高力士带给贵妃，还有刚巧送到的荔枝一同送到杨府。贵妃看到之后感动万分，说着就取出剪刀将头发剪下一绺，交给宫使，说："我的东西都是皇上所赐，不能作为回礼，唯有这头发是父母所给。"宫使拿着头发回宫，玄宗见了急忙派高力士把杨贵妃接了回来。从这以后，玄宗对她更是百般顺从和宠爱。

唐玄宗把杨贵妃住的地方叫作"贵妃院"，专门给贵妃制作衣料的丝织匠和绣花匠，就有七百人之多。皇亲国戚都争着向贵妃进献美食，皇宫里设有"检校进食使"的官职，专门负责评比各家食品的精美程度。而地方官员们更是拼命从老百姓身上搜刮奇珍异宝、新奇玩意和名贵服饰，把它们源源不断地送到长安，献给杨贵妃。

在杨贵妃的陪伴下，唐玄宗开始沉迷于酒色，纵情享乐，并把国政完全交给像李林甫那样的奸相。任命杨贵妃的叔父、堂兄做高官，她的三个姐姐分别封为韩国、虢国、秦国夫人。从此杨家兄妹权势骤显，气焰冲天，无论各级官员，要

杨贵妃（719－756），即杨玉环，号太真，蒲城永乐（今山西永济）人。唐玄宗李隆基"父夺子妻"立为贵妃。后因"安史之乱"缢死马嵬坡。

想办事顺利，只要到这几位的府中去请托，没有办不成的。杨家权倾朝野，那些吹牛拍马想向上爬的人，都争先恐后地到杨家送贿赂，杨氏各家门庭若市。送贿赂必须五家（杨贵妃的两个哥哥、三个姐姐）一起送、多少都得一样，不许有轻有重。唐玄宗给赏赐，也是五家一起赏，赏得一样多。真的是"一人受宠，满门皆荣"，杨氏一家仗着玄宗对杨贵妃的宠爱，迅速敛财，各兄弟姐妹在京城中极尽奢华，他们的房屋一个比一个建得富丽堂皇。只要是他们看上的，没有弄不到手的，为非作歹，横行霸道。

杨贵妃的出现，使得唐玄宗完全沉溺于享乐之中，很少过问政事。再加上他信任奸臣，唐朝的统治越来越腐败了，直到"安史之乱"爆发，才算是惊醒梦中人。

安 史 之 乱

742年，唐玄宗改年号为"天宝"。玄宗设置了十个节度使，负责边境地区的军政要务。其中有一胡人，名叫安禄山，此人表面上看起圆头圆脑，一副忠厚老实的样子，实际上却心计很深。玄宗被其表面所惑，封他为平卢节度使掌握河北北部。

有一次见到太子，安禄山故意不下拜行礼，等众人责备他时他却装傻地问皇帝："太子是什么官呢？"玄宗说："等我死了以后，就把皇位传给他。"安禄山赶紧又装作恍然大悟的样子，诚惶诚恐地给太子叩头，并且还装出一副诚恳的样子对玄宗说："陛下对我恩宠有加，可我是一个粗人，什么都不懂，如果要报答您的话，就希望我能代陛下您死吧！"玄宗感动不已。

安禄山也跟李林甫一样，收买后宫的宫监和嫔妃，替他在皇帝面前说好话。玄宗对安禄山越来越喜欢，就连奸相李林甫也见风使舵，开始拉拢安禄山。李林甫善于揣摸安禄山谈话的意思，安禄山心里想的话还没出口，李林甫就替他说出来了。安禄山越发折服，竟以李林甫为神。有一次在中书省见面，天气很冷，李林甫便把自己的袍子脱下来披在安禄山身上。安禄山对李林甫很感动，亲热地称之为"十郎"。安禄山在范阳，要经常派使者去京师奏事。如果使者传达的是李林甫的好话，安禄山就大为高兴。如果使者说："十郎要你好生察看。"安禄山便失望至极，闷闷不乐。

安禄山是个大胖子，走起路来，十分笨拙。但在皇帝面前跳起《胡风舞》来，却是轻巧灵活。玄宗曾问他："你肚子为什么这样大？"安禄山笑嘻嘻地回答："只装着一颗忠诚于皇帝的赤心啊！"玄宗在长安赐给安禄山府第，其规模、设备超过一些王府。

善于装呆卖傻的安禄山看到杨贵妃得宠，就在一次进见玄宗时，先去给杨贵妃行礼叩头，然后再朝拜皇帝。玄宗问他："你为什么先拜娘娘？"安禄山回答说："胡人只知有母，不知有父。"玄宗开玩笑说："那么你方才是拜见母亲！"安禄山便借这个机会认了杨贵妃做母亲，杨贵妃竟然也答应了。接着玄宗就提升安禄山做御史大夫。

善于伪装的安禄山深得玄宗信任，不久便作了平卢、范阳、河东三镇节度使，手握重兵，同时又暗中征召了许多胡人，为谋反积极地做准备。天宝十四年冬天，以"讨伐奸相杨国忠"为名，从范阳起兵，发动叛乱。安禄山发兵十五万，号称二十万，向南进军，准备大举进攻中原地区，打到长安，推翻唐朝，自己当皇帝。

从天宝年间以来，唐朝的统治已经日益腐朽，加之长久的太平，许多士兵都不知道该如何作战，军纪废弛，毫无战斗力。加上这一带本来就是安禄山直接统治的地区，因此当叛军打来的时候，黄河以北二十四郡很快就被攻克，叛军几乎没有耗费什么气力就占领了在北方的大片领土，简直可以用势如破竹来形容。叛军得逞的消息接二连三地传到长安，这时候，昏庸的唐玄宗才相信安禄山是真的反叛了。他匆忙调兵遣将，增募军队，部署平定叛乱。可仓促之间，拼凑起来的军队毫无战斗力，节节败退。转眼间叛军已经攻过黄河，在安禄山的放纵下，叛军每到一个地方，奸淫掳掠，残害百姓，无恶不作，给人民带来了深重的灾难，生灵惨遭涂炭，社会处于动荡不安之中。

天宝十五年，叛军攻占了东都洛阳，直抵京城长安东边的大门——潼关。接着，安禄山在洛阳自称"大燕皇帝"，建立起反动的割据政权。

马嵬驿兵变

唐玄宗末期，爆发了"安史之乱"，潼关被叛军攻破，长安城岌岌可危，人心慌乱，纷纷逃难，唐玄宗也慌了阵脚，急召群臣商议对策。杨国忠提出"逃向四川"的主张，并亲自去找他那三个堂妹，让她们进宫去跟贵妃一起劝皇上。玄宗终于耐不住他们的缠磨，同意去四川逃难。杨国忠用陈玄礼护驾，并把资财尽行赏给陈玄礼兵士，将近黎明，唐玄宗与陈玄礼等秘密出宫西逃。随玄宗同行的除贵妃和韩国、虢国、秦国夫人及杨国忠夫妻外，只有一些皇子、公主、皇孙、妃嫔和亲信大臣，其他的人还都蒙在鼓里呢！

皇帝是偷偷走的，群臣一点消息也没收到，等到去早朝时，一切还跟往常一样。突然门开了，一些宫女和太监从内蜂拥而出，一个个狂呼乱叫，说皇上已经走了，但谁也不知道去了哪里，来上朝的寥寥几位大臣也傻了，他们想不到皇上竟这样不负责任，只图自己一走了之，可长安城交给谁管呢。一时间，长安城十一个坊的居民区也纷纷发生骚乱，整个长安城人心惶惶，乱作一团。

华清出浴图

玄宗一行人冒雨前行，走得十分缓慢。直到中午，才到达长安以西四十里的咸阳。高力士曾派宫监提前赶到，安排午饭。但到这时不但不见宫监来接，连县令也跑掉了。甚至连吃的也都买不到了，当地的县官也都已经逃跑了，只有一些当地百姓拿些粗米来贡献给皇上，俗话说："饿了吃糠甜如蜜。"这些平日的皇族对这些粗米饭竟然狼吞虎咽。晚上在驿站里歇息，人多地方小，又没有灯，大家挤在一起，头挨头，脚碰脚，互相用身子当枕头，胡乱睡了半夜。有些受不了苦的偷偷离开唐玄宗，各自寻找出路去了。

三天后，玄宗一行人来到马嵬驿。这里的人也全都逃光了，玄宗暂且在此栖身，士兵们怨言四起，都怨恨杨国忠，碰巧有几名吐蕃使者在驿馆外与杨国忠谈话。有个军士故意喊："杨国忠勾结吐蕃，想谋反啦！"士兵们齐声喊起来，有人向杨国忠射了一箭，杨国忠见势不妙，急忙逃跑。几个士兵追了过去，一刀把他砍死了，用枪尖挑着他的脑袋，走了出来。军士们大声喊好。韩国夫人，秦国夫人全部被杀，御史大夫魏方进猝不及防也被士兵一刀砍死。

士兵们群情激愤，纷纷要求唐玄宗处死杨贵妃，玄宗想为贵妃求情，无奈将士们情绪十分激动，稍不小心，便会引起哗变，此时高力士劝玄宗要以稳住军心为重。

在士兵们的叫嚷声中，玄宗倚着门框，苍白胡须轻轻抖动。他在想："难道贵妃真的没有过错吗？就是自己这个当皇帝的，难道对今天的事就没有责任？"他这才知道人们对杨家兄妹的积怨实在是太深了，今天，他尽管还是个皇帝，却已经无能为力……玄宗不再犹豫了，他无可奈何地对高力士说："这件事就由你去办吧！只是不要用刀剑。"高力士屈一膝跪下说："这个，奴才晓得！"绝代美人杨玉环被高力士用丝带勒死在马嵬驿中，卒年三十八岁。

杨贵妃与杨国忠被处死后，杨国忠的家人都纷纷逃跑了，杨贵妃的姐姐虢国夫人和杨国忠的儿子，妻子等一起逃到了陈仓县，结果被县令逮捕，一并杀了。

这样，马嵬驿的一场哗变才平息下来。

唐玄宗整顿队伍继续逃跑，太子李亨在朔方即位，号为唐肃宗，改年号为至德，唐玄宗成了太上皇，唐肃宗开始主持军事积极平叛。

武将楷模郭子仪

郭子仪身材高大，相貌俊秀。年轻时考取武科举而成为大将。他常年驻守北方边境，过着戎马生涯。755年，已经五十九岁的郭子仪以朔方节度使的身份率兵平定安禄山的叛乱，屡建战功。

郭子仪作战时，总是分析敌我双方的优势，制定不同的作战计划。有一次，史思明（安禄山的部下，安禄山死后，史思明又叛乱）领五万精兵围困郭子仪和李光弼的军队。郭子仪深沟高垒，严阵以待，白天耀武扬威，震慑敌军，夜里偷袭敌营，使敌军将士不得休息。经过几天侵扰，叛军疲惫不堪，他就亲率士兵与史思明大战，杀敌四万，几乎使史思明全军覆灭。这一仗使唐军声威大震，改变了安禄山叛乱以来唐军的被动局面。

接着他接受了收复长安、洛阳两京的艰巨任务。由于郭子仪治军宽厚，士气高昂，与叛军激战时将士们齐心协力，勇猛善战，终于在六个多月的时间里夺回了两京。唐肃宗亲切慰劳郭子仪说："吾之国家，由卿再造。"

郭子仪德高望重，将士们就像尊敬自己的父母一样敬重他。平定安史之乱后，郭子仪的部下仆固怀恩对朝廷的腐败、黑暗不满，发动叛乱。朝廷派屡遭谗言并被污陷的郭子仪去平定叛乱，他不计个人得失，马上领兵赴任，仆固怀恩的将士纷纷议论："我们跟着怀恩背叛朝廷，有何面目见汾阳王（即郭子仪）。"将士们发生了分化，大部分归顺了郭子仪。他兵不血刃地平定了一次大规模的叛乱。仆固怀恩只好逃走，勾结回纥、吐蕃继续与朝廷对抗。

后来仆固怀恩病死了，回纥与吐蕃闹了矛盾，郭子仪利用这个机会，领着几名轻骑去见回纥首领。回纥首领大吃一惊，他深深敬畏郭子仪的为人，同意与唐朝联合共同对付吐蕃。再次解除了吐蕃对京师的威胁。

郭子仪功勋盖世，威震四方，但他从不居功自傲。他家的院篱低矮，院门敞开，街上的人都可以

郭子仪（697－781），华州郑县（今陕西华县）人，祖籍山西汾阳。唐代著名的军事家。安史之乱时任朔方节度使，在河北打败史思明。后连回纥收复洛阳、长安两京，功居平乱之首，晋为中书令，封汾阳郡王。

看见郭家人在做什么，听见他们说什么。即使这样，郭子仪在朝廷中还是几起几落；没有战事了，他就被免除兵权，边境告急或有人谋反了他就被立即起用，委以重任，在七十多岁以后还常常带兵出征，多次以少胜多，以智取胜。

有一年，郭子仪父亲的坟墓被盗，这在当时是非常严重的事件。人们怀疑是屡次说郭子仪坏话的鱼朝恩派人干的，担心郭子仪会以此为借口，像当时许多节度使一样起兵叛乱。可郭子仪却流着泪对唐代宗说："我长期带兵，对士兵约束不严，有时也发生士兵盗墓的事。如今我父亲的墓被盗，就算老天爷对我的报复吧。"郭子仪没有追究盗墓的事，使朝廷内外的紧张气氛有所缓解，也使唐代宗松了一口气，他夸奖郭子仪顾全大局，堪称楷模。

郭子仪八十五岁病逝，死后陪葬于唐肃宗陵，郭子仪被称为"功盖天下而主不疑，位极人臣而众不嫉"，按郭子仪的官位来计算，他的墓穴应该为一丈八尺，为了表彰他的盖世功勋，下葬时又加高一丈。

冲天将军黄巢

黄巢，曹州冤句（今山东曹县）人，出身于一个贩卖私盐的家庭。黄巢童年时期饱读诗书，能言善辩，颇有文才。长大后与王仙芝一同贩卖私盐，在同官府缉私的斗争中，练就了一身好武艺。

后来，王仙芝不堪唐王朝的重压，揭竿而起。黄巢也响应王仙芝拉起了另一支起义军。不久，两支起义军合兵一处，开始共同作战。

鎏金舞马衔杯纹银壶

878年，王仙芝在外界诱惑的驱使下，准备归顺唐朝，黄巢对于王仙芝的做法大为恼火，两人从此分道扬镳。不久，王仙芝战败被杀，黄巢便收编了他的部下。之后，黄巢自称"冲天太保均平大将军"，继续领导起义，并率军渡过长江，一路连续攻克江西、浙江、福建等地的城镇，进驻福州。

879年，黄巢率领起义军攻克广州城，俘虏岭南东道节度使李迢。不久，起义军分兵攻下桂州（今广西桂林），控制了岭南的大部分地区。

由于广州对于唐朝的重要作用和战略地位，起义军攻占广州后，唐朝政府极为恐慌，急忙派宰相王铎以荆南节度使、南面行营招讨都统的名义驻扎江陵，同时派李系为副都统兼湖南观察使，率兵十万屯驻潭州（今湖南长沙），阻挡黄巢的进军路线。

起义军在广州休整了一段时间后，决定北伐。黄巢率领大军从桂林乘船逆湘江北上，连续攻克永州（今湖南零陵）、衡州（今湖南衡阳）、潭州，所到之处，唐军闻风丧胆，不战而逃。之后，起义军在荆门受到打击，损失严重，不得不渡江东进，转战于江西、安徽、浙江等地。

880年七月，起义军攻下和州（今安徽和县），渡过淮河，兵临东都洛阳。黄巢在这里自称"天补大将军"，并向唐朝各节度使发布檄文，称起义军攻打长安，只向皇帝问罪，与各节度使无关。奉劝他们各守地界，不要触犯起义军的锋芒。把打击的目标直接指向以皇帝为首的最高统治者，以减轻阻力。

占领洛阳后，起义军继续向潼关进发。十二月初，起义军一路势如破竹，迅速进入潼关，逼近长安。消息传到长安之后，唐王朝立即陷入混乱，宰相卢携自杀，官员们纷纷逃走。唐僖宗在宦官田令孜的护卫下，仓皇逃往成都。不久，黄巢亲率大军进入长安。

880年十二月十三日，起义军正式建立政权，国号"大齐"。黄巢称帝，年号"金统"，封尚让、赵璋等为宰相，孟楷、盖洪为左右军中尉，朱温、张言、李逢等为诸卫大将军，皮日休等为翰林学士。

建立政权后，黄巢等人没有继续清剿唐王朝的残余力量，让唐王朝有了喘息之机。加上起义军渡江北上后，只注意流动作战，许多战略要地没有派重兵驻守。也没有趁唐王朝分崩离析的大好形势，消灭各路节度使势力，巩固和扩大根据地，丧失了扩大胜利的良机。

881年三月，唐王朝开始反攻。被起义军招降的节度使相继背叛，连同其他各路节度使出兵围攻大齐政权，唐军从四面八方汹涌而来，将长安城团团围住。

在唐军的长期包围下，大齐政权粮食溃乏，处境日渐艰难，不得不以树皮等物充饥。九月，朱温叛变，投降唐朝。唐僖宗任命他为河中行营副招讨使，赐名"全忠"。

同时，唐僖宗请求沙陀贵族李克用协同出兵，镇压起义军。朱温的叛变和李克用的参战，使唐王朝力量大增。起义军不得不撤出长安。883年五月，起义军在河南中牟北渡汴河时，遭遇李克用的袭击，损失惨重。六月，黄巢在向山东撤退的途中遭到围剿，最后在泰山狼虎谷自刎而死。

朱全忠灭唐称帝

从唐懿宗即位那年，也就是859年开始，全国相继爆发了农民起义。到了僖宗继位的时候，起义烈火燃烧得更旺，各路起义军会合在一起，推举黄巢为王，号称冲天大将军。黄巢带领起义军南征北讨，势不可当。打下了一个又一个城镇，队伍越来越壮大。

880年，黄巢率领六十万大军，经过七年的奋斗，攻下长安，受到长安百姓的热烈欢迎。几天后，黄巢在长安大明宫即位称帝，国号叫大齐。

可是，这个政权却十分脆弱。因为黄巢起义军在打下一个又一个地方之后就撤走了，从来没留兵防守过。因此，几十万人进了长安，便只有这一座城在自己手里，四周还都是官军的势力。没有多久，唐僖宗便调集各路兵马，将长安紧紧围住，使长安城内的粮食供应发生了严重困难。

就在起义军最困难的时候，黄巢手下大将朱温投降了朝廷，做了可耻的叛徒。

朱温是宋州砀山（今安徽砀山县）人，小名朱三。他出身贫苦，却从小游手好闲，算得上是个泼皮无赖。黄巢起义军经过他家乡时，他参加了起义队伍。起义军占领长安，建立了大齐政权，黄巢派他做同州（今陕西大荔）防御使。后来唐王朝派军攻打长安，他看到形势危急，就摇身一变，向朝廷举手投降。唐僖宗喜出望外，立即封朱温做了宣武节度使，坐镇大梁，还赏他一个名字叫"全忠"，命他领兵镇压起义军。

唐王朝又召来了沙陀（古代西北少数民族）贵族、雁门节度使李克用，率领四万骑兵，会同唐军一起攻打长安。起义军由于被困多日，军心不稳，挡不住唐军攻势，只好撤出了长安。

黄巢率领起义军再次转战南北，但在朱全忠、李克用及官军的围追堵截之下，军队被打得七零八落，最终黄巢自杀，起义归于失败。

黄巢起义失败后，唐僖宗到了长安，但他这个皇帝已是名存实亡，因为在镇压农民起义军的过程中，各地藩镇都趁机争夺地盘，扩大势力，成为大大小小的各霸一方的小王朝。朱全忠这个叛徒，也以农民起义军的鲜血，养肥了自己，而且成为割据势力中最大的一股。

当时与朱全忠势力相当的，是河东节度使李克用。朱全忠在镇压起义军的同时，就想除掉李克用。那还是在黄巢兵撤河南的时候，有一次，朱全忠受到起义军的围攻，形势危急，他就向李克用求救。李克用领兵打败了起义军，解了朱全忠的急。朱全忠大摆宴席，热情款待李克用，似乎是感谢他的救危之恩。哪知李克用喝得酩酊大醉之后，朱全忠竟然派兵围住了李克用所住的驿馆，要趁机害死李克用。幸亏李克用手下的亲兵骁勇善战，拼命抢救，才使李克用捡了条命。

从那以后，李克用就与朱全忠结下了仇。而且

朱温　（852－912），唐朝宋州砀山（今安徽砀山）人。最初曾参加黄巢起义军，后来降唐，被唐僖宗赐名全忠，称帝建立后梁时，又改名为晃，庙号太祖。

中华上下五千年

经常打来打去。但结果却不一样，李克用只能保住河东地区，朱全忠却越打势力越大，打败了很多其他的军阀，吞并了他们的兵马和地盘，成为一个拥有强大军队，占据广大地区的最强大的新军阀。

唐僖宗病死后，他的弟弟李晔即位，就是唐昭宗。唐昭宗想摆脱宦官的控制，一再利用朝中大臣来反对宦官，企图削弱宦官的力量，但都因为办事无力而一次次失败。这就惹火了那些掌权的宦官，他们把唐昭宗软禁起来，想另立一个皇帝。

朱全忠听说了这件事，认为是自己插手朝政的好机会，便派了亲信溜进长安，秘密联络宰相崔胤，支持他消灭宦官，复立昭宗。崔胤有了朱全忠做后台，胆子便大起来，就发兵杀了宦官头目刘季述，让昭宗复了位。

昭宗重新上了台，就与崔胤一道，想把所有的宦官都杀了。剩下的宦官抢先下手，劫持唐昭宗到凤翔，投靠了凤翔节度使李茂贞。

崔胤见皇帝被劫走，忙向朱全忠求救。朱全忠毫不迟疑，立即发兵进攻凤翔，用断草绝粮之计迫使李茂贞束手就擒。朱全忠把昭宗抢到手，便耀武扬威回到长安。回到长安之后，朱全忠把宦官全杀了，然后又杀了宰相崔胤。从此朝中大权就落到了朱全忠一人手上。

到了904年，朱全忠提出要把京城从长安迁到洛阳去。唐昭宗只有服从，半个字也不敢多说。迁都时，朱全忠命兵士把长安的百姓全赶到了洛阳，又派人把长安的宫室、官府和百姓的住房全部拆光，使长安城变成了一座废墟，把拆下的材料，顺着渭水、黄河流放到洛阳。整整一个多月，从长安到洛阳的路上挤满了被迫迁移的长安百姓，他们扶老携幼，哭哭啼啼，一边赶路，一边大骂祸国殃民的朱全忠。

唐昭宗和皇后、皇子、公主、侍从及朝中的官员，也只得默默地离开长安，向东行进。走到半路上，朱全忠就下令杀掉了昭宗身边的几个官员和二百多个侍从。到了洛阳，朱全忠把他的心腹将领，全都安置在京城和皇宫里外的一切军事要职上，然后就派亲信大将杀了唐昭宗。三天之后，立了一个十三岁的孩子做傀儡皇帝，就是昭宣帝。

这之后，朱全忠又把朝廷里剩下的三十多个大臣全都杀死，投进了黄河。

宦官杀了，皇帝杀了，老大臣也全没了，为了使自己登上皇帝宝座更加"合法"，907年三月，唐昭宣帝亲笔写下禅让的"御札"，向朱全忠"禅位"。朱全忠于是正式即位称帝，下令改国号为梁，以大梁（今河南开封）为国都，自己改名叫朱晃，就是梁太祖。

立国二百八十九年，经历了二十个皇帝的唐王朝，至此宣告结束。

后唐李存勖

李克用是北方少数民族沙陀人，本姓朱邪，唐朝皇帝赐他姓李。由于他瞎了一只眼，外号"独眼龙"。因为镇压黄巢起义有功，唐僖宗封他为河东节度使，后又封为晋王，占据着黄河以东一大片地区。李克用与朱全忠仇怨已久，李克用临死的时候，拿了三支箭对他的儿子李存勖说："这三支箭，一支讨伐刘仁恭（割据幽州的藩镇），一支击败契丹，还有一支用来消灭朱全忠！"李存勖哭着接过箭来，表示一定要实现父亲的遗愿。

李克用死了以后，李存勖继承了父亲的职位。为了给父亲报仇，李存勖励精图治，从严治军，手下将士各个骁勇善战。他约法三章：第一，出兵作战的时候，骑兵不见敌人不许骑马；步兵和骑兵要各自坚守自己的岗位，不得越位。第

鎏金青铜老君立像

二，各部队分路并进，必须在规定的时间到达指定的地方会合，不许违反。第三，行军路上，称病的人，立刻斩首。对这样既严厉又残酷的军法，将士们都很害怕，不敢违犯，因此打起仗来都能拼死奋战，其势锐不可当。

李存勖也武艺过人，带兵打仗之时往往身先士卒，不顾自己的性命。几次三番冲入敌人包围之中，身陷险境，临危不惧，愈战愈勇。在李存勖的努力之下，终于大败梁军；杀了刘仁恭父子；退逼契丹。在923年，灭亡后梁，进一步统一了北方，即位称帝，建国号为唐，定都洛阳，就是后唐，他就是庄宗。

当了皇帝的李存勖逐渐腐化起来。年轻的时候爱好音乐，能够作曲填词。后来他领兵作战，让军队在行军的时候唱他所作的歌曲。当了皇帝以后，他的宫里养了很多伶人，专门演戏给他取乐。他自己也常常穿上戏装，和伶人一起登台表演。他还给自己取了个艺名，叫"李天下"。

有一天，他上台演戏，自己连喊了两声："李天下！李天下！"伶人敬新磨上去打了他两个耳光。台上台下的人都大吃一惊，替敬新磨捏了一把汗。谁知敬新磨满不在乎，笑嘻嘻地说："理天下（理和李同声）的只有一个天子，你怎么叫了两声，还有一个是谁呢？"唐庄宗听了乐滋滋的，虽然挨了打，还很高兴，给了敬新磨厚厚的赏赐。

唐庄宗有一次出外打猎，追逐猎物的时候，将大片的家田给踩得不成样子。

中牟令实在看不过去，忍不住上前对庄宗说："陛下图一时的娱乐，让士兵们任意践踏庄稼，使农民收不到粮食，将来只有挨饿。皇上好比百姓的父母，哪能这样干呢？"庄宗一听气坏了：一个小小的县令，竟敢当众侮辱天子！立刻下令将他斩首。敬新磨实在不忍县令因这件事而被杀；但是庄宗正在气头上，知道给他讲道理是没有用的。于是抓住中牟令斥责说："你身为县令，知道皇上爱打猎，就应该让老百姓多留些空地。为什么还要他们种上庄稼，缴纳赋税，如此劳心劳力，还妨碍皇上打猎呢？不反省自己，反而胆敢教训天子，真是罪该万死！"唐庄宗在一旁听得很解气，可再一琢磨，原来是自己不对。最后赦免了中牟县令，没有杀害无辜。

但由于唐庄宗特别宠爱伶人，伶人们胆大妄为起来。他们可以随便出入宫廷，任意侮弄朝臣，甚至跟庄宗打打闹闹。由于庄宗喜欢听些乱七八糟的事情，伶官景进就专门负责打探一些宫外的消息来取悦于庄宗。因此，没有人敢得罪他们这些人。唐庄宗不顾大臣的反对，任命伶人去做刺史，那些真正有功的武将和有才能的文官，反倒得不到提拔重用。

唐庄宗生活糜烂，经常叫伶官和宦官出去掠夺民间女子，不管什么人，见美女就抢回来供他享乐。唐朝末年已经把宦官铲除了，但到了唐庄宗，他下令召集逃散在各地的唐朝宦官，有将近一千人。庄宗昏聩无能，把宦官当作自己的心腹。他听从宦官出的坏点子，把天下的财富分为"内府"和"外府"。外府作国家的费用，内府供他私人开支和赏赐之用。结果，外府常常空虚，不够支出；内府的财物堆积如山。他同时又十分吝啬，善猜忌，当年替他打天下，立下汗马功劳的将士常常忍冻受饿，有的则因为功劳太大惨遭庄宗杀害。因此，唐庄宗当皇帝只有四年，就闹得众叛亲离，终于在一次兵变中，被箭射死了。

"儿皇帝"石敬瑭

石敬瑭是历史上有名的"儿皇帝"，他的父亲曾经效力于李存勖，石敬瑭虽然在历史上名声不好，但为人却沉着冷静，能文善武。射起箭来百发百中，熟练运用很多种武器。李存勖因此颇赏识他，当作自己的心腹将领，掌握重兵。李克用的养子李嗣源还把自己的女儿嫁给了他。石敬瑭有一次在战场上，只身涉险，以一敌多。在李嗣源命悬一刻之际，铁戟横扫，杀敌救主。从此后，李嗣源更加器重石敬瑭。

石敬瑭是一个很有心计的人。一次，一家客店的老板娘到衙门里告状，说她在地上晒的谷子，被一个军士的马吃了。可军士辩解说，他的马没吃老板娘的谷子。两人争执不下，问案的官吏没法判断。这事闹到石敬瑭那里去了。那时候，他已经担任了后唐的河东节度使。石敬瑭认为，双方各执一词不好辨别，他主张把马杀掉，剖腹查看，若马腹中有谷，要杀掉军士治罪，若无谷则杀掉老板娘，惩罚她诬告，结果，马肚中没有谷子，老板娘被杀掉了。从这件事可以看出石敬瑭不但有心计，而且为人残暴狠毒。

同时，石敬瑭也是野心极大的人。在后唐，他虽然做到节度使的大官，被封为赵国公，仍然不满足，一心想要当皇帝。唐末帝李从珂任命他为天平节度使。他假称有病，不去上任。后唐朝廷下令削去了他的官职和爵位，命令晋州刺史张敬达领兵来包围晋阳。石敬瑭危难之际，派亲信桑维翰去契丹请求援兵，契丹王耶律德光早有侵南之心，趁此机会满口答应，整顿军马，准备一举南下。

这年九月，耶律德光率领大军，从雁门关南下，跟后唐军队打了一仗，把唐军打得大败，杀死唐军几千人。石敬瑭得救以后，带领部下将领，从晋阳城出来拜见耶律德光。耶律德光拉着石敬瑭的手，跟他叙起父子的情谊来了，显得很亲热的样子。石敬瑭比耶律德光大十一岁，却主动称耶律德光为"父亲"。石敬瑭厚颜无耻，百般献媚，极力装出个孝顺儿子的模样。耶律德光又对他考察了好多天，相信他确实是个尽忠尽孝的儿臣，才对他说："我看你的相貌和气量，够做一个皇帝，我要立你为天子。"石敬瑭一听，正合自己心意，但石敬瑭不想把做皇帝之心表露得过于明显，所以假意推辞，但在桑维翰等人的坚持下，他最终答应了。这样，他就真的当起皇帝来了。耶律德光把自己身上穿的袍服脱下来，把自己头上戴的冠冕摘了下来，替石敬瑭穿戴起来，封他为"大晋皇帝"，并承诺与石敬瑭永远保持"父子"关系。石敬瑭为了感激"父亲"对自己的栽培，答应把雁门关以北的幽云等十六州的大片土地割让给契丹，并且每年承诺贡献三十万匹丝绸，送给契丹贵族们。石敬瑭称呼比他小十一岁的耶律德光为"父皇帝"，自称"儿皇帝"。从此以后，契丹王如果对哪件事感到不满意，就派人来责备石敬瑭。石敬瑭总是诚惶诚恐地谢罪赔礼，请求宽恕。

石敬瑭死了以后，石敬瑭把帝位传给了侄子石重贵，称为晋出帝。石敬瑭做皇帝期间，受尽屈辱，苟且活了十八年后，死在了契丹。

石敬瑭割让幽云十六州，给北方少数民族贵族入侵中原提供了方便的军事基地，此后几百年间，中原人民备受北方少数民族的侵扰，苦不堪言。

然而，当时很多人都在用各种方式反对契丹的侵犯和

唐·骆驼乐舞三彩俑

统治。各地人民群众不愿意归附契丹，少的几百人上千人，多的几万人，纷纷组织起来抗击契丹军队，攻破契丹占领的州县，杀死契丹任命的官吏。后晋的爱国士兵也不愿意投降，跟契丹军队英勇作战，在广大军民的抗击下，契丹军队好几次被打得大败。耶律德光十分害怕，他没想到中原这样难以征服。946年，后晋终于被耶律德光灭掉，次年耶律德光改国号为辽，他就是辽太宗。后来，因为中原的军民纷纷反抗，他吃了败仗往回撤退，又气又恼，在路上病死了。但是，由于以石敬瑭为代表的后晋的部分统治者一心卖国，引狼入室，尽管爱国军民英勇抵抗，终究挽回不了灭亡的命运。后晋一共存在了十一年。

陈 桥 兵 变

赵匡胤，祖籍涿州（今河北涿州），自幼好武，二十三岁时投入后汉枢密使郭威的帐下。赵匡胤作战勇敢，每战必冲锋在前，逐渐成了郭威的心腹。

郭威称帝后，改国号为周，历史上称为后周。赵匡胤因参与兵变有功，被提拔为东西班行首，拜滑州副指挥，但还没等他去就任，郭威的义子柴荣调为开封府尹，柴荣深知赵匡胤的才干，就力荐他为开封府马直军使。这样，赵匡胤就成了柴荣的左膀右臂。同年，郭威病死，柴荣继承皇位，即周世宗。赵匡胤继续掌管禁军。

显德六年(959年)六月，周世宗去世，年幼的柴宗立为帝，自然不能担负国家重任。军政大事，全部交给一帮大臣负责。当时的文官，以范质、王溥为首，武将之中，侍卫亲军副都指挥使韩通资历最深，但他有勇无谋，并不能服人。与之相反，赵匡胤虽然与周世宗关系深笃，战功也很显赫，但一直谦虚待人，有功必赏，有过必罚，因此，将士们对他都心悦诚服。

显德七年（960年）正月，河北镇州、定州传来急报，说是北汉又会合了契丹，向后周进攻了。宰相范质、王溥等急忙商议，决定派赵匡胤率军前去抵御，这就给了赵匡胤一次难得的发动兵变的机会，军队刚刚调动，开封城中就出现了"将以出军之日，策点检为天子"的舆论，而具体策划的不是别人，正是赵匡胤的弟弟赵匡义和亲信赵普。正月初三那天，赵匡胤统率军队离开开封，当晚到达开封东北四十里地的陈桥驿。

柴荣 (921－959)，邢州尧山柴家庄人(今河北邢台隆尧)。五代时期北周皇帝，后周世宗皇帝，在位五年，终年38岁。

这天晚上，将士们纷纷议论："皇上幼弱，我们拼命为国效力，有谁能知道呢？不如拥戴点检为天子，然后北征不迟。"当时，都押衙李处耘听了大家的意见，非常高兴，马上汇报给了赵匡义和赵普，经过赵匡义和赵普的积极策划，许多将士的兵变情绪就被调动起来了。

第二天黎明，通宵环立在陈桥驿馆外的将士们突然齐声呼叫，闹成一片。从梦中惊醒的赵匡胤才欲出门，迎面赵匡义和赵普先闯了进来，身后跟着一个个手握兵器的将士。

"诸将无主，愿意拥立太尉为天子！"众人一起喊道。赵匡胤未及回答，已被大家拥到厅堂，当时就有人把一件预备好的黄袍，披在赵匡胤的身上，无数的将士立即跪地向他高呼："万岁！万岁！"这就是历史上的"陈桥兵变"。

赵匡胤登上帝位之后，改封柴宗训为郑王，因为他在后周官兼归德军节度使，封地在宋州，故改国号为宋，仍定都开封，史称北宋，赵匡胤就是宋太祖。

宋太祖统一南方

北宋建立后，宋太祖通过一系列措施牢牢把军政大权集于一身，但宋太祖依然惶恐担心，因为当时中原尚未统一，南方小国依然割据一方，宋太祖决定兼并其他小国，统一中国。

宋太祖把自己的弟弟和赵普叫来，宋太祖的弟弟叫赵匡义，当赵匡胤做了皇帝，赵匡义就改名为赵光义了。宋太祖对他们俩说："大丈夫应该有远大的志向，朕准备派兵灭掉周围这些小国。你们看这仗该怎么打？"

赵普说："北方的辽国势力很大，不好打。南方的国家地盘小，兵也少，容易打。另外，南方很富裕，如果打下了南方，我们就能得到很多粮、很多钱，我们大宋的力量会越来越强，然后再派大将打北汉和辽，万岁以为如何？"

赵光义接着说："南方小国之间闹矛盾，心不齐，我们正好一个个把它们消灭掉。"

宋太祖说："二位说的和朕想的一样，我们就来个先南后北！"

宋太祖与赵光义和赵普商量后，决定先攻打离宋最近的南平国，南平国的都城在江陵，地盘在现在的湖北中西部。

963年，北宋大将慕容延钊和李处耘，率兵直逼南平城下，要借道南平城攻打张文表。南平一开城门，便被宋军占领，张文表死于非命。打下南平，宋军继续向南，分水陆两军，沿江而下。准备攻打后蜀，后蜀国君孟昶和宰相李昊都是昏庸之辈，大将王昭远只会纸上谈兵。

当后蜀的君臣得知宋军攻下了南平，立刻慌了手脚，他们就派人和北汉联系，想共同攻打北宋，他们没想到密信被宋军查出来了，这样宋太祖又有了理由。964年十一月，宋军分两路由开封出发，北路军由大将王全斌、崔彦进率领；东路军由刘光义、曹彬率领。

十二月份，天渐渐冷了。这一天，从京城来的使者追上了王全斌的部队。原来，宋太祖看到京城下雪，想起了打仗的士兵。他就拿出自己的貂皮帽，派人送到军队中去。

兵卒们看到貂皮帽，心中都十分激动。一个兵卒大声喊："弟兄们，咱们一定要好好打仗呀！"大家齐声欢呼起来。

宋军士气高涨，将兵一心，浩浩荡荡攻向后蜀，后蜀大将王昭远退回剑门关，宋军一鼓作气，攻克剑门关，活捉了王昭远。蜀王孟昶见宋军势如破竹，长叹一声，命宰相李昊写了降书，后蜀灭亡。

970年九月，北宋元帅潘美领兵攻打南汉，南汉国主刘鋹为人残暴不仁，滥施酷刑，南汉臣民早有反心，宋军一来刘鋹便已众叛亲离，大臣纷纷逃亡，随后，南汉灭亡。

宋军真是连连胜利，下一个就轮到南唐了，南唐的地盘比较大，但力量很弱。南唐的国君就是著名的词人、文学家李煜。李煜的父亲李璟当国君的时候，就对宋很尊敬，每年都送去很多金银玉器。李煜继位，对宋更尊敬，他将国号去掉，自称江南国主。李煜万万想不到宋军会来打他。何况，当年宋军攻打南平、后蜀时，南唐还支持大宋，为大宋出了不少力。

但宋太祖顾不上这么多，打下了南汉，可以说宋军三面包围了南唐。974年九月，曹彬率领十万大军，向南唐扑来。李煜认为有长江天险，宋军就是插上翅膀也过不来，因此他在宫中继续喝酒玩乐。

长江天险对宋军是极大的障碍，宋军先派人丈量了长江的宽度，用大船搭好浮桥，大批宋军迅速过河，把南唐国都金陵团团围住，而此时的李煜尚在宫中吟词作赋，嬉戏游玩，不知大祸将至。

等有人报告后，李煜看到里三层外三层的宋军，顿时魂飞魄散，这时身边一个文臣站了出来，他说自己要找赵匡胤讲理去，李煜一看是徐铉。

在开封，徐铉对宋太祖说："我主李煜已经对宋称臣，就像儿子侍奉父亲，没有犯错误，为什么还要攻打我们呢？"

李煜　(937－978)，史称南唐后主。初名从嘉，字重光，号钟隐，李璟第六子。961年嗣位于金陵，在位15年。975年南唐为宋所灭，被俘去位，封为违命侯。978年，被宋太宗下药毒死，年42岁。

宋太祖一听，满脸的不高兴："那么父子就可以分成两家吗？天下是一家，朕的睡床上，怎么能让别的人睡觉呢？！"

徐铉见宋太祖如此坚决，知道多说无益，只好无奈地回到了金陵向李煜复命。这一年十一月，北宋派军队攻克金陵，李煜投降，南唐灭亡。

吴越占据了浙江、江苏一带，国君钱俶像李煜一样，对宋朝也是俯首称臣毕恭毕敬。当宋军攻打南唐的时候，李煜写信去吴越求取救兵，但吴越国主钱俶慑于大宋的威力，不敢得罪宋朝所以弃之不救。李煜在第二封信里说："今天没有了我，明天也不会有你！你早晚也得成为开封的一个平民！"

果然如李煜所言，南唐灭后，宋太祖召钱俶来朝见，钱俶吓得要死，宋太祖稍微吓了一吓他，这位国君便立刻唯命是从。钱俶回去后派人给大宋送去许多财物，宋朝说什么，钱俶听什么，吴越实际上不再是一个国家了。

宋太祖最后派兵消灭了福建等地的一些政权，南方基本上统一了。

尽管赵匡胤当皇帝不太光彩，可是他从963年开始，到976年止，用了十三年的时间，消灭了南方的割据政权，完成了南方的统一。

阿保机建国

872年，耶律阿保机出生在迭剌部落耶律氏族一个贵族家里。契丹部落联盟中有一个管理军马大权的重要职位，叫夷离堇。后来，契丹部落联盟中又设置了一个职位，叫于越，负责掌握部落联盟的军事和行政大权，比夷离堇的地位还要高。阿保机曾经先后担任夷离堇和于越，掌握了军政大权。

阿保机不断对外发动战争，掠夺大量的财富和奴隶。他的权力很快超过了部落联盟的首领。907年经过部落选举，阿保机当了部落联盟首领。从此，他不再担任于越和夷离堇的职务，但是，仍然把军事和行政方面的实权牢牢掌握在自己手中。他还建立了一支精兵，作为自己的侍卫亲军。

契丹部落联盟的首领，本来是三年推选一次。可是，阿保机做到第五年，还不肯让位。很多贵族非常不满，就起来反对阿保机。阿保机镇压了这些贵族的反抗。

第二年，有些贵族又起来反抗，连担任于越和夷离堇等重要职务的贵族也参加了。这时候，阿保机正领兵在外。他没有出兵反击，而是下令举行传统的选举仪式。结果，他又当选为部落联盟的首领。这就使反抗的人失去了反对的理由，只好向阿保机表示"谢罪"，愿意服从他的领导。

事情并没有结束。那些贵族不甘心他们的失败，决定策划一次大规模的战乱。几个月之后，战乱发生了。乱军到处杀害人民，抢劫财物，牲畜大量死亡，阿保机的士兵只好杀幼马、采野草做食物。这次战乱前后有两个月之久。经过艰苦的斗争，阿保机终于平息了战乱，并把三百多个参与这次战乱的人处了死刑。从此，他的地位更加巩固了。

那些参与战乱的贵族，都是氏族制度的维护者和代表者。他们反对阿保机建立奴隶主专政的国家。阿保机和他们之间的斗争，实质上是两种势力、两种制度之间的斗争。阿保机是经过激烈的斗争才取得胜利的。他决定废除部落联盟的旧制度，正式建立国家机构。

916年（当时中原是五代后梁时期），阿保机建国，国号是"契丹"。阿保机在临潢府（今内蒙古自治区乌达盟巴林左旗附近）当了皇帝。称为"大圣大明天皇帝"。他的妻子称为"应天大明地皇后"。他的儿子耶律倍被立为太子。年号叫"神册"。

阿保机进行了一系列的改革。他派人创造了契丹文字，制订了法律；对那些在契丹统治下的汉族人民，仍旧依照汉族的法律治理。他还模仿汉族的城市，在潢河（今西拉木伦河）沿岸建造京城，称为上京。此外，阿保机还采取一些发展农业和商业的措施。

契丹建国以后，阿保机不断向周围各族进行大规模的扩张。那时候，中原地区正处于五代十国统治时期，群雄割据，不断混战。阿保机利用这个机会，侵入河北东北部，攻占了许多州县。接着，他又消灭了辽河流域一带靺鞨族建立的渤海政权，统一了大漠南北和东北广大地区。他领导的契丹，成为当时我国北方的一个强大的地方政权。

澶 渊 之 盟

宋太宗曾几次北伐，想收回当初石敬瑭献给契丹的幽云十六州，但都没有成功。王小波、李顺起义以后，宋太宗改变了其内外政策，对辽由攻转守，放弃了以武力收复燕云的打算。而辽朝却利用其骑兵优势，不时地对宋朝的边境进行侵扰。

1004年八月，辽朝萧太后和辽圣宗亲率二十万大军南下，辽军采取避实就虚的策略，绕过许多宋军坚守的州县，直趋黄河边的澶州（今河南濮阳），大有进逼北宋都城开封之势。当时宋太宗已死，继位的是他的儿子宋真宗赵恒。

宋真宗闻报色变，连忙召集群臣讨论御敌方案。朝中大臣在如何对付辽朝进攻的问题上，出现了主张迁都逃跑与坚决抵抗两种对立意见。副相王钦若是江南人，主张迁都金陵州（今江苏南京）；陈尧叟是四川人，主张迁都益州（今四川成都）。

宋真宗举棋不定，急忙向新任宰相寇准征询意见。寇准明知端的，却装做不知，故意当着两位副相的面说："谁给陛下出这种坏主意，应当斩他们的头！"寇准接着分析了形势，指明了利害，提出让宋真宗应亲往澶州前线督师，以振士气的决策。

十月，宋真宗终于在寇准等人的催促下，起驾北征。出了汴京，还没到达黄河南岸，这位怯懦的皇帝就害怕了，又想迁都。寇准再次指出："现在敌人已经迫近，人心动荡，陛下只能进尺，不可退寸。前进则士气百倍，敌人闻风丧胆；后退则万众瓦解，敌人趁势进攻，不仅汴京失守，恐怕陛下连金陵都去不了了！"宋真宗无奈，又勉强起驾北行。到了黄河岸边，他又开始退缩了。在寇准等人的再三请求下，宋真宗才渡河抵达北岸。

寇准 （961－1023），北宋政治家、诗人。字平仲，华州下邽（今陕西渭南）人。淳化五年（994）为参知政事，其政治才能深得宋太宗赏识，封莱国公。宋仁宗天圣元年病死于雷州，谥号忠愍。

守卫澶州的宋军听说皇上亲自出征，全军顿时士气高涨，打退了辽军的多次进攻，并打死了辽国大将挞览。宋真宗到达澶州北城，更使宋军士气大增。辽军的南侵，原是以掠夺财物和进行政治讹诈为目的，等到侵入宋境后，因阵前受挫败，就表示愿与宋朝议和。

接到辽朝的求和书，寇准立即提出，求和可以，但必须归还幽云十六州，否则兵戎相见，一决雌雄。但是，宋真宗本来就害怕同辽兵作战，这时见议和有希望，他只盼辽军能够尽快北撤，于是不顾寇准的建议，急派大臣曹利用出使辽朝。

临行时，宋真宗特别嘱咐曹利用说："如果他们要赔款，迫不得已，就是每年一百万也答应算了。"寇准得知后，立即召曹利用到军营，说："圣上虽有旨意，但你答应辽人的岁币不得超过三十万，否则，我就砍掉你的脑袋！"

1005年一月，和议达成。双方约定，宋辽互称兄弟之国，辽圣宗耶律隆绪称宋真宗赵恒为兄，但是，"哥哥"每年要送给"弟弟"岁币三十万（包括绢二十万匹、银十万两）。这次宋辽和盟是在澶州城下签订的，澶州为古澶渊郡，因此历史上就把这次和议称为"澶渊之盟"。

曹利用回到行营，宋真宗正在用饭，没有立刻召见，但急于知道和议结果，就叫侍者出来询问曹利用赔款的数目。曹利用坚持要面奏真宗，侍者说："陛下着急，你先说个大概。"曹利用一脸无奈地伸出了三个手指，侍者见他用三个手指支着脸，回报时说："大概是三百万吧！"宋真宗吃了一惊，失声道："太多了！"既而又说："姑且了却此事，三百万就三百万吧！"

真宗吃完饭，就让曹利用进来详细汇报，当真宗知道银绢的数字是三十万的时候，高兴极了。

对宋朝来说，"澶渊之盟"是一个屈辱妥协的和约，不过，从中华民族的发展史来看，"澶渊之盟"的订立，却结束了宋辽之间连续数十年的战争，使此后的宋辽边境长期处于相对和平稳定的状态，对南北经济文化的发展和提高是十分有利的。

元昊建立西夏

当宋朝忙着对付辽朝的时候，西北边境的党项族也时常寻机侵犯宋朝边境。"澶渊之盟"签订后，宋辽战争基本结束。宋真宗也用妥协退让的办法向党项族求和，封党项族首领李继迁为夏州刺史、定难军节度使。李继迁死后，又封他的儿子李德明为西平王，每年送去大量的钱财。宋朝边境三十多年的相对和平时期，是以付出高昂的经济代价换来的。

李德明为了党项族的生存发展，致力于同宋朝的友好往来和经济贸易，促进了经济发展，党项族很快出现欣欣向荣的局面。

李德明的儿子李元昊，逐渐长大成人，他精通汉文和佛学。李元昊二十四岁那年，初次带兵攻打回纥，取得决定性胜利，显示了他的军事才能。

李元昊对父亲的和宋政策，特别是向宋朝称臣不能理解，多次劝父亲不要再臣服于宋朝。他说："我们虽然得到宋朝的赏赐，但只是我们自己享受，部落的人还很穷困。这怎么能赢得大众的拥护？我们不如利用这些赏赐，训练兵马，力量小的话可以四处征伐，力量大的话还可以去夺取领土，这样上下才能富裕起来，我们也才能赢得部落族人的拥护。"李德明对儿子说："我们党项人长期以来疲于作战，如今，我们能够穿上锦衣，都是宋朝的赏赐，不可以背叛他们啊！"

李元昊却回答说："穿皮毛，牧牛羊，这是我们的风俗。英雄好汉，应当自己做皇帝，哪能贪图这点好处？"

李元昊的话，李德明也觉得有道理，只是他认为时机还未成熟。年轻气盛的李元昊此时还不太懂得父亲的心思。其实李德明自己有一套想法，他想充分利用辽、宋两国的矛盾，从双方那里都得到好处，这样既避免了战争，又能加紧发展生产。而两国对李德明的讨好笼络、封爵赏赐，又使党项族的实力大大增强，为李元昊的称帝建国奠定了坚实的基础。

李德明病逝后，李元昊取得了党项族的统治权，继承了西平王的王位。他要按照自己早有的想法，自立门户，摆脱宋朝的控制。为了强化民族意识，增强党项族内部的团结，李元昊首先从姓氏入手，抛弃了唐、宋王朝赐封给祖先的李姓、赵姓。另外，他依照中原王朝的制度，设立文武百官，改革国家行政机构，整顿军队，以加强军事力量。

1038年，元昊正式称帝，国号大夏，建都兴庆（今宁夏回族自治区银川市）。因为它在宋朝的西北，历史上把它叫作西夏。

范仲淹实行新政

范仲淹的祖先是邠州（现在的陕西彬县）人，后来全家搬到江南，在吴县（现在的江苏省苏州市）住了下来。范仲淹从小就很有志气。他两岁的时候，父亲去世了，母亲改嫁给了一个姓朱的人，他也就跟着姓朱。等他懂事以后，知道了自己的身世，便告别了母亲去应天府（现在的河南省商丘市）读书。他读书非常刻苦，每当夜里读书困倦时，就用冷水使自己清醒。

五年后，范仲淹考上了进士，开始当官，后来终于把自己的姓改了回来，仍然姓范。

范仲淹一生做过许多大大小小的官，他为人正直，经常给皇帝提意见。他读的书很多，而且特别喜欢谈论天下的大事，每次他都坚持自己的意见。宋仁宗知道他对国家的忠心，所以范仲淹提出的一些建议他也接受了。

有一年，全国发生了蝗灾和旱灾，特别是江淮和京东一带更为严重，老百姓吃不上饭，生活困难。范仲淹看到这样的情景，心里非常着急。他请求宋仁宗派人到各地去察看灾情，仁宗没有答应。范仲淹对仁宗说："皇上，如果您在宫里半天不吃饭，能受得了吗？"仁宗这才被说服，他派范仲淹作为使臣，去救济慰问江淮一带受灾的老百姓。范仲淹每到一处都开仓放粮赈济灾民，并取消苛捐杂税。

后来，范仲淹被派到苏州去当官，那里正在发大水，洪水淹没了很多农田。范仲淹一到苏州，就亲自带人观察水情，用疏导的办法让洪水入大海。

宋仁宗看到范仲淹做官不忘老百姓，很是高兴，就把他调回都城，当上了吏部员外郎，兼开封府知府。范仲淹为人坦率，见到不顺眼的事情，就一定要批评，他也因此得罪了不少人。

当时的宰相吕夷简，喜欢安排自己的亲戚朋友做官，所以他身边的人很多在朝廷里做了大官。范仲淹看到这

范仲淹（989－1052），字希文。北宋政治家、文学家，吴县（今属江苏）人。1043年推行新政，可惜不久因为保守派的反对而不能实现，后来在赴颍州途中病死，谥文正。

种自私的行为，生气地写了一篇《百官图》批评吕夷简，说他用人不按照次序，完全是为了自己的利益，像他这样的人根本不配做宰相。吕夷简看到后很不高兴。

不久，范仲淹遭到吕夷简的陷害。那是在讨论建都的时候。范仲淹认为洛阳和开封都是非常重要的地方，在天下太平的时候皇帝可以住在开封，打起仗来皇帝就要住在洛阳了，所以他认为应该在洛阳准备好足够用的房子和粮食。

吕夷简借这个机会批评范仲淹浪费摆阔。范仲淹不服气，写了一篇"四论"给皇帝看，又被吕夷简说成是在挑拨君臣之间的关系。仁宗一怒之下，便把范仲淹贬到了饶州（现在的江西波阳）。

1038年，在北宋西北的夏国第三代国王元昊自称为帝，定国号为大夏（历史上称为西夏）。元昊看到北宋对辽国一向是妥协求和，便乘机侵掠北宋的边疆。

元昊在西夏刚刚建立的第三年正月，亲自率领军队进攻延州（现在的陕西省延安市），守卫在那里的北宋将领范雍怯懦无能，看到敌兵杀来，吓得魂不附体，竟去求神问鬼，结果宋军被打得大败。仁宗知道了失败的消息，便把范仲淹调到边关，抵抗西夏的进攻。

已经被贬官一年多的范仲淹接到皇帝的命令以后，一点也没有抱怨，很快赶到了边关。到了延州以后，他检阅州兵，组织了一支一万八千人的军队，分成六个部，每部三千人，严格训练以后轮流出击敌人。

在军队里，范仲淹是非常爱护自己的士兵的。士兵们生活很艰苦，不得不经常去抢老百姓的东西。范仲淹知道以后，就从军费里拨出一笔钱来，每月发给战士们，作为他们的补助费。这样不仅军队里练兵的热情大大提高了，而且当地老百姓的生活也好多了。范仲淹还虚心接受了边关大将种世衡的许多建议，带领老百姓学习射箭，一起开荒种田，修建城寨抗击西夏。

当时在北宋和西夏的边界之间，居住着羌族人，他们曾经投靠过西夏。宋朝的一些将领主张杀死羌族人，而范仲淹和一些人却主张说服羌族人使他们投靠北宋。于是范仲淹冒着生命危险到羌族人住的地方劝说他们的首领，终于说服了他们。羌族人从此真心归顺了北宋。

因为范仲淹是一个爱护士兵和老百姓的将领，所以士兵们都愿意跟着他打仗。战士们英勇战斗，打了好几个大胜仗。那时边关上流传着这样的歌谣：

军中有一韩（指当时另一个著名将领韩琦），
西贼闻之心胆寒；
军中有一范（仲淹）
西贼闻之惊破胆！

事实上就是这样，西夏人看到北宋的边防非常牢固，士兵很勇猛，自己又被打败了好几次，便不敢轻易进攻，只好向北宋求和。

北宋和西夏开始了和谈，范仲淹也就被调回朝廷。

1043年八月，范仲淹被提拔为参知政事（相当于副宰相）。这时的北宋朝廷已经很腐败了，官员的数目众多，有的官非但不管理政事，而且还贪污钱财，压迫百姓。范仲淹对此十分不满。

九月的某一天，宋仁宗忽然召见范仲淹和另一个大臣富弼，要他们俩写出富国强兵的好计策来。范仲淹愤笔写下十项治国策，主张在官吏管理、加强战备和发展生产等方面进行改革。他的主张被宋仁宗所采纳，因为仁宗这时的年号叫"庆历"，所以历史学家把这次改革叫作"庆历新政"。

在宋仁宗的大力支持下，改革在全国顺利实行着。范仲淹和富弼等人调整官僚机构，对不合适的官员决不手软，一律撤职；同时又规划农业生产，提倡廉洁节省，反对浪费贪污的歪风。每天他都很忙，就是到了躺在床上准备睡觉的时候，他也要回想一下白天所做的事情，看看是不是对得起自己所领的俸禄。如果他觉得对得起的话，他就安心地睡着了；如果他觉得自己对不起所领的俸禄，就会十分不安，彻夜难眠，第二天就要尽量多做事，争取称职。

范仲淹以身作则，带动了一批官员，朝廷上下出现了一派欣欣向荣的好气象。但是好景不长，一些阴险的皇亲国戚和大官僚们受到范仲淹的打击，怀恨在心，对范仲淹和富弼极力攻击、诬陷。他们不断地向宋仁宗告状，使宋仁宗不得不把范仲淹派到边防去了。范仲淹走后不久，新政也遭到了破坏，不到一年时间，庆历新政就被迫停止了。

王安石变法

宋朝自从赵匡胤开国做了太祖皇帝，经过太宗、真宗、仁宗、英宗，到神宗这里，是第六代皇帝了。这时宋朝的政治已经很腐朽了，官僚机构庞大，战争频仍，而且每年都要向辽交纳岁币，国力微弱，百姓所受的盘剥日趋严重，各地起义频繁爆发，社会矛盾日益加剧。另外，官吏们玩忽职守，敷衍了事，而且贪污成性，生活奢侈。如果不进行彻底改革，宋朝的统治就要走向灭亡。

在仁宗的时候，范仲淹曾经推行过"庆历新政"，可惜实施了不到一年，就遭到大官僚大地主的攻击而失败了。眼看政权体系日益腐化，宋神宗时期，皇帝任用王安石主持变法，历时二十余年，这次变法意义极为深远。

王安石，字介甫，是江西临川人。王安石出身在一个小官员家庭，他的父亲做过类似县令的官，为人正直，处理案件很公正，所以经常被人排挤，从一个地方调到另一个地方。王安石从小喜欢读书，经史子集无一不通，甚至吃饭、睡觉都手不释卷。

王安石当官后，首先做的是鄞县县令，当时王安石领导百姓疏通河渠，把鄞县从贫困落后的状态改善成山清水秀的鱼米之乡。

王安石还在青黄不接的时候，用官府的粮食贷给百姓，只收一小部分利息，这样就使农民免受高利贷之苦，还使官府增加收入。

为了感谢王安石为人民做出的巨大贡献，鄞县的老百姓给他修了一座神庙，每年都在一定的日子里纪念他。

1068年，十九岁的宋神宗赵顼执政。神宗志向远大，总想有一番作为。

宋神宗对王安石关注很久，知道他是个有才华的人，与王安石一聊，两人很是投机，所以神宗对王安石很信任，第二年便任命他为副宰相，主持改革。从此以后，王安石主持变法，轰轰烈烈进行了十几年，直到宋神宗死去。

王安石认为当时最重要的事情，就是改变社会风气，建立完善的法律和制度。先后制定颁布了"青苗法"、"免役法"、"农田水利法"等措施。

"青苗法"的实施来源于王安石在鄞县做官的成功案例。老百姓一年里可以向地方官府借两次钱，半年以内归还。借一千钱，就得还一千二百钱。虽然要付不少的利息，可是这比借高利贷要合算得多。这项措施使放高利贷的地主官僚们极为愤恨，因为断了他们高利贷的收入，但他们对此又无可奈何。

"免役法"规定，政府收取服役人家的免役钱，用这些钱雇人服役。不论是老百姓还是地主、官僚都要交钱，这就减轻了人民的劳役负担，保证农民有充足的劳动时间。

"农田水利法"是政府鼓励各地兴修水利发展生产的一项措施。国家对积极修筑堤坝河渠的人，要给予奖励，并且向缺少资金的地区提供低利息的贷款。

除此之外，还有"方田均税法"，在全国重新丈量土地，均担税负，在军事上实行"保甲法"，有效的控制了人民，充实了军队。

这些"新法"的实行，限制了大官僚大地主们的政治和经济特权，增加了国家的财政收入，整顿了军队，使宋朝弱小贫困的局面得到初步的改变。

可是，从改革一开始，王安石就遭到大官僚大地主的攻击。以前"庆历新政"的支持者富弼也出来极力反对，并一再在宋神宗面前诬蔑王安石。另

王安石 （1021－1086），字介甫，晚号半山，封荆国公，世人又称王荆公。北宋杰出的政治家、思想家、文学家。

外一些保守的官吏，为了自己的利益，更是不断写文章骂王安石，甚至编造许多谣言破坏他的名声。

宋神宗执政后的第六年，全国发生自然灾害，有人绘制一幅"流民图"陷害王安石，说是变法造成的"恶果"。

神宗看了"流民图"，想到变法以来那么多人告王安石的状，而且他害怕得罪宫里两个太后，因为她们老是在他面前说"祖宗的法规不可以改变"，于是就罢免了王安石的宰相职务，让他去江宁休养。

等到王安石再次当上宰相主持大局，心绪已经大变，尤其是痛丧其子，更是让他郁郁寡欢，终于在1076年，王安石又辞官回到江宁养病去了。

王安石两次下台，使变法遭受了巨大的打击。神宗死后，代表保守的官僚和地主的司马光上台，废除了新法。至此，王安石变法结束了。

司马光写《资治通鉴》

司马光是王安石的好朋友，两人却因为政见不合而矛盾不断，司马光后来在政治上全盘废除了王安石新法，除了政治上的作为，司马光更值得一提的是他的学术著作《资治通鉴》。

司马光用十九年的时间编成了这部旷世奇书，从此后，《资治通鉴》作为历史上重量级的史学著作流传下来，《资治通鉴》内容详实，信息含量极大，完成这样一部史学巨著需要深厚的历史和文学功底。

司马光 （1019－1086），北宋时期著名政治家、史学家、散文家。北宋陕州夏县（今山西运城）人，字君实，号迂叟，世称涑水先生。

传说司马光小时候特别聪明。在他七岁的时候，有一次他和小伙伴们在院子里玩捉迷藏，大家打闹着追来追去玩得很起劲。忽然，一个小伙伴不小心掉进了院子里的大水缸里。那个水缸比小伙伴还高，他在水缸里挣扎，大声呼救。伙伴们干着急，却没有一点办法，司马光急中生智，举起一块大石头把缸砸碎，救出了自己的伙伴。

司马光特别喜欢读历史书，五六岁的时候就能熟练地背诵《论语》、《孟子》了。七岁那年，他熟读了《左传》，并且经常讲给家里人听。司马光酷爱这些书籍，读起来就爱不释手，因此司马光小时候就蕴藏了大量的历史知识。

由于对历史有着浓厚的兴趣，司马光在考中进士作了官以后，继续钻研历史。在长期的研究中，司马光发现中国的历史书虽然很多，但记载从远古一直到

当代的比较完整的历史书却一本也没有。为了让人们完整的了解历史，司马光决定编一部完整的通史，取名《通志》意思就是从头到尾的历史。

过了几年，宋英宗召见司马光，问他编写得怎么样了。司马光回答说："皇上，我已经编完了八卷《通志》，写了从周烈王二十三年起（公元前403年）到秦二世三年（公元前207年），共一百九十五年的历史，请皇上看看吧。"

英宗翻了一会儿《通志》，看了一些目录和章节内容，很高兴，鼓励司马光继续写下去，并且建议司马光可以找一些熟悉历史的人合作。

司马光听了英宗的指示，回去以后马上组织书局，请了刘攽、刘恕、范祖禹等人，由他自己担任主编，其他人按朝代一人写一段历史。

不久之后，英宗病死了，神宗上台后对《通志》的编写也非常感兴趣。神宗看了一些稿件，觉得对治国非常有用，于是建议司马光把《通志》改名为《资治通鉴》。司马光高兴地答应了。这就是《资治通鉴》名字的由来。

从神宗即位到神宗去世前一年，司马光出任西京御史台，在洛阳继续编写《资治通鉴》，这个时期正好也是王安石搞变法维新的时期。在王安石变法的这段时期，司马光是反对派，他认为王安石变法的目的是为了剥夺富人的利益，坚持祖宗之法不可改。他曾经对皇帝说："我和王安石两个，就像冰块和火炭不能放在一起，冬天和夏天不可能同时出现一样。"就说明他和王安石的立场是极端对立的。

司马光在自己的著作里也渗透进了自己的的政治观点，在《资治通鉴》的史料里多处体现了维护地主阶级利益的意味。这本书花费了司马光几乎全部的精力和心血，他每天不分昼夜地写，常常顾不上吃饭和睡觉。他害怕自己睡得过了头，动手设计了一个圆木枕头，只要脑袋稍微一动，枕头就会滚到一边，把他惊醒。他把这个枕头叫作"警枕"，意思是防止自己睡得过久。司马光这种刻苦学习的精神，历来为后人所称道，"警枕"的故事也广为流传。

《资治通鉴》的编写经历了英宗、神宗两代皇帝，前后共用了十九年的时间。它根据丰富的历史资料，论述了从公元前403年到959年共一千三百六十二年的史实，按照事情发生的时间先后，编写了一部二百九十四卷的编年史（按年月日顺序记载历史的一种体裁）。这本书对各个朝代的历史事件都做了详细的介绍，对政治、文化、经济都做了详细的总结。它是中国历史上一部伟大的著作，人们因此把司马光和写《史记》的汉朝史学家司马迁合在一起叫作"两司马"。

司马光很耿直，在写书时也是这样。他在《资治通鉴》里面，不仅赞扬了每个皇帝做了好事的一面，也指出了他们残酷镇压老百姓、迷信荒唐的一面。这部书参考了三百多种书籍，并且作了认真的考证，具有很高的历史资料价值，因此，后来的历史学家研究宋代以前的历史，都喜欢把《资治通鉴》拿来作参考。

总之，这部三百万字的《资治通鉴》可与《史记》并列为史学界的两朵奇葩，对丰富历史文化做出了巨大的贡献。

李纲守东京

北宋联合金朝攻辽实在是引狼入室，怀有"虎狼之心"的金朝早已看透了北宋的内情，它在灭辽之后，马不停蹄地又南下侵略北宋来了。

1125年十月，金兵分东西两路侵宋，宋朝人心慌乱，六神无主，徽宗在大难临头之际，只想逃跑避祸，却不思抗金御敌。国将不国之时，忠直的大臣李纲痛上血书，请太子监国主理朝政，抵抗金兵。

徽宗看完血书，很受感动，他自己心里明白，如果不传位太子，肯定会被天下人臭骂，就决定让太子赵桓监国。

金兵一天天逼近开封，徽宗六神无主，有一天竟气昏过去，醒来写了四个字"传位东宫（太子）"，交给蔡攸，不久，赵桓正式即位，这就是宋钦宗。徽宗退位后，以"烧香"为借口，匆忙逃窜，最终跑到镇江。

徽宗一下台，六贼也就没有什么好命运了。老百姓和许多大官纷纷起来揭露他们的罪行。钦宗见民愤极大，只好把他们或者流放，或者赐死，或者罢免。六贼最后都不得好死，落得了可耻的下场。

钦宗任用李纲主管兵事，但钦宗却和投降派白时中、李邦彦串通一气，他们极力劝钦宗罢战，担心一战即溃。

钦宗也左右为难，问李纲："你说现在谁能带兵守城呢？"李纲回答说："带领将士抗击敌军，是白时中、李邦彦两位宰相的责任。"

白时中、李邦彦听见李纲这么一说，吓得要死，急忙说："难道李纲就不能带兵吗？"

李纲毫不示弱，对钦宗说："如果皇上信任我，我甘愿以死报国！"

于是，钦宗下诏让李纲担任尚书右丞兼东京留守，率领宋军守城抗金，钦宗松了一口气，又准备偷偷逃走。李纲当然不会同意，他对钦宗说："想当年唐明皇听说潼关被打下了，就急忙逃往四川，结果使自己的江山毁在贼人（指安禄山）的手里，花

李纲（1083－1140），字伯纪，邵武（今属福建）人，南宋著名爱国民族英雄。

了很多年才收复回来。您怎么不接受他的教训呢？而且现在局势并不是特别危急，全国各地的援兵就要到了。皇上你一走，京城一定大乱，肯定会守不住的。请皇上再考虑考虑吧。"

钦宗被说动了，可是几天后，看到金军气吞万里如虎之势，又害怕了，于是又偷偷做好了逃跑的准备。禁卫军护着他，眼看就要出发了。李纲闻讯赶来，生气地质问禁卫军："你们是愿意保卫都城，还是愿意和皇上一起逃跑？"

士兵们一起回答："愿意保卫都城！"李纲又去劝钦宗："禁卫军将士的家属都在城里。他们跟您走，万一半路又逃回来，皇上您的安全谁来保障？而且金兵已经离这儿很近了，如果您走的消息让他们知道了，他们一定会追去的，那时皇上又怎么抵抗呢？"钦宗本来没有主见，听李纲这么一说，觉得很有道理，于是就不走了。

李纲大声说："皇帝已经下定决心不走了，今后谁再敢说走，就一定斩首示众！"禁卫军十分激动，跪在地上，高喊"万岁"。

费了九牛二虎之力，终于挽留住了钦宗，李纲连忙去布置城防，整整花了三天时间。此时，金兵已兵临开封城，有一队金兵已开始攻打宣泽门了。李纲选拔了两千名敢死队员，列队城下，用长钩钩住敌船，向敌人投掷石头。又在小河里设置障碍，搬来蔡京家里的山石，堵住通往城门的道路。这一仗，金兵损失了一百多人。

紧接着金兵又攻打其他城门，城上宋军早有防备，把砖石、檑木拿起来向正在爬城的敌军抛去，又拉弓射箭，金兵被砸死、射死的不计其数，纷纷后退。李纲在城上看到城下堆放着金兵爬城的工具和各种物资，于是悄悄派人顺城而下，乘敌人不备，将物资尽皆烧毁。

金军将领宗望见宋军十分英勇，一时开封难以拿下，就派使臣到宋营去议和。其实钦宗早有此意，他马上派人到金营去谈判。李纲知道后，极力反对，但也没能阻止住投降派的活动。

宋使来到金营，看到金兵严阵以待的阵势，早就吓得六神无主，于是对金兵的所有条件全都答应了。结果钦宗答应赔偿金朝黄金五百万两，白银五千万两，牛马各一万匹，缎五百万匹，并且割让太原、中山、河间三镇，还怕金朝不撤兵，又把亲王、宰相作为人质，送往金营。

和谈之后，各地的援兵到达开封，宋军士气更加高涨。有一个年轻将领姚平仲很轻视金兵，要求夜间偷袭金营，活捉宗望，钦宗很赞成他。于是姚平仲独自出兵，没想到金兵早已得知消息，已经为他设好了

青釉瓷壶

埋伏圈。在金兵的前后夹击之下，姚平仲被打得大败，要不是李纲闻讯赶去救援，肯定全军覆没。

金军正愁抓不到借口，这真是天赐良机。李邦彦乘机把责任推给李纲，责怪李纲作战不力，致使金军发难，钦宗连忙向金军致歉，并主动罢免李纲，割让土地。

李纲被免职后，引起众人轰动，太学生陈东率领几百太学生上书请愿，几万群众也聚集抗议。

这时候，正好李邦彦赶来上朝，愤怒的军民一拥而上，饱揍了他一顿，李邦彦吓得面无血色，急忙跑进了宫里。

宋钦宗见群众的声势这么浩大，害怕事情闹大，急忙派太监朱拱之去召回李纲。朱拱之等二十多个太监刚出门，就被群众包围，愤怒的人群一顿拳打脚踢，活生生把他们给打死了。

李纲接到钦宗的圣旨，便从家里出来和群众见面，群众欢呼雷动，又停留了一会儿才慢慢散开。这次太学风潮，有力地打击了卖国投降的奸臣，提高了开封城里的军民抗战的士气。李纲重新整顿军队，下令重赏勇敢杀敌的人。战士们在战场上奋勇杀敌，猛如牛虎，连退数次金兵。金军见宋军如此勇猛，自己又孤军深入，知道久战必败，所以匆忙撤退了。就这样，李纲率领军民英勇抗敌，取得了"东京保卫战"的重大胜利。

徽 钦 被 虏

1126年二月，金兵被李纲打败，一直退回黄河，"东京保卫战"取得了一个大胜利。

四月，太上皇徽宗以为东京平安无事了，就从亳州回到开封，继续过着他荒淫糜烂的生活。这时，投降派们又得势了，北宋在军事上一点儿准备都没有，各地赶来解东京之围的援兵，也被钦宗打发走了。

李纲看到宋朝危如累卵，心急如焚，几次上书请求宋军积极备战，都没有得到重视。投降派对李纲恨极了，趁机排挤他，让他离开都城去做河北宣抚使。不久，李纲又被罢免兵权，贬到扬州去做官了。

北宋与金和谈时，答应割太原、中山、河间三镇及这三镇所辖的州县给金朝，但这只是软骨头皇帝的事儿，黄河以北的老百姓却不认这个账。他们并不服从金人的统治，拼死护卫自己的国土，各种抗金斗争此起彼伏。他们经常四处攻打金兵，让金军防不胜防，不得安宁，又切断敌人的运输钱，让敌人吃不上饭，得不到武器装备。

金朝对此非常头疼，迫不得已向北宋朝廷再次施压。北宋内部对于是否割让三镇，讨论得非常激烈，投降派主张割地，主战派则主张和金军决战，真是公有公理，婆有婆理，谁也说服不了谁。

正在这个时候，李纲所担心的金人再次侵略的事发生了。1126年八月，金太宗又发兵大规模南侵，以宗翰、宗望分别为左右副元帅，分东西两路向北宋进军。

宗翰率军猛攻太原城，金军把太原团团围住，军民与宗翰的金兵相持有八个月之久，粮草已尽，但太原军民却宁死不降。王禀带全城军民浴血奋战，九月初期，太原城终于坚持不住，被金兵攻破。

十一月，宗翰从太原率军南下，一路上遭遇的宋军，不是弃城逃跑，就是乖乖投降，所以金军南下很顺利，轻松地打过了黄河。

宗望的东军从真定府南下，一路势如破竹，只用了十天就兵临开封。这时，宗翰也带兵赶到。两军会合在一块儿，驻扎在开封城南薰门外，再次包围了开封城。

开封城岌岌可危，主战派的李纲已经不在了，各地援兵也被遣回了。守军几乎没有抵抗能力，宋室都城如风中之烛。宋钦宗是个昏庸而且没有主见的皇帝，在这种危急的情况下，他还相信"法术"。兵部尚书孙傅给钦宗推荐了一个道士郭京，郭京胡说八道，吹嘘自己能掐会算，会念咒调来神兵和金兵作战。他说他的法术叫"六甲法"，只要他领兵就能打败金军，活捉宗翰和宗望。

钦宗信以为真，赏了郭京许多金银财宝，叫他带"六甲神兵"出城作战。郭京好不容易拼凑了一支几百人的队伍，出城与金兵刚一交战，就被打得七零八落，纷纷败下阵来，金军乘胜追击，郭京一看不好，三十六计走为上，带着残兵败将急急忙忙地向南逃走了。

这样腐败的朝廷，如何与强敌作战，金兵很快攻破开封，爱国将士与金兵进行激烈的巷战。

被派往金营求和的使者回来告诉钦宗，必须皇帝亲自去谈判。宋钦宗急忙带领几个大臣到金营，交上降表，跪下来向金国称臣。

金兵在开封城烧杀抢掠，无恶不作，到处掠夺金银财宝。1127年初，金兵又先后扣留了钦宗，徽宗，金太宗下诏废了他们的帝位，把他们俩连同宋宫里的太后、皇后、妃子、公主以及亲王、大臣和各种手工业工匠一共三千多人，一起押回金国，当作奴隶使唤。除此之外，北宋都城里储藏的各种图书、乐器、天文仪器、金银财宝也被金兵抢劫一空。

就这样，北宋王朝被金国灭亡了。这一年，是北宋靖康二年，所以历史上称这次大事变为"靖康之变"。

金军从开封撤出以前，在城里建立了一个傀儡政权，国号"楚"，扶持北宋投降派头子张邦昌做了"皇帝"，利用他来镇压宋朝人民的反抗斗争。

金军撤走之后，北宋王朝的亲王只有康王赵构没有被抓走，因为他当时在济州带兵，躲开了这场大灾难。因此，许多宋朝的大臣都拥护赵构出来继承皇位。而张邦昌做了几天假皇帝，老挨老百姓的痛骂，心里也不好受，只好也表示拥护赵构，取消了自己的帝号。

于是，1127年五月，赵构在南京应天府（现在的河南省商丘市南）登上了皇帝宝座，改年号为"建炎"，他就是南宋第一个皇帝高宗。不久，他逃往长江以南，以临安（现在的浙江省杭州市）为首都，开始了历史上称为"南宋"的封建统治。

赵 构 称 帝

南宋第一个皇帝高宗赵构是宋徽宗的一个小妃子生的，在皇室中地位很低，很不被人看重。当金国打到京城汴梁的时候，宋钦宗就把赵构送到金营里，把他当作人质，和金军议和。但是，金军认为赵构不重要，要求另外换个人质。赵构就被放了出来。后来，赵构又被派往外地去招集人马，要和金军打仗。因此金兵攻破汴梁时没有抓走赵构。

金军押着两个宋朝皇帝和其他人回北方去的时候，北宋有个大将名叫宗泽，正在河北和河南接壤的地方和金军打仗。他听说皇帝被抓走了，就想把皇帝抢回来，但是没有成功。

那时候，北宋虽然灭亡了，但还有很多的土地没被金军占领。宗泽认为，国家不能没有皇帝，而赵构是唯一留下来的亲王，只有拥立他做皇帝了，宗泽就把他的想法告诉了赵构。

那时候，金国已经让北宋的一个奸臣张邦昌当了皇帝来统治宋朝的地区。但是，北宋原来的大臣都不服张邦昌，张邦昌只好宣布退位，请赵构即位当皇帝。

1127年的阴历五月初一，赵构就在南京应天府即位做了皇帝。他的年号叫建炎。赵构就是宋高宗。因为他建立的宋朝在南方，历史上就把这个宋朝叫南宋。

宋高宗赵构同他的父亲和兄长一样，仍然是对金妥协投降。他当了皇帝不久，就派人到金国去，答应把一大片土地送给金国。可是朝廷中还有很多忠

宋高宗 (1107－1187)即赵构，字德基。宋徽宗第九子。宋室渡后，即位建康，迁都临安。后以秦桧为相，杀岳飞，与金媾和，奉表称臣。在位36年。

臣，他们都不愿意投降，主张抗金救国。宋高宗为了稳住他的皇位，只好把主张抗金的大将李纲请到朝廷中当宰相，装出他也要和金国打仗的样子。

宋高宗赵构很害怕金军，他不仅不把都城迁回汴梁，还要把都城从应天府迁到长江以南的江宁。他以为这样就可以以长江为天险，挡住金军的进攻，做他的小朝廷的皇帝。

但是，宰相李纲是个热爱国家的人。他向宋高宗提了十条建议，希望他奋发图强，收复失地，拯救自己的国家。李纲劝宋高宗要用有才干的人做官，驱逐朝廷中的奸臣，为抗击金军做准备。

李纲的建议完全是为宋朝的天下着想。但是，宋高宗根本听不进去。他和他的父亲宋徽宗和哥哥宋钦宗一样，只想保住现在的安稳，不想收复被金军夺走的土地。另外，还有许多奸臣在高宗面前老说李纲的坏话，渐渐地，宋高宗觉得李纲在朝廷很不舒服，就干脆罢免了李纲，不让他当宰相了。

群臣听到李纲被赶出朝廷的消息后，非常生气。他们在太学生陈东、进士欧阳彻的带领下，联合给皇帝上书，要求召回李纲。宋高宗看这么多的臣子都和他作对，非常气愤，下令把陈东和欧阳彻杀掉了。

1127年十月，宋高宗与黄潜善、汪伯彦等人，自动放弃应天府，把新建的南宋朝廷迁往扬州。

黄天荡大捷

1129年九月，金国大将兀术带领很多金军又进攻江淮地区了，想要一下子把南宋消灭掉。宋高宗急忙逃跑到杭州。但金军还在追他，宋高宗又赶快逃到越州。后来，他又从越州逃到明州，从明州下海逃到定海，才顺海路逃到温州。金军又在定海、明州、越州和杭州等地烧杀抢劫了一番才回去。

爱国将领韩世忠和岳飞等人在金军回去的路上拦住金军，打了几场胜仗，使金军受到很大的损失。其中，韩世忠和他的夫人梁红玉一起指挥的黄天荡大战最有名。

韩世忠是宋朝一位很有名的将领。他和他的夫人梁红玉武艺都很高强，打仗很勇敢。这回，他们决定在镇江和北撤的金军打个痛快。

韩世忠派前军守卫在青龙镇，中军驻守在江湾，后军驻守在海口，准备伏击金军。其实，韩世忠是在骗金军，好让金军不走青龙镇、江湾这条路，而去走镇江这条路，以便在镇江一下子把金军消灭。

三月，兀术带领金军来到了镇江附近。他们这才发现长江口已被宋朝军队封锁住，四周都是南宋的军队。他们被包围在一个叫黄天荡的死港湾里面，没法渡回北方，又没法后退。

兀术急得带着四名将领，亲自悄悄地骑马到长江边上的龙王庙，想偷看南宋军队的情况。他哪里想到韩世忠已经派了二百名精兵埋伏在庙里，又派了二百名精兵埋伏在山下，准备一下子把他抓住。后来，这庙里的伏兵和山下的伏兵没配合好，又让兀术跑了，只抓住他的两个大将。

韩世忠 （1089 – 1151），字良臣，南宋朝名将，陕西省绥德县人，民族英雄。英勇善战，胸怀韬略，在抵抗金兵南侵中建立战功。

兀术的金军已经被围在黄天荡里好几天了，一个个都急得要命。兀术只好宣布要和宋军决战。决战的时候，韩世忠的夫人梁红玉亲自敲响战鼓，韩世忠率领将士和敌人决斗。士兵们一看主帅也参加战斗，都打得很英勇，把金军打得大败，抢夺了很多武器和马匹。

金军在黄天荡被围了四十多天，急得团团转。兀术这回只好派人来向韩世忠求和。他答应要把掠夺走的财物都留下，还送给韩世忠一匹好马，只请求韩世忠能放他回北方，韩世忠都拒绝了。

长江北岸的金军听说兀术被围困在镇江，就派出了一支军队乘船来救他们。韩世忠又把他们打败了，剩下来的金军只好回去。兀术只好又去请求韩世忠放他们回去，可是韩世忠说：“要放你们回去可以，但是有两个条件：第一，把宋徽宗和宋钦宗还给我们；第二，把夺走我们的土地全都还给我们。不答应这两个条件，决不放你们回去。”

兀术在走投无路的情况下连夜沿黄天荡东北十里处已淤塞不通的老鹳河掘了三十里大渠，直通秦淮河，再循路向建康逃走。这就是有名的黄天荡大捷。

这一次战斗，金军被围困了整整四十八天。韩世忠只用八千人的军队就打败了兀术的十万大军。虽然，南宋的军队没有把这十万大军消灭掉，但它是很久以来南宋军队的一次大胜仗，使金国不能很容易地把南宋灭掉。

岳家军大破兀术

金军大将兀术被韩世忠、岳飞打败以后，又在陕西和尚原被吴玠的军队打得大败。金军只好退回北方去。但这时，南宋的朝廷又出了一个大奸臣，名叫秦桧。他和宋高宗勾结起来，乘机和金国议和。1139年正月，南宋和金国就订立了一个协议。

这一年是宋高宗绍兴九年，所以就把这一次和议叫作"绍兴和议"。和议说：宋高宗向金国自称是臣子；金国把中原、陕西等土地"赐给"南宋。其实，这些土地原来都是南宋的。和议还要南宋每年都交给金国二十五万两银子和二十五万匹绢，然后金国才把宋徽宗和皇后的棺材归还给南宋。

但是，1140年五月，金国大将兀术又带领了大量人马，分成四路军队向南宋发起进攻。他们很快就把中原和陕西全都占领了。接着，金军又开始进攻淮河南面的地区。这可把南宋一些主张抗击金军的将领气坏了。他们就坚决地起来和金军作斗争，要打败金军，不让他们再进攻南宋。岳飞是这些将领中最厉害的一个，功劳也最大。他率领的岳家军把金军杀得丢盔弃甲。

岳飞，字鹏举，老家在河南汤阴。他的父母都是农民。他出生后不久，他的老家下了一场暴雨引发大水。岳飞的父亲就被大水淹死了。岳飞和他的母亲坐在缸中逃了出来。后来，岳飞的母亲就教他识字，还把他送到一个教师家里读书。再后来，岳飞又向他的同乡人周侗学习武艺。他学得很刻苦，十几岁的时候就成为武艺高强的人。北宋末年，岳飞参加了攻打辽国的战争。后来，金军开始进攻北宋，岳飞又去打金军。那一年，他才二十岁。

1127年，宋高宗即位以后，岳飞就和王彦渡过了黄河。王彦就是八字军首领。他们一起在河南新乡打败了金军，把新乡夺了回来。在八字军向太行山区进军的时候，八字军和金军打了起来。岳飞在战斗中把金军大将拓跋耶乌一把抓了过来。岳飞还用他的长枪把很厉害的黑风大王刺杀了。所以金军都非常害怕他。

有一次，兀术带领金军攻打到浙江定海，在定海烧杀抢劫了一番就要回去。岳飞很生气，就带领军队，在广德这地方拦住了金军，和金军打了六次仗，全都把金军打败了。这可把金军吓破胆了。金军暗地里都叫岳飞为"岳爷爷"。1129年，韩世忠在黄天荡把金军打得大败之后，岳飞在建康城外打败了金军，兀术的军队已元气大伤。

1133年，金国派齐国皇帝刘豫进攻南宋。南宋就派岳飞去讨伐刘豫。岳飞特别恨刘豫这个叛徒，他发誓不打败刘豫就不回到江南去。他派出的军队都非常勇猛。经过英勇的战斗，南宋军队终于夺回了六郡的土地。后来岳飞又带领军队打到安徽的庐州，把兀术和刘豫打得只有招架之功没有还手之力。

岳飞很英勇，又很有谋略，很能用计谋。岳飞很爱护士兵，士兵们都很愿意和他在一起打仗。还有很多人都要参加岳飞的军队。这样，岳家军就越来越壮大，而且常常打胜仗。岳家军慢慢地成为抗击

岳飞 民族英雄、著名军事家、武术家、抗金名将。字鹏举，谥武穆，后改谥忠武。河北相州（今河南）汤阴人。

金军的主要队伍。

这一回，金军自己违反"绍兴和议"的规定来打南宋，引起了南宋百姓的不满。南宋朝廷就派岳飞带领军队去河南抵御金军。

岳飞为了打败金军，做了周密的准备工作。他派大将牛皋、杨再兴带领一支军队向北进攻，准备夺回河南的土地。他又派一位名叫梁兴的起义军首领回到太行山区，领导起义军和向北进攻的宋军一起攻打金军。岳飞自己和他的儿子岳云带领宋军守卫在河南的郾城，准备和金军的主力决一胜负。

这一回，兀术带了十多万的大军要和岳飞决一死战。这大军里有三千多名"铁浮图"和一万多名的"拐子马"。"铁浮图"的意思就是铁塔兵。这些士兵都身材高大，力气大，武艺强，箭法精，头戴着铁盔，身穿两层铁甲，枪刺不透，刀砍不进去，就像铁塔一般，所以就号称"铁浮图"。"拐子马"就是打仗的时候，从两边包围的骑兵，他们都英勇善战。这"铁浮图"和"拐子马"可说是"常胜军"。这一回，兀术就要用他们来打败岳飞的岳家军。

因为精良的部队都被岳飞派出到各地收复失地，岳飞身边只有很少的一些军队。大家看到兀术的军队气势汹汹的，都有点害怕。岳飞叫他们不用怕，他吩咐士兵把军斧绑在长杆上，打仗时不用骑马，都要步战，专砍敌人的马腿，等敌人从马上掉下来了，再砍他的脑袋。他又吩咐另外一些士兵都带上一把钩镰枪。这种钩镰枪有个钩子和一个弯镰，打仗时，先用钩子把敌人的铁盔钩下来，再用弯镰割掉他的脑袋。决战的那一天，南宋军队就用这个办法把金军的"铁浮图"和"拐子马"打得人仰马翻。岳云挥动八十多斤的大锤把兀术打得狼狈而逃。大将杨再兴打仗也很勇猛。他自己一个人杀了几百个金兵，身上负了十几处伤，还坚持杀敌，越战越勇。这一战把兀术的"铁浮图"和"拐子马"杀得血流成河，尸积如山。

几天后，岳飞到郾城北面察看的时候，金军突然包围了他。岳飞马上就要提枪出战。他身边的卫兵都不让他上阵。岳飞想："我身为大将，如果不冲锋在前，怎么能教育士兵勇猛作战呢？"于是，他不管士兵们的反对，就提枪出去杀金兵。士兵很感动，一个个都勇猛杀敌。这一回又把金军打败了。

不甘心失败的金兀术，又发动了十二万大军向岳家军进攻。岳飞知道金军还会再向他们进攻，就派杨再兴去探听敌人的情况。杨再兴走的时候只带了三百名骑兵。当他们走到小商河的时候，碰到了金军的大队人马。杨再兴一马当先冲入金兵当中，杀死了很多金兵。兀术下令放箭，一时间，万箭齐射，杨再兴也中箭身亡。这时，张宪和岳云带领大军赶到，才把金军打败了，金军只好往回逃走。杨再兴死了，岳飞很悲痛，发誓要为他报仇。他率领军队乘胜追到朱仙镇，又在那把金军杀得大败，连兀术要制止逃兵都制止不住。岳飞勉励将士们说："我要直接打到金人的老窝黄龙府，那时候，我一定同大家痛饮几杯胜利酒。"

岳飞带领岳家军把金军打得就像丧家之犬，金军的将士都说"撼山易，撼岳家军难"。他们只要听到岳家军来了，就吓得掉头逃窜。

"莫须有"冤狱

在岳飞与金军作战节节胜利之际，宋高宗却担心岳飞势力过于强大，又担心真的把"二帝"迎回，自己要被逼退位，所以下诏书召回岳飞。

岳飞接到宋高宗要他回去的诏书后，非常生气。他连忙写了一封奏章，说他要乘机打败金军，收复失去的土地。奸臣秦桧想出了一条毒计，他命令前线的其他军队先撤退，只剩下岳飞的岳家军。然后，他在一天之内，给岳飞下了十二道令牌，要他迅速地撤军。

这下子岳飞只好撤军了。岳飞伤心极了，他看着令牌，大声地叹道："我十年辛劳得来的成果，就这样一下子毁了。"岳飞要走的时候，老百姓都不让他走，哭声连成了一片。可是，君命难违，岳飞不走，就有叛逆嫌疑，朝廷便会降罪于他，最终岳飞与百姓撒泪相别。岳飞走了之后，兀术又带领大军向南进攻。岳飞收复的郑州、颍昌、蔡州就又被夺走了。他十年的心血，果然白费了。

岳飞回到朝廷之后，奸臣秦桧就设计把他的兵权夺了。秦桧还想杀掉岳飞，可是用什么办法呢？恰好，这时有个金国的使者来到秦桧家里，对他说："你们每天都在请求议和，现在，岳飞却想向黄河以北进攻，还杀了我的很多大将，这是什么道理？你们要议和，就必须先杀掉岳飞。"秦桧一听，就更想要杀岳飞了。秦桧就让一个名叫万俟卨的人写了一封奏章，这人与岳飞有仇，奏章里全都是说岳飞的坏话。宋高宗很怕岳飞，又恨岳飞，就罢了岳飞的官。岳飞就回到庐山他母亲的坟墓旁边住了下来。

岳 飞

秦桧先设计把岳云、张宪抓来严刑拷打，企图把他们屈打成招，诬其反叛，岳云、张宪宁死不从，秦桧对他俩无可奈何。

秦桧又把岳飞的一个朋友名叫王俊中的收买过来。秦桧让王俊中到庐山去把岳飞骗到朝廷来，说张宪和岳云有些事需要他证实一下。岳飞以为王俊中还是他的好朋友，不会骗他，就和他一起往朝廷赶去。

可是，岳飞还没到朝廷，秦桧就把他送到大理寺去了。大理寺是一个审判犯人的机构。岳飞被押到大理寺的时候，才知道张宪和岳云已被抓了起来。这时候，张宪和岳云都露着脑袋，光着脚，脖子上戴着枷锁，手和脚都带着镣铐，全身都是斑斑的血迹。岳飞一看，很气愤又很伤心。他知道秦桧一伙人马上就要对他动手了。

果然，秦桧把岳飞押到审判厅，派了一个名叫阿铸的同伙去审判他。这伙人大声斥责岳飞为什么要谋反。岳飞气极，就把自己的衣服扯下来给阿铸看，阿铸一看，岳飞背上有"精忠报国"四个字。阿铸还有点良心，他知道岳飞是个真正的忠臣，就不愿再审理岳飞这案子了。

秦桧又派万俟卨去审问岳飞，万俟卨用假证据诬蔑岳飞却没有得逞，岳飞的案子一拖再拖。

审了那么长时间还没法给岳飞定罪，这可把秦桧急死了。秦桧的老婆王氏也不是善良之辈。她给秦桧出主意说："我说老头子，你怎么越来越傻了，俗话说，捉虎容易放虎难呀。"她的意思是让秦桧暗中把岳飞给杀掉算了。秦桧一听可高兴了。他写一个纸条给监狱的看门人，让他偷偷地把岳飞害死。1141年农历十二月二十九日夜间，岳飞就被毒死在风波亭监狱里。岳飞死后，岳云和张宪就被拉出去砍头了。这一年，岳飞才三十九岁。

岳飞被害死的消息传出去之后，临安的老百姓泪流满面，放声大哭。他们非常气愤，再也没心思过年了。很多人就在门口摆了香案，把供奉神仙、祭祀祖宗的东西拿来祭祀岳飞。

那些忠臣听说岳飞等人被害的消息后也非常伤心，非常生气。已经被罢了官的韩世忠就跑到秦桧那里，问他岳飞到底犯了什么罪，他们为什么要杀他？秦桧说："岳飞父子和张宪的书信虽然还没有弄明白，但谋反的事莫须有。"

"莫须有"就是"或许有"的意思。韩世忠气愤地叹道："这'莫须有'罪名怎么能令人信服呢？"可是他也没办法，不能把秦桧一伙人治罪。

又过了九年。有一天，秦桧从朝廷出来，坐在轿子里要回府，道路旁忽然窜出一位身材高大的人来。他拿着刀就往秦桧的轿中砍去。秦桧吓坏了，躲到轿角。这一刀差点就砍到他了。正当那人要砍第二刀的时候，轿夫把他抓了起来。这人名叫施全，是朝中的一位小军官。秦桧把他带回去，不久就把他杀了。

秦桧虽然没被砍死，可也被吓坏了，从此就病倒了。过了五年，秦桧就死去了，结束了他可耻的一生。

宋孝宗即位后，给岳飞平反，追封岳飞为"鄂王"，还在临安给岳飞建立庙宗，供人们祭拜。

襄樊保卫战

1268年秋，元军围攻襄樊，这也标志着襄樊保卫战的开始。襄樊是襄阳和樊城的合称。襄阳在汉水南边，由吕文焕把守；樊城在汉水北边，由范天顺把守。襄樊城里粮食充足，兵多将广，城墙也十分坚固，易守难攻，而且两城之间有浮桥连着。

忽必烈派阿术为主帅，刘整为副帅，进攻襄樊。阿术和刘整将襄樊团团围住，并在江边修筑堡垒，在河中钉上木桩，拉上铁链，想隔断襄樊与外界的联系。

第二年，忽必烈又派史天泽来攻打襄樊。史天泽到后，又加强了包围，并对襄樊城发动了猛烈的攻势，但是没有打下来。一到雨季，汉水涨水，襄樊周围到处都是水，蒙古军不得不停止进攻，这样打打停停，一直打了五年。

伯颜　（1236－1295），元朝军事家，蒙古巴邻氏，蒙古国开国功臣。

忽必烈见久攻不下襄樊，只好求计于众将。这时，有一个名叫阿里海牙的将领对忽必烈说："襄樊之所以攻不下，是因为襄阳和樊城像牛角一样相互支援。不如先攻北面的樊城，打下来之后再进攻襄阳，这样就不愁攻不下了。"忽必烈一听很有道理，非常高兴，就马上命令阿术先攻打樊城。

阿术集中大军猛攻樊城。又借助威力巨大的回回炮轰塌了城墙，然后率兵冲向城中，可是宋军的箭和飞石如同雨点一般地飞了下来，元军仍旧不能攻占樊城。

元军在攻打樊城时，襄阳的守军通过浮桥，不断地过来支援，还是跟同攻两个城一样。阿术也看出了其中的原因，于是命令士兵向浮桥进攻，终于烧断了浮桥。这一来，樊城就得不到支援了。元军又在樊城四周发动猛攻，先后从三面攻破内城。1273年二月初，宋军战败，樊城失守，剩余军民全部惨遭元军屠杀。

从纯军事上来讲，樊城失守并不对襄阳的存亡造成多大的影响，但这却极大地增加了襄阳守军因孤立而产生的绝望感。

元军攻克樊城后，襄阳现在是危在旦夕了。元军又调移回回炮到襄阳城下。襄阳守将吕文焕急忙向朝廷告急，可是朝廷并未派部队增援。这时，城内的粮食还可以支持，而衣服、柴火都已经断绝了。时值冬末，军民被迫拆毁房屋作柴烧。吕文焕每次登上城楼巡视，总是忍不住望着南方痛哭。

元军夺取襄阳、樊城后，南宋的大门被打开了。元军在这一仗中也看到了宋军的虚弱，纷纷建议忽必烈全面攻宋。1274年，忽必烈命令左丞相伯颜为统帅，率领二十万大军，沿汉水进入长江，水陆并进，沿长江东下，一直扑向南宋京城临安。1276年，元军攻占了临安，到1279年，南宋全部灭亡，元朝统一了整个中国。

文天祥起兵抗元

1259年，忽必烈继承汗位。1271年，他把都城迁到燕京，改名大都，正式建国号为"元"，他打败自己的反对者，巩固了自己的统治地位后，又派兵进攻南宋，准备最后灭亡南宋。

1274年，元军经过五年围城战，最后攻下了南宋的门户襄樊。不久，宋度宗病死，由四岁的宋恭帝即位，元朝趁幼主不懂事，南宋朝廷上下不同心之时发兵二十万，由左丞相伯颜率领，兵分几路，进攻南宋的首都临安。

元军一路所向披靡，攻无不克，一直打到临安附近。宋恭帝的祖母太皇太后急忙下诏，命令各地起兵到京城"勤王"，解救皇帝的危急。可是，来勤王的只有文天祥、张世杰等人。

文天祥，当时担任江西安抚副使兼赣州（现在的江西省赣州市）知州。他接到勤王的诏书后，立即招募一万人马，连夜赶到临安。由于当时朝廷已是风雨飘摇，根本已无款项可拨，文天祥就变卖家产以作军费，自己过俭朴的生活。当时有人劝他说："如今元军大兵压境，你用新招募的民兵去迎战，就好像是把羊投进一群狼里面，不是白白送死吗？"文天祥回答说："我也知道事实确实是这样。但是，国家有难，每个人都有责任，我不能不管，所以我只有这么做，希望能使天下的忠臣义士都起来勤王，只有这样，我们才能免遭外族凌辱。"

当文天祥、张世杰等人带兵到临安的时候，南宋的右丞相陈宜中正在向元求和。谢太后还承诺，只要元军退兵，南宋皇帝可以向元朝皇帝称侄或侄孙。元军首领伯颜不答应。谢太后又表示愿意向元朝称臣，伯颜这才答应进一步商谈。文天祥、张世杰坚决反对投降，要求太后、皇帝暂时到东南沿海去躲避，由他们同元兵决一

文天祥 （1236－1283），吉州庐陵（今江西吉安）人，原名云孙，字履善，自号文山，民族英雄。宋理宗宝佑时进士。官至丞相，封信国公。坚决抵抗元兵的入侵。后不幸被俘，在拘囚中，大义凛然，终以不屈被害。

死战，可是右丞相陈宜中却力主求和，并以皇帝的名义假造了降书，还将传国玉玺交给了伯颜。伯颜要陈宜中亲自来谈投降的事，陈宜中非常害怕，连夜逃跑了。张世杰知道后，看情势危急，决定再招募一些士兵。

谢太后见陈宜中逃走，只好任命文天祥为右丞相，派他去议和。文天祥正想借机一探元军虚实。在元营，文天祥大骂伯颜，结果被伯颜扣留。1276年三月，伯颜带兵进入临安，俘虏了谢太后、恭帝和文武百官，把他们一块儿押往北方。

文天祥在元军押送途中，乘他们不备，逃到福州。与陆秀夫、张世杰等人在福州拥立恭帝的异母哥哥、九岁的赵昰做皇帝，就是宋端宗。文天祥整顿军队，先收复了浙江，随后又从福建经广东东部，带兵进入江西后，同江西的抗元队伍联合，共同打击元军。在他们的英勇抗击之后，元军大败。于是，元世祖立即派大批骑兵，加强对江西的进攻，同时出兵袭击文天祥在兴国的大营。文天祥没想到元军这么快就会反攻，仓猝应战，结果被打败，他的妻子被元军俘虏。文天祥带兵撤退，一路上损失惨重，最后退到了南岭。

1278年，赵昰病死，他的弟弟赵昺做了皇帝。文天祥又带兵到广东潮阳抗元。不久，张弘范率领元军赶到潮阳。由于张弘范突然对宋军发动攻击，文天祥毫无准备，兵败五坡岭，文天祥不幸被俘。张弘范劝文天祥投降，遭到拒绝，又强迫他写信劝张世杰投降，也被他拒绝了。张弘范把文天祥押到船上，送往大都。船经过零丁洋时，文天祥悲愤万分，写下了著名的《过零丁洋》，其中"人生自古谁无死，留取丹心照汗青！"表明他视死如归、决不投降的决心。

在大都，忽必烈多次派人来劝他投降，他都拒绝了。一天，忽必烈亲自召见他。文天祥见了忽必烈，昂首挺胸，不肯下拜。忽必烈说："如果你能归顺我，我就让你做宰相。如果你不愿意做宰相，当枢密院使也可。"可文天祥却回答说："除了死，我什么都不要。"忽必烈只好又命令把他带回牢房。文天祥在狱中又写了著名的长诗《正气歌》。

文天祥在大都被关四年，始终不肯屈服。1283年，文天祥被元朝统治者杀害了，当时只有四十七岁。文天祥虽然牺牲了，但是他"富贵不能淫，威武不能屈"的精神，和他充满正气的诗篇，却激励着一代代人的爱国主义热情。

张世杰死守厓山

南宋首都临安被元军攻破以后，大将李庭芝、姜才仍然镇守扬州，陆秀夫、张世杰则继续留任广东沿海，抗击来势凶猛的敌人，竭尽全力地保卫着南宋岌岌可危的统治。同时在其他地方，南宋的一些爱国将领们也展开了与敌的顽强斗争，他们的精神可歌可泣，他们的声名万古流芳。

有个将领名叫夏贵，投降了元朝。他有一个家童叫洪福，当时正在守卫镇巢军（现在的安徽省巢县）。夏贵派人去劝洪福投降，结果洪福把那人给杀了表明自己没有背叛宋朝。后来就义时还在痛骂夏贵不忠。

李庭芝、姜才镇守扬州，元军久攻不下就让谢太后命令他们投降。李庭芝回答说："我只知道奉诏守城，从来没听说过要奉诏投降。"后来，谢太后北上经过扬州时，元军又让谢太后命令李庭芝和姜才投降。李庭芝命令士兵放箭，当场射死招降而来的使者，其他人狼狈逃走了。随后，他们又带四万人出城袭击元军，想夺回谢太后和皇帝恭宗。但却没有成功。后来，元朝也多次派人劝降姜、李二人，他们不是怒斥来使，就是烧掉降书，要么干脆杀掉劝降之人，以表对宋之忠心永不动摇。于是，元世祖就派大军将扬州团团围住，昼夜攻城。由于扬州被围了很长时间，城里的粮食都吃光了，李庭芝和姜才就跟士兵一块儿煮牛皮等东西充饥，有的士兵杀死自己的儿子充饥。但是，扬州军民的抗元斗争一直没有停止。

后来，赵昰在福州做了皇帝，命令李庭芝和姜才带兵去保卫福州，当他们走到泰州的时候，又被元军包围。不久李庭芝、姜才被元军俘虏，英勇就义。

在湖南潭州（现在的湖南省长沙市），李芾率军民坚持三个多月。当城被攻破的那一天，不愿受辱的他坚决命令自己的部下沈忠杀死自己的家人，然后再杀了自己。沈忠百般不愿，但只能含泪照办。之后，沈忠也回家杀了妻子后自杀。他们的忠义精神感动了很多人，许多百姓也都让全家自杀而死，坚决不投降元朝。

元朝军队向福州大举进攻，陆秀夫、张世杰见福州守卫不住，就护卫着端

陆秀夫 （1236 － 1279），南宋抗元名臣。字君实，楚州盐城（今江苏建湖）人。临安失守后至福州，与张世杰等立赵昰为帝。昰死，又拥赵昺，任左相，继续组织抗元。祥兴二年（1279）为元军所败，负帝投海而亡。

宗赵昰和他的弟弟赵昺，沿着海岸往南避难，最后到了广东。宋端宗从小就在皇宫里娇生惯养，怎能忍受这种颠沛流离之苦，不久就病死在广东硇州（现在的广东省雷州湾中的一个小岛）。陆秀夫和张世杰又拥立赵昺做皇帝，继续进行抗元斗争。

赵昺做了皇帝以后，任命陆秀夫为左丞相，张世杰为枢密副使，专门掌管军事。不久元军就打到了广东。张世杰和陆秀夫护卫着赵昺来到新会的厓山，以那里为根据地，招兵买马，严加训练；同时广征粮食，修筑堤坝，打武器、造兵船，准备与元军进行长期的斗争。

此时，福建、广东的军民正在进行殊死的战斗。当元军打到兴化（现在的福建省莆田县）时，曾多次对宋将陈文龙进行劝降，陈文龙将使者杀了以表对宋忠心不二。并教导手下人说："人这一辈子是免不了一死，为国家民族而死，死得其所！"表现了视死如归的精神。后来因为叛徒出卖，陈文龙被俘，但他仍然不投降，在福州绝食而死。他的母亲也被押到福州，她为儿子为国牺牲而自豪，在临死时说："我和我的儿子一块儿死去，又有什么怨恨呢！"

然而，敌我力量悬殊，尽管南宋军民拼死抗敌，元军还是打到了厓山附近。因为厓山是一个小岛，岛上的一切都得靠大陆和海南岛运送，元军封锁海口，切断宋军砍柴、打水的道路，宋军没有水喝，只能吃干粮，实在没有办法，就只有舀海水解渴。由于海水不能喝，许多人都病倒了。张世杰带兵去攻打新会，想夺回海口，但大战几天都没有取胜。

1279年二月，元将张弘范猛攻厓山，张世杰战败，便和陆秀夫等保护着赵昺和他的母亲杨太妃等，乘船撤退。元军派船来追，把宋军的船队冲散了。陆秀夫不愿意被元军活捉受辱，背起小皇帝赵昺，跳进了茫茫的大海。张世杰和杨太妃坐的船，也遇上了飓风，被打沉了。这样，南宋王朝最终灭亡了。

成吉思汗统一蒙古

唐朝时候，在我国东北黑龙江上游额尔古纳河和呼伦湖一带，居住着一个以游牧为生的少数民族，叫室韦蒙兀。室韦是一个很大的部落联盟，室韦蒙兀是其中的一个小部落。到唐朝末期，室韦蒙兀人开始向西迁移，在蒙古高原的肯特山一带定居下来，形成了蒙古部。并且还逐渐繁衍成许多小部，其中乞颜部又是这些部落的核心，乞颜部中的孛儿只斤氏是统治各部的首领。到十二世纪时蒙古高原上除了蒙古部以外，还有强大的塔塔儿部、克烈部、乃蛮部、篾儿乞部、汪古部、翁吉刺部等等数以百计的部落，他们之间战争不断。

1162年（金世宗大定二年），蒙古乞颜部的酋长也速该的妻子诃额仑生了一个男孩。当天，也速该带领部众袭击塔塔儿人，取得了胜利，抓回了两个战俘，其中一个俘虏名叫铁木真，为了纪念这次胜利，也速该把刚刚生下的儿子取名为铁木真，意为"精钢"。

因为蒙古部和塔塔儿部常年互相攻打，所以铁木真的童年和青年时代，是在战争中度过的。铁木真九岁那年，也速该想替他物色一个未来的妻子，当晚，把他带到他母亲的亲戚那里去。途中，也速该遇到了翁吉刺部的德薛禅，德薛禅听说也速该要给儿子定亲，就把自己的女儿孛儿帖说给了铁木真。于是，也速该把铁木真留在德薛禅家里，独自回家去了。但在回家的路上，却遭到了塔塔儿人的暗害。

也速该死后，乞颜部渐渐衰落。过了几年，其他各部担心铁木真长大了会报仇，便对他处处打击，为了避免遭受袭击，铁木真把全家迁到肯特山去居住，并和孛儿帖结了婚，以便取得翁吉刺部的支持。可是，婚后不久，又遇到篾儿乞人的袭击，在仓促逃命的时候，他连妻子也来不及带走，使孛儿帖成了篾儿乞人的俘虏。

挫折和灾难磨炼了铁木真的意志，他决心恢复父亲的事业。他懂得单凭自己的力量是不能战胜敌人的，只有利用蒙古各部之间的矛盾，取得一些部落奴隶主的支持，才能壮大自己的力量，打败敌人。于是，他忍痛把妻子的嫁妆黑貂裘献给克烈部的脱斡里勒汗，称他为义父，又和札答阑部的首领札木合结为兄弟，取得他们的支持。果然，他们联合出兵打败了篾儿乞人，夺回铁木真的妻子。这次胜利使铁木真开始恢复元气，许多旧时的部属、勇士们又纷纷回来了。1189年（金世宗大定二十九年），一些奴隶主拥戴铁木真为汗。

铁木真的胜利引起了札木合的不快。正好札木合的弟弟由于抢掠铁木真的马群被蒙古部人杀了，札木合找到了借口，便发动了他所属的十三部三万人进攻铁木真。铁木真把自己的三万士兵分成十三翼迎战札木合。双方在克鲁伦河畔的答兰巴勒主惕展开了一场大战，结果，铁木真被打得大败。这就是蒙古历史上著名的"十三翼之战"。但是，由于札木合残酷地杀害俘虏，引起了他部下的不满，他们毅然脱离札木合，投奔到铁木真部下，铁木真却因祸得福，实力更加壮大。

不久，塔塔儿部首领蔑古真反抗金朝，金朝皇帝命令大将完颜襄率兵攻打塔塔儿。完颜襄约克烈部的脱斡里勒汗为主，封铁木真为"札兀忽里"（前线司令官），攻打塔塔儿。这次战斗，铁木真不仅报了仇，还掳获了塔

成吉思汗　即元太祖。孛儿只斤氏，名铁木真。蒙古民族杰出的军事家、政治家。1206年，进位蒙古帝国大汗（后被尊为元朝开国皇帝），统一蒙古各部落。

塔儿的部民和牲畜，从此，他的力量更强大了。

1201年（金章宗泰和元年），铁木真击败了札木合。第二年，又歼灭了塔塔儿的余部。自此，铁木真统一了东部蒙古。

西部的王汗脱斡里勒面对铁木真咄咄逼人的锋芒，感到自己受到威胁，因此双方的关系开始恶化。在1202年，王汗利用铁木真为其长子求婚之事邀他赴宴，准备乘机把他杀死，不料计谋泄露，王汗立即对铁木真发动突然袭击。铁木真措手不及，只好带着十九个人仓皇逃走。他们退到班朱泥河（沼泽）地方停驻下来。这里没有人烟，没有粮食，他们只得喝浑水止渴，射野马为食。

后来铁木真退到贝加尔湖以东的地方，他一面向王汗求和，一面利用喘息时机，收集溃军。到这年秋天，他的军事实力又恢复了。并趁王汗麻痹之机，对王汗驻地发起进攻。经过三天三夜的激战，占领了王汗的金帐，王汗逃到鄂尔浑河畔之后，被乃蛮人杀死了。

消灭了克烈部之后，铁木真在1204年（金章宗泰和四年）夏天，亲率大军出征乃蛮，在一次激战中，杀死了乃蛮部的首领塔阳汗，从此，铁木真的威名震动了蒙古高原，其他部落再也不敢同他争锋了。之后，再经过几年的局部小战争，铁木真就完成了统一全蒙古的大业。

1206年（金章宗泰和六年），全蒙古的奴隶主们在鄂嫩河畔举行忽里勒台（大聚会的意思），一致推举四十四岁的铁木真为成吉思汗，并且上尊号为全蒙古的大汗。

从此，蒙古族的历史进入了一个新的阶段，结束了几个世纪以来蒙古各部互相残杀的局面。在东起呼伦贝尔草原，西至阿尔泰山的辽阔地域内，操着不同语言和具有不同文化水平的各个部落，逐步形成了勤劳的蒙古族。

成吉思汗统一全蒙古以后，建立了第一个蒙古政权——蒙古国。并在军事、行政、法律、文化等各方面，都开创了一套新的制度。他把全体蒙古牧民编为十户、百户、千户和万户，任命奴隶主为十户长、百户长、千户长和万户长，凡是十五岁以上、七十岁以下的男子，都编为士兵，平时生产，战时打仗。他任命失吉忽秃忽为"札鲁忽赤（断事官），把民事和刑事案例编成"札撒"（习惯法）；他还委派兀孙老人掌管宗教事务；命令畏吾儿人（现在的维吾尔族）塔塔统阿用畏吾儿文字书写蒙古语，让奴隶主子弟学习使用，使蒙古人第一次有了文字。

成吉思汗把濒临死亡的蒙古人从金朝的桎梏下解救出来，把互相残杀的蒙古各部统一起来，使蒙古民族在中国和世界舞台发挥重大的作用，这一巨大的历史功绩，使成吉思汗成了蒙古历史上当之无愧的民族英雄。

忽必烈建元

蒙哥做大汗时，他的弟弟忽必烈掌管着黄河以北的地方军队和行政事务。忽必烈从小就有远大的理想，并且在早年受到了中原汉族文化的影响，又结识了一批有学问的汉族文士，如刘秉忠、张文谦、王鹗、郝经、姚枢等人，他们劝说忽必烈要用儒家思想来治理国家，特别要用"汉法"来治理中原。他们的建议对忽必烈影响很大，他决定夺得天下后，一定用"汉法"来治理国家。而正是这些人支持忽必烈夺得汗位的。

忽必烈 (1215－1294)即元世祖，又称薛禅汗。1264年，迁都燕京，改称大都(今北京)。1271年，改国名为元。发动灭宋战争，1279年取胜，统一全国。

忽必烈在滦河北岸建造了一座新城，取名"开平"。并以此为根据地，以汉法来实行对黄河以南地区的统治。这种做法损害了蒙古贵族的利益，也引起了蒙哥的怀疑，蒙哥准备削去忽必烈的兵权。忽必烈听从姚枢等人的劝告，把妻子、女儿送到蒙哥那里去当人质，并亲自去见蒙哥，说明自己并无野心，蒙哥这才相信了他。

1258年，蒙哥发兵三路攻打南宋，他自己率领主力攻四川，忽必烈攻鄂州，兀良哈台从云南打潭州。正当忽必烈攻打鄂州的时候，忽然传来蒙哥去世的消息，并听说驻守在和林的阿里不哥即将继承汗位。

阿里不哥是拖雷的小儿子，按照蒙古人"幼小守产"的习惯，在他的兄长们打仗的时候，他就留在蒙古国的都城和林。在阿里不哥的周围有一批蒙古贵族，他们反对用"汉法"来统治，而主张用蒙古的旧法来统治，因此他们反对忽必烈，而拥护阿里不哥，当阿里不哥听到蒙哥去世的消息后，马上任命支持他的人担任各级官员，并派脱里赤和阿兰答儿占领燕京和陕西一带，准备阻止忽必烈北上。

忽必烈得到消息后立刻召集跟着他的诸王、大将和谋士们商量怎么办。谋士郝经献了一条妙计：一方面派一支军队去接蒙哥的灵车，把大汗的宝玺夺过来；一方面派军队夺取并守卫燕京；同时通知各王到和林去举行丧礼。正在这时，南宋宰相贾似道又来求和，忽必烈马上同他订了和约，然后带着人马北上。

1259年，忽必烈到达燕京，遣散了脱里赤招买的人马。1260年三月，忽必烈到达开平。他的大将廉希宪和商挺建议他抓住时机，先下手为强。于是，忽必烈在开平召开忽邻勒台，在塔察儿、也先哥、合丹、米哥等王的拥护下，忽必烈登上了大汗的宝座。

阿里不哥没想到忽必烈的动作这样快，他慌忙在四月也召开忽邻勒台，宣布自己为大汗。

那时，东部的各个王都支持忽必烈，西边的王中，有的支持阿里不哥，有的支持忽必烈，而且忽必烈还统治着中原，因此忽必烈的力量比阿里不哥大得多。因为阿里不哥的势力在西边，因此忽必烈就派廉希宪向陕西进军。阿里不哥在陕西的大将是浑都海，他手下有战将刘太玉和霍鲁怀，他们驻扎在六盘山一带。廉希宪一到，两军就打了起来。廉希宪的老将刘黑马一马当先，一场恶战，活捉了刘、霍二人，把浑都海打得大败。廉希宪又从霍鲁怀口里知道，驻扎成都的密里霍者，驻在青州的乞台不花，都要起兵反叛忽必烈，情况万分紧急，廉希宪只能假传圣旨，派刘黑马到成都杀死了密里霍者，派汪惟正到青州杀死了乞台不花。不久八春、合丹等又来同廉希宪会合，他们大败浑都海，并杀死了阿兰答儿和浑都海，阿里不哥在西方的力量被打垮了。

同时，忽必烈亲自带领大军，直扑阿里不哥的老巢和林。阿里不哥慌忙逃到谦州，他怕忽必烈追来，就使了一个缓兵计，派人向忽必烈认罪，说他愿意投降，等他把马儿养肥了，再同其他王一起来拜见。忽必烈识破这是阿里不哥的诡计，就对使者说："你回去告诉我的弟弟，说我相信他的话，原谅了他，叫他快快来见我。"便派也孙哥驻守和林，自己先回开平了。

1261年秋天，阿里不哥养肥了他的战马，又收集了一批人马，又发兵南下。他派人到也孙哥那儿，假意说是来投降，也孙哥信以为真，没有做打仗的准备。阿里不哥发动突然袭击，又把和林夺了回去。忽必烈知道后，马上又带兵北上，两军在昔木土脑儿相会，结果阿里不哥又被打败，逃回和林。可是这时，原来支持阿里不哥的阿鲁忽王也起兵反对他，阿里不哥被迫逃到新疆去。

之后，阿里不哥吃了很多败仗。支持他的王族纷纷倒戈，投靠了忽必烈。1264年，阿里不哥向忽必烈投降。忽必烈下诏：阿里不哥等王，都不问罪，但是他的谋臣，要全部杀死。这样，忽必烈巩固了他的汗位。

忽必烈平定阿里不哥后，把政治中心由和林搬到中原，他继续推行"双法"来改造蒙古国。1271年，忽必烈根据刘秉忠的建议，按《易经》五"乾元"（相大）的意思，把国号改为"大元"，这样元朝正式成立了，忽必烈就是元世祖。第二年，元世祖把燕京改为大都，作为元朝的首都。

南坡之变争皇权

1311年，元武宗海山的弟弟爱育黎拔力八达按照哥死弟继位、叔死侄继位的约定，在元武宗死后做了皇帝，就是元仁宗。

元仁宗继位后积极推行"汉法"，但是他的母亲答己思想非常守旧，对仁宗非常不满。答己便与铁木迭儿、失烈门等人勾结，总想干涉朝政。但此时的仁宗已掌大权，又有许多亲信辅佐，答己不能对他怎么样，于是就想办法要控制皇太子。

按照约定，皇太子应该立海山的儿子和世㻋。答己太后却认为和世㻋已长大成人，怕将来不好控制，而仁宗的儿子硕德八剌年仅十三岁，而且他性格懦弱，将来肯定会乖乖地听话。就劝元仁宗立硕德八剌为皇太子。仁宗皇帝开始以不想违背约定为由加以拒绝，但禁不住铁木迭儿的一番花言巧语，最终下诏立硕德八剌为太子，又封和世㻋为周王，送到云南去镇守。

1320年，仁宗皇帝去世了，十七岁的硕德八剌登上了皇位，就是元英宗。英宗刚一继位，答己马上就让铁木迭儿当右丞相，对仁宗的亲信大臣杀的杀，撤职的撤职，好让小皇帝乖乖地跟他们走，可是英宗皇帝已深受汉族文化的影响，很想用汉法来治理国家，时常违背祖母的命令。有一次，铁木迭儿有一个亲信犯了罪，铁木迭儿请答己去讲情，可是英宗却以祖宗之法不可违背为由仍然加以责罚。答己太皇太后见小皇帝如此不听话，就后悔不该让他当皇帝。

两个月过后，答己的亲信失烈门和平章政事黑驴，阴谋发动政变，要杀死英宗皇帝。但是这个行动让英宗知道了，他很快就派人逮捕了失烈门和黑驴等人，后来才知道这一切事情的幕后指使者都是太皇太后，英宗不敢追查，匆匆忙忙把失烈门等人杀掉了。

英宗此时也感到了自己地位的危险性，就任命安童的孙子拜住做左丞相，让他主管朝中大事，使铁木迭儿只有高官之名却不掌握实权。正当双方矛盾进一步发展的时候，1322年秋天，铁木迭儿和答己先后死去。这时，英宗皇帝就不客气了，下令追查铁木迭儿的罪行，把他的儿子八里吉等人处死，将他的另一个儿子锁南撤职，并把他的家产全部没收。但是，拜住等人却没有斩草除根，留下了铁失一个祸根。铁失是当时的御史大夫，掌握着禁卫军，是铁木迭儿的干儿子，也是罪行累累。铁失一心寻找杀死英宗复仇的机会。

1324年夏天，英宗正在上都避暑，忽然觉得心中很不安，就要做佛事。拜住说："现在国家钱财不多，还是不要做吧。"那些受铁失指使的喇嘛，却怂恿英宗做，还要实行大赦。拜住听了非常生气，指责他们不光想捞钱还想包庇罪行。铁失和他的亲信一听，以为拜住还要追查他们的罪行，就决定发动政变。

在此之前，铁失曾派人到北方去，想劝晋王也孙铁木儿做皇帝。也孙铁木儿是真金的长孙，驻守在北边。晋王一听，马上变了脸色，立刻想把他杀掉。左右的亲信连忙劝阻，建议将他送到大都交与皇帝处置以示自己的忠心。晋王一听，也就命人把他送到大都去。其实，也孙铁木儿也想当皇帝，只是怕政变不成功，自己连命也保不住。

1324年的八月初五，英宗从上都回到大都，走到南坡时，停下来休息。这天晚上，铁失派他的亲信站岗，自己和锁南等十六人，闯进英宗和拜住的大帐。拜住听到外边有人，就出来看是怎么回事。拜住一看铁失他们都拿着明晃晃的大刀，闯进了大帐，就大吼一声："你们想干什么？"可是话音未落，拜住就被铁失的弟弟一刀砍死。英宗听到拜住的吼声，正要披衣下床，铁失闯了进来，将英宗皇帝一刀杀死。

铁失等人杀了拜住和英宗，就拥立也孙铁木儿做皇帝。也孙铁木儿见政变成功，也就不再加以推辞，做了皇帝，他就是泰定帝，可是泰定帝又想，这些人连皇帝都敢杀，没准儿哪天也会杀我，他们一定是不能留下的。于是，泰定帝即位以后，先将拥立他的人封为大官，稳住他们。一个月后，泰定帝以谋杀皇帝的罪名，将铁失等人全部逮捕杀死。

朱元璋崛起江淮

朱元璋小名重八，濠州钟离县太平乡孤庄村人。朱元璋十七岁那年（1344年），家乡连续发生旱灾、蝗灾和瘟疫，他的父母和大哥在半个月里先后死去，由于家里穷，在邻居的帮助下才得以埋葬亲人。

走投无路的朱元璋只好出家到皇觉寺以求活命。无奈皇觉寺粮食也不多，他只好离开寺庙到淮河中游一带化缘，三年之后回到寺中。

在这三年中朱元璋结交了不少朋友，其中有许多人信奉白莲教和弥勒教，秘密地进行反对元朝的活动。朱元璋也受到了影响。回到皇觉寺后，在他幼时好友汤和的劝说下，朱元璋投靠了郭子兴，成为其部下的一名红巾军士兵。

元仁宗 （1311－1320），名爱育黎拔力八达，元朝第九代皇帝，在位10年，庙号仁宗。谥号圣文钦孝皇帝，又称普颜笃可汗。

朱元璋不但英勇善战，而且很会办事，很受郭子兴的赏识。参军只两个月后，郭子兴就把他提拔成自己的亲兵，还把义女马氏嫁给了他。第二年，又提升朱元璋为镇抚，从此，朱元璋开始发展自己的力量。

1353年，朱元璋回到自己的家乡招兵买马，少年时代的伙伴徐达、吴良、周德兴等纷纷投奔他，不到十天工夫，就招募了七百多人。这些人和后来投奔来的邓愈、常遇春、胡大海等，都成了朱元璋手下最得力的大将，为明朝的建立立下了汗马功劳。朱元璋还专门招募了一些谋士，替他出谋划策。其中著名的是定远冯国用、冯国胜两兄弟，朱元璋常向他们请教打天下的道理。冯氏兄弟建议朱元璋先占领金陵，然后再图取天下。朱元璋深以为是。1354年，朱元璋吸收了定远的一批地主武装，他的队伍扩大到两三万人。

1355年六月，郭子兴病死了，韩林儿任命郭子兴的儿子郭天叙为都元帅，部将张天祐为副元帅，朱元璋为左副元帅。九月，在攻打集庆时，郭天叙、张天祐阵亡。于是，朱元璋当了都元帅，郭子兴的部队全部归他指挥。

当时江淮一带还有徐寿辉、张士诚、双刀赵和李扒头等好几支红巾军，大家都想扩大自己的地盘，增强自己的力量，因此相互用计相互攻击，朱元璋当了左副元帅后，想从和州（今安徽和县）渡江攻打采石、太平（今安徽当涂），然后进攻集庆。正当苦于没有战船渡江之时，双刀赵和李扒头派人邀请朱元璋到巢湖商量两家合作的事情。朱元璋正要去赴宴，有人告诉他，说李扒头想在商谈过程中杀掉他，吞并他的部众。于是朱元璋就以有病为由推脱，反而邀请李扒头来赴宴。结果李扒头中计，一到朱元璋的军营就被捆绑起来，扔到水里淹死了。双刀赵听说了，赶紧逃奔到徐寿辉那里去了，他们苦心经营的巢湖水军也就归朱元璋所有了。朱元璋势力大增，把进军的矛头指向集庆。

1356年三月，朱元璋进行了充分的准备之后，亲自指挥攻城。水陆大军共几十万人云集集庆，气势非常壮观。最后，起义军攻破集庆，元朝守将福寿来不及逃跑，被乱刀砍死。

朱元璋进入集庆，马上召集城里的父老们宣布元朝的罪恶，并出榜安民，使集庆城很快就恢复了安宁。接着，朱元璋把集庆路改为应天府，表示他起义是按照上天的旨意，即"上应天命"。

朱元璋很有谋略，善于利用别人来保护和发展自己。当北方刘福通他们力量很强时，他接受了韩林儿的任命，承认宋政权的龙凤年号，处处打着宋政权的

明太祖 （1162－1227），即朱元璋，明朝开国皇帝。本名重八，又名兴宗，字国瑞，濠州钟离人。少时家贫，一度入皇觉寺当和尚，25岁时参加郭子兴领导的红巾军反抗蒙元暴政。元至正二十八年（1368），于南京称帝，国号大明，年号洪武，建立了全国统一的封建政权。

旗号办事，因此，受到刘福通红巾军的保护；同时却又保持着自己的队伍的独立性，不受别人指挥、支配。朱元璋趁刘福通大举北伐时，抓住时机攻占了集庆，以这里为中心建立自己的根据地。之后三年，他又逐步占领了常州、宁国（今宣城）、扬州、处州（今丽水）等地方，整个江淮地区都在他的掌握之中。

鄱阳湖大战

朱元璋占领应天府并以此为中心，控制了整个江淮地区，但仍然面临两个强大的对手——西面的陈友谅和东面的张士诚。应天城里人心不稳，朱元璋心中也十分忧虑。朱元璋手下有个谋臣名叫刘基，他分析了当时的形势，认为张士诚贪图享受，并不可怕；陈友谅野心不小，很危险，应该先把他消灭掉，而后再征服张士诚。朱元璋听从了刘基的意见，决定先对付陈友谅。

陈友谅出生在沔阳（今湖北沔阳）渔民家庭里，小时候读过几年书，在县衙里当过文书，心计很多。后来投奔了徐寿辉的起义军，屡立战功并逐渐掌握了大权。1359年底，陈友谅把徐寿辉从汉阳接到军中，第二年五月，陈友谅用铁锤击死徐寿辉，把国号改为汉，自己做了皇帝。结果引起了部下的不满，纷纷背叛或独立。

1363年三月，陈友谅乘朱元璋亲自率领大军到安丰去营救小明王之机，亲自统率着六十万水陆大军沿长江而下，打算一举消灭朱元璋。中国古代最大规模的一次水战拉开了帷幕。

陈友谅的大军首先包围了洪都（今江西南昌），守卫洪都的大将朱文正是朱元璋的侄子，他按照朱元璋的嘱咐，坚守不出。陈友谅知道朱元璋把主力拉到安丰，洪都城里不会有很多守军。因此亲自督战，让士兵架起云梯，头戴竹帽拼死攻城。朱文正指挥着守军，一次次击退敌人。但形势依然十分危急，朱文正一面派部将张子明到应天求援，一面派士兵到陈友谅军营中假装谈判以拖延时间。陈友谅信以为真，停止了攻城，结果到了约好投降的日期，却不见朱文正的踪影，陈友谅气得咬牙切齿，命令继续攻城！张子明突围到应天向朱元璋报告了军情后，朱元璋叫他转告朱文正让他坚守一个月。张子明返回的途中不幸被陈友谅抓获，陈友谅把他带到城下，

刘伯温 （1311－1375），名刘基，号青田，浙江青田（今浙江省文成县）人，为明朝护国军师、开国元勋。他被称为"千古人豪"，是我国历史上杰出的政治家、思想家、军事谋略家和文学家。

叫他劝朱文正投降，他宁死不肯，就被陈友谅杀了。朱文正在艰苦的条件下坚守洪都，一直守了八十五天。

七月，朱元璋亲自带领二十万水军到达湖口（今江西湖口），陈友谅得到消息后，下令撤掉了围攻洪都的军队，准备在鄱阳湖消灭朱元璋的主力，当时两支军队实力悬殊，陈友谅有将士六十万，战船几百艘；朱元璋，只有二十万兵力，战船都很小，没法儿跟陈友谅的大战船作战。

陈友谅的大战船都用铁链条连在一起，活动起来很不方便。朱元璋和部将们决定采用火攻。

七月二十一日，双方在鄱阳湖边的康郎山一带摆开阵势，朱元璋手下的水军大将俞通海乘风放火，烧毁陈友谅的大战船二十多艘。七月二十二日，双方主力再次会战，陈友谅用高大的战船对抗朱无璋矮小的战船。结果，朱元璋的军队伤亡很重，纷纷败退下来。朱元璋冷静地想了一下后，立刻命令大将常遇春、俞通海找来一批渔船，在里面装上芦苇、火药。趁中午刮起东北风之机，朱元璋命令点火，这些渔船喷着火，顺着风冲向陈友谅的大战船，大战船因为有铁链连着，动弹不了，一时间浓烟滚滚，烈火冲天。陈友谅的士兵不是被烧死，就是跳湖淹死，陈友谅的弟弟陈友仁、陈友贵和许多大臣、将领也都被烧死了。

这一仗之后陈友谅元气大伤，又打了两天，陈友谅损兵折将，不得不向湖口突围了。他哪里知道，刘基早就在这里布下了伏兵。八月二十七日，陈友谅集中残余力量从禁江口突围，立刻被朱元璋的火船团团围住了。在混战中陈友谅被一支流箭射穿了眼睛，惨叫一声，当场毙命。

鄱阳湖一战，陈友谅的六十万水军全军覆没，一批大臣、将领投降了朱元璋，陈友谅的儿子善儿也成了俘虏。第二年，朱元璋率军攻下了武昌，彻底消灭了陈友谅的势力。

元 朝 灭 亡

朱元璋击败了陈友谅之后，把大军集中起来，向东面进攻，很快消灭了张士诚和其他一些对手。这时候，朱元璋已经拥有一支很强大的军队，占据了长江中下游一大片富饶的地区，具备了推翻元朝、统一全国的实力。朱元璋积极地做准备，想一举消灭腐朽的元朝。

而元顺帝非常昏庸无耻，当他的军队与红巾军浴血奋战之时，他却整日在皇宫里寻欢作乐，不理朝政。皇太子爱猷识理达腊看不惯父亲的这种做法，他认为再如此混乱下去，元朝的江山迟早会落到别人的手里。于是，就联合皇后和左丞相哈麻，想废掉元顺帝，自己当皇帝。元顺帝听说哈麻想背叛自己，非常生气，下令把哈麻充军到广东，又派人在路上把哈麻活活打死。皇太子和皇后没有成功，很不甘心，就又寻找下一个的机会，这样，宫廷里矛盾重重。

在镇压红巾军的过程中，元朝内部形成了一批新的军事头目，像河南的扩廓帖木儿（本名叫王保保，是察罕帖木儿的干儿子），山西的孛罗帖木儿，还有李思齐和张良弼等，都握有重兵，各霸一方，根本就不把皇帝放在眼里。这些人为了争夺地盘，扩大自己的势力，经常互相攻打。元顺帝多次下令，让他们不要自相残杀，不但不起一点作用，扩廓帖木儿和孛罗帖木儿反而打得更凶了。元顺帝没有办法，自己手里没有多少军队，还得依靠这些将领们对付各地的红巾军，也只好听之任之。

可是没过多久，宫廷里的斗争又和外面的斗争联系了起来。元顺帝依靠孛罗帖木儿和张良弼的扶持，而皇太子却同扩廓帖木儿、李思齐结成一派，两派相互斗争，吵闹不停。后来，孛罗帖木儿被杀，扩廓帖木儿掌握了大权。李思齐见年纪轻轻的扩廓帖木儿位居自己之上，就联合张良弼等将领，共同对付扩廓帖木儿，双方在关中相持，前前后后共打了一百多仗，也分不出高低。

此时的朱元璋羽翼已丰，整个南方都在自己掌握之中。他看出了元朝内部矛盾重重，已经没有多大的力量了，认为消灭元朝的机会到了。

1367年十月，朱元璋发布了北伐檄文，在檄文里他指责元顺帝昏庸无能，把人民逼到了起义造反的地步，元朝的气数已尽，上天派他来领导人民把蒙古贵族赶出中原，建立汉人的政权，拯救百姓。接着，他任命徐达为征虏大将军，常遇春为副将军，统率二十五万大军，向元朝发动进攻。

朱元璋凭借他对元朝形势的深刻了解，给北伐军制定了"先攻取山东，再占据河南，然后夺占潼关，控制这个门槛，最后进攻大都，扫荡山西和陕西"的正确战略计划。朱元璋还给他的军队制定了严格的军纪，不能随便屠杀人民，不能抢夺老百姓的财产，所以，他的军队很受老百姓欢迎。

徐达按照朱元璋的计划，很快就攻下了山东、河南，元朝的军队不是投降就是逃跑，根本就挡不住北伐军的进攻。1368年，朱元璋在应天做了皇帝，明朝正式建立了。

不久，北伐军攻克了潼关，大都已岌岌可危。可是，扩廓帖木儿却把军队驻扎在太原，不愿意来援救大都。李思齐和张良弼也慑于明朝军队的威势，带着残兵败将向西逃窜了。七月，各路明军在山东德州集结，然后分水陆两路沿着运河北上，几十万大军浩浩荡荡杀奔大都。一路上势如破竹，先占领了长芦、青州，然后攻占直沽。之后又攻下了大都的最后一道门户通州。通州失守，大都危在旦夕。

元顺帝征求文武大臣们的意见，一个叫伯颜不花的太监哭着建议皇帝坚守大都，元顺帝觉得这话有些道理，但无奈城中兵少将寡，外边又无救兵，无奈之下乘着黑夜，元顺帝率领后妃、太子和文武大臣一百多人，从建德门逃出了大都，奔向北方茫茫的草原。

几天之后，明军攻占了大都，元朝灭亡了。朱元璋把大都改称北平，明朝正式取代了元朝。

靖 难 之 役

明朝建立后将都城建在南京。在当时，元朝的残余势力经常从塞北南下，威胁北部边境的安全。信不过开国功臣的朱元璋决定采用过去的分封制，把一些关键位置的地方封给朱姓诸王。明太祖有二十六个儿子，除立为太子的朱标和早逝的第二十六子外，其余二十四子外加一个从孙，总共封了二十五个王。除了防戍边防之外，明太祖还赋予藩王兴兵讨伐朝廷奸臣的权力，以此来使朱氏王朝长治久安。

明初藩王有很大的权力，他们每年有万石以上的食禄，在藩国内可以建立王府，任免官吏，除了不能干涉地方民政外，几乎跟皇帝没什么区别。最重要的是，因为设置藩王的目的之一便是巩固国防，所以他们还拥有很大的军权。诸王之中，靠近边塞的势力较大，其中宁、燕、晋三王兵力最强。他们经常带兵作战，战功赫赫，尤其是燕王朱棣，格外受到明太祖器重，并负责统辖各镇的兵马。

洪武三十一年（1398年），太子朱标病故，朱标的儿子朱允炆以长孙的地位被立为皇太孙。各地的藩王大都是朱允炆的叔父，根本不把年轻的皇太孙放在眼里，言行颇为不逊。朱允炆对此也十分清楚，有一次，朱允炆对东宫侍读黄子澄说："现在诸位藩王手握重兵，根本不把我放在眼里，将来该怎么办呢？"黄子澄拿西汉平定七国之乱为例，劝朱允炆不要担心，他说："当时吴楚七国实力非常强大，但汉景帝一出兵，名正言顺，他们很快就土崩瓦解。现在诸王的兵力还没有达到拥兵自重的地步，您是皇位的正式继承人，一旦举兵兴讨，自然能够一战成功。"朱允炆这才稍稍心安。

明太祖去世，朱允炆即位，年号建文，即建文帝。建文帝即位后，各位藩王的不满情绪日增。建文帝召见黄子澄决定削藩。

他们跟另一个大臣齐泰一起商量，齐泰想从兵力最强，野心最大的燕王朱棣下手，黄子澄不赞成这个做法，他认为这样容易打草惊蛇，不如先把燕王周围的藩王除掉，这样再收拾他就轻而易举了。恰好此时，周王的一个儿子告发父亲跟燕、齐、湘三王密谋造反。建文帝利用这个机会，夺去周王兵权，把他废为庶人。紧接着，岷、湘、齐、代四位藩王也相继被借故革去兵权，发配边疆。如此一来，藩王中势力较大的就只剩下燕王朱棣了。

朱棣面对这种局势，当然不愿坐以待毙，他暗中招募勇士，选将练兵，随时准备谋反。没多久，建文帝在齐泰的建议下，派来了谢贵等人监视燕王动静，并以备边为名，抽调燕王兵力。为了麻痹建文帝，燕王假装精神病发，成天胡言乱语，有时候还躺在地上，几天不起来。谢贵去探病，那时候正是盛夏，燕王却坐在火炉边烤火，嘴里还不停地叫冷。朱棣就这样瞒过了众人。

但是建文帝还是准备削夺燕王的爵位，他计划派谢贵带兵把燕王的党羽一网打尽。没想到谋事不密，燕王早就得到了消息，把王府里充当建文帝内应的官员全抓起来，带兵杀了谢贵，宣布起兵。为了师出有名，燕王称黄子澄、齐泰为奸臣，打出"清君侧"的旗号，还把自己的部队称为"靖难军"。历史上把这场内战叫作"靖难之变"。

燕王久经沙场，手下的部队也身经百战。他起兵南下，很快就攻克了居庸关、密云、遵化等地。而建文帝这边虽然兵马数量占有优势，但那些跟着明太祖打天下的宿将们在文字狱中杀得几乎一个不剩，新任命的将领根本不是燕王的对手，作战连战连败。建文帝没办法，只好罢免黄子澄、齐泰，向燕王求和。但被燕王一口拒绝。

这场战争进行了将近三年，燕王的部队虽然胜多负少，但他的部队毕竟有限，这些年来转战各地，逐渐成了强弩之末，燕王对此也无计可施。恰在此时，南京宫内的太监向燕王告密，说南京城如今兵力空虚，完全可以一举攻克。燕王抓住这个时机，孤注一掷，率领几乎所有将士南下，直取南京。部队所向披靡，很快就攻到长江对岸。见形势急下的建文帝又派人向燕王求和，以割让土地，请求燕王退兵。这种缓兵之计当然瞒不过燕王，他指挥大军渡过长江，包围了南京城。过了几天，守卫京城的大将李景隆打开城门投降，京城终于被燕军攻破。

攻入南京城的朱棣首先是查问建文帝的下落。有人说城破前，皇宫燃起大火，建文帝跟一些后妃们想必已经葬身火海了。燕王派人在废墟中寻找，找到几具尸体，但这些尸体都已烧焦，连男女都很难分清。燕王对着尸体号啕大哭，嘴里说着："侄儿啊，我只是帮你剪除奸臣，怎么却成了这个样子啊！"并吩咐把尸体以礼下葬。这时群臣们就开始拥戴燕王称帝，燕王当然推脱一番，然后就志得意满地登上了帝位。他废除了建文年号，改的年号为永乐，表明自己是直接继承了明太祖的帝位，并把这整个事件称为"建文逊国"，朱棣就是明朝第三帝——明成祖。

成祖励精图治

明成祖朱棣是个很有作为的皇帝。他不仅有卓越的军事才能，同时在政治上，也能高瞻远瞩。

明成祖对那些与他共同打天下的开国元勋，采取了完全不同于朱元璋的态度。他对功臣们说："君臣之间不能善始善终，原因是互不信任。如果彼此不相信，就是父子也会闹翻的，何况君臣呢？"而事实上，他确实做到了用人不疑。永乐年间，御史弹劾西宁侯宋晟越权，办事先斩后奏。明成祖对这位御史说："任人不专能办成事情吗？况且一个大将远在边关，怎么能要求他事事都根据朝廷的旨谕呢！"随即颁下一道敕令，叫宋晟根据实际情况处理一切事宜。

同时，明成祖也是一个依法办事的开明君主，他主张奖惩分明，有功必赏，有过必究，公私分明决不姑息养奸。有次一个有功的武臣犯罪，刑部官员因其有功于身便想网开一面，但明成祖却坚持将他依法定罪。

明成祖很讨厌阿谀奉承。一次贵州布政司上奏说，成祖的恩诏到达贵州时，山间有呼万岁之声，且回荡不散，说这是成祖皇恩浩荡，威名远播。大臣们知道这件事后都来向明成祖祝贺。明成祖对他们说："山谷之间产生回音这是常理，利用这来讨好我可不是贤臣所为啊！"那些大臣碰了一鼻子灰。

明成祖认为只有见多才能识广，实际经验总胜于纸上谈兵。因此，他经常派太子到各地去了解民风民情。一次，他的儿子朱高炽视察河南，看到百姓生活困苦，衣不蔽体，回来就把这事情禀告了他父皇。明成祖叫来户部大臣，训斥说："河南民饥，有司不据实报告，竟然虚报丰收，如此欺罔！"下令处治了当地官吏，而且还通令各个衙门："自今以后，凡民间水旱灾不上报者，一律治罪，决不宽容。"

明成祖还顾念"靖难"期间，黎民百姓遭战乱生活艰难，便下令减轻赋税，补查人口，鼓励人们从事生产，并且由政府发给种子、耕牛、农具。他叫地方官在每年农闲的时候，关心农业耕作，疏浚河

明成祖 （1360－1424），名朱棣，明太祖朱元璋第四子，原被封为燕王，后通过"靖难之役"从建文帝手中夺得皇位。年号永乐，庙号太宗，后嘉靖帝将其庙号改为"成祖"，所以后人便一直称他为"明成祖"。

渠，修筑圩岸陂塘，便利灌溉，捕捉蝗虫。遇有饥荒，及时赈济。

为了治理好天下，提倡让人民休养生息。一次通政司（管章奏的机构）的官员报告说，山西有人上报介休县（今山西介休）出五色石，做器皿极为好看。明成祖说："这些年来打仗、灾荒，百姓够苦了，还要给他们增加负担吗？要知道官府求一物，百姓要受多少害吗？"

一天，外国人送来一对玉碗，很是漂亮。明成祖担心自己收了这礼物，以后送礼之风会盛行，便吩咐退还给了来使。他身为一国之君，却过着极其简朴的生活，他常常以其母马皇后缝补旧衣穿的事情勉励自己，不要骄奢，要爱惜人民。

方孝孺 （1357－1402），字希直，又字希古，号逊志，时人称"缑城先生"。又因在蜀任教时，蜀献王名其读书处为正学，亦称"正学先生"。

明成祖在位期间，除了早朝之外还有晚朝。他觉得早朝奏报的事情较多，没时间深入交谈，因此在百官奏事退朝后，他把六部尚书等近臣留下来，再商量一些事情。晚朝事情少，君臣之间可以深入讨论，畅所欲言。

明成祖很重视人才的选拔，喜欢那些能够直言进谏的臣子。他认为要把国家治理好，不仅要任人唯贤，还要用人有法，即发挥每个人的长处。因此，他告诫吏部的官员，选人才时不能徇私情，并且要注重人才的德行。他说："君子为了国家不计个人得失，所以敢直言，不怕丢官丧命；小人为了个人不考虑国家，所以溜须拍马，只想升官发财！"

明成祖鼓励臣下敢说话，说真话，他不止一次地要求大臣指出他的过错。永乐初年，浙江义乌县教谕上表，陈说了几件地方上当办的事情，希望皇帝能"虚心纳言"。明成祖通令嘉奖了他，并把奏折拿给六部大臣们看，他说："远在下面的官员都能心存国事，你们在我左右，更应该如此。"有一年，他叫吏部把州县考满（九年任满考核）到京的官吏，挑些能力强、知道爱护百姓的人留在各部办事，让他们上言如何治理州县的事。可是过了好久，都没有人进言。后来他感慨地对大臣说："敢言之臣实在难得啊！所以魏徵的作风世不多见。假若臣子进谏时能够无所畏惧，天子纳谏时能够做到不愠不怒，还担心天下治理不好吗？"接着又恳切地说："我一个人的才智，管这么多的事情，怎能一一记忆不忘，怎能一一处理不误？拾遗补过，是你们的责任！以后我忘了的就提醒我。"

在明成祖励精图治之下，国家经济不断好转，生产力水平不断提高，人民呈现安居乐业的状态。并且在1403年，集中了将近三千人修了一部两万二千多卷的类书《永乐大典》，这部大型类书把经史子集、百家之书，以及天文、地理、阴阳、医卜、僧道、技艺等各类言说，按字、句、篇名、书名分韵收录。其中有许多元代以前的珍贵文献。明成祖开"四夷馆",选年少生员学习外文,开设了贵州布政使司,又设置了奴儿干(今黑龙江下游特林)、乌斯藏(今西藏)等都指挥使司,建置哈密(今新疆维吾尔自治区哈密县)等三百多个卫所。全国幅员广大,疆域辽阔。

郑和下西洋

明成祖朱棣用武力夺得了皇位,成了大明王朝的皇帝,但却一直没有找到建文帝朱允炆。这件事使他寝食难安,总担心有一天,建文帝又会突然冒出来,找他来算账。因此他召来自己的心腹大臣商议这件事。袁忠彻回答说:"陛下,我认为您可以派一支船队去访问各国。一来可以打听一下建文帝的下落,二来可以宣扬一下我们大明王朝的国威,使那些小国都臣服于陛下。"明成祖同意了他的建议,决定派自己的心腹宦官郑和率领这支船队去替他完成这项艰巨的任务。

郑和,原来姓马,小名叫三宝,云南昆阳(今云南晋宁)人。他的祖父和父亲都是虔诚的伊斯兰教徒,并且还到麦加朝过圣。洪武十四年,朱元璋的军队攻打云南的时候,十岁的三宝被掳到了军中。后来,朱元璋把三宝送给了燕王朱棣。从此,三宝就成了燕王府里的一个小宦官。

三宝自幼聪明伶俐,深得朱棣的喜爱。跟随朱棣走南闯北,长了不少见识。也曾参加过许多战斗,精通兵法,很有军事才能。所以,明成祖决定派他出使"西洋"。当时,"西洋"指现在的文莱以西,印度洋沿岸各国。

郑和接受了明成祖的特殊使命,几个月之后,各方面都已准备就绪。

1405年六月十五日,郑和率领船队,从苏州刘家港(今灌输太仓县浏河口)出发。当时,岸边锣鼓喧天,站满了欢送的人群。郑和的这支船队非常庞大,共有两万七千多人,他们分乘六十二艘大海船,船长四十四丈,宽十八丈,这在当时是非常罕见的。船上除了大量的士兵和水手外还有许多翻译、医生和技术人员。他们携带着大量的丝绸、瓷器、纸张和金银财宝,浩浩荡荡地向南驶去。

他们首先到达了占城(今越南南部)。然后又去了爪哇、旧港(今印度尼西亚苏门答腊岛东南岸)、满剌加、锡兰等国。他们每到一个国家,就先去拜访该国的国王,送给他们一些珠

郑和下西洋船复原图

宝。然后，就拿自己带来的东西和当地的人民进行交换。郑和带来的丝绸、瓷器等很受他们的欢迎。回国的时候，这些国家的国王就派使臣随船队来中国答谢，明成祖十分高兴。从1405年到1433年，郑和先后七次出使西洋，去过印度洋沿岸三十多个国家，最远一次到达了非洲东海岸和红海沿岸。

郑和率领庞大的船队出使异邦，这在当时确属于壮举。当时没有十分先进的航海技术，只靠自己的航海经验，狂风和暗礁经常威胁着船队的安全。此外，海盗和一些见钱眼红的国王也经常想谋害郑和，抢劫财物。在郑和出使西洋的时候，就曾经三次用兵打仗。

郑和第一次出使西洋，当他率船队返航途经旧港的时候，一支平素靠抢劫商船的海盗队伍，由他们的头领陈祖义率领，准备乘郑和不备，发动突然袭击。郑和得知这个消息并不担心，他命令船队散开，引诱海盗进入船队的包围圈。并告诫将士们准备好刀枪、火药，严阵以待。这天深夜，陈祖义带领一伙海盗，分乘十几只小船，前来偷袭。等他们完全进入了船的包围圈，只听一声炮响，四周的大船迅速向中间靠拢，把十几支贼船团团围住。经过一阵厮杀，陈祖义被打得大败，只好跪在船头求饶。郑和把陈祖义押回了京城，把他交给了明成祖。

郑和第二次出使西洋途经斯里兰卡时，又遇到了同样的事，不过这次是该国国王看到郑和携带的大批财物，顿起邪念。他让王子把郑和骗到京城，强行勒索财物，并暗暗地派军队去抢劫船队。郑和发觉之后，企图返回船队，但归路已被国王的军队截断了。在这种万分紧急的情况下，郑和带领他手下的两千多人杀进了王宫，俘虏了国王和他的妻子。郑和回到京城之后，把他们献给了明成祖。后来，明成祖实行宽大政策，又把他们放了回去。

永乐十三年，郑和第四次出使西洋。当他回航路过苏门答腊国时，发生了一次激烈的战斗。一天晚上，一个叫苏干剌的人率领几万人前来袭击郑和的船队。原来他是一个王子，因夺权失败就跑到一座山上占山为王。他见郑和的船队带着这么多的金银财宝，就红了眼，企图发一笔横财。在苏门答腊军队的配合下，郑和打败了苏干剌的军队，并且活捉了苏干剌。

郑和三次用兵都不是为了侵略别人，而是为了反抗坏人的侵袭。郑和及其率领的船队受到了各国人民的热烈欢迎。

郑和七次下"西洋"，加强了中国与这些国家的友好关系，促进了世界各国的经济文化交流，在世界航海史上写下了光辉的一页。

土木堡的惨败

宣德十年（1435年），明宣帝去世，他的儿子朱祁镇即位，即明英宗。在明英宗统治期间，明朝历史上出现了第一个专权的大宦官，他就是臭名昭著的王振。

王振是山西蔚州人，年轻的时候读过一些书，曾经参加过几次科举考试，但都没有考中。后来就自愿进宫做了太监。因为他懂点文字，宣宗就派他去教太子朱祁镇读书。朱祁镇非常敬重他，称他为"先生"。朱祁镇当皇帝之后，王振的权力迅速膨胀了起来，他当上了主管太监的司礼监，并经常帮助英宗批阅奏章，因此，逐渐掌握了军政大权。朝廷的官员都非常惧怕他，如果谁得罪了他，重则杀头，轻则贬官。有一次，驸马都尉石璟打骂自己家里的一名太监，王振恨他伤害了自己的同类，就把他逮捕入狱。也有一些无耻的官员为了升官发财，就不顾廉耻地去攀附王振。当时的工部侍郎王佑就是这样的一个人。王佑一心想升官发财，就自愿给王振做干儿子。

自永乐末年以来，我国北方蒙古族的瓦剌部逐渐强大起来。他们每年都向明朝进贡大量的马匹，明朝必须给他们大量的赏赐，这实际上就变成了双方的一种交易。按规定，瓦剌每年到明朝的贡使不得超过五十人，但在正统十四年（1449年），他们派来了两千人，并冒称来了三千，要求明朝赐给更多的赏物。王振发现他们虚报人数，就让礼部按实际人数给赏，并且削减马价的五分之四。这一来可就激怒了瓦剌的首领也先，他派出大批军队攻打山西大同。

王振本来不懂得打仗，但他却梦想捞取军功，就三番五次地鼓动英宗亲征，英宗听信了王振的话，就发出了亲征的命令，限令两天后出发。大臣们一听非常吃惊。他们纷纷上谏，劝英宗不要去，说这样太危险了。但在王振的怂恿下，英宗根本不听。

正统十四年（1449年）七月十六日，英宗率领一百多名官员及五十万大军，浩浩荡荡地从北京向大同进发。时值雨季，行军非常艰难。由于大军出发得非常仓促，军粮都没有带够，一路上饿死了不少士兵。一些大臣见军心动摇，就劝英宗立刻回京。王振

明宣宗（1399－1435）即朱瞻基，明仁宗长子。永乐九年立为皇太孙，仁宗即位时被立为皇太子。洪熙元年(1425)六月十二日即皇帝位。次年改元宣德。宣德十年逝于乾清宫，时年37岁，葬于景陵。

对此十分恼火，就罚他们在路边跪了一天。

也先得知明军军心不稳，又缺粮草，他便指挥军队假装战败，引诱明军深入。

这一天，英宗率领疲惫不堪的军队到达大同。王振认为瓦剌军队少，肯定不是明军的对手，就命令军队继续北进。也先利用"两山夹一道"的有利地形，设下了埋伏。等到明军一到，也先率领瓦剌军队从两面的山坡上冲下来，大败明军。

在这种紧急的情况下，急速退兵才是上策。但王振却想炫耀一番，便劝英宗到自己的家里住上几天再走。就这样，几十万大军向蔚州的方向开去。但刚走出四十多里，王振又命令军队掉过头来往回跑。原来，他考虑到蔚州有他的许多田产，这么多的兵马到了蔚州，他地里的庄稼不就全被践踏了吗？这样来回一折腾，就延误了撤兵的宝贵时间，瓦剌的追兵渐渐地追了上来。

英宗和王振跑得最快，天黑之前，他们到了土木堡。土木堡离怀来城没有多远了，大臣们劝英宗趁着天亮赶快进城。但王振执意不肯，因为装着他家产的几十辆大车还没有赶到，就命令军队在土木堡驻扎下来。也先率瓦剌军追杀过来，把土木堡围了个水泄不通。

土木堡四周水源稀少，仅有的几条河流都被瓦剌军占领了。这一带地势又高，士兵们挖了两丈多深还没有见到水的影子。士兵们已经两天没有喝水了，一个个都疲惫地倒在了地上。英宗此时也是坐以待毙。

到了第五天，也先突然派人前来讲和。英宗不知是计，他高兴坏了，急忙传令军队移营取水。士兵们争先恐后地跳出了壕沟，乱作一团。这时，也先突然率军从四方冲杀了过来，明军如决口的洪水，争先逃窜。这时，王振早已吓得魂不附体。禁军将领樊忠怒视着这个祸国殃民的奸贼，气愤地抡起手中的铁锤，一下结果了王振的性命。

英宗见一点逃脱的希望都没有，便索性滚下马来，盘腿坐在草丛里等死。到瓦剌军打扫战场的时候才发现了他。英宗皇帝做了瓦剌的俘虏。

这一仗，明朝从征的一百多个官员全部战死，军队损失了几十万，从此，明朝的元气大伤，历史上称之为"土木堡之变"。

中华上下五千年

于谦保卫北京

　　闻知英宗在土木堡被俘，宫廷里一片慌乱。朝中的大臣听到这个噩耗，顿时慌作一团，只是在朝堂上号啕大哭。这时，土木堡的残兵败将陆续逃回了北京，北京城里更是惶惶不可终日。

　　在这种非常紧急的情况下，皇太后下诏立英宗的长子朱见深为太子，但这时朱见深只有两岁，不能亲自理政，需要一个辅国之臣，所以皇太后又命英宗的弟弟郕王朱祁钰监国（就是代行皇帝的职权），总理国政。

　　这一天，　郕王召集群臣商量怎样对付瓦剌，大臣们你看看我，我看看你，谁也想不出一个好的办法来。这时，一个叫徐有贞的官员对郕王说道：瓦剌兵强马壮，我方只剩老弱残兵与瓦剌直接对抗，无异以卵击石，所以朝廷应南迁避难。

于谦　（1398－1457），字廷益，号节庵，明代政治家、军事家。12岁时便写下明志诗《石灰吟》，永乐十九年进士。因组织指挥了历史上有名的京城保卫战，因功加少保。景泰七年（1456），代宗病重，英宗发动"夺门之变"，于谦以谋逆罪被杀。

　　这时，文臣于谦大声断喝道："谁敢倡议南迁，就应该杀头！京都是天下的根本，在这种情况下轻易迁都，就会使人心惶惶，大明王朝就会不战而亡！你们难道忘记南宋的教训了吗？"

　　徐有贞听了于谦这番义正严词的话，吓得不敢再出声，羞愧地缩到一边。

　　于谦，字廷益，钱塘（今浙江杭州）人。他从小就酷爱读书，懂得不少治国安邦的道理。最敬佩民族英雄文天祥，他总是把文天祥的画像挂在自己的书桌前面，激励自己向文天祥学习。永乐十九年（1421年），于谦进士及第入朝为官，做到河南、山西两省巡抚，深受当地人民爱戴。于谦为人刚直，从不依附权贵，大宦官王振每次想拉拢于谦都被于谦拒绝。这一年又要轮到于谦进京了，他手下的人劝他说："您还是给王振送点礼物吧！如果不愿送金银财宝，给他送点土特产也行啊！"于谦听了哈哈一笑，甩了甩他那两只宽大的袖子说："我可没有什么多余的钱去巴结上司，我只有这两袖清风！"后来，他还特意写了一首诗，表明自己不事权贵的决心。诗的最后两句是："清风两袖朝天去，免得闾阎话短长。""闾阎"，在这里借指百姓，"两袖清风"这个成语就是从这里得来的。

　　于谦不攀附王振，让王振非常恼怒，王振诬陷于谦入狱，并给他判了死刑，

但山西、河南的官民纷纷给于谦求情。迫于民意王振不得不宣布于谦无罪，给他恢复了官职，后来，于谦又被调到了北京，担任兵部侍郎。

这一次，国难当头，于谦挺身而出，坚决要求保卫北京，他的意见得到了多数大臣的赞同，郕王也很支持于谦的主张，提升他为兵部尚书，由他担负保卫北京的重任。

为了安定民心和更有效地对付瓦剌，大臣们纷纷上书，要求郕王早登大位。就在"土木堡之变"的第二年九月，郕王朱祁钰当上了皇帝，下令明年改为景泰元年，把英宗尊为太上皇，他就是明朝历史上的景帝。

于谦肩负保卫北京城的重任，他立下军令状："不见成效，甘受处罚。"于谦把生死置之度外，一面加紧制造兵器，一面从地方上调集军队，景帝也授予于谦先斩后奏的大权；严令军队听从于谦指挥，一场轰轰烈烈的北京保卫战即将展开。

这年十月，也先挟持着英宗，率领瓦剌军队再次大举南下，这一天来到了北京城外，于谦急忙召集将领商量对策。大将石亨认为只要把城门紧紧地关闭起来，死守城池。瓦剌军攻不下来，就自然会退兵了。

于谦听了这番话摇了摇头，他站了起来，慷慨激昂地说道："如果我们闭门不出，敌人就会更加嚣张，我们只有进行坚决的反击，才能打掉敌人的威风！"

接着，于谦分派各个将领带兵出城，他自己带领一批人马驻守在德胜门，直接跟也先对战。军队出城之后，于谦命令守城的军兵把城门关闭起来，表示要与敌人死战到底。他传出一道命令，告诫三军说："凡是将官不顾士兵而带头先退的，斩将官；士兵不听指挥而先退的，后队斩前队！"

将士们的激情被调动起来，他们齐声呐喊，士气大振，纷纷表示与瓦剌军决一死战。

这时，也先派出一支军队来攻打德胜门。明朝将士早已把生死抛到了九霄云外，他们个个如狼似虎般地冲入了敌阵。瓦剌军见明军真的来拼命，吓得直往后退。附近的百姓也纷纷爬上房顶用石块、瓦片痛打敌军，瓦剌军一下子溃败了下来，丢下了一千多具尸体，四散逃命。明军取得了第一次大胜仗，士气大振。

这时候，各地勤王的军队也陆续到来，城外的明军增加到了二十多万。也先见事情不妙，唯恐明军切断了退路，不敢再战，打算退兵。但他又不甘心空手而归，于是心生一计。他以归还英宗为条件，派人去跟明军讲和。于谦对也先的伎俩了如指掌，知道也先的目的不过是索取土地和财物，所以于谦一怒之下，赶走了使者。

也先见计谋不能得逞，就只好指挥着军队后退。明军尾随追击，又打了不少胜仗。北京保卫战终于取得了辉煌的胜利。

也先见景帝登基，知道英宗已不能威胁明朝，留之无用。为了与明朝和好，景泰元年八月，也先派人把英宗送回了北京。

英宗回到北京之后，名誉上是个太上皇，住在南宫，但他总想有朝一日再复辟自己的帝位。

景泰八年（1457年）正月，景帝得了一场大病，卧床不起。徐有贞、石亨趁机发动"南宫政变"重扶英宗上台，没多久，景帝去世了。于谦虽然立了大功，但英宗却因他曾帮助景帝继位而对他怀恨在心。徐有贞、石亨都受过于谦的责备，他们经常在英宗耳边说于谦的坏话，昏庸的英宗竟然听信了他们的谗言，就给于谦胡乱加了个"谋反"的罪名，把这位爱国英雄给杀了，于谦死时五十九岁。

威震敌胆的戚家军

元末明初，倭寇在我国沿海地区为患。倭寇成分很杂，有的是在日本国内政治失利，转向海外发展的势力；有的是大发走私横财的亡命之徒；还有的是与中国商人私下贸易被欺骗，愤而讨债的商人武装。这些人组成海盗集团，经常骚扰我国东南沿海人民的生活，烧杀抢掠，无恶不作，人们为之痛苦万分，尤其是明朝中后期，政治腐败，国防废弛，倭寇之患越来越严重，沿海人民为此深为苦恼，一些有志之士纷纷组织起来，抵抗倭寇，在这场抵抗倭寇的运动中，涌现出了一批民族英雄，其中最为著名的就是戚继光和他的戚家军。

戚继光，山东蓬莱人，出身名将家庭，精通兵法；从小就看到倭寇对沿海人民的残酷迫害，因此对倭寇的野蛮行径有着刻骨仇恨，并立志一定要荡平倭寇，拯救生活于水火之中的人民。由于他在山东防倭有功，后被调到倭寇活动疯狂的东南沿海，镇守宁波、绍兴、台州一带。在战斗中，他发现明军腐败而无战斗力，同时，缺少训练，纪律也败坏，有的甚至骚扰百姓，依靠这样的军队是不可能取胜的。因此他决定从饱受倭寇之苦，而痛恨

戚继光 （1528－1588），明代著名抗倭将领。字元敬，号南塘，晚号孟诸，祖籍河南卫辉，于闽、浙、粤沿海诸地抗击来犯倭寇，历十余年，创造了攻防兼宜的"鸳鸯阵"战术，因敌因地变换队形，灵活作战。每战多捷，世人誉为"戚家军"。

他们的当地农民中招收新兵。于是他在金华、义乌等地招募勇锐而有血气的农民和矿工，建立了一支由三千"乡野老实之人"组成的新军。

戚继光不仅对这支新军进行严格的军事训练，而且根据江南水乡的特点，改革兵器和阵法，创造了有长短武器相结合的"鸳鸯阵"，这种阵法，打起仗来机动、灵活、严密，能够发挥战士近距离搏斗的勇敢精神。这支新军纪律严明，戚继光常向士兵提到岳家军，他要求士兵对百姓秋毫无犯，要知道百姓养兵的艰苦，不要扰乱百姓，而且要拼力杀贼，做"保国安民"的赤子，因此受到百姓的爱戴，得到广大人民的密切配合。在作战中，戚继光与他的士兵同甘共苦，每次作战，他总是冲锋在前。一次，行军到乐清，突然下起大雨，为了不打扰百姓，军队直立雨中，不进民房，戚继光就和自己的士兵一起站在雨中；他爱自己的士兵，经常和他们在一起，主动接触他们。士兵病了，他亲自喂汤药，问暖问寒，也常资助有困难的士兵。正是这样，他的士兵们都非常乐于为他效命，作战勇敢。

正是因为这支新军有很强的组织纪律性和得到广大人民的支持，又具有战斗力，因而经过两三个月的训练后，便投入了战斗，很快就取得了胜利。

嘉靖四十年(1561年)，倭寇大举进攻台州，戚继光带领这支新军，在一个多月的时间里消灭倭寇五千多人，给他们毁灭性打击，救出被抓走的百姓六千多人。1562年夏天，倭寇再次来犯，戚家军和其他军队配合，全部消灭了倭贼。浙江东部的倭患得到平息。当地人民为了感谢戚继光，给他建祠、作诗表扬他的业绩。1562年七月，戚继光和他的军队转入福建，第一仗就收复了被倭寇侵占三年之久的横屿。在战斗中，戚继光指挥兵士们摆成"鸳鸯阵"式，在铺上草的烂泥上横行。到了岸边，他亲自为官兵擂战鼓，战士们奋勇作战，展开肉搏战。仅三个时辰，就大获全胜。戚家军乘胜追击，收复了倭寇在福建的最大巢穴牛田、兴化。肃清了福建境内的倭寇。

戚继光的戚家军纪律严明，能征善战，对倭寇极具震慑力，保卫了边疆的安全，戚继光和他领导的军队轰动一时，戚继光的治军方法也被后人记入史册。

张居正变法

张居正，字叔大，号太岳，湖北江陵人。明神宗时期，担任内阁首辅(宰相)十年之久。他采取的措施主要包括：在内政方面，整顿吏治，加强中央集权制。张居正创制了"考成法"，对各级官吏贯彻朝廷诏旨情况进行严格考察，要求定期向内阁报告地方政事，提高内阁实权，罢免因循守旧、反对变革的顽固派官吏，对支持变法的新生力量加以提拔重用，积极准备推行新法。并且整顿了邮传和铨政。他一切改革都是以"尊主权，课吏职，行赏罚，一号令"和"强公室，杜私门"为方针。

张居正最突出的成绩是在经济方面。他曾任用著名水利学家潘季驯督修黄河，使黄河不再南流入淮，而漕河也可直达北京。

"一条鞭法"是张居正在经济改革方面的重要内容，也是中国封建社会赋役史上的重大变革。在明朝初年，赋税制度十分繁杂。赋税以粮为主，银绢为辅，分夏秋两季征收。此外，还规定农民要服各种徭役，并交纳特殊的土贡等等。"一条鞭法"的内容是："总括一县之赋役，量地计丁，一概征银，官为分解，雇役应付。"就是把各州县的田赋、徭役以及其他杂征总为一条，合并征收银两，按亩折算缴纳，这样既简化了征收手续，也使地方官员难于作弊。这种办法的实行，使没有土地的农民可以解除劳役负担，有田的农民能够用较多的时间耕种土地，对农业生产起了一定作用。同时，把徭役改为征收银两，农民获得了较大的人身自由，比较容易离开土地，这就给城市手工业提供了更多的劳动力来源，对工商业的发展也有积极作用。

"一条鞭法"的推行，使明政府的收入有了显著的增加，财政经济状况也有很大改善。国库储备的粮食多达一千三百多万石，可供五六年食用，大大解决了嘉靖年间国库存粮不足问题。

在军事上张居正也采取了一些改革措施。他派戚继光守蓟门，李志梁镇辽东，又在东起山海关，西至居庸关的长城上加修了"敌台"三千余座。他还与鞑靼俺答汗之间进行"茶马市"贸易，采取和平政策。从此，北方的边防更加巩固，明朝和鞑靼没有重大战事长达二三十年。

经过上述改革，强化了中央集权的封建国家机器，基本上实现了"法之必行""言之必效"，国家的经济状况有了改善，财政收入有所增加，国防能力加强。当然，张居正倡导改革的目的并不是减轻人民的负担，而是巩固明朝的封建统治。因而，他的变法不可能触动地主阶级的根本利益，只能作一些修修补补的改良。尽管如此，张居正的改革还是触犯了地主阶级的利益，他们对新法强烈反对。

1582年六月，张居正病死，反对派开始了对张居正的反攻。他们劝说神宗下令撤消了张居正死时特加的官爵和封号，进而查抄家产。张居正的长子被逼自杀，其他家属也惨遭迫害。张居正的十年改革成果付为流水，明王朝也日益衰落。

但张居正的改革却在中国历史上留下了重要的一笔。

明末后宫三疑案

明朝万历年间，朝廷衰败，政治混乱，关外的努尔哈赤，对明王朝虎视耽耽。而在北京后宫内却围绕着皇帝宝座的争夺发生了三个疑案。这三个案子分别发生在三个皇帝在位期间，即万历皇帝、光宗朱常洛和熹宗朱由校，这三个疑案就是"梃击案"、"红丸案"和"移宫案"。

先说"梃击案"，"梃"就是棍棒的意思。万历皇帝一共在位四十八年，是明朝所有皇帝中在位时间最长的一个。他的正宫娘娘是王皇后，十分贤惠，但一直没有生育。一个王姓宫女给他生了一个儿子，取名叫朱常洛，这也是他的长子，随后，他把王姓宫女封为恭妃，但万历皇帝不喜欢王恭妃，当然也就连带着不喜欢大儿子朱常洛了。他最喜欢郑妃，郑妃妩媚动人而且善解人意，郑妃生的三儿子朱常洵也因此受到他的宠爱。

每个皇帝死前都要立太子，以便将来继承皇位，但立太子自古以来就有"立长不立幼"的规矩，但万历皇帝不喜欢大儿子，他想立三儿子但又不合规矩，所以立太子的事一直拖着。但满朝大臣却坐不住了，纷纷上书要求立朱常洛为东宫太子，以防出现几个皇子争夺皇位的局面。但万历皇帝对这些奏章毫不在意，统统"留中"，奏章进了宫就石沉大海，一直到万历皇帝四十岁时，众臣劝立太子的奏章更多了，万历皇帝只得立朱常洛为东宫太子，这时朱常洛也已经二十岁了。

万历四十三年（1615年），发生了一件怪事。一个中年汉子手持木棍闯进太子宫，此人见人就打，很快即将闯入太子的房间，由于侍卫拦阻及时，太子才安然无恙，中年汉子被捆起来押在牢里。

闯太子宫可是势态严重。万历皇帝十分重视，立即命令刑部官员严刑拷问，定要问个水落石出。一开始这个汉子只承认自己叫张差，别的什么也不说，审判官员可急了，用酷刑拷打，这个汉子坚持不住只得招供实情。他供道："我真名叫张五儿，是无业游民，这次闯慈庆宫不是我自己要干，是庞保、刘成两位公公让我干的，并说事后给我重赏。"

庞保、刘成是郑妃宫里的太监，万历皇帝一看，立刻明白此事与郑妃有关。看来郑妃是想谋害太子，而让亲生儿

释迦米色釉瓷像

子当太子。万历皇帝立刻带随从来到郑妃宫中，气呼呼地让她看供词。郑妃一看阴谋败露可慌了神，连忙跪倒磕头，苦苦求饶。万历皇帝可怜自己的爱妃，没忍心处分她，但朱常洵也当不成太子了。

第二天上朝，万历皇帝在百官面前说："我立长子常洛是古今公理，现在却人人想谋害太子，我坚决不能允许。"接着他就把张五儿、庞保、刘成三个人都杀了，"梃击案"也就不了了之。

明光宗朱常洛继位时也快四十岁了，他只当了一个月的皇帝就死了，他这么早就死还得从"红丸案"这个迷案说起。

朱常洛身体虚弱，但他却不顾身体健康，依然花天酒地，纵欲享乐。他的正妃郭妃病死后，还有四个选侍，选侍是一种品级较低的妃子，除她们外还有无数美女陪伴在光宗身边，光宗只知享乐，身体却越来越糟。

这年九月，也就是朱常洛当皇帝一个月后的一天晚上，他忽然肚子疼拉稀，而且头痛。于是急宣太医，一个叫李可灼的官员手捧红丸献给皇帝，声称能治皇帝的病。朱常洛看这个红通通的丸药，不管三七二十一，先吃下去再说。也别说，第二天光宗果然精神倍增，红光满面，他十分高兴，不仅大大称赞了李可灼的忠心而且让他再献一颗。当晚朱常洛吃完第二颗红丸，却疼痛难忍，一命呜呼了。他的死因没有人知道，这个神秘的"红丸案"也就成为了一个千古之谜。

光宗一死，他十六岁的皇子朱由校登上皇位，这就是明熹宗。他登基不久就发生了著名的"移宫案"。

这个"移宫案"是由光宗原来四个选侍之一李选侍引起的，作为正妃的郭妃病逝后，没有正宫皇后，明熹宗的母亲李选侍想做太后，整天哭哭啼啼央求小皇帝封她做太后。乾清宫是皇帝才能居住的，现在李选侍却依仗是先皇的妃子呆在乾清宫中不走。小皇帝才十六岁也没什么主意，他不想封李选侍，但又下不了决心。

小皇帝身边有个太监叫王安，这时他躬身跪倒说道："皇上，可不能再这样下去，陛下要立即下诏逼迫李娘娘搬出乾清宫。"

小皇帝沉思了一阵，说："好，朕马上下诏书。这件事就由你去办，办好了朕有重赏。"

圣谕一下，李选侍只好无奈地搬出了乾清宫，与宫女同住，从此再也没有出头之日了。这就是明史上的"移宫案"。

三个案子都发生在明朝末期，而且都是由争夺皇位引起的。明朝统治者，为宫廷斗争付出了巨大精力，因而，都无心管理国家。

萨尔浒大战

明朝万历时期，女真族在东北崛起，日益强大，其中建州女真的首领努尔哈赤更是一代英雄。

万历四十四年（1616年），努尔哈赤统一了女真族，建立了后金国，自称汗。而此时明朝却日益衰弱，努尔哈赤有了攻打明朝的野心。过了两年，努尔哈赤准备好军队，共有两万精兵，出征前，他宣读了同明朝的"七大恨"，最大恨就是明王朝无故杀害了他的爷爷和父亲，一定要报仇雪恨。这两万军队很快攻占了抚顺城，守城明将李永芳投降了金兵，抚顺遭受劫难。

万历皇帝被女真的袭击搞得气恼不已，他认为堂堂天国被女真蛮夷打败，是极大的耻辱，于是立即命杨镐为辽东经略，率军征讨努尔哈赤。

杨镐心高气傲，眼高手低，自以为是，刚愎自用。

努尔哈赤　（1559－1626），满族，爱新觉罗氏，建州左卫（今辽宁新宾县境）人。后金（清）的建立者，中国历史上卓越的政治家、军事家、战略家。终年68岁，葬于沈阳城东，称之"福陵"。史称清太祖。

他瞧不起女真军队，认为他们只不过是一群乌合之众，他共集合了十万军队，四支部兵，分别由山海关总兵杜松、辽东总兵李如柏、开原总兵马林和辽阳总兵刘铤率领。

杨镐出征前，召集四个总兵商讨进兵之策。一开始没有一个人提出建议，杨镐有点不耐烦了。原来杜松和刘铤两个都是有名的猛将，英勇善战，但文化不高，不懂打仗的策略；马林是个贪生怕死、懦弱胆小的人，不敢开口；李如柏为人谨慎，很少发言。

现在一看杨镐已经着急了，李如柏终于鼓足勇气建议十万大军应该集中在一起，由沈阳沿大路直扑抚顺，再攻后金都城。这样一来由于天冷大路好走，二来也不怕金军袭击。

其实，李如柏集中优势兵力，歼灭敌人的做法是稳妥而且可行的。杨镐也觉得这主意不错，但他又一想我是主帅没拿出方案，岂不显得我无能？想了一会儿，他拿定主意：

"李将军的这个计划不错，但我认为过于谨慎了。我十万大军虽可势如破竹，但不易将金军全部消灭。为消除隐患，我认为要分兵四路，四位将军各率一路从中、南、北等方面共同进兵，这样定可全歼金军。"

杨镐的话刚好说到李如柏的弱点，李如柏无话可说，其他总兵也随声附和。

按计划杜松率主力直攻抚顺，李如柏攻建州，马林由北向南攻，刘铤一路由南向北攻，杨镐自己则留在沈阳指挥全局，并号称有四十七万大军，虚张声势吓唬后金军队。

努尔哈赤早就料到明军会大举进攻的，当手下将士向他报告四路明军分头进攻时，他早已胸有成竹："真是天助我也，明军分路而来，我们正好各个击破，先打杜松这支主力。"其实，后金总共只有六万多人马，连努尔哈赤自己都没有必胜的信心，但他作为主帅一定要稳定军心，现在后金将士一看主帅这么有信心，都增加了战斗的勇气。

杜松不愧是一员虎将，他率军快速前进直逼抚顺城，但他有个缺点就是头脑简单，打仗只会拼杀不会用计谋。这一日杜松率军到达萨尔浒，立刻在山上扎营，休息片刻他就亲自带一半军队去攻打萨尔浒东北面的界凡，留下另一半军队在大营里。努尔哈赤早已把敌情侦察清楚，命少数部队死守界凡，然后亲率精锐直扑萨尔浒。

这天傍晚，后金军围攻萨尔浒明军的战斗打响了，顿时尘土飞扬，万马齐嘶，黑压压的后金军呐喊着向山上冲。山上营里的明军可慌了神，一来根本没有想到敌军会现在进攻，二来主帅不在，军心不稳。情急之下，仓促应战，明军久未作战，自然不敌训练有素的后金军，此战，明军全军覆没，在萨尔浒遭到第一次重创。

努尔哈赤不待全军休息，立刻传令追击杜松的另一半进攻界凡的明军。此时界凡正在进行激烈的战斗，杜松忽然听到后面一阵大乱，转身一看：金军从后面杀来，他赶快下令返回萨尔浒。此时杜松还不知萨尔浒明军已被后金军全歼。

这时，努尔哈赤的大军已把杜松的两万军队团团围住，虽然明军总数比后金军多，但兵分四路后每一路都比后金军要少，当然处于劣势了。杜松率将士左冲右突，但总攻破不了后金军的包围圈。努尔哈赤本来很喜欢杜松这员虎将，希望能将他收服在自己帐下，但现在一看没有这种可能了，只好下令放箭。万箭齐发，矢如疾雨，明军在箭雨中惨叫呼号，尸积如山，杜松也难逃厄运，中箭身亡。

后金军顺利地消灭了杜松这一路主力部队，信心倍增，马不停蹄地向北急行去攻击马林的那一路明军。马林生性懦弱，怯战不前。听闻杜松全军覆没，更是无心恋战，但后金军怎么肯放过这个消灭明军的好时机，他们基本上都是骑兵，行进速度非常快，很快便与马林的军队交上了手。马林见金兵杀来，换上兵服，如丧家之犬不战而逃。

再说刘铤这路军队，他可是攻无不胜势如破竹一路向前挺进。刘铤可得意了，心想这回立了头功又可以升官了，其实他这么顺利主要是由于后金军还没有顾及到他。他还怕杜松他们夺了头功。这日刘铤军队行进前方出现一条峡谷，道路很狭窄，十分险峻。将士向刘铤请求改走大路，峡谷太危险。但他却骄傲轻敌，命令继续前进。

大军在峡谷中艰难前行，忽然，炮声一响，伏兵尽出，刘铤中了金兵之计，出口已被巨石挡死。

刘铤气得眼睛都要冒火，大叫着命令明军进攻。但这已是徒劳，后金军此时不用兵器，仅用石头就足可以消灭明军。一时间，哀鸿遍地，哭声震天，巨石纷纷而下，明军伤亡无数，刘铤自杀殉国，金军又一次大获全胜。

四路明军已被击溃了三路，只剩下李如柏这路明军了。李如柏生性谨慎，行军走走停停，根本没有前进多少路程。正当沈阳的杨镐发来急令："由于战事失利，命率军速归。"李如柏立刻打点行装，急速返回，总算保全了这一支明军。

萨尔浒大战就这样结束了，前后不过五天，明军大败而归，损失惨重，十万大军被消灭四万五千人。

杨镐四翼折其三，再也不敢进攻，他急忙跑回北京向万历皇帝请罪，万历皇帝龙颜大怒，但也无可奈何，从此再也不敢发兵攻打后金了。

皇太极巧施反间计

1626年初，努尔哈赤率军与明军在宁远（今辽宁兴城）激战，后金军队伤亡惨重。

努尔哈赤撤回沈阳，又气又恨，伤势越来越重，没过几天就死了。他的第八个儿子皇太极继承汗位。袁崇焕为了探听后金的虚实，争取时间修复宁远、锦州等城池，便派使者去沈阳为努尔哈赤吊丧，并祝贺皇太极即位。皇太极虽然对袁崇焕充满仇恨，可后金刚打败仗，需要休整；同时，他也想征服朝鲜，解除将来进攻明朝时的后顾之忧，这样，皇太极不但接待了袁崇焕的使者，还派使者到宁远城去答谢。双方表面上缓和下来，可实际上都在加紧备战。

第二年夏天，皇太极整顿完内部后，就亲自率领大军，进攻明朝。后金军队分兵三路南下，先把锦州城包围起来。这时候，袁崇焕正在宁远，接到后金进攻锦州的消息后，立即给守城将领写信。信中说，锦州城火器兵马足够防守，敌军冒着炎热的天气冒险深入，坚持不了多久，锦州一定能守得住。袁崇焕又派祖大寿率四千骑兵前往救援。锦州官兵英勇作战，后金军队伤亡惨重。皇太极见久攻不下，决定改变战略，留下部分兵力继续困城，自己率领大部人马，绕过锦州，直扑宁远。

皇太极 （1592－1643），清朝的开国皇帝。努尔哈赤第八子，22岁登后金汗，在位17年，他完善后金的政治制度，为清王朝的统治政权的确立打下了基础。改国号为清后，尊其父努尔哈赤为太祖。在位16年。庙号太宗。

中华上下五千年

袁崇焕固守宁远，利用枪炮的火力优势，多次打退后金的进攻，后金士兵死伤无数。当时，正值暑热，尸体腐烂，疾病流行。后金军队士气低落，皇太极只好下令撤军。袁崇焕打了一个大胜仗。可是，阉党魏忠贤却把功劳记在自己的名下，反而责怪袁崇焕没有亲自去救援锦州是失职。袁崇焕知道魏忠贤有意和他为难，只好辞职。

1627年，明熹宗死去，他的弟弟朱由检即位，即明思宗，也叫崇祯帝（崇祯是年号）。崇祯帝即位后很想有所作为，决心整顿吏治，他下令惩治了魏忠贤的"阉党"，给杨涟、左光斗等人平了反，并且任命袁崇焕为兵部尚书，负责整个河北、辽东的军事。袁崇焕统率重兵镇守宁锦防线，成为后金军队南下的一大障碍。

皇太极打了败仗，深知袁崇焕有胆有识，如果不除去这个劲敌，就无法达到进军关内的目的。考虑了很长时间，皇太极想出了一条毒计。

1629年十月，皇太极统率几十万大军，避开防守严密的宁锦防线，绕道向西，从龙井关（今河北遵化东北）、大安口（今河北遵化西北），跨过长城，直逼北京城。皇太极的这一招，完全出于袁崇焕的意料之外。他得到情报后，立即回师北京，驻扎在广渠门外。于是，两军在北京郊外展开了激战。

龙井关和大安口本不在袁崇焕的防区之内，他率军救援京师，表明袁崇焕以国事为重。不料，北京城内魏忠贤的余党，这时竟然大肆散布谣言。他们诬蔑袁崇焕"拥兵不救，纵敌入京"；金军绕道而来，是袁崇焕引来的；甚至捕风捉影地说，袁崇焕过去和皇太极有过多次书信往来，谣言传得神乎其神。崇祯皇帝是一个猜疑心很重的人，袁崇焕刚刚来到北京时，他非常高兴，曾经召见他，但听了这些谣言之后，就开始怀疑起袁崇焕来。袁崇焕虽然率军驻在广渠门外，多次打退后金军队，但崇祯皇帝还是猜疑他，不许他的军队进城休息。袁崇焕只好驻在京城东南。皇太极有意命令部队靠近袁军驻地扎营，然后把刚到北京城下时抓

二三七

半夜的时候，皇太极让副将高鸿中、参将鲍承坐在靠近关押太监的地方，故意小声说："今天撤兵是计谋，和袁督师早有密约，这回大事可成了。"太监们假装睡觉，把二人的谈话全记在心里。后金军队故意放走太监，让他们回城报信。两个太监跑回皇宫，向崇祯皇帝上奏袁崇焕"通敌"的情报。

崇祯皇帝得到这个报告，认为完全证实了自己的猜疑，于是立即召令袁崇焕进宫，不容分辩，便令锦衣卫把他捆绑起来，押进大牢。崇祯哪里知道，这都是皇太极安排的圈套。

皇太极听说袁崇焕已经被捕入狱，知道反间计大功告成。为了置袁崇焕于死地，他下令撤兵，返回沈阳。

袁崇焕被捕后，他的部下祖大寿十分害怕，率领军队逃出了山海关，其余的袁军也跟着走散了很多人。这更加深了崇祯皇帝的疑虑。明朝的大臣中，有人深知袁崇焕向来尽忠国事，觉得这件事很蹊跷，就上书请求皇帝要慎重处理这件事。可是，崇祯皇帝根本听不进去，魏忠贤的一些党羽又趁机诬陷袁崇焕，第二年八月，崇祯下令处死袁崇焕。袁崇焕死后，尸骨被友人安葬在广渠门内的广东义园里，他的兄弟妻子被流放到三千里外的边疆。

袁崇焕的死为后金剿灭明朝，攻入北京，除去了一个极大的障碍，为了与明朝作战更加名正言顺，皇太极于1636年在盛京（沈阳）称帝，改国号为清，皇太极被称为清太宗，清朝建立后，积极准备军马，准备消灭明朝，坐拥天下。

闯王李自成

自古云"乱世出英雄"，也就是说时代呼唤英雄，时代创造了英雄，李自成就是一位应时代之所需而产生的农民起义英雄。

李自成出生的时候，明朝已是财空气亏，危机四伏。许多地方出现了"野无青草，十室九空"的惨象。李自成从小给地主放羊，受尽虐待。十几岁时，因欠了地主的高利贷无力偿还，被县衙严刑拷打后放在太阳下曝晒。无奈之下，他杀死地主，扯起了义旗。不久率义军投奔了"闯王"高迎祥。

李自成谋略过人，英勇善战，屡建奇功。再加上他有着豪迈的外表：颧骨突出，高鼻梁，目光炯炯，具有威严的正义之气，因而被称为"闯将"。

1634年春，李自成和他的侄儿等率义军在兴安的车箱峡，用诈降计出奇兵大败延绥巡抚陈奇瑜，从此李自成声威大震。

　　一次，义军被明朝各路大军围剿。各路义军将领聚会于荥阳共商拒敌策略，众说纷纭，久议未决。此时年仅二十八岁的闯将李自成激昂的说："一名勇士尚可与敌奋战，何况我十余万义军将士，纵使吴宁铁骑，也不在话下，我早应分兵锁定对象，各个击破！"他的策略被采纳了。李自成和张献忠率义军主力行军千里，所向披靡，锐不可挡。不到十天，连破数十座州县，攻克凤阳，火烧朱明皇陵。李自成的声威更大了。

　　1636年，高迎祥牺牲后，李自成被拥戴为"闯王"，在他的领导下，起义军开始了新的征程。

　　李自成所到之处，百姓皆倾城出迎。中原地区的穷苦百姓编了许多民谣夸赞李自成和他的义军。如："吃他娘，穿他娘，开了城门迎闯王，闯王来了不纳粮"；"朝求开，暮求合，近来贫汉难存活。早早开门迎闯王，管叫大小都欢悦。"

　　1641年正月，李自成占领洛阳，活捉残暴的福王朱常洵、当众列举其罪状后把他处死了。

　　李自成大快人心的做法赢得了更多百姓的支持。1644年，李自成在西安建立了"大顺"政权。随后，李自成亲率百万大军，从龙门飞渡黄河，攻克太原，分兵两路，直捣北京，一路上浩浩荡荡，势如破竹。北京城内的明思宗在恐惧绝望之中，杀死女儿和嫔妃，最后吊死在万寿山上。这天中午，李自成头戴毡帽，身穿布衣，骑着高大的乌骓马，率领雄壮的农民大军开进了北京城。

　　在巨大胜利的陶醉下，李自成及部下滋长了骄傲自满情绪。他在北京城内五天一小宴、十天一大宴，尽情享受帝王之乐。他的部下也趁机强抢民女，寻欢作乐。当时的明将吴三桂，镇守着山海关要塞。本来吴三桂在义军与清军之间就摇摆不定，而此时李自成的部将又抢了吴三桂的爱妾。吴三桂以此为借口引清兵入关，联手攻打李自成。

　　1645年，兵败的李自成率军退到湖北，在九宫山地区遭到地主武装袭击，李自成兵少将弱，最后在九宫山壮烈牺牲，时年三十九岁。

清 军 入 关

　　1644年，正当李自成打进北京城的时候，清太宗皇太极在盛京病死。他六岁的儿子福临即位，皇太极的弟弟多尔衮当了摄政王，独揽清朝大权。

　　多尔衮和那些简单鲁莽的满族权贵不同，他有勇有谋，深知要完成祖宗大业，入主中原，光靠武力是行不通的，还得依靠熟悉中原风土人情的汉族谋士。为了拉拢汉族谋士，他惩办了一些欺压汉人的满族人，就连他的弟弟多铎也不例外。多铎是多尔衮的同胞幼弟，平日最受多尔衮疼爱。多铎见汉人范文程的妻子非常漂亮，动了邪念，经常派人到范文程家周围观察动静，弄得范家日夜担忧，惶恐不安。多尔衮听到这件事之后，十分生气，马上派人把多铎叫来，当着满朝文武官员的面严厉地斥责了他，并在朝廷上当众惩罚他二千两白银和十五个牛录的兵力。多尔衮严明公正，赏罚不避亲疏的行为让汉族大臣深为感动，于是全都尽力为多尔衮献策献力。

汉族谋士范文程上书多尔衮，帮他分析了关内的形势，指出关内人心浮动，政局动荡，是进军中原的好时机。这时，李自成正在北京四处追缴明朝官吏的赃物。有个大官僚吴襄，被李自成手下的大将刘宗敏抓了起来，还被抄了家产。有人告诉李自成说，吴襄的儿子吴三桂是明朝的山海关总兵，手下还有几十万大军。如果把吴三桂招降了，岂不是解除了进军北京的一大障碍。

李自成觉得这个主意很不错，就叫吴襄给他儿子写信，劝说他向起义军投降。

吴三桂原来是明朝派到关外抗清的，驻扎在宁远一带防守。起义军逼近北京的时候，崇祯帝接连下命令要吴三桂带兵进关，对付起义军。吴三桂赶到山海关时，北京已被起义军攻破。过了几天，吴三桂收到吴襄的劝降信，他倒犹豫起来。向起义军投降吧，当然是他不愿意的；要不投降吧，起义军勇猛善战，兵力强大，自己不是他们的对手。再说，北京还有他的家属和财产，也舍不得丢掉。既然李自成来招降，不如到北京去看看情况再说。

吴三桂带兵到了滦州，离北京越来越近，半路上，遇到了从北京逃出来的吴家仆人。吴三桂从仆人那里了解到父亲已经被捕，财产被没收，而自己的爱妾陈圆圆也已经被宰相刘宗敏抢走了。

吴三桂顿时火冒三丈，下令他的军队为死去的明朝皇帝朱由检穿上白色丧服，誓为皇帝报仇。在回他父亲的信上，吴三桂非常正义地说："父亲既不能当忠臣，儿子自不能当孝子。"

吴三桂整顿好军队，准备跟起义军决战。可背后还受清朝的威胁，他知道不能两面作战，于是向清朝求援，派人送信请求多尔衮帮助他镇压农民起义军。

吴三桂 （1612－1678），明辽东人，祖籍高邮，是锦州总兵吴襄的儿子。崇祯时作为总兵，镇守山海关。1644年，李自成领导的农民起义军进入北京，崇祯自杀，吴三桂引清兵入关，击溃李自成，被清朝封为平西王，管理云南贵州地区。

李自成得知吴三桂不肯归顺农民军，便亲自率军到山海关，征讨吴三桂。这时候，摄政王多尔衮接到吴三桂的求援信，便带领着十几万清军，日夜不停地向山海关进兵。清军到了山海关下，吴三桂亲自带着五百个亲兵出关迎接多尔衮，把清军迎进关内，大摆酒宴，然后同清朝订了同盟。

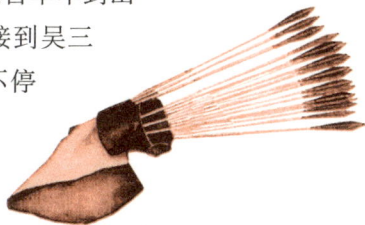

李自成率大军二十多万赶到山海关，依山靠海，摆开阵势，准备一举打败吴三桂。多尔衮见起义军阵势强大，不容易对付，就让吴三桂打先锋，叫清军埋伏起来，自己和几名清将远远地躲在后面的山头观战。

战斗开始，双方打得难解难分，突然海边掀起一阵狂风，直刮得天昏地暗，对面看不见人。多尔衮看准时机，一声令下，埋伏在阵后的几万清兵突然向起义军发起了进攻。农民军猝不及防，乱了阵脚，败下阵来。这时候李自成才明白，吴三桂已经投降了清朝，引着清军入关了。

李自成率军连夜返回北京，他知道战局对农民军不利，决定退出北京，做长期抗清的准备。第二天李自成在武英殿登基称帝，然后率领农民军撤往陕西去了。两天以后，清军浩浩荡荡地开到了北京城下。

北京城里的明朝文武官员听到消息，连忙出城迎接。他们走出离城门五里以外的地方，跪在大道两旁，不顾千军万马扬起的尘土，不停地磕头。多尔衮看了一眼那些恭恭敬敬的明朝官员，说："我们大清是仁义之师，这次进关杀贼，是为了替你们报君父之仇。"

说罢，多尔衮又传令手下的将领："诸将进城，不许闯入民宅，对百姓要秋毫无犯，违令者严加惩办！"过了几天，多尔衮又装模样地为崇祯皇帝发丧，表示自己不会跟明朝的官僚地主们为敌。

这一举动维护了大地主阶级的利益，已经逃跑避难的地主、官僚纷纷跑回北京城，也按照满族的礼仪，剃发留辫，列道相迎清军。

多尔衮占领北京，决定立刻迁都北京。可有许多满族官员故土难离，反对迁都。有一天，他们在朝堂上发生了争论，一些大臣对多尔衮说："王爷，不如留些军队在这里驻守，大军还是班师凯旋吧！"

多尔衮严肃地说："先皇在世时曾经说过，如果得到北京，马上迁都，以图进取。况且现在人心不定，不能轻易放弃北京。"几天以后，多尔衮派人回盛京接小皇帝到北京。

1644年十月，顺治皇帝迁都北京，多尔衮作为摄政王，以皇帝的名义发布命令，宣布北京为大清首都，从此，大清开始了在中国二百多年的统治。

史可法死守扬州

史可法 （1602－1645），字宪之，号道邻，河南祥符（今开封）人，南明朝抗清名将，顺治二年（1645）清兵围困扬州，他拒降固守，城破被俘，不屈牺牲。副将史德威寻遍遗骸不得，遂葬其衣冠于梅花岭下，乾隆三十三年（1768）修墓并增建祠堂。

清朝虽然迁都北京，可是它的势力还没有达到全国大部分地区。所以，多尔衮下令向南方进军，以便彻底扫清明朝的残余势力，实现在全国的统治。

顺治二年（1645年）四月，清军攻到了离扬州城只有三十里的地方。正在抵挡左良玉进攻的史可法得到消息，心急如焚，快马加鞭，连夜赶回了扬州。史可法为人正直、作风廉洁。率兵打仗，他总是和士兵们同甘共苦，以士兵为先，士兵们没吃饭他决不先吃，士兵们没有御寒的衣服也决不先穿，所以他的威信很高。福王政权建立以后，马士英忌恨史可法的威望，怂恿福王把他派到扬州督师。当时，多尔衮也想借助史可法的声望平定江南，一再写信劝他降清。史可法断然拒绝，他在回信中说："我已决心为国鞠躬尽瘁，对于你的招降，我是无论如何不能听从的。"

史可法赶回扬州，马上调兵遣将准备抗战。可是各镇将领都拥兵观望，拒不听命。只有总兵刘肇基率领两千人来到扬州救援。史可法见兵力太弱，无法迎击清军，就命令刘肇基将部队开入城内，紧闭城门，准备守城。

史可法身披铠甲，手持宝剑，亲自和刘肇基在城墙上指挥。老百姓也都组织起来，青壮年男子登城站岗，老年人和妇女烧水煮饭。扬州城内军民一心，坚决抵抗外敌。

清军统帅多铎很敬重史可法的为人，几次写信劝他投降。史可法连信封也不打开，就扔到了一边。多铎见劝降无效，就下令用大炮猛轰扬州城，城内军民伤亡很大。

总兵刘肇基向史可法献策可以决开淮河，将水灌入敌军阵地，史可法觉得这个办法虽然可能制服敌军，但是也会伤害老百姓，因此没有采纳。

清军加紧了攻势。城中军民尽管顽强抵抗，无奈力量悬殊，又孤立无援，史可法知道已经无力回天，就下决心与扬州城共存亡。他写信给母亲和妻子，表示自己要以身殉国。

到了第七天，城西北角"轰"地一声，像地裂山崩一样，城墙被炮火轰塌了。清军从城墙缺口像潮水般涌进城里。将士们跟清军短兵相接，在街巷里展开了肉搏战，刘肇基在巷战中被杀。他们坚持到最后，没有一个人投降，全部壮烈牺牲，史可法被清军俘获视死如归，英勇就义。

清军对城中的百姓进行了疯狂的报复，十天之内，就杀死了几十万人。城内尸积如山，血流成河，昔日繁华的扬州城几乎变成一座死城。这就是历史上有名的"扬州十日"。

夏完淳怒斥洪承畴

明朝虽然灭亡了，然而仍然有很多的汉臣立志要推翻异族统治，恢复汉民江山，并为此不断地进行着艰苦卓绝的斗争。这些仁人志士当中，有一个年仅十七岁的少年，叫夏完淳。

夏完淳是松江华亭（今上海松江）人。他的父亲夏允彝是有学问、有爱国心的人，曾经参加明末一个爱国文学团体——"几社"，并是其中的领袖之一。夏完淳从小就受到父亲的良好教育。夏允彝不仅鼓励儿子读书，还让他拜张溥、陈子龙等知名学者为师。

夏完淳有很高的天赋，不仅书读得好，九岁时，他已经写了诗集《代乳集》，被人们称为"神童"。而且从小关心国家大事。他和一些朋友模仿父辈的样子，组织了一个叫"西南得朋会"的小团体，在一起研究诗文，讨论国事。

清军南下占领苏杭地区后，曾想请夏允彝出来做官。夏允彝严辞拒绝了，并和陈子龙一起带着儿子投奔了明将吴志葵，并力主吴志葵抗清。当时夏完淳才刚结婚没几天，便辞别了新婚的妻子奔赴战场。苏州之战中，由于孤立无援，吴志葵兵败身亡。

"国破山河在，城春草木深。"不忍目睹山河破碎的夏允彝，安排好后事便投江自杀了。斗争的挫折、父亲的死使夏完淳快速地成熟起来。他和老师陈子龙、岳父钱旃一起参加了吴日升领导的义军，在太湖一带进行活动。吴日升很赏识这个十五岁的少年，让他担任义军的参谋，负责制定作战计划。后来，他们又和江浙一带的鲁王政权取得了联系，夏完淳被任命为中书舍人。

由于众寡悬殊，义军最后还是被清军打败了。吴日升和陈子龙相继牺牲。可是夏完淳仍然坚持不懈地为反清复明而努力。他写了大量诗篇，抒发忧国忧民的心情，但由于南明政权无心也无力组织抗清，这使夏完淳的种种努力都化成了泡影。1647年秋天，因夏完淳给鲁王的一封书信被清军劫获，他和岳父被捕。

在审讯堂上，夏完淳昂首挺立，坚决不肯下跪。明朝的降臣洪承畴听说博学多才、声震江南的"神童"夏完淳被抓到了，就决定要亲自劝他降清。没想到夏完淳见到这个背叛故主的清廷走狗，更是怒火中烧。

洪承畴假惺惺地说："你年纪轻轻的，哪能够领兵造反呢！一定是上了奸人的当。不过，只要肯归顺我朝，回去好好读书，本督将来保你做大官。"

夏完淳假装不认识他说："我虽然年幼无知，可十分仰慕本朝的亨九先生，他在松山杏山一战中身先士卒，为国壮烈牺牲。我如今要向他那样杀身报国，决不投降。"

洪承畴身边的卫兵就悄悄告诉他，现在端坐在堂上的就是亨九先生。

夏完淳听了，更加气愤，冷笑一声说："亨九先生英名，岂容你们这些小人侮辱，他是什么东西，竟敢假冒忠臣大名，污辱忠魂，实在可恨可恶！"

夏完淳一番话使得洪承畴又羞又恼，无言以对。

夏完淳在狱中泰然自若，谈笑自如。他早已把生死置之度外。在狱中他写下《狱中上母书》，向母亲表白自己忠贞不屈的爱国之心，安慰母亲说："人生自古谁无死，只要死得其所也就此生无憾了。"夏完淳在狱中还写下了《遗夫人书》和诗集《南冠草》。

而在狱中的钱旃却没有夏完淳那样坚定，常愁眉苦脸，言谈话语中常常流露出乞求活命的心意。夏完淳便写了一首诗赠给钱旃，用来鼓励他。诗中说：

乐今竟如此，王郎又若斯。
自差秦狱鬼，犹是羽林儿。
月白劳人唱，霜空毅魄悲。
英雄生死路，却似壮游时。

夏完淳还慷慨地说："当年我们与陈公（陈子龙）一同饮血酒起义，江南人民莫不踊跃参军。今日兵败被擒，我当和岳父大人一起慷慨就义，才能对得起陈公和死难的义士，也才算得上堂堂大丈夫。"

钱旃受到夏完淳的感染，他从此毅然奋起，专心吟咏诗词，写下了许多悲壮诗篇。

当年秋天，夏完淳和钱旃以及另外三十多个抗清志士，在南京西市刑场就义。临刑，夏完淳丝毫没有惧怕之色，昂首挺立傲然于天地之间。刽子手却战战兢兢，不敢正视这位年仅十七岁的少年英雄。

夏完淳死后，有人把他的尸骨运回松江，埋葬在小昆山下汤湾村夏允彝墓侧。夏氏父子受人尊敬，后人常来瞻仰凭吊他们的墓，成为当地的胜迹。夏完淳那喷薄着爱国豪情的诗词，也成为千古绝唱，激励着一代代的仁人志士，不断奋勇向前，努力拼搏。

郑成功收复台湾

清初，由于清朝的镇压，各地民众的反清斗争，逐渐消沉下去，由于清政府尚无海战能力，郑成功领导的海上队伍得以成为最后一支抗清力量。

郑成功，本名森，字大木，福建南安人。他的父亲郑芝龙是个海盗出身的明朝官僚。清军进军福建时，郑芝龙降清，郑成功苦劝无效，一气之下，与父亲断绝关系。

1646年，清军占领福建。这时，郑成功组织福建、广东的群众在南澳起义，进行了长期的抗清斗争。1659年，郑成功与抗清将领张煌言联合，率领十七万水陆大军攻打南京，但中了敌人的缓兵之计，战败退回厦门。为了扭转被动的局面，郑成功决定收复台湾，作为抗清的根据地。

郑成功 （1624－1662）我国明末清初著名的民族英雄，原名福松、森，号大木，福建南安县人。1645年，受隆武帝朱聿键的召见，颇多赏识，赐国姓（朱），改名成功，因此中外尊称之为"国姓爷"。

台湾自古以来就是我国的神圣领土。我国劳动人民很早就在岛上生活。他们用勤劳的双手开发和建设着美丽的宝岛。到了三国时，吴国曾派人从达台湾。以后，又有很多汉人迁入，和当地人民一道开发台湾。宋、元时，曾在台湾建立行政机构。1624年，荷兰殖民者侵入台湾，对岛上居民进行残酷的掠夺和野蛮的殖民统治，激起中国人民的无比愤怒。

郑成功就出生于荷兰殖民者侵占台湾的那一年。他在少年时代，亲眼看到荷兰侵略者对沿海人民进行掠夺和烧杀，对侵略者十分憎恨。

1659年，郑成功从南京退回厦门后，决心收回台湾。正在这时，有一个曾经担任荷兰"通事"（即翻译）的爱国者何廷斌向郑成功献上一幅详细的台湾地图，还透露了殖民者内部的机密情报。郑成功认为收复台湾的时机已经成熟，决定立即着手进军台湾。

这一年四月的时候，郑成功统兵两万五千人，分乘战船三百五十多艘，由金门出发，攻入澎湖。四月三十日黎明，他们在台南的鹿耳门登陆。鹿耳门地势十分险要，外围有几十里的浅沙滩。荷兰殖民者在这里沿水边设置了许多炮台。郑成功不顾地形险峻和敌人的严密防守，亲率船队迂回前进，直趋台湾北港。他的队伍在距赤嵌城北约五公里的地方迅速登陆。台湾人民争先恐后前来迎接，提水担饭，协助运输。郑成功部队在台湾人民的大力支持下，士气更为高涨。荷兰海军司令官彼特尔倚仗着精良的火器负隅顽抗，妄想阻止郑成功的部队。郑成功的部队冒着敌人的炮火勇猛直前，打得荷兰殖民者弃械而逃。

郑成功登陆后，立即通令荷兰侵略军投降。荷兰殖民者企图拿出十万两银子，贿赂郑成功及其军队，遭到郑成功严辞拒绝。接着，郑成功连续打败敌人多次反扑。五月初攻下赤嵌城，迅速控制台湾全境，迫使荷兰殖民者退守热兰遮城。

龟缩在热兰遮城的荷兰侵台总督揆一，倚仗粮草充足，妄想固守该城，等待援军。荷兰舰队也屡次从海上进行反扑。郑成功率领英勇的水师，在台湾人民的密切配合下，同荷兰侵略军展开激烈的海战。荷兰舰队在浅水外行动笨拙，而郑成功的小型战船却灵活机动。郑成功军队在海战中，给了荷兰侵略军以毁灭性的打击。1662年二月，荷兰殖民者被迫在投降书上签了字。侵略军头目揆一和他的残兵败将狼狈地从台湾撤走。被荷兰殖民者侵占了三十八年的台湾，终于又回到了祖国的怀抱。

郑成功收复台湾后，将侵略者修筑的赤嵌城改名为安平城，赤嵌楼改名为承天府，并建立了同祖国大陆一样的郡县制度，建立行政机构，招徕大陆移民。为了发展农业生产，郑成功实行了"屯田法"。士兵一面生产，一面练兵。当时，台湾的高山族人民，在荷兰殖民者奴役下，生活十分贫困，生产极端落后。郑成功在那里推广了先进的农业生产技术，将大陆汉族的先进生产方法介绍给台湾人民。从此，高山族也同大陆百姓一样，使用牛耕和铁犁种田。在郑成功的治理下，台湾的社会经济得到发展，人民生活也安定了。

郑成功收复台湾后，不久便病逝了。他的子孙继续统治台湾二十多年。1683年，清军进入台湾，在那儿设立了台湾府，加强了台湾的边防。

郑成功第一次从外国侵略者手中收复台湾，意义极为深远，表明台湾永远是中国不可分割的一部分。

康熙捉鳌拜

1662年，八岁的康熙即位称帝，由钦命的四个辅政大臣代理政务。

1667年，康熙宣布亲政，但有名无实，朝廷大权仍控制在辅政大臣之一的鳌拜手中。鳌拜根本不把这个年轻的皇帝放在眼里，他在朝中广树党羽，把持大权，飞扬跋扈，为所欲为。比如，有人偷盗他的马，他就把偷马人和管御马的头目全都杀死。一次，康熙前往南苑海子行围，命鳌拜报知皇太后，他竟敢说："皇上自己去吧！"

康熙不甘心充当傀儡，决心除掉鳌拜，夺回政权。但当时鳌拜势力很大，只能智擒。康熙经过周密考虑，先挑选出一批年轻力壮的侍卫，在宫中天天练习摔跤。一来造成自己只知玩耍的假象，二来身边经常有少年侍卫，鳌拜势力也难以对康熙下毒手；同时也可以麻痹鳌拜，使他失去警惕。鳌拜果然中计，进出宫廷毫无戒备。

1669年六月的一天，鳌拜假装生病不去上朝，借以试探康熙对他的态度。康熙在几个侍卫的陪同下亲自到鳌拜家中探望。鳌拜平时已经骄横成性，因此认

玄烨戎装图

为康熙亲自来探病，正表明了康熙的软弱无能，朝廷大事少了他不行。所以鳌拜更加傲慢起来，见了康熙也不下床行礼。康熙表现异常镇静，在他的床前坐下。这时，侍卫在鳌拜的床席下发现了一把刀子。鳌拜害怕有犯上之嫌，顿时变得语无伦次起来，可康熙依然从容自若，若无其事地笑笑说："刀不离身，这是我们满洲人的习惯，有什么可大惊小怪的呢？"听了这番话，鳌拜才定下心来。

康熙回宫后，觉得鳌拜的野心越来越大，所以决定先发制人，开始着手实施逮捕鳌拜的计划。过了几天，康熙召鳌拜入宫。鳌拜像往常一样，昂首阔步独自一人进宫。这时，康熙已经在宫内外做好了埋伏。见到鳌拜后，康熙拍案怒斥鳌拜结党营私、陷害贤能、图谋弑君等罪行。鳌拜哪里肯依，他暴跳如雷，大声叱喝康熙。康熙立即命令事先埋伏好的少年侍卫齐涌而上，把鳌拜结结实实地捆绑起来。鳌拜这才知道康熙帝的厉害，早已吓得魂不守舍，忙跪下来向康熙求饶。康熙早就想清除鳌拜了，现在岂肯饶他，所以便命侍卫把他押入大牢，听候审讯。

康熙召集群臣议事，并宣布鳌拜已经被捕，命令群臣揭发鳌拜，群臣见鳌拜已倒，于是纷纷弹劾鳌拜，列出鳌拜三十条大罪，康熙判鳌拜终身监禁，财产充公，他的心腹党羽全部处死。

通过这件事，康熙帝终于从鳌拜集团手中夺回了权力。当时的康熙，只有十五岁。

中华上下五千年

二四七

康熙平定三藩

康熙在除掉鳌拜以后，考虑的头等大事就是：削平"三藩"。"三藩"，指的是当时驻守在云南、贵州的平西王吴三桂，驻守在福建的靖南王耿精忠和驻守在广东的平南王尚可喜。这三个藩王原来都是明朝的将领，后来投清，在清政府镇压中原的农民起义中功不可没，遂被封为藩王。

吴三桂到达云贵地区之后，就开始招兵买马，制造武器，而且还私自囤积火药，制造火枪火炮。同时，又安插自己的心腹到云贵地区的各级衙门担任要职，掌握地方军政大权，俨然一个皇帝的样子，称雄称霸，丝毫不把康熙放在眼里。吴三桂在云南地区的胡作非为，给耿精忠、尚可喜做出了样子。耿精忠利用沿海的有利地形，与海外私通贸易，大量走私，捞取大批金钱。尚可喜在广东征收大量租税，而且他性情残暴，经常杀人取乐，简直是一个混世魔王。

因此，康熙决定先从吴三桂下手。

当时，吴三桂的儿子吴应熊作为质子住在北京。一次，内大臣半开玩笑似地对吴应熊说："当初因为西南战局紧张，皇帝赐给平西王大将军印信；现在全国都平定了，我看印信可以上缴了。"吴应熊就连夜派人将这件事报告给了吴三桂。吴三桂无计可施，只好上缴了将军印。过了不久，康熙皇帝又派人对吴三桂说："将军您年纪大了，而且有眼病，不应过于劳累。云南、贵州的事务，您就别操心了！"后来，朝廷借口兵多饷少，裁减了"三藩"手下的兵卒。吴三桂终于无法再忍受下去，准备起兵谋反。

康熙十二年（1673年），皇帝借尚可喜隐退之借口撤消了平南王府。吴三桂听到这个消息后，随即也写了封请求撤藩的奏折，以试探康熙的心意。他认为自己身经百战，战功显赫，且又兵多粮足，料定皇帝不敢批准。耿精忠见吴三桂也写了奏折，他也连忙上了奏折，请求撤藩。

然而，吴三桂怎么也没想到康熙真会同意他的请求。于是，他与耿精忠联合起来，他们一方面装出毕恭毕敬的态度准备撤藩，另一方面迅速调兵遣将准备反叛。

吴三桂找来一个三十来岁的姓朱的青年，在他的两腿上各刺了一条龙，假称是崇祯皇帝的后代，

康熙皇帝

借了崇祯皇帝的名义，起兵反叛清朝。

1673年十一月，他自称"天下都招讨兵马大元帅"，分兵两路进攻湖南和川陕。第二年三月耿精忠在福建起兵响应，向浙江、江西发动进攻。1676年二月，尚之信也在广东起兵响应，向广西进攻，至此，三藩联合反清，叛乱范围扩展到云南、贵州、福建、广东、湖南、四川、陕西、甘肃、浙江、江西、贵州等十一个省。

江南失守的消息传到北京，朝廷一片混乱。一些大臣主张与三藩求和。可是主张削藩的明珠、莫洛、米思翰等怎么也不肯退让，他们主张平定三藩的叛乱。康熙皇帝乾纲独断，决意平叛，于是派八旗军全力讨伐吴三桂。

康熙对耿精忠、尚之信，则软硬兼施。一方面派人前去游说劝降；一方面又派人攻打，这种两面夹击的策略没几天就迫使耿精忠和尚之信投降了。三藩中两藩被平定了。

耿精忠和尚之信被降服，给吴三桂以很大打击。但他仍不死心，两军在湖南相持数日，朝廷军队久久不能攻下岳州、长沙等重镇。康熙帝下令继续加强正面进攻，同时派兵绕道湖南南部深入广西，袭击叛军后方。八旗军越战越勇，叛军内部却发生了动摇分化。吴三桂手下的大将林兴珠、韩大任等认为继续与清军对抗没有什么好处，所以都投降了清军。

即将覆灭的吴三桂，已经七十四岁了，牙齿掉了一半，就连走路也摇摇晃晃地要人搀扶。可是他仍念念不忘他的皇帝梦，终于在康熙十七年（1678年）公然在衡州自称"大周皇帝"，改元昭武，并大封伪官伪将，企图用这种办法给他的部将们打气。可是，这一切都不顶用，叛军终于抵抗不住清军的强大攻势，节节败退。

前线战败的消息让吴三桂一病不起。八月十七日，他终于一命呜呼了，结束了他丑恶的一生。

吴三桂死后，他的部将马宝、胡国柱草草安葬了他的尸体，就赶忙派人前往云南迎接吴三桂的孙子、十三岁的吴世璠前来奔丧。吴世璠到了衡阳以后，继承了皇位，改元洪化。然后带着他祖父的棺材匆匆忙忙地逃离湖南，退回到云南昆明。

康熙二十年（1681年）十一月，康熙皇帝派兵攻破了昆明，吓得吴世璠畏罪自杀。这样历时八年之久的三藩之乱终于完全结束了。

由于康熙皇帝维护国家统一的决心很大，而且他的处事非常果断，因此避免了使全国再度陷入混乱和分裂的局面。康熙皇帝敢于坚持正确的意见，不听信谗言，而且善于用兵，终于打败了貌似强大的吴三桂、耿精忠和尚可喜，保证了祖国的统一和稳固，对于经济的发展和人民的生活安定做出了很大的贡献。

雅克萨之战

明朝末年时局不稳，沙皇俄国趁机大举入侵我国，向黑龙江地区大举进犯。他们在我国掠夺财物，杀人放火，遭到我国人民的反抗。

为平定三藩，康熙把大批兵力调到西南去的时候，有个俄国逃犯带了八十四名匪徒流窜到我国雅克萨，在那里筑起堡垒，到处烧杀抢掠。他们把抢来的貂皮献给沙皇。沙皇不但赦免了逃犯的罪，还任命他当了雅克萨长官，打算永远霸占我国的土地。

平定了三藩之乱的康熙亲自来到盛京，一面派将军彭春、郎谈等人借打猎为名到边境侦察；一面要当地官员修造战船，建立城堡，准备征讨敌人。

做好一切准备之后康熙派人送信给雅克萨的俄军头目，命令他退出雅克萨。沙俄军不但不肯退出，反而向雅克萨增兵，对抗清朝。无奈之下，康熙皇帝宣布进攻雅克萨。

1685年，康熙帝派彭春为都统，率领陆军水军一万五千人，浩浩荡荡地去围攻雅克萨城。

沙俄军队经过几年的准备，把城堡修得十分牢固。彭春观察了地形之后在城北隐蔽地方放了火炮，在城南筑起土山，让兵士站在土山上往城里放弩箭。城里的俄军以为清兵要在城南进攻，就把兵力拉到城南。夜里，清军乘城北敌人防守空虚之际，突然猛轰大炮。炮弹中了敌人的城楼，燃起熊熊大火。

天色渐亮的时候，清军又在城下堆起柴草，准备放火烧城。俄军头目惊慌失措地在城头上扯起白旗投降。

康熙下令把投降的俄国人全部释放，勒令他们撤回本土。俄军撤走后，彭春把雅克萨城堡全部拆毁，让百姓耕种；接着，撤军回了瑷珲城。但是，惨败而归的俄军头目并没有死心，他们打听到清军撤出的消息，过了不久，又带兵溜回雅克萨，修建了更坚固的城堡。

消息传到北京，康熙帝决定把侵略军彻底消灭。第二年夏天，黑龙江将军萨布素再一次进军雅克萨。这一次，清军的炮火更加猛烈，俄兵几次出城反扑，都被清军打了回去。守城头目托尔布津中弹死去，剩下的侵略军不得不躲到地窖里，几天后全部死掉了。

康熙皇帝 （1654－1722），即清圣祖爱新觉罗·玄烨。世祖三子。8岁即位，年号康熙。亲政后，智捕鳌拜，永停圈地，出旗为民，发展生产，加强皇权，平定三藩，平噶尔丹，驱逐沙俄，巩固一统，是中国历史上最有作为的皇帝之一。

沙俄政府慌忙派使者赶到北京，要求谈判。康熙帝才下令停止攻城。

1689年，索额图作为清政府代表，戈洛文作为沙俄政府代表，双方在尼布楚举行和谈，并签订了《尼布楚条约》，条约中划分了两国的边界，确定了黑龙江和乌苏里江流域的广大地区都属于清朝政府。

康熙帝三征噶尔丹

噶尔丹是蒙古族的一支准噶尔部的首领，自从他统治准噶尔部以后，便野心勃勃，先兼并了漠西蒙古的其他部落，又向东进攻漠北蒙古。

漠北蒙古被攻破后，几十万的漠北蒙古人逃到漠南，哀求清政府给予保护。康熙帝派使者来到噶尔丹那里，要他将侵占的地方交还给漠北蒙古。噶尔丹的幕后有沙俄政府唆使策划，他认为有沙俄撑腰，根本不理睬康熙帝的劝说，不但不肯退兵，还大举进犯漠南，气焰十分嚣张。

康熙帝见谈判无望，决定亲征噶尔丹。1690年，康熙帝兵分两路：左路由抚远大将军福全率领，出击古北口；右路由安北大将军常宁率领，出击西峰口；康熙帝亲自带兵在后面指挥。噶尔丹对地形熟悉，长驱直入，向南一直打到乌兰布通，距离北京仅有七百里。康熙的西路军刚一接触噶尔丹军，就吃了败仗。噶尔丹更加得意扬扬。

福全率领的左路大军全线反击。噶尔丹挖空心思，他将几万骑兵集中在大红山下，后面有树林掩护，前面又有河流阻挡。又将上万只骆驼，绑住四条腿躺在地上，驼背上加上箱子，用湿毡毯裹住，摆成长长的一个驼城。叛军就在那箱垛中间射箭放枪，阻止清军进攻。

福全命炮火分段击破，不一会儿，驼城被轰开了一个大缺口，上万名骑兵呼喊着冲杀过去。福全又派兵绕到山后夹击山下的骑兵，叛军猝不及防，被里外夹攻，损伤大半，剩下的抱着脑袋纷纷逃命去了。

噶尔丹见清军来势凶猛，硬攻不利，便立即派了个喇嘛到清营求和。福全一面命令停止追击，一面派人向康熙帝请示。康熙帝早就看穿了噶尔丹的诡计，便命令"继续追击！千万不能中了贼敌的奸计"。果然，噶尔丹求和只是缓兵之计，等清军奉命追击的时候，噶尔丹已经带了残兵败将逃到漠北去了。

康熙皇帝

1694年，康熙帝约噶尔丹会见，订立盟约。噶尔丹不仅不来，反而暗地派人到漠南煽动叛乱，并扬言沙俄将支援六万名枪兵，对付清军。

面对噶尔丹的阴谋，康熙帝决心乘胜追击。1696年，康熙帝第二次亲征。分三路出击：黑龙江将军萨布素从东路进兵；大将军费扬古率陕西、甘肃大军，从西路出击，截击噶尔丹的后路；康熙帝亲自带中路军，从独石口出发。三路大军约定好时间组织夹攻。

康熙帝带领的中路军先期到达科图，遇到了敌军前锋，但东西两路军还没到达。康熙帝当即决定继续进攻克鲁伦河，并派使者去见噶尔丹，告诉他康熙帝亲征的消息。噶尔丹闻言变色，慌忙来到山头一看，只见清军阵容强大，队列整齐，康熙帝黄旗飘扬，吓得他直哆嗦，下令军队北撤。

康熙帝立即派人通知西路军大将费扬古，做好半路上截击的准备，自己带兵乘胜追击。

当噶尔丹带兵撤退到昭莫多时，正遇上费扬古的军队。费扬古按康熙帝的部署，在路边小山的树林茂密地方设下埋伏，先派四百先锋军诱战，边战边退，将叛军引到预先埋伏的地方，清军先下马步战，听到号角声起时，就一跃上马，占据了山顶。叛军向山顶进攻，清军从山顶放箭放枪，双方展开了一场激战。费扬古又派一支人马在山下袭击叛军背后，前后夹击，叛军损伤惨重，噶尔丹带着剩下的几十名骑兵仓皇逃命。

噶尔丹叛军经过两次大战，所剩无几。康熙帝劝噶尔丹投降，但是他顽抗到底。隔了一年，康熙帝又率兵渡过黄河亲征。这时，叛军的将领听说清军又来时，纷纷投降。噶尔丹走投无路，服毒自杀。

自此，清政府重新控制了阿尔泰山以东的地区。

乾隆皇帝下江南

乾隆时期是康乾盛世的末期，也是最鼎盛的时期。当时，清朝经过康熙、雍正两朝的恢复和发展，社会经济空前繁荣。乾隆皇帝英明神武，励精图治，继承父祖之优点，摒弃其短处，采用一张一弛的治国方略。一方面，他多次下令减免赋税，赦免罪犯，还为多尔衮和允祉、允禩、允禵平了冤，承认雍正皇帝残杀骨肉是太过分了。另一方面，他又打击朝廷上结党营私的大臣，大兴文字狱，控制还是相当严密的。

当时国库充裕，乾隆皇帝于是连年用兵。在取得了一些胜利以后，他十分得意，自诩为"十全武功""十全老人"。可是，这些战争耗费了大量白银，国家也伤了元气。

乾隆皇帝自认为成就非凡，便骄心日重，开始游山玩水，挥霍无度。各地地方官为了投其所好，每次接圣驾都要大大排场一番，有时候一次就花去二三十万两银子。乾隆每次下江南，便彩旗飘飘，豪船开道，沿路铺排，场面壮观。他的龙舟及大大小小的随行船只共有一千多艘，都由青壮年民工和年轻妇女拉纤，称为"龙须纤"。

扬州是商业重地，每每为了接驾，耗费巨资。行宫里的一切器物，都豪华无比，就连痰盂都是用银丝镂嵌而成的。乾隆皇帝见到这些别致的江南园林，十分赞赏，马上把那些盐商召来赐宴，赏给他们每人顶戴一级（顶戴是清朝区别官员等级帽饰。皇帝可赏给无官的人某一等级的顶戴）。

除山水之乐，乾隆对其他雅致之事皆有所好。花费最大的是庆寿大典。他在自己的母亲过六十岁生日的时候，下令从西华门到西直门外高粱桥的十里长街，都要张灯结彩。每隔数十步就搭一个戏台，这边是霓裳曲，那边是羽衣舞，南腔北调，鼓乐喧天。朝廷大臣和地方官员也竞献厚礼。有献仿制巨桃的，有献翡翠玉亭的，也有献金佛的，皇帝为放置金佛，还特意建造了万佛楼。

大臣们对皇帝如此奢侈很是忧虑。有一次，乾隆询问江南民情如何，有个官员鼓起勇气说："皇上南巡之后，百姓生活甚苦，怨声载道。"乾隆皇帝一听这话，脸色大变，厉声斥问："百姓生活苦，你说出来谁生活苦；怨声载道，你说出来谁有怨言！"不等那个官员分辩，就把他赶出朝堂，贬到新疆戍边去了。有个大臣劝乾隆皇帝说："皇上每到一处巡幸，地方官一味奉承，侵害百姓不浅。"乾隆闻言大怒，欲杀之泄愤，幸而有人说情，才把那大臣罢官了事。

其他贵族官僚、地主豪绅上行下效，追求享乐，成了一种社会风气。清江浦河道总督一次宴会就有六十多道菜。一盘豚脯，要用十头猪；一盘鹅掌，要几十只鹅。驼峰一味，要宰杀三四只骆驼，更不用说那些猴脑、鱼羹了。他们饮食的浪费，已经远远超过"富人一顿饭，穷人半年粮"的程度。

随着统治阶级享受欲望的不断膨胀，官僚们的贪污也到了惊人的程度。山东巡抚刘国泰是和珅的心腹，他挪用了十万两白银的公款。御使钱沣掌握了确凿的证据，在朝廷上弹劾刘国泰，说他勒索下属，挪用公款。乾隆皇帝见钱沣说得有根有据，心里疑惑，就命令和珅和钱沣同去查核。

钱沣这个人很有心计，他接到命令以后，换上旧衣破帽，提前秘密出发了。他刚走到良乡，就看到有一个脑满肠肥的奴仆打扮的人骑着一匹高头大马来了。

那人一路上勒索钱财，任意驱使地方官，十分狂妄。钱沣暗中一打听，原来那人是和珅派往山东的信使。钱沣记下那人的相貌，一路上细心察访，过了几天，在那人回来的路上把他抓住了。钱沣搜出给和珅的密信，派人专程上奏皇上。

后来，和珅和钱沣先后到了山东。钱沣拒绝了和珅的收买。和珅见势不妙，也不过分包庇刘国泰。等他们回京复命的时候，乾隆皇帝拿出刘国泰的那封信，马上下令把刘国泰处以死刑。

后来，又有一个内阁学士叫尹壮图的，同样上书弹劾贪污，但尹壮图为人不机智，被当地官员东挪西凑，补足官银，连续多省查验，也没有查出亏空，而自己反以妄言罪罢官，自此后，清朝的官场风气更加腐败了。

贪 官 和 珅

和珅是满洲正红旗人，姓钮祜禄氏，家世低微，文秀才出身，稍通文墨，乾隆三十四年（1769年）充当三等侍卫。他的堂堂仪表帮了大忙，乾隆四十年（1775年），皇帝在检阅侍卫时发现了他。

和珅时来运转，不久升任御前侍卫和副都统，此后不到一年的时间里，他接连升为户部侍郎兼军机大臣，兼内务府大臣，兼步军统领，兼北京崇文门税务监督。四年后，他从户部侍郎升为尚书，副都统改为都统，内务府大臣之上加衔领侍卫内大臣，军机大臣之上加议政大臣、御前大臣兼理藩院尚书和四库全书馆正总裁，这时无论从权力还是威望上看都仅次于皇帝。乾隆帝还把和孝公主许配给和珅之子，君臣两人结成儿女亲家。

这种逾越了常规的宠信，也打破了朝廷行政体制的平衡。本来，皇帝是最高统治者，首席军机大臣是外廷全体大臣的代表，负责向皇帝传达群臣的意见，君臣两种权力通过进谏和接受进谏相互制约，朝政因此较为清明。但和珅将这条上下交流的通道给堵死了，他勾结太监，了解到皇帝的喜怒好恶，把皇帝伺候得十分周到妥帖，乾隆听不到任何不同的意见，和珅得到的则是仅逊于皇帝的权力和财富，任何不利于他或他的党羽的消息都传不到皇帝的耳朵里，即使偶尔传到了和珅也能将其化解。

乾隆四十八年，和珅受封为一等男爵，交出兵部尚书衔，任户部、吏部两尚书，乾隆五十一年，由协办大学士升为文华殿大学士，当户部的管部大臣，有权管理户部所有长官；五十三年晋升为三等伯爵；五十七年兼翰林院掌院学士。

嘉庆二年，身为太上皇的乾隆，仍不忘下旨，和珅改任刑部管部大臣兼户部管部大臣，嘉庆三年晋升为公爵。

嘉庆四年（1799年）正月初三，太上皇弘历驾崩。次日，嘉庆帝命和珅与户部尚书福长安轮流看守殡殿，不得擅自出入，实际上是把他们软禁起来。接着又下了一道圣旨，命令着实查办围剿白莲教不力者及幕后庇护之人。大臣领会到皇帝的意图，于是弹劾和珅的奏章源源不断送到嘉庆帝手中。嘉庆帝宣布和珅的二十条大罪，立即下令逮捕和珅入狱。

和珅被赐狱中自尽，经查抄，他的财产其中的三分之一，就价值两亿两千三百万两白银，至于玉器珠宝、西洋奇器更是无法胜数，嘉庆将这些财产全部充公，所以民间谚语说："和珅跌倒，嘉庆吃饱。"

林则徐虎门销烟

以前英国人和中国人做买卖，老是赔本。因为他们的洋布、洋表一类的玩意儿，中国人根本就不喜欢。可是中国的茶叶、丝绸等，却在英国特别受欢迎。但自从他们把鸦片运来后，情况就大不一样了。英国人每年都要从中赚走不计其数的银子。这还不算，他们的鸦片给中国人带来了极为严重的危害。不少百姓为此家破人亡，军队也因此士气消沉，贪官横行，民怨载道，尤其是广州更为严重。

这时候清朝的皇帝是道光。这个人没有任何本事，办起事来连一点主张也没有。眼看着国家和人民深受鸦片的毒害，他却一直犹犹豫豫，不敢下令禁烟。经过林则徐的苦苦劝说，道光才下定决心，派林则徐到广州禁烟。

林则徐来到广州后没有马上公开自己的身份。除了两广总督邓廷桢和水师提督关天培外，谁也不知道这件事。

林则徐在广州街头微服私访，看到人民备受鸦片折磨，心如刀割。大街上一个大烟鬼爬到林则徐跟前，一边磕头，一边哀求赏些银子。林则徐实在不忍心再看下去，随身递给他一块银子。没想到这家伙一接过银子，就突然来了精神。他从地上爬起来，一溜烟儿似地朝大烟馆跑去。

林则徐痛下决心，严禁鸦片，在关天培等人的帮助下，一连查出了二十几个贩烟贪官。

一天早晨，广州的文武大臣们都被召集到了两广

林则徐 （1785－1850），字元抚，又字少穆，晚号侯村老人，侯官县（今福州市）人。中国清代爱国政治家、思想家、诗人。

总督衙门。这些人并不知道发生了什么事，所以谁也没在意。正当他们悠闲地聊着天时，突然听见邓廷桢宣布："钦差大臣到！"这些官老爷们都愣住了，怎么突然间来了钦差大臣。

这时林则徐面带威严徐徐而入，发布命令："凡是参与贩烟之人，不论官民，一律严加惩处。"大臣们开始乱作一团。

林则徐下令参与贩卖鸦片的人主动站出来，否则，会罪加一等。大臣们你看看我，我看看你，没有一个人应声。他们觉得林则徐只不过是想吓唬吓唬人，一个刚到的钦差大臣能知道什么呢。林则徐等了一会儿，见没人站出来承认，便大声将那些贪官的名字一一点了出来。

眼前的一切让这帮贪官污吏顿时都傻了眼。正在他们百思不得其解的时候，关天培已经指挥一群武士冲上去，把他们都给抓了起来。

林则徐除掉了这些贪官污吏后，便开始找英国人算账。他命人前往英国商人住的商馆，要求他们将鸦片全部交出来。英国商人的头目义律是个非常狡猾的家伙。他要出了各种花招，就是不肯把鸦片交出来。

一天深夜，英国商馆里的一间屋子里还亮着灯光。义律正和一个叫颠地的毒品贩子商量如何对付林则徐。义律让颠地化装成中国人连夜跑出去，向停在珠江口的军舰汇报。却没想到他们的阴谋已经被门外的一个中国仆人听得清清楚楚。就在颠地偷偷摸摸从商馆溜出来的时候，这个仆人也跟了出来。

颠地穿了个大长袍子，头上还扣了个瓜皮帽。他一边向江边走，心里一边暗自高兴。可是没走多远，他就发现了火把的亮光。原来是那个仆人领着清兵追上来了。颠地一看事情不好，便撒开腿拼命地跑，他一口气跑到江边，一见后面的人已经赶了上来，便什么也不顾地跳进江里。由于他穿着长袍，还没游出一百米，就被清兵拖上岸来。当这个落汤鸡一样的烟贩子被带到林则徐的大堂上时，已经站不起来了。

林则徐训斥了这家伙一顿，然后让他回去转告义律，再不交出鸦片的话，就对他不客气了。

义律看到浑身湿漉漉的颠地像丧家狗一样跑了回来，知道逃跑没成功。但义律仍不死心，还是拒绝交出鸦片。林则徐见义律迟迟不交出鸦片，顿时拍案而起，派关天培带兵将商馆围了个水泄不通。那些在商馆里做工的中国人，一见这种情况也很激动，为了迫使义律投降，他们就商量好，一齐从商馆跑了出来。

义律的态度一开始还很强硬，可是没过一天就有些支持不住了。因为商馆里用的水和粮食都要从外面运来，

关天培（1781－1841），鸦片战争中抗英名将。字仲因，号滋圃。江苏山阳（今淮安）人。

现在商馆被围，干活的中国人也跑掉了，他们不但吃不上饭，连水也没有。

山穷水尽的义律眼珠转了转，又想出一个坏点子来。他找来颠地，让他马上去见林则徐。不一会儿，颠地背着一个大包袱，走出了商馆。当清兵把他带到林则徐面前，这家伙一句话也没说就开始解包袱。里面白花花的不是鸦片，而是银元。林则徐一看就明白了，丝毫不为所动。

义律一见颠地又是垂头丧气地跑了回来，知道一切都完了。这个阴险狡猾的家伙，再也想不出什么鬼点子了，他只好让英国商人们乖乖地交出了全部鸦片。林则徐清点了一下，一共有两万两千多箱，他立即宣布，将鸦片全部销毁。

1839年六月三日，林则徐率领广州的文武大臣们来到了虎门海滩。广州城的无数老百姓，也都赶来看这壮观的场面。关天培早已带人在海边挖了两个十五米宽的销烟池，每个池子里都有洞通到大海。

"开始销烟！"林则徐一声令下，只见几十名身强体壮的大汉挥舞起了铁锹，他们劈开鸦片箱，将大烟和白灰拌在一起倒进池中。当海水被放进池子里时，随着"咕嘟咕嘟"的沸腾声，一团团浓烈的黑烟冲上了天空。

顿时，海滩上的人群也沸腾起来，人们不顾呛鼻的臭味，涌到销烟池边欢呼跳跃。齐声高呼"林大人英明"。就在中国人民激动地欢庆这一胜利时，义律那帮英国商人们只能在远处眼巴巴地看着，虽然他们恨透了林则徐，但现在也无可奈何了。虎门上空的黑烟一直冒了二十几天，这些鸦片终于全部被销毁了，就连池子里剩下的黑渣，也都被冲进了大海。

林则徐的销烟运动取得了胜利。可是义律等一批侵略成性的英国人却把这当成借口，发动了罪恶的鸦片战争。

陈化成血战吴淞

面对英舰的侵略，吴淞口两江总督府衙内喧声震天，大家在围绕如何对付英军激烈争论。七十多岁的江南提督陈化成主张赶紧做好准备，以防洋人打过来。

"洋人来了，我们也不能打。"总督牛鉴怪声怪气地说，"关天培和洋人打得多激烈，虎门还不是失守了。"

陈化成见牛鉴是个贪生怕死的卖国贼，知道再劝他也没什么用了，便气愤地离开总督官邸，决心以死保卫吴淞口。

英军先后攻陷了厦门、镇海和宁波，尽管军民英勇抵抗，但官员贪生怕死，以致英军长驱直入，英军的残酷掠夺给中国人民造成了沉重的灾难。陈化成临危受命，面对英军已经逼近吴淞口的紧急形势，他亲自驻守西炮台，准备拼命一搏。

陈化成刚回到炮台，就听江面上传来了隆隆的炮声。他向远处一望，只见无数只英国军舰正朝炮台扑来。"马上准备，打跑洋鬼子。"陈化成一边下命令，一边和炮手们调准大炮，瞄向远方江面。

英国军舰越来越近，就连桅杆上的米字旗都能看得清清楚楚。陈化成下令放炮。炮弹所至，一片火海，英军的军旗尽皆折损，舰体也缓缓沉进江里。

这时候东炮台的清兵深受鼓舞，也朝洋鬼子猛烈的开起火来。炮弹雨点般地打向敌舰，璞鼎查不得不下令英国舰队迅速后撤。

牛鉴正要准备溜走，听说陈化成打退了洋人的进攻，也顿时来了精神。想趁机抢点功劳。他钻进八抬大轿，领着人急急忙忙地朝炮台奔来。

牛鉴赶来，正好赶上英军的第二轮进攻，炮弹如雨点般降落，竟把牛鉴的轿子掀去了一半儿，牛鉴吓得屁滚尿流，不顾一切钻入人群跑了，士兵见长官如此模样，也纷纷逃散。

镇守东炮台的清兵看见总督大人只顾自己逃命，一个个争先恐后地逃下了炮台。西炮台的一些清兵一见这情景转身想溜。陈化成愤怒地挥刀砍死了其中一个，然后大声吼道："谁敢逃跑，这就是下场！"

清兵们镇定下来，但劣质的炮弹根本无法攻击英军；很多炮弹根本打不响，英军乘机从背后反扑。

陈化成见前后都是敌人，便鼓励士兵们说："弟兄们，皇上把炮交给了我们。如果我们活着，炮台却丢了，我们还有什么脸面去见皇上和乡亲父老们呢！今天，我们就是死，也要死在炮台上。"说着，他推开一名牺牲了的炮手，瞄准了一艘扑来的英舰，拉燃了大炮。

但这颗炮弹品质极劣，不但没打出去，反而把自己炸伤了，陈化成通身上下都成了紫红色。

这时候，后面扑来的洋鬼子已经冲上了炮台。陈化成不顾自身的伤痛，挥舞着大刀与敌人拼杀起来。他一连劈死了三个洋鬼子，在他正在扑向第四个时，一颗炮弹突然在他面前爆炸了。这位七十多岁的老英雄壮烈牺牲。

清兵们见陈化成死得如此壮烈，群情激愤、义愤填膺，决心为陈化成报仇。最后，将士们全部英勇牺牲。鲜红的血水染红了炮台，也染红了炮台周围的江面。

陈化成（1776－1842），鸦片战争时期，守卫吴淞，英勇抗英著名将领。字业章，号莲峰，福建同安县（今属厦门市）人。

吴淞口被攻克后，英军烧杀抢掠，像魔鬼一样疯狂吮吸着中国土地的一滴滴鲜血，英军的魔爪一直伸到了南京城下。

在北京享福的道光听说洋人都打到南京了，吓得差点儿要了命。可是这个昏庸的皇帝，不但不竭尽全力去同侵略者决战，相反却派耆英等人去和洋人和谈。

在敌人大炮的威胁下，耆英等人全部答应了洋鬼子的无理要求，从而签订了中国历史上第一个不平等条约——《南京条约》。这个条约规定，中国把香港割让给英国，赔偿英国各种损失二千一百万元。同时，英国人正式获得了在中国领土上胡作非为的权利。这样，这次鸦片战争就以英国人的胜利结束。从此，中国开始沦为洋人的半殖民地。

《南京条约》的签订，使百姓的生活道路陷入了更深的泥泞中，沉重的屈辱和负担都转到了国民身上，社会矛盾更加激化，起义的焰火如青蛇吐芯时隐时现，就等着一声呐喊，熊熊燃烧。不久，太平天国运动终于一触即发，太平军迅速占领半壁江山，战火一度烧到北京城，清政府统治岌岌可危。

太 平 天 国

1851年一月十一日，在桂平县金田村，有两万多群众发动起义，他们的领袖叫洪秀全，建号"太平天国"，军队称作"太平军"，洪秀全被拥立为"天王"。九月，太平军攻克永安（今蒙山县），洪秀全封杨秀清为东王，萧朝贵为西王，冯云山为南王，韦昌辉为北王，石达开为翼王，确定了军纪，整顿了队伍，改阴历为天历，建立革命政府。

金田起义刚一爆发的时候，清政府就派来军队镇压，清军包围了永安。太平军在永安待了半年，就突围而出，于1852年四月离开广西进入湖南。针对当时十分尖锐的矛盾，太平军发布了《奉天诛妖救世安民谕》《奉天讨胡檄布四方谕》《谕救一切天生天养》等文告，明确提出了推翻清王朝的战斗号召，受到广大群众的热烈拥护，报名者日以千计，太平军兵力大增。九月攻长沙，由于连攻八十一天而未攻下，于是主动撤围北上，在益阳、岳州一带，获得了大批船只炮械，建立了水师。大军沿长沙水陆并进，势如破竹。1853年一月攻克武昌，三月占领南京，并改南京为"天京"，作为都城。为了巩固其根据地，又发兵攻占了附近的镇江、扬州和浦口。

太平军建都后，即颁布了《天朝田亩制度》，废除封建的土地所有制，平均

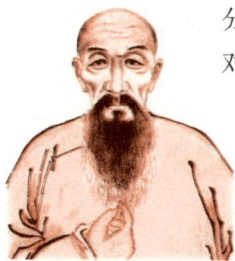

曾国藩 （1811－1872），晚清重臣。初名子城，字伯函，号涤生。出生于湖南省双峰县(原属湘乡)。中国清代著名军事家、理学家、政治家。

分配土地，还实行了男女平等的政策，禁止买卖妇女和女婢。对外则坚持独立自主的政策，否认不平等条约，禁止贩卖鸦片，反对外来侵略。这些措施，极大地鼓舞了人民的斗志。

1853年五月，太平军开始了北伐和西征，各地天地会和捻军也先后发动武装起义与之相呼应。但北伐由于偏师北进，孤军深入，援师不继而失败。西征军先遇小挫，后来在石达开的指挥下，大败曾国藩湘军。在天京附近，太平军又大破清军江北、江南两大营。到1856年夏，上至武汉，下至镇江连成一片，尽在太平军控制下，太平天国军事上达到全盛时期。

但就在这大好形势下，却发生了自相残杀的"天京事变"。九月二日，杨秀清被暗杀，杨秀清的部下五千余人也中计被杀害，后洪秀全又下诏书，召石达开回京辅政。

次年五月，石达开被逼走，更造成了人心冷淡，锐气减半的局面。"天京事变"给太平天国革命事业造成了极大的危害，而清政府在第二次鸦片战争和"北京政变"后，公然和外国侵略者勾结起来，共同镇压人民革命，太平军也由进攻转到了战略防御阶段，太平军内部危机重重。

为了摆脱困境，洪秀全提拔了陈玉成、李秀成等一批将领，重新组建了领导核心。

1858年八月，李秀成约集各路将领大会于枞阳，陈玉成也赶来参加。会上大家"各誓一心，订约会战"。会后，陈、李联合作战。九月，再次攻破清军重建的江北大营，十月，大战三河镇，全歼湘军主力李续宾部。1859年，颁布了《资政新篇》。

1860年五月，攻破清军重建的江南大营，解除了天京的围困，并乘胜东进占领苏、杭，开辟了苏浙根据地，革命一度出现了重新振兴的局面。西北战场则在陈玉成的指挥下进行了英勇的安庆保卫战。但最终因力量悬殊，1861年九月被清军攻破，直接威胁天京的安全。李秀成率军回援天京，与湘军大战四十余天，未能破围。值得一提的是，在后来险恶的情况下，1862年，太平军还在上海、宁波有力地打击了外国侵略者。

1864年六月三日，洪秀全病逝。七月十九日，清军攻克天京，太平天国运动宣告失败。

慈禧垂帘听政

在英法联军入侵北京之时，咸丰皇帝正躲避在"避暑山庄"。当圆明园被烧的消息传到咸丰耳朵里的时候，他又急又气，不久便病倒在了床上。随着割地赔款的条约越来越多，他的身体也越来越衰弱。

一天晚上，咸丰派人将肃顺、端华、载垣、景寿、穆荫、巨源、杜翰、焦佑瀛八人叫来，任命他们为顾命八大臣，让他们在自己死后，尽力辅佐自己六岁的儿子。同时还嘱咐他们要提防懿贵妃。不久，咸丰皇帝就死了。

咸丰临死叮嘱肃顺等人提防的懿贵妃小名叫兰儿，十六岁被选入皇宫。皇宫里皇帝的妻妾很多，刚进宫的兰儿由于地位低，所以没有机会与皇帝亲近。有一天，她看到咸丰皇帝在圆明园散步，就躲进树林里，故意娇滴滴地唱起歌来。咸丰皇帝被这歌声吸引住了。他把兰儿叫了出来，发现兰儿长得比她的歌声还美。因此兰儿被咸丰留在了身边。过了几年，她生了皇子载淳。咸丰虽然妻妾很多，但还没有一个给他生过儿子。于是，兰儿更加得到咸丰的喜欢，并被封为懿贵妃，地位仅次于皇后。懿贵妃为人机灵，聪明能干。在咸丰生病不能料理国事时，她就代笔批阅奏折。时间长了，她渐渐有了一定权力，谁也不敢得罪她。再加上皇后老实忠厚处处让着她，她也就越来越有些骄横了。所以，咸丰临死才表示出对她的不放心，让八大臣多加注意。

八大臣拥立载淳为皇帝，封皇后为慈安太后，封懿贵妃为慈禧太后，然而，一心想要掌握国家一切大权的慈禧，把辅政的八大臣视为眼中钉。而八大臣也对她怀有戒心，不让她干涉朝政。慈禧为了除掉八大臣，便暗中与恭亲王奕䜣勾结在一起。

奕䜣是咸丰的弟弟，排行老六，常被称为"鬼子六"。他对于咸丰死时任命的八大臣没有自己十分恼火。正在这时候，他突然收到慈禧给他的一封信，顿时喜出望外，觉得夺取大权的机会来了。经过一番紧张的准备，他便快马加鞭地赶到了承德。一到承德，他顾不上休息就单独和慈禧进行了长时间的密谈。

在密谈中，慈禧把自己的阴谋全部告诉了奕䜣，同时也把自己的担心说了出来，害怕外国势力的插手。但奕䜣信心十足地打消了慈禧的疑虑。

奕䜣在承德只呆了一天，就连忙赶回北京了。御史董元淳按奕䜣和慈禧的意图给八大臣写了一个奏折。奏折上说，皇帝还小，不能料理国家大事，应让皇太后暂时负责。这个奏折使肃顺等人非常生气，他们马上以皇帝的名义，要对

慈禧　清咸丰帝的妃子，同治帝生母。同治帝立，尊为圣母皇太后，尊号为慈禧太后。

董元淳治罪。为此慈禧召肃顺等人进宫，要求八大臣同意两位太后料理国事，被肃顺等严词拒绝。

于是双方越吵越凶，慈禧是又哭又闹，屋子里的气氛十分紧张。吓得六岁的小皇上躲在慈安的怀里大哭起来，慈安见小皇上都被吓哭了，也气得发起火来，大喊："都给我滚出去。"肃顺等人平时非常尊敬慈安，见到事情弄成了这样，便只好退了出去。

此时，远在北京的恭亲王奕䜣把掌握兵权的僧格林沁和胜保已经拉拢了过来，完全控制了北京的军队。等奕䜣把北京的一切安排好以后，慈禧便催促八大臣早点动身，把咸丰皇帝的遗体送回北京。她对肃顺说："我和慈安太后、皇上由载垣、端华他们七个人陪着，从小路先走。你带领军队护送皇上遗体，从大路走。我们先到北京，好率领文武官员迎接你们。"肃顺上了当。阴险的慈禧这么做，就是为了把肃顺这个核心人物与其他七个人拆开，这样就有利于慈禧、奕䜣把他们一一除掉。

慈禧他们走小路，先到了北京。就在当天晚上，胜保等一大批官员按计划纷纷要求由太后料理国家大事。他们声称，如果不这样的话，就没办法安定人心，维持统治。然而，载垣、端华等人并没有在意他们的行为。

第二天一大早，文武大臣们都到皇宫去给小皇上请安。大臣们磕完头后，退到了宫殿两侧。这时候奕䜣突然站出来，双手高举起早已用小皇帝名义写好的圣旨，大声念道："将载垣、端华、肃顺等人立即捉拿。"立刻有武士冲上去，把端华、载垣等七个人抓了起来。然后，奕䜣又命令醇亲王奕譞领人去逮捕肃顺。

此时，肃顺护送咸丰的遗体已到了密云县。奕譞赶到后，对肃顺说："大人辛苦了，皇上命我来迎接大人。"肃顺对此并没有在意，可是晚上他刚刚躺下，就被外面的喊叫声惊坐起来。他刚要问是怎么回事，就被闯进来的十余名武士捆绑起来。

接着，慈禧下令将肃顺杀头，命令载垣和端华自杀，其余五人全部被撤职。除掉了八大臣，慈禧一步登天，掌握了国家大权。她宣布，由她自己和慈安太后垂帘听政。慈禧给小皇帝起了个年号，叫"同治"，意思是由两位太后共同治理国家。而实际上，国家一切权力都掌握在她一个人的手中。在这以后的四十多年，中国的命运完全被慈禧掌控，成为反动统治者的代表人物。

由于慈禧经常住在皇宫的西边，因此又被人们称为"西太后"。

左宗棠收复新疆

在我国新疆西边有个小国叫浩罕，最初服从于清政府统治。后来俄国侵占了浩罕国的许多领土，引起了浩罕国首领阿古柏的不满。于是俄国就鼓动他去占领中国的新疆，来补偿失去的领土。在俄国人的支持下，阿古柏率兵占领了新疆的南部。接着，他又向北疆扩张，占领了乌鲁木齐。后来，阿古柏宣布在新疆成立一个哲德沙尔国，自称国王，公开把新疆从中国领土上分裂出去。俄国也趁火打劫，占领了新疆西部的伊犁地区。

清政府的官员们对阿古柏和俄国侵略新疆的行为议论不一。实力派大臣曾国藩和李鸿章认为："中国领土这么大，现在国家又这么乱，干脆把新疆扔掉算了。要是真的动起手来，也未必是俄国人的对手。"此时正值同治皇上病死，慈禧想找一个听她话的皇上。后来她就选中了醇亲王奕譞的儿子载恬。载恬的父亲是咸丰的弟弟，母亲是慈禧的妹妹。慈禧把四岁的载恬送上皇帝宝座后，自己又重新开始垂帘听政，改年号为"光绪"。

在兰州的左宗棠听说朝廷对这件事一点儿也不关心，十分生气。他立刻写奏折批驳李鸿章等人。在奏折里，他气愤地说："对于外国人的侵略势头，我们决不能助长。放弃了新疆，他们就会占领整个西北。放弃整个西北，他们就会占领整个中国。别人能够容忍阿古柏的侵略，我却不能忍受。请朝廷派我带兵出征，收复整个新疆。"

左宗棠的奏折引起了朝廷中的许多大臣的注意。他们纷纷向慈禧保举左宗棠，希望能早日收复新疆。慈禧太后也觉得丢失领土不太光彩，就顺水推舟任命左宗棠为钦差大臣，领兵去收复新疆。

左宗棠率领军队离开兰州，经过河西走廊，来到了肃州（今酒泉）。他召集了军队的将领，制定了具体作战方案。新疆地广人少，中间是天山，把新疆分为南北两部分。北方地势平坦，交通方便。左宗棠建议先打北疆，等立稳脚跟以后，再收复南疆。各位将领都点头说这个办法很好。左宗棠一见大家同意，派遣刘锦堂和金顺两位将军率领主力攻打乌鲁木齐。徐占彪和张曜把守哈密。其余部队保卫敦煌、安门和玉门等地，防止敌人入侵内地。同时左宗棠又嘱咐大家要把新疆同胞当作姐妹兄弟，要尊重他们，绝对不允许杀人放火。

刘锦堂率领主力部队从酒泉直接攻打乌鲁木齐。驻守乌鲁木齐的是阿古柏的大将军中国人白彦虎。他听说左宗棠大将军杀来了，一面给阿古柏送信，一面派大兵死死守住城外的古牧场。刘锦堂一到乌鲁木齐，就下令向古牧场发动进攻。阿古柏的军队拼命抵抗了一整天。其实，清军并没有真正猛烈地进攻。刘锦堂只是让部队远远地开枪放炮，大声呐喊，而并不往前冲。天黑以后，清军就收兵了。

白彦虎认为清军白天发动进攻之后，晚上就不会再进攻了。可就在睡得正香的时候，外面的枪声把他惊醒了。阿古柏的军队来不及准备，就被清军消灭了。白彦虎拼命逃回乌鲁木齐城里后，带着老婆孩子连夜逃跑了。刘锦堂率兵攻下古牧场，又毫不费力地占领了乌鲁木齐。

第二天，阿古柏派来的援军赶到了。刘锦堂就在城外设下了一个包围圈。敌人刚一进到里面，就遭到了清军的袭击。在雨点般的子弹和炮火中，阿古柏的军队死伤无数。

阿古柏本来以为有俄国人当后盾，中国不敢派兵来打他。现在左宗棠的军队接连胜利，他就有些手忙脚乱了。最后，这家伙下了决心，要和中国军队顽抗到底。他命令自己的儿子海克拉去守托克逊，大总管爱伊德尔呼里达守达坂城，白彦虎守吐鲁番，准备与左宗棠决一死战。但这一切部署都白费了，不久南疆地区被左宗棠收复了。阿古柏节节败退，带领一点儿兵力向西逃窜。半路上，阿古柏被部下杀死了。不久，白彦虎和海克拉逃到了俄国。各路大军，在吐鲁番胜利会师。这样，除去伊犁以外，清军收复了全部的疆土。

左宗棠决定亲自到新疆，指挥清军收复伊犁。临行，为表示收复国家的领土的决心，左宗棠命人抬上了一口棺材，表示不收复伊犁宁死不回。将士们一见统帅这么坚决，顿时深受感动，也都纷纷表示："不赶走俄国人，我们决不活着回来。"

左宗棠刚离开肃州，就接到了慈禧太后的命令。慈禧让他停止进军伊犁。左宗棠非常痛心，望着西北方向一望无际的戈壁滩，连声哀叹。但是没办法，他只好命令部队停止进军。原来，慈禧这个卖国贼害怕左宗棠收复伊犁会引起麻烦，就和李鸿章商量，决定派曾国藩的儿子曾纪泽去跟俄国人谈判。后来，曾纪泽和俄国签订了《伊犁条约》。在谈判中，中国虽然收回了伊犁，却给俄国割让了霍尔果斯河以西的大片领土。

镇南关大捷

光绪十年，应越南阮氏王朝请求，清政府派军驻扎越南。七月法军向清军进行武装挑衅，清朝政府决定正式向法国宣战，中法战争爆发。

光绪十一年一月，法军在中越边境发动大规模的进攻，并占领了广西门户、西南重镇镇南关（今友谊关），打算以此为突破口，进一步占领中国南部。

为了打击侵略者的嚣张气焰，冯子材率领军民在镇南关内十里关前隘修筑防御工事，积极备战。关前隘形势十分险要，两边是崇山峻岭，中间是一条狭窄的通道，关口易守难攻，战略地位极为显著。

冯子材率领军民在隘口前抢修了一道三丈多长的长墙，把东西两岭围在墙内，墙外挖了深壕，山岭险要处构筑炮台，居高临下，威势无比，使敌人不敢接近。

同时又进行了周密的军事部署：王孝祺、苏元春、王德榜等将领分别率军驻守山口周围各处，交战时相互接应。自己率军守卫长墙和山岭要地。在组织军民同心抗敌外，还同关外中越人民取得联系，以求共同抗战歼灭敌人。

法军统帅尼格里从文渊城调集军队分两路趁天降大雾之机向关前隘扑来。一路进攻东岭炮台，一路直奔长墙。在大炮的掩护下，法军攻占了东岭炮台，然后在东岭炮台用大炮轰塌了长墙，关前隘法军持枪冲将过来。战士们英勇奋战。正在危急关头，王孝祺率军从小路绕到敌人侧面攻打法军。

此时，苏元春率领军队赶到，冒着枪林弹雨登上东岭，攻占了部分炮台，向法军开炮轰击。驻守关东的王德榜听到大炮轰鸣声，按冯子材事先部署，率兵去围攻文渊城，截断法军后路。法军派出的运送食品弹药的车队多次被王德榜的军队击退，断了补给的法军军心大乱。

垂死挣扎的法军向长墙又一次发动了疯狂的进攻。冯子材杀向敌群，与法军展开短兵相接的肉搏战。攻打长墙的侵略军顿时阵势大乱，很快便全线崩溃。但是，占据东岭炮台的法军仍不甘心，企图负隅顽抗。冯子材指挥军队发动了七次攻坚战，都未能拿下。

不久，王孝祺率军绕到东岭边，与冯子材前后夹击法军，最终将东岭夺回。

东岭、长墙溃败后，中越人民援军赶到，法军仓皇向文渊城逃去。

冯子材决定不给敌人以任何喘息时机，率领军民乘胜追击，很快收复了被侵略军强占的文渊、凉山、谷松、屯梅，直指北宁。北宁的两万多的越南人民组成"忠义"团，打起"冯"字旗号，抗击法军。在中越军民的沉重打击下，法军狼狈逃窜到船头、郎甲一带。至此，镇南关战役大获全胜。

中日甲午海战

1894年七月，中国和日本两国在朝鲜爆发了一场大规模的战争。按中国传统的纪年法，这一年是甲午年。所以，历史称这场战争为"中日甲午战争"。

黄海战略位置重要，是主战场，战斗也最激烈。

四艘中国的舰船行驶在海面上。"高升"号和"操江"号两条运兵船，在"济远"号和"广乙"号两艘军舰的护卫下，将两千多名陆军送到朝鲜战场。

突然，十来艘日本军舰出现在海面上。它们一边朝这边冲过来，一边发射出密集的炮弹。其中有几发正好落在"广乙"号上。"广乙"号只好撤离战场，"济远"号管带方伯谦贪生怕死，见情形不对，立刻命令舵手："把船头调回，向天津撤退。"水手们看见方伯谦这么做，都非常气愤。他们坚持不能扔下那两千名陆军而自己逃跑。然后，水手们瞄准日本旗舰（指挥舰）"吉野"号，连发几炮。随着"轰轰"几声巨响，"吉野"舰上着了火。战士们欢呼雀跃，但方伯谦执意逃跑，战士无奈只好撤离。

这样，"高升"号和"操江"号失去了保护，被敌人包围起来。"操江"号很快就被日舰劫持了。然后，日本军舰把炮火一齐对准了"高升"号。日本兵趾高气扬，声势唬人。"高升"号上的一千多名官兵觉得受了侮辱，一齐朝日本兵叫骂，表示宁死不降。日军看见"高升"号上的官兵这么坚决，就放炮威胁。几发炮弹在"高升"号附近爆炸了，弹片和浪花一齐溅到清兵的身上和脸上。可是这一千多名官员没有一个人惊慌，都拿起枪向日本兵还击。日军的炮弹击中了"高升"号，广大的官兵们眼看着船在下沉，可仍没有一个投降。最后，海水淹没了"高升"号。一千多名官兵全都壮烈牺牲。

就在黄海上发生这悲壮的一幕时，北京城全城上下都在为慈禧的六十岁生日忙碌着。自从圆明园被烧毁后，皇上和太后、臣子们就失去了一个享受的乐园。于是慈禧用建北洋海军的银子扩建了颐和园。颐和园修好后，慈禧特意来察看。正当她玩得高兴的时候，李鸿章突然赶来报告说："北洋海军和日本人在黄海打起来了。"慈禧一听这个消息就急了。她怕自己的生日因此过不好。李鸿章也很着急，北洋海军是他多年苦心经营才建成的。李鸿章怕北洋海军受损，拒不开战。

在提督丁汝昌的带领下，北洋海军护送完运兵船后正返回中国。忽然发现西南方向的烟雾里，有十二艘军舰朝这边开来。再仔细一看，又发现这些军舰挂的都是美国星条旗。丁汝昌有些奇怪，美国军舰来干什么呢？正在他犹豫的时候，十二艘军舰已经快接近中国舰队了。原来这都是日军伪装的美舰，并且来势汹汹。关键的时刻，方伯谦又被吓破了胆。认为自己一方毫无准备，打起来肯定吃亏。还不如赶快撤退，保存实力。

"致远"号管带邓世昌劝说大家抵抗到底，宁死不

李鸿章 （1823－1901），清末大臣、洋务派和淮军首领。字渐甫，号少荃（亦作少泉），晚年自号仪叟。安徽合肥人。

屈。丁汝昌觉得邓世昌说得有理，便立即下令向日本军舰开火。一时之间战火四起，丁汝昌指挥旗舰"定远"号冲在最前面。不幸的是，"定远"号被日本炮弹击损多处，丁汝昌也身受重伤。管带刘步蟾见他摔成了重伤，立刻爬上摇摇晃晃的舰桥，代替丁汝昌进行指挥。刘步蟾命令"济远"和"经远"两艘军舰向"致远"号靠拢，集中火力攻击日本最厉害的"吉野"号。

方伯谦的"济远"号不但不救助，反而乘机逃跑，慌忙中撞伤自家的军舰"扬威"号。随后，"扬威"号被日舰击沉。

"致远"号在邓世昌的带领下与日军殊死搏斗，在弹尽粮绝的危难之际，邓世昌决定与敌人同归于尽。于是邓世昌命令官兵开足马力，对准"吉野"号撞去。

"致远"号像一条火龙，朝"吉野"号猛扑过去。"吉野"号上的日军吓得慌了神，一边掉头逃跑，一边胡乱地朝"致远"号发射鱼雷。"致远"号的官兵们瞪眼注视着飞来的火蛇，没有一个人惊慌害怕。邓世昌不顾伤势，双手紧握舵轮，沉着指挥。

就在快要撞上"吉野"号的那一刻，"致远"号被一枚鱼雷击中了。顿时，"致远"号上成了一片火海，海水逐渐没过了甲板。二百五十名官兵紧紧围在邓世昌身边，像石头雕像一样威严地挺立着，任凭海水没过他们的身躯。

"为邓世昌报仇！"北洋海军的官兵们激动得大喊起来。在"致远"号英雄的鼓舞下，各军舰与敌人展开了激战。硝烟弥漫，火蛇喷涌，战士们奋勇当先，死伤无数，日暮时分，日军不敢恋战，率先退出战场，黄海战役告一段落。

这次海战，中日双方的损失都很大。北洋舰队尽管主力还在，但李鸿章因私废公，坚退不战，丁汝昌、刘步蟾等海战英雄，羞愧难当，自杀殉国。清政府苦心经营了十一年的北洋舰队，终于被李鸿章断送了。

最后，甲午战争以日本人的胜利而告终。李鸿章又奉慈禧的命令，跑到日本去讲和。在谈判桌前，李鸿章就像奴才见了主人一样，不管日本人说什么，他都点头答应。在日本人的威胁逼迫下，李鸿章在和约上签了字。这就是历史上的《马关条约》。根据这个条约，中国要赔偿日本的军费就有两亿两白银。更过分的是，李鸿章还把台湾割让给了日本。

《马关条约》的签订进一步激发了深层次的社会矛盾，尤其是台湾人民纷纷拿起武器抗击侵略者。

戊戌变法

  1898年一月二十四日，在总理衙门的议事厅内，李鸿章、荣禄、翁同龢、张荫桓及廖寿恒与维新派首领康有为激烈地辩论着。

  李鸿章见康有为不过是个乳臭未干的年轻书生，于是就傲慢地说："作为一个读书人就应该知道，祖宗留下来的治国之法是完善无缺的，我们只能遵守执行，你怎能改变它！"

  康有为立即反驳说："世间没有一成不变的事物，只有摧朽培新，才能国富民强！"

  "难道你就不怕留下不忠不孝的罪名吗？"李鸿章用力一拍桌子，对康有为大声说。

  "我搞变法维新，为的是富国强民，怎能说是不忠不孝呢？"康有为对李鸿章只是轻轻一笑，然后他暗中讽刺祖宗留下来的广阔疆土割给洋人也违背祖宗之法。

  康有为之言，正刺到李鸿章痛处，李鸿章顿时羞愧难当。

  荣禄在旁边看到李鸿章狼狈的样子，就想给他找个台阶挽回面子。于是他也气乎乎地说："祖宗之法千真万确，我们只能遵守！"

  康有为听完又是轻轻地一笑，讽刺荣禄只教给军队使用大刀长矛的技术，而北洋新军使用洋枪洋炮，也是违背祖宗之法。荣禄张口结舌，目瞪口呆，只得灰溜溜地坐在那里，不敢再说一句话。

  这时廖寿恒看到李鸿章、荣禄二人理屈词穷，就想转移一下话题，于是他捋着他那几绺小胡子，以忠孝之道来驳斥君主立宪制。张荫桓此时也在旁边附和说开设议会的话是对皇帝有害。

  康有为听完，神色庄严地说："如今在皇上周围，有许多贪官污吏，瞒上欺下，使朝纲混乱。而搞'立宪'，设'议会'，皇上能直接了解人民的疾苦，国家的安危，从而采取相应的治国兴邦之策。国富民强，皇帝才会受人爱戴。"

  康有为一席义正词严的话，直说得廖寿恒、张荫桓二人也无言以对，坐在那里不吭气了。

  翁同龢却一言不发，对康有为的才能很是赞许，认为让他主持维新，对大清很有利。

  康有为是广东南海人，从小受到严格的封建教育。二十岁那年，他到香港一带考察，接触到了一些西方资本主义的事物。康有为感到封建制度已成为大清发展的桎梏，应变法自强，方能拯救大清。从1888年开始到1898年，康有为曾八次上书光绪帝，陈述变法的重要性。其中最重要的一次是1895年四月的"公车上书"。

那时，康有为正在北京参加科举考试，忽然传来签定《马关条约》的消息，康有为愤慨异常，就召集当时在北京应试的一千三百人，到都察院门口示威，反对签定《马关条约》。并起草"万言书"，要求光绪帝变法维新，这次上书称为"公车上书"。

"公车上书"不久，康有为和他的学生梁启超一起，组织强学会，创办《中外纪闻》，积极宣传维新变法。宣传变法的学堂如雨后春笋般增多。由谭嗣同主持的时务学堂就是其中著名的一个。

谭嗣同，湖南浏阳人，年轻时曾多次游历大江南北，既看到了祖国的壮丽河山，又目睹了国家与人民在帝国主义侵略下的深重苦难。中国在甲午战争中的惨败，激发了谭嗣同要求变法维新、挽救祖国危亡的思想。1897年一月，谭嗣同写成他的重要著作《仁学》，号召人民冲破封建统治的罗网，进行变法自强。谭嗣同还表现出对农民起义的同情，对反动统治镇压的愤恨。同年十月，在谭嗣同的主持下，长沙时务学堂创办起来。梁启超等人都在这里讲过学，为维新变法培养了人才。

翁同龢在总理衙门听完康有为与李鸿章等人的"舌战"后，立即来到皇宫，向光绪报告，并推荐康有为主持变法维新运动。

光绪皇帝虽然倾向变法，但碍于慈禧，身不由己。

原来，自从光绪四岁登基以来，一直由西太后慈禧垂帘听政，把持国家大权。光绪就像朝廷里的一件摆设，一点权力也没有。因为从小就常受到慈禧的责骂，所以非常害怕她。光绪到了十八岁，慈禧为了掩人耳目，就声称到颐和园"养老"，不问政事了。而实际上，仍然由慈禧掌握着国家大权。所以现在光绪虽然也有变法之心，可由于担心慈禧会出面阻挠而面露难色。

翁同龢似乎看出了光绪的心思，刺激皇上道："如今列强强占我领土，欺辱我国民，国将不国，难道您想做亡国之君吗？"

这句话触动了光绪帝。为了大清帝国的危亡，不能再顾及那么多了。1898年六月十一日，光绪帝在颐和园勤政殿，直接召见康有为，封他为总理衙门章京（清代办理文书的官员），主持变法具体事务。同时参与变法的还有如梁启超、谭嗣同、杨锐、刘光第、林旭等维新派人物。

光绪帝据维新派的建议，颁布新法令。其中有学习西方先进的科学技术，发展我国的工商业；改革大清法律陈旧腐败的条款，允许官民向皇帝上书、提建议；废除八股考试制度，在北京设立京师大学堂，在全国普遍设立小学堂等等。

因为这一年是中国农历戊戌年，历史上把这次变法运动称为"戊戌变法"；

又因为变法从六月十一日开始到九月二十三日失败，一共进行了一百零三天，所以又将它称为"百日维新"。

通过变法维新，没落的清王朝暂时出现了一丝生机。但由于封建势力根深蒂固，变法触及了腐败的封建势力的切身利益，引起了他们的强烈反扑。

义和团运动

戊戌变法失败以后，帝国主义列强加快了侵略、瓜分中国的步伐。1900年，在山东、直隶等地区，爆发了义和团运动，这是一场以农民为主体的反帝爱国运动。

义和团原名"义和拳"，即"正义与和好之拳"，是以练习拳棒著称的民间组织，最初在山东一带秘密从事反清活动。甲午战争后，中华民族面临空前严重的危机，义和拳的斗争矛头开始指向了帝国主义列强。

1898年四月，在直隶和山东两省交界的地方，义和团运动首先兴起，到年底便波及十余县。他们高呼："还我江山还我权，刀山火海爷敢钻，哪怕皇上服了外，不杀洋人誓不完。"清政府一心消灭义和团组织，多次命令山东巡抚张汝梅进行镇压。但屠杀政策更激起了义和团群众的义愤，革命的烈火越烧越旺。1899年三月，清政府将张汝梅撤职，改派毓贤为山东巡抚。这个毓贤曾经在一年内屠杀大刀会群众两千多人，他到任后，对义和团进行了更加残酷的镇压，反而使参加义和团的群众更多了。

1899年十月，在山东平原，义和拳首领朱红灯发动起义，并打败了前来镇压的清军，取得了平原大捷。从此，义和拳改名义和团，并提出了"扶清灭洋"的口号，由秘密组织转为公开活动。义和团运动轰轰烈烈地发展起来了。

1900年初，直隶成为了义和团活动的中心，起义人数已达十万。到1900年夏，义和团已发展到山东、直隶全省和河南省的一部分。迫于义和团的声势，清政府被迫承认了它的合法地位，于是义和团大量涌入北京和天津。他们沿途捣毁外国教堂，破坏铁路路基和电报线路。

在中国的利益受到严重的威胁的帝国主义狗急跳墙。英、法、美、俄、德、日、意、奥等八个帝国主义国家勾结在一起，组成"八国联军"，准备对付义和团运动。

1900年六月十日，八国联军由英国侵华舰队司令西摩尔率领从天津出发，向北京进犯。他们沿途奸淫掳掠，无恶不作。在廊坊火车站，他们遭到义和团的突然袭击。三百多名义和团战士奋不顾身地扑向侵略军乘坐的火车，把敌人杀了个措手不及。义和团还拆毁了从廊坊去北京的铁路和桥梁。西摩尔军队被困在廊坊，粮草、弹药即将用光，便决定退回杨村，企图由北运河乘船去北京。当他们撤离廊坊时，又遭到义和团的猛烈攻击。手举大刀长矛的义和团战士，直冲敌阵，杀死侵略军五十多人，杀伤无数。义和团乘胜发起总攻，侵略军被迫退回天津。

与此同时，八国联军攻占大沽口炮台，随后进犯天津、北京，又遭到了义和团军民奋起抵抗。在天津，义和团首领曹福田率领战士冲入敌阵，一举收复老龙头火车站；张德成率军进攻紫竹林租界；在北京，外国使馆和西什库教堂也遭到了义和团的围攻。

扶清灭洋旗

但就在这时，清政府开始出卖义和团，他们多次向八国联军发出道歉照会，说明对义和团之所以纵容姑息，实在是无奈之举。六月二十一日，八国联军挫败了义和团的抵抗，攻占天津车站；七月十四日占领全城，对守城军民进行了血腥镇压；八月十三日，八国联军进抵北京，慈禧太后及其亲信臣仆逃往西安；联军于八月十四日攻占了北京，对全城进行洗劫。对义和团成员更是残酷镇压。

得到帝国主义谅解的清政府立刻掉转枪口反对自己原来的同盟者，公开命令清军剿杀义和团。义和团在"扶清灭洋、振兴中华"的口号下继续战斗，依靠少数根据地一直坚持到了1901年秋季，最终失败。

1901年九月七日，李鸿章和庆亲王奕劻代表清政府与十一国（上面的八国再加西班牙、比利时和荷兰）公使签订了丧权辱国的《辛丑条约》，这标志着中国彻底沦为半殖民地半封建国家。

义和团运动虽然在中外反动势力的镇压下失败了，但它沉重地打击了中外反动势力，粉碎了帝国主义瓜分中国的阴谋，在中国历史上留下了可歌可泣的一页。

孙中山建立同盟会

1866年，孙中山出生于广东省香山县（今中山市）翠亨村的一个农民家庭。少年时代，他常听老人讲述太平天国革命的故事，对洪秀全十分崇拜。他的哥哥孙眉是夏威夷首府檀香山的华侨资本家。1878年，孙中山去檀香山同哥哥一起生活，并在那里上学。

1883年，孙中山来到香港读书。此后几年，他先后在广州、香港的西医专门学校学习。当时，中法战争刚刚结束，中国大获全胜，但是清政府却与法国签订了妥协退让的《中法新约》。孙中山为此感到十分悲愤，开始认识到只有推翻清政府，国家才能强盛。他发表了不少对清政府不满的言论，被人们看作是"大逆不道"。

1892年，孙中山以第一名的成绩毕业于香港西医书院，取得了执业资格。当年秋天，他到澳门镜湖医院当西医师，并开设了中西药局，受到了当地人民的称赞。

1894年，中日甲午战争爆发，孙中山希望得到李鸿章的支持，写了《上李鸿章书》，要求清政府变法自强，发展资本主义，但没有被采纳。孙中山清醒地认识到，只有用革命的手段推翻清政府的反动统治，国家才有前途，民族才有希望。于是，他选择了革命以图国家富强。

1894年秋，孙中山又到檀香山，联合二十多位进步华侨，组成了中国第一个资产阶级革命团体"兴中会"。1895年，孙中山回到香港，建立了兴中会总部，把"驱除鞑虏，恢复中华，创立合众政府"作为革命纲领。

兴中会成立后，孙中山在广州、香港联络会党，准备在广州举行武装起义。由于叛徒告密，起义计划没有实现。起义失败后，孙中山受到清政府通缉，他先后逃往日本、英国，但仍宣传他的革命主张。有一次，他在伦敦遭清使馆绑架并软禁，最后在老师的帮助下才获救。

在孙中山的宣传下，一大批知识分子开始走上革命道路。从1901年起，中国留学生在日本创办了许多宣传革命的刊物。同时，国内也出版了不少宣传革命的书籍，促进了进步知识分子之间的联系和革命团体的建立。1904年中国国内相继成立了"华兴会"（在长沙）、"科学补习所"（在武昌）、"光复会"（在上海）等革命团体。但是这些力量分散的革命团体，远远不能适应革命形势发展的需要。

1905年七月，孙中山从欧洲来到日本，同黄兴、宋教仁等商议组织革命政党的问题。孙中山的主张得到了黄兴以及各革命团体的赞成。八月十三日，中国留学生及到会的几千人在东京热烈欢迎孙中山的到来。孙中山在演讲中痛斥了改良派"中国只可君主立宪，不可民主共和"的谬论，极大地鼓舞了革命派的斗志。

1905年八月二十日，孙中山和各革命团体的代表在东京开会，正式成立了中国革命同盟会。大家推举孙中山为总理，并确定以孙中山提出的"驱逐鞑虏、恢复中华、创立民国、平均地权"作为同盟会的政治纲领。

同盟会成立不久，他们在东京创办了《民报》并作为自己的机关报。孙中山在《民报》发刊词中进

孙中山 （1866－1925），名文，字逸仙，革命家，中国国民党缔造者之一，广东省香山县（今中山市）人。孙文流亡日本时曾化名中山樵，后人惯以中山先生相称。

一步解释了同盟会的十六字纲领，把它概括为"民族"、"民权"、"民生"三大主义，即"三民主义"。民族主义的中心内容是"驱逐鞑虏、恢复中华"；民权主义的中心内容是"创立民国"，民生主义的中心内容是"平均地权"。上面这十六个字，即三大主义，就是孙中山领导辛亥革命的指导思想。

同盟会成立后，孙中山为了推翻清王朝，领导了多次武装起义，但由于计划不周，力量不够，起义都没有成功。黄花岗起义是其中最著名的一次。

清·大昭寺金奔巴瓶

武 昌 起 义

武汉三镇，是我国政治、经济、交通、军事重镇，也是外国侵略者侵略的重要地区，自鸦片战争后，此地多遭劫掠，民不聊生。

为了生存，广大人民群众纷纷起来反抗，武汉很早就开始有革命党人的活动，先后成立了日知会、群治学社、振武学社等革命组织。为了防止清政府的镇压和破坏。1911年一月，革命党人又把振武学社改称"文学社"，在研究文学的名义下从事革命活动。

文学社成立后，首先在湖北的新军中发展革命力量。到1911年七月，新军中有三千多人成为文学社的会员，整个新军有三分之二的人支持革命，这就为武昌起义奠定了良好的基础。

这时在武昌，还有一个革命团体——共进会，是同盟会设在武汉的支部，它的领导人是同盟会会员孙武及邓玉麟。共进会与当地会党的新军下层军官有密切的联系，拥有会员也达两千多人。

随着革命形势的发展，1911年九月，共进会与文学社正式合并，建立了起义的领导核心：蒋翊武任总指挥，孙武任参谋长，刘公任总理，起义指挥部设在武昌城一个小巷内。九月二十四日，两个革命团体举行会议，制定了周密的起义计划。这时在香港的黄兴也为指挥部建议武昌方面应与其他省的革命组织取得联系，以便在武昌起义后，能得到全国的响应。会议最后确定了起义日期，决定在中秋节（十月六日）动手。

就在起义准备工作紧锣密鼓地进行时，意外事件接连发生。南湖炮兵营士兵汪锡九、梅青福等人要请假离营，同室的士兵给他们摆酒送行。在酒宴上，汪锡九他们大谈起义，怒骂清廷。不想被人听到，并引发了一场事端，引

白玉藏文碗

起了清朝鹰犬的警觉。湖广总督瑞澂立即下令全城戒严，加强城防力量。于是起义时间被迫推迟，将时间改在十月十一日。

可到十月九日，又发生了一件意外事件。这天正午，孙武等人在汉口俄租界宝善里十四号检测炸药时，因刘公的弟弟刘同不小心将火星落入炸药中引起爆炸，孙武被炸成重伤。俄国巡捕闻讯赶来，逮捕了刘同，没收了有关起义的文件、旗帜等，并把它们连同刘同一起交给了瑞澂。刘同无法忍受严刑拷打，供出了有关起义的情况。

瑞澂得知他的辖地要发生革命的消息后差点儿瘫在地上。这家伙只知做升官梦，他知道，在湖北这个地方多年来平安无事，他的前任张之洞、端云等人都因此而升官发财了。武汉要起义的消息让他感到异常恐惧，打破了他的美梦，于是他下令大力捕杀革命党人，革命队伍受到损害。

但是，起义并没有因此而取消。"宁愿革命而死，不望苟且偷生！"这是熊秉坤领导的新军工程兵第八营战士们的誓词。武昌起义的第一枪，就是他们打响的。

按照总指挥部十月九日下达的部署，熊秉坤和八营战士们商量好，决定在第二天晚七点左右动手。十日，夜幕刚刚降临，一个叫陶启胜的排长来到八营巡察。八营战士与陶启胜发生冲突，熊秉坤一怒之下，打死了陶启胜。

然后熊秉坤一个箭步跳进屋内，高喊道："革命的时候到了，向楚望台军械库进军！"八营的战士们随他呐喊着，冲向楚望台，与早在那里接应的工程营士兵汇合在一起。战士们取出枪支弹药，并拖出十余门大炮，架在楚望台、蛇山、凤凰山等制高点上，准备炮轰总督府。

战士们推举八营长吴兆麟作为前敌总指挥。由于天色昏黑，目标不清，十余门大炮盲目开火，威力不大，所以第一次攻打总督府的战斗在清兵的顽强抵抗下没能成功。这时，武昌的百姓纷纷从家中拿来引火之物，在总督府周围燃起大火，亮如白昼。炮兵大显神威，十余门大炮同时开火，一时间总督府火光冲天，义军战士们在炮火的掩护下冲进总督府。湖广总督瑞澂早在炮声一响时就慌忙在总督府墙上凿了一个洞而逃之夭夭了。

黎明时分，武昌城全部被革命党人控制。一面醒目的十八星旗高高飘扬在武昌城内的最高建筑物黄鹤楼顶。

十一日晚，与武昌一江之隔的汉阳新军，响应武昌起义，迅速占领了汉阳铁厂和兵工厂，与此同时，汉口新军在赵承武率领下也举起十八星义旗。这样，武汉三镇起义均告成功。这一年是农历辛亥年，所以武昌起义也叫辛亥革命。

为了能稳固革命成果，把革命进一步推向深入，当前的首要任务就是建立革命政权。而著名的革命领袖孙中山、黄兴等人都远在海外，直接组织这次起义的蒋翊武、孙武等人或逃亡或重伤，不可能成为革命政权的领袖。武昌起义军民错误地认为只要是社会上有名望的人就可做革命政府的领袖。于是他们推选了一位封建官僚，当时湖北新军混成协统领黎元洪出任军政府鄂军大都督，主持政府日常工作。

武昌起义的胜利，掀起了全国革命风暴，劈碎了封建王朝的统治枷锁，加速了清王朝的土崩瓦解。

首先响应武昌起义的是湖南、陕西两省。紧接着，江西蔡公时，山西阎锡山，云南蔡锷，以及上海、浙江、江苏、安徽、广西、福建、广东等全国十五省（市）都发动新军起义，宣布脱离清廷独立。面对大好的革命形势，革命党人迫切要求建立一个全国统一的共和政府和奄奄一息的清王朝对抗。

1911年十二月二十五日，孙中山自海外回到上海，立即就被推举为共和国临时大总统。

1912年元旦，孙中山在南京宣誓就职，中华民国临时政府正式成立。

袁世凯称帝

袁世凯是河南项城人，早年投靠淮军，在淮军与洋人合力镇压太平天国革命时表现得精明能干，深得李鸿章的赏识，并被荐为清驻朝鲜的全权代表。甲午战争时，清廷为保卫京师筹建新军。袁世凯被任命在天津小站训练陆军。他在戊戌变法时出卖过维新派，又是血腥镇压义和团运动的罪魁。由于他善于见风使舵，玩弄权术，所以晋升很快，不久就代替李鸿章成为直隶总督和北洋大臣。在任职期间，袁世凯大力扶植自己的势力，号称北洋三杰的段祺端、冯国璋、王士珍，就是他一手提拔起来的。他们掌握着清政府北洋新建陆军的大权，人们称之为"北洋军阀"。

袁世凯的权力越来越大，已威胁到满族统治者的地位，于是清政府解除了他的职务。武昌起义后，南方各省新军纷纷响应，而北洋新军清政府又轻易不能调动，只好请袁世凯出山。从此，在帝国主义的支持下，袁世凯掌握了清政府的军政大权，开始做起了他的皇帝梦。

说起袁世凯的皇帝梦，还有这样一个故事：传说袁世凯有一个精致的玉杯，杯把上有一条盘旋的玉龙，每天早上他都要用这支玉杯喝上一杯龙井茶。一天，一个仆人照例将一杯茶送到袁世凯卧室，忽然看见在袁世凯的床上趴着一只大癞蛤蟆，仆人惊得目瞪口呆，一失手竟将玉龙杯摔在地上。仆人没敢声张，慌忙到庙里找一个老和尚求救，老和尚就给他出了个主意。等到袁世凯醒来，不见了玉龙杯，就把那个仆人叫进来训斥。仆人说，在早上送茶时，忽然看到玉龙杯上的龙活了起来，飞到袁世凯的身上，变成一条大金龙，他一害怕，就把那玉杯给摔碎了。袁世凯一听，大为喜悦，认为自己是真龙附体了，所以不但没责怪仆人，反而给了他许多钱。

其实这都是人们为讽刺袁世凯而编造的，但他想做皇帝是千真万确的，为了达到这个目的，首要任务就是镇压南方的革命势力。

袁世凯可是个狡猾的阴谋家，他一方面在帝国主义的支持下派北洋军阀攻打武昌等南方的革命政权。逼迫革命党人屈服于他；一方面又在英国公使朱尔典的策划下，假惺惺地要与革命政权和谈。

1912年2月12日，在袁世凯的威逼利诱下，清朝最后一位皇帝宣统宣布退位。这样一下子使袁世凯身价百倍，许多人认为朝廷的倒台是袁世凯的功劳，袁世凯是赞成共和反对帝制的。孙中山为了稳固刚刚诞生的中华民国，也答应辞去临时大总统的职务，这样，在10月10日，袁世凯成了中华民国的正式大总统。

当大总统，并不是袁世凯的最终目的，他每天做的都是皇帝梦。所以，他当上大总统后，变本加厉地镇压革命。

1913年3月，袁世凯派人暗杀了国民党（1912年宋教仁等将同盟会改组成国民党，孙中山是理事长，黄兴、宋教仁等为理事）著名领袖宋教仁，下令逮捕黄兴和孙中山，镇压了黄兴、李烈钧领导的"二次革命"（把辛亥革命叫作"一次革命"），掀起血腥屠杀革命者的高潮，仅在湖北省，1913年一年中被袁世凯杀害的革命人士就达四千多人。

为了得到帝国主义的支持，袁世凯首先从俄、英、法、日、德五国手中借来九千万元，作为镇压革命的经费；不久又承认外蒙古"自治"，使我国失去领土的完整；最可恨的是，他为了做皇帝答应了日本帝国主义提出的"二十一条"，把中国的政治、经济、军事等方面的许多大权拱手让给了日本人。

为使自己做皇帝名正言顺，袁世凯还搜罗了一批反动文人，为自己歌功颂德。在这批反动文人中，最著名的是梁士诒和杨度。

梁士诒本来是革命党人，后来投靠了袁世凯，溜须拍马，阿谀奉承是他的拿手本领。一天，袁世凯向梁士诒问道：

"凭我现在的功绩你说可以做皇帝了吗？"

"那当然，"梁士诒立即满脸堆笑，"大总统功德无量，早就应该是中国的皇帝了。"

"算你聪明"，梁士诒的一席话说得袁世凯心里甜滋滋的，"可就不知老百姓怎么看。"

梁士诒一下子明白了主子的意思，慌忙上前说：

"您不必担心，天下百姓其实早就盼望着有一个圣主明君，您老人家是真龙附体，做万岁是理所应当的。"梁士诒还嫌溜须得不够火候，又信口说："为了宣传您的功德，我专门办了一张报纸，那上面……"

"快拿来给我看。"袁世凯一听大喜，急急地对梁士诒说。其实至于什么报纸是梁士诒为讨好袁世凯信口胡说的，可没想到主子会要让马上拿来，这一下使梁士诒慌了神，连忙搪塞道：

"现在天色已晚，明日给您送来吧。"

梁士诒一回到家就着了急，连忙请来他的狐朋狗友为他出谋划策。有个"精明"的家伙对他说：

"你不如将计就计，就办张报纸。不过你要知道，现在全国反袁大总统的声浪很高，我们办的这张报纸只能出版一张，而且只能给袁大总统一个人看，千万不要把反袁的消息写进去就行了。"

袁世凯 （1859－1916），字慰廷，号容庵，河南项城人。1912年3月，当选中华民国临时大总统。1915年12月恢复帝制，建立中华帝国，并改元洪宪。1916年6月，病死北京，时年57岁。

梁士诒一听拍手叫好，当即聚集一帮乌合之众，胡编滥造了一些吹捧袁世凯的文章，连夜找人编印了一下，第二天就给袁世凯送了去。

袁世凯看完大喜，立即给梁士诒加官进爵。他还真的以为全国的人都拥戴他做皇帝呢。

梁士诒得到袁世凯重用后，可急坏了袁世凯的另一个谋臣杨度。他非常忌妒梁士诒，挖空心思去吹捧袁世凯，希望能得到重用。他先后发表了许多"拥袁做皇帝势在必行"的文章，又与孙毓筠、严复、刘师培、李燮和胡瑛六个人组织了一个"筹安会"，为袁世凯复辟帝制大吹大擂。

筹安会最主要的活动就是组织各种请愿团，什么"商会请愿团"、"人力车夫请愿团"、还有什么"妓女请愿团"、"乞丐请愿团"等，他们拿着杨度等人起草的"请愿书"，高呼"袁世凯万岁"在北京游行，要求袁大总统"高升一步"。有一次，由流氓地痞组成的"乞丐请愿团"嫌筹安全给的赏钱太少，就在杨度回家途中将他痛打了一顿。

经过袁世凯的文臣武将的一番折腾，在北京拥戴袁世凯做皇帝的呼声表面看来还挺高。袁世凯看火候已到，就搜罗他的党羽进行所谓公民投票，其实选票都是事先填好了的。

1915年12月12日，袁世凯做了中华帝国的皇帝，并下令将1916年改为"洪宪"元年，元旦正式登基。

袁世凯复辟帝制和卖国活动，激起了全国人民的愤怒，各地反袁斗争此起彼伏。孙中山在日本成立中华革命党，发表《讨袁檄文》，号召人民起来"杀此民贼，以救我国民"，并曾联合广东陈炯明、广西陆荣廷的军队准备北伐，虽然都因陈炯明等人的叛变而失败，但人民反袁的斗争越来越激烈，袁世凯的反动活动是注定要失败的。

1915年3月的一个晚上，在天津法租界的一个秘密小屋里，一老一少在油灯下热烈地讨论着什么。那老者就是著名的维新派人物梁启超。梁启超曾是袁世凯的追随者，也为袁世凯的复辟出了不少力，但终究没有被重用，在全国反袁怒潮中，他也走到反对复辟的队伍中来了。坐在梁启超对面的，是一个英俊的年轻军官，他就是梁启超的学生、著名爱国将领蔡锷。这时就见蔡锷神情激昂，用力挥舞着手臂说：

"袁贼倒行逆施，全国人民都愤怒到了极点，我们可不能助纣为虐，成为千古罪人！"

"袁世凯可给了你高官厚禄呀。"梁启超试探着说。

"嗯！"蔡锷一拳打在桌子上，"要不是这老贼把我骗来北京，我早就拉起我的队伍反袁了。"梁启超听罢脸上露出喜色：

"如果你真想灭这个国贼我倒有个好办法。"

"先生请讲。"

"我们来个文攻武斗：我发表文章，号召全国人民积极讨袁，这叫文攻；你秘密潜回云南，拉起队伍反袁，这叫武斗。如此行事，我想讨袁必成。"蔡锷拍手叫好，不久他就在梁启超等人的掩护下潜回云南。

1916年元旦，正当北京歌舞升平，袁世凯在新华宫登基坐殿，接受百官朝贺的时候，蔡锷、李烈钧等领导的讨袁"护国军"也宣布成立，并立即出兵四川和两广地区。

护国军在人民的支持下节节胜利，两广、贵州、陕西等省纷纷宣布独立，袁世凯派出镇压护国军的十万北洋军队，由于军心涣散，早已被打得溃不成军。这时，帝国主义看到袁世凯已到穷途末路，不再给他什么支持；就连心腹冯国璋、段祺瑞等人也走到了他的对立面。这样，袁世凯众叛亲离，终于在全国人民的唾弃中死去。这一天是1916年6月6日，屈指算来，他的皇帝梦只有八十三天。

新文化革命曙光

在北洋军阀统治时期，各种新思想，新观念不断涌入，国民文化遭受一次又一次的冲击，各派政治势力都有自己的主张，孔子的封建礼教遭到更多人的批判，文化领域需要一场变革。

以陈独秀、李大钊等人为代表的民主主义者们，积极宣扬先进的思想文化，他们提倡民主、科学，反对专制、落后，与封建复古思想展开激烈斗争，掀起了轰轰烈烈的新文化运动。

清·桑结嘉措"寿"字印

陈独秀（1880-1942），安徽怀宁人，北京大学教授，新文化运动的先驱。他所创办的《新青年》是新文化运动的阵地，以《新青年》为基础，集聚了一大批优秀的中国青年，他们在《新青年》上发表宣传自由、民主的进步文章。

李大钊（1889-1927），河北乐亭人，青年时留学日本，参加过反对袁世凯的斗争。从1916年开始，李大钊开始在《新青年》上发表文章，抨击黑暗的旧社会，号召青年从黑暗的旧社会中走出来，勇敢地去创造一个崭新的中国。后来李大钊与陈独秀等人一起领导了五四运动，并积极宣传马列主义，成为中国共产党的创始人之一。

鲁迅（1881-1936），浙江绍兴人。他1918年在《新青年》上发表我国第一篇白话小说《狂人日记》，用锋利的文笔，戳穿封建道德的假面具。在《狂人日记》中，鲁迅一针见血地指出，中国几千年的封建历史，实际上就是"吃人的历史"，他号召人们一起推翻这"黑漆漆的，不知是日是夜"的吃人的社会。鲁迅带头用白话文写作，掀起了一场文学新风。鲁迅后来成为伟大的无产阶级文学家。

以陈独秀、李大钊等人为代表的新文化运动，是一场轰轰烈烈的思想解放运动，它号召人们追求民主、科学，追求救国救民的真理。新文化运动深得民心，由文化领域开始，由文学革命逐渐演化成了一场政治革命。1917年十一月七日列宁领导的十月社会主义革命胜利了，这些先进的知识分子们看到了"新世纪的曙光"。他们开始宣传马克思列宁主义，用马列主义教育和组织人民，将新文化革命推进到一个新的时期，揭开了中国革命从旧民主主义革命转变为新民主主义革命的历史新篇章。